唐宋历史评论

第 二 辑

中国人民大学唐宋史研究中心

包伟民　刘后滨　主　编
李全德　王　静　执行编辑

社会科学文献出版社

目录

·笔谈·

主题：唐宋史研究如何对待新材料？
漫谈隋唐史研究中的史料运用问题 ………………………… 荣新江 / 3
宋代史料整理二题 …………………………………………… 邓小南 / 14

·刘浦江教授纪念专栏·

刘浦江先生学术成就与思想述评 …………………………… 邱靖嘉 / 27
评刘浦江《松漠之间——辽金契丹女真史研究》………… 钟 焓 / 47
良史的胸怀、视野与方法
　　——评刘浦江著《松漠之间——辽金契丹女真史研究》
　　…………………………………………………………… 维 舟 / 72

·专论·

论武则天称帝 ………………………………………………… 孟宪实 / 85
政务文书的环节性形态与唐代地方官府政务运行
　　——以开元二年西州蒲昌府文书为中心 ……… 刘后滨 顾成瑞 / 109

南宋地方政治探微——以朱熹按劾唐仲友事件为中心 …… 高柯立 / 142
南宋中后期告身文书形式再析 …………………………… 王杨梅 / 178
交游酬唱：南宋与元代士人的兰亭雅集 ………………… 黄宽重 / 212

· 札记 ·

大中宰相魏扶史事杂考五题 ……………………………… 梁太济 / 239
唐代的科技、外贸与绘画
　　——唐史漫笔三题 ……………………………………… 吴宗国 / 250
中古佛教与隋唐政治关系研究随札 ……………………… 孙英刚 / 262

· 述论 ·

从"关陇集团"到"李武韦杨"
　　——陈寅恪对唐代政治史解释的转变 ……………… 张耐冬 / 283
新世纪南宋史研究回顾与展望 …………………………… 包伟民 / 310

· 书评 ·

薛爱华与《朱雀》的写作背景 …………………………… 李丹婕 / 327
李全德《唐宋变革期枢密院研究》 ……………………… 闫建飞 / 341
赵冬梅《文武之间：北宋武选官研究》 ………………… 丁义珏 / 352

Contents

Forum

Theme: How to Use Historical Sources in the Study of Tang and Song Histories

A Sketchy Reflection on Using Historical Sources in the Study of Tang and Song Histories   Rong Xinjiang / 3

Two Notes on Editing Historical Sources of the Song Dynasty   Deng Xiaonan / 14

In Memoriam: Professor Liu Pujiang

The Scholarly Accomplishments and the Intellectual Thoughts of Liu Pujiang   Qiu Jingjia / 27

Review: *Between Mount Song and the Desert: Studies on the Liao, Jin, Khitan, and Jurchen Histories*   Zhong Han / 47

The Broad Mind, Perspectives, and Methodologies of an Excellent Historian: Review on *between Mount Song and the Desert: Studies on the Liao, Jin, Khitan, and Jurchen Histories*   Wei Zhou / 72

Research Articles

On Wu Zetian's Claiming of the Imperial Throne   Meng Xianshi / 85

The Circulation Format of the Government Documents and the Running of Administrative Affairs in the Local Government of the Tang Dynasty: With Special Attention to the Documents from the Puchang Garrison in the Xi Prefecture in 714   Liu Houbin and Gu Chengrui / 109

A Study of Local Politics in the Southern Sung with Special Attention to the Case of Zhu Xi's Impeachment on Tang Zhongyou   Gao Keli / 142

The Format of Appointment Certificate Gaoshen in the Middle and Late
　　Southern Song Dynasty Revisited　　　　　　　Wang Yangmei / 178
Exchanging Writings in the Polite Arts: The Lanting Gatherings among
　　Official Literati in the Southern Song and Yuan Dynasties
　　　　　　　　　　　　　　　　　　　　　　Huang Kuanchung / 212

Notes and Essays

Five Notes on the Historical Events about Wei Fu, the Premier Minister
　　during the Dazhong Period　　　　　　　　　　Liang Taiji / 239
Science and Technology, Foreign Trade, and Paintings in the Tang
　　Dynasty: Three Notes　　　　　　　　　　　Wu Zongguo / 250
Miscellaneous Notes on the Study of Relationships between Medieval
　　Buddhism and Sui and Tang Politics　　　　　Sun Yinggang / 262

Review Articles

From the Guanlong Group to the Li, Wu, Wei, and Yang Circle: The
　　Transformation of Chen Yinke's Interpretations on the Political History
　　of the Tang Period　　　　　　　　　　　　Zhang Naidong / 283
Retrospect and Prospect: The Study of the Southern Song History in the
　　New Century　　　　　　　　　　　　　　　Bao Weimin / 310

Book Reviews

Review: Edward H. Schafer and the Background of Writing, *The
　　Vermillion Bird*　　　　　　　　　　　　　　　Li Danjie / 327
Review: Li Quande, *A Study on the Shumiyuan in the Tang Song Transition*
　　　　　　　　　　　　　　　　　　　　　　　　Yan Jianfei / 341
Review: Zhao Dongmei, *Between Wen and Wu: A Study of the Officers
　　Selected from Military Examination in the Northern Song*　Ding Yijue / 352

笔　谈

唐宋史研究如何对待新材料？

编者按语：

　　自从陈寅恪先生强调新材料的重要性以来，随着研究的深入展开，学界对于什么是新材料，如何定位不同性质的新材料的研究价值，有了新材料如何提出新问题，如何处理新材料与旧材料的关系，诸如此类问题的相关认识得以不断提高。对于唐宋史研究来说，新材料不仅包括出土的文书、碑刻和其他各种考古资料，也包括不断被发现的湮没无闻、久不"传世"的文献，如明抄本《天圣令》。面对不断出现的新材料，研究者对新发现的材料如何才能做到高度警觉、紧密跟踪，与此同时，又不被材料所牵绊，真正站到观察历史的制高点，从容驾驭材料，淡定"预流"，这是我们无法回避的问题。本辑特邀两位唐宋史领域的领军学者，结合自身研究体会，就唐宋史研究如何对待新材料的问题各抒己见，以期引起学界同仁的关注和讨论。

漫谈隋唐史研究中的史料运用问题

荣新江

（北京大学中国古代史研究中心）

在北京大学上课，时刻谈论史料与史学的问题，但真的要就这个题目写篇文章，似乎还颇费考量。材料有传世与新出，问题有旧义与新见，我主要从基本史料与新材料运用两个方面来谈，不够全面周到，所以只能说是一个漫谈。

一 研究历史首先要抓住基本的、核心的史料

与研究印度史、伊朗史的学者相比，我们研究中国古代史的人是非常幸运的，因为中国古代史料可谓汗牛充栋，有纪传体、编年体的史书，还有政书、地志、行记、谱牒、笔记等史料价值很高的撰述，也有文集、选集、总集等各类文本的合集，甚至类书、丛书等大部头的文献集成，加上出土的典籍和文书，留存的档案、书信、日记等，真是琳琅满目，多得难以驾驭。好在对治隋唐史者而言，史籍数量相对来说比较适中，据说一辈子可以读完遗留的隋唐史著述，而又不至于像前面的历史朝代那样史料明显不足。但是，没有材料无法研究历史，有材料也不见得就能研究好历史。面对这么多的史料，应当如何下手，从哪里开始，往往是困扰年轻学子的一个问题。

传统的历史研究，首先重视的是制度史和政治史，这两史对于帝制时代的中国确实是最重要的历史内容，因此，阅读历史、研究历史，首先要重视制度史和政治史。教我隋唐史的老师们，首先让我们精读《唐六典》和《资治通鉴》，意思就是先要熟悉唐代基本的制度框架和政治史脉络，有了制度，可以举一反三，知道一个官名、一个称呼意味着什么；有了基

本的政治史脉络,就可以把更多的细节,一步步添补上去。

把握历史的基本问题,应当在史料阅读中把握最基本的史料。陈寅恪先生的《隋唐制度渊源略论稿》和《唐代政治史述论稿》,一个讲魏晋南北朝到隋唐的制度变迁,一个讲唐代政治史的基本脉络。他的写法看起来更是十分枯燥无味,就是抄史料加"寅恪案"。胡适对这种写法颇有异议,说他的文章写得不好看。但这两本著作奠定了现代学术意义上的隋唐史研究的基本框架,不论后人说好说坏,只要你讨论到隋唐史的基本问题,都跳不出如来佛的掌心。原因就是陈先生所用史料是基本史料,按语所论是基本问题,虽然他的写法是"以论带史",而其论又是"论从史出"的,所以他用史料堆砌出来的观点,不容易被颠覆。比如有关"关陇集团"的讨论,后人总是想用统计数字来反驳他的观点,却总是无法驳倒,因为陈先生是用最基本的史料来谈关陇人物的,这些人物掌握着一个时代的国家命运和政府最重要的部门,控制着最重要的地域,你举一堆无关紧要的人物,数量虽多,是些"备位宰相"之流,那是驳不倒陈先生的理论的。

隋唐是律令制实施比较透彻的时代,制度规定是我们应当特别关注的基础史料。虽然制度在实施过程中有一定的变通,但基本情形是不会有大的变化的。所以把握了制度,就能为有些史料找到合理的位置,也能让没用的残篇断简变成有用的材料。

比如我在开始研究晚唐五代宋初的归义军历史时,面对的是一批在敦煌发现的杂乱无章而又残缺不全的公私文书,有些有明确的年号纪年,有些是甲子纪年,有些没有任何纪年文字,但当时当地官民在指称归义军节度使时,一般都是用他的检校官或加官名称,或者是荣誉的称号,如"尚书""仆射""太保""大王"等。节度使属于差遣官,本身没有品秩,所以都加检校官衔以表示官资的高低尊卑。钱大昕《廿二史考异》卷五八对此有过整理,岑仲勉《唐史余渖》也有进一步申说,即一般的进阶顺序是,从御史中丞或诸寺卿到御史大夫或散骑常侍,再到各部尚书或左右仆射,然后进至三公、三师。[①] 根据《唐六典》卷一、宋敏求《春明退朝

---

① 岑仲勉:《唐史余渖》,上海古籍出版社,1979,第264页。

录》下,唐朝自武德、贞观以来,三师三公的顺序从高到低依次为:太师、太傅、太保,太尉、司徒、司空;至晚唐时,由于地方节度使尚武,起源于秦朝主兵之任的太尉这一武职日益受到尊重,逐渐升到太保、太傅之上;五代宋初,节度使都是由检校太傅迁太尉,由太尉迁太师①。具体到某一位节度使,他初次加官的高低也是有一个发展变化的。我曾引洪迈《容斋随笔》卷七"节度使称太尉"条的概括记载:

> 唐节度使带检校官,其初只左右散骑常侍,如李愬在唐、邓时所称者也。后乃转尚书及仆射、司空、司徒,能至此者盖少。僖、昭以降,藩镇盛强,武夫得志,才建节钺,其资级已高,于是复升太保、太傅、太尉,其上唯有太师,故将帅皆称太尉。②

由此再看敦煌文书有年份记录的材料,得知中原王朝给予归义军节度使的称号也是从较低的"尚书"开始,但归义军节度使往往在朝命下达之前就自封为某种较高的官衔了,特别是五代、宋初几位曹氏执政者,虽然政权组织仍是节度方镇一级,但却在检校太师兼中书令之上,号称大王。尽管某些节度使自封的称号很高,但仍是按官品等级由低向高升进的,只是往往比中原王朝给予的职称高一个级别。按照这样一个线索,就可以把大多数有甲子纪年或没有纪年的文书,结合其他内容,放置到相应的年代范围中去,使得原本杂乱无章的残文书,变成有系统的史料群,许多此前不明的归义军史,也得以揭示。

归义军虽然是晚唐中央政府无法直接控制的藩镇,到五代宋初甚至被中原王朝看作外蕃而放到"四夷"或"外国"的序列当中,但因为其基本体制是节度使制度下的方镇,所以可以用唐朝的制度来考察归义军的文书,利用这些文书来补写中原没有记录的归义军历史。这个例子想强调的是,即使是研究像沙州归义军这样的问题,即使敦煌发现了大量归义军时期的文书,但我的出发点,仍然是从《唐六典》《春明退朝录》《容斋随笔》所记录的唐朝制度开始的。

---

① (宋)宋敏求:《春明退朝录》下,中华书局,1985,第45页。
② (宋)洪迈:《容斋随笔》,上海古籍出版社,1978,第498页。

对于隋唐时期一些问题的讨论，比如士族问题、科举问题、民族问题、中央与地方关系问题，也是要抓住最核心的史料。什么是核心史料？我觉得陈寅恪先生在讨论唐代政治史问题时，比较强调唐朝人对于本朝相关问题的一般性看法。这就是正确认识一个问题的核心史料。

关于唐朝人的社会观点，我们可以举个例子。《册府元龟》卷三一〇《宰辅部·问望》记载：

> 李揆为中书侍郎、平章事。揆美风仪，善奏对，每有敷陈，甚得称辩。肃宗赏叹之，尝谓曰："卿门第、人物、文章，皆当代所推。"故时人称为"三绝"。[1]

无独有偶，出土墓志中也有类似记载，见卢弢撰《唐故范阳卢氏（辂）荥阳郑夫人墓志铭》：

> 肃宗朝，中书侍郎、集贤崇文大学士揆，即夫人外曾祖也。故杭州刺史幼公，即夫人外祖父也。肃宗常谓揆曰："卿门地（第）、人物、文章，皆为当代之冠。朕宗族中乃遂有卿，足为朝廷羽仪也。"当时称揆为"三绝"。[2]

李揆是山东甲族，与荥阳郑氏、范阳卢氏，都是高门士族，相互有婚姻关系。这两条材料结合在一起，可以看出到了安史之乱后的肃宗时，唐朝社会上的门第观念仍然如此之重，在品评一个人物时，重视的是门第、人物、文章。明白了这样的唐朝价值观念，对于理解唐朝士族社会，以及如何看待唐朝士人的所作所为，就不困难了。如果脱离了门第、人物、文章三个方面，也就把握不了唐朝士族的本质。如果我们研究唐朝的士族问题，这两份材料就是属于基本的、核心的素材。

唐朝的社会在发展变化，士族社会也在变化，社会观念也同样在变。我们举一个长安的例子，来看唐朝一种新的社会观念。宋敏求《长安志》卷七《安仁坊》记载：

---

[1] （宋）王钦若等编《册府元龟》，中华书局影印本，1960，第3658页上栏。
[2] 吴钢主编《全唐文补遗》第6辑，三秦出版社，1999，第174页。

东南隅，赠尚书左仆射刘延景宅。坊西南，汝州刺史王昕宅。注：延景即宁王宪之外祖，昕即薛王业之舅，皆是亲王外家。甲第并列，京城美之。①

一般来说，宋人《长安志》中这种能够指明开元十年（722）以前坊里位置的记录，都来自唐开元十年韦述所撰的《两京新记》②，这里的记录应当就是韦述的原话。换句话说，开元时期的人对于京城长安中的甲第，是以一种赞叹的口气来称颂的，"京城美之"正是代表着当时流行的社会观念，因为甲第代表着住宅主人的身份地位，是京师一般人所追求的方向。因此，我们可以通过对甲第的考察，来看唐朝长安社会的发展变化。甲第是壮丽而又具有相当规模的府第，是和宫阙、街道联系在一起的，使城市变得雄伟壮观。透视记载甲第的文献，可以推想长安城市的立体景观。可以说，我们研究长安城的时候，抓住了"甲第并列，京城美之"这句话，就抓住了长安研究的一个核心问题③。

陈寅恪先生在谈到拉萨树立的《唐蕃会盟碑》时说道："此逻逤片石，实为乌斯赤岭（此指拉萨之赤领而言）之大玉天球，非若寻常碑碣，仅供揽古之士赏玩者可比也。"④ 就是说，《唐蕃会盟碑》是核心史料，如大玉天球，与一般仅供文人玩耍的普通碑刻完全不同。推而广之，史料非常丰富，但对于历史研究来说，有的是大玉天球，有的是普通文字，需要抓住基本的、核心的史料，从这些史料出发，才能够把握历史的正确脉搏，得出经得住考验的结论。

二 新材料的使用

陈寅恪先生《陈垣〈敦煌劫余录〉序》："一时代之学术，必有其新材料与新问题。取用此材料，以研求问题，则为此时代学术之新潮流。治

---

① （宋）宋敏求：《长安志》卷七，辛德勇、郎洁点校，三秦出版社，2013，第258页。
② 参看〔日〕妹尾达彦：《韦述的〈两京新记〉与八世纪前叶的长安》，荣新江主编《唐研究》第9卷，北京大学出版社，2003，第14~16页。
③ 详参拙文《高楼对紫陌，甲第连青山——唐长安城的甲第及其象征意义》，《中华文史论丛》2009年第4期。
④ 陈寅恪：《吐蕃彝泰赞普名号年代考》，《金明馆丛稿二编》，上海古籍出版社，1982，第106~107页。

学之士,得预于此潮流,谓之预流(借用佛教初果之名)。其未得预者,谓之未入流。此古今学术史之通义,非彼闭门造车之徒,所能同喻者也。"利用新材料来研究问题,此时代学术的新潮流,这是陈先生的著名论断,对于隋唐史学界影响非常之大[1]。

陈寅恪写文章时说的新材料,主要是指敦煌藏经洞发现的文书。现在,由于考古新发现和印刷技术的进步,我们拥有了更多的新材料,在敦煌文书之外,还有吐鲁番文书,以及许多新出土的碑志资料。这些新材料虽然也有魏晋南北朝和宋元时期的,但从有学术价值的材料的数量上来说,以隋唐时期的资料最多。

敦煌、吐鲁番文书和石刻碑志,应当是研究隋唐史最主要的新史料了。这三大史料群各有其特性,使用时首先需要对它们的属性有所了解。敦煌、吐鲁番都有一些官私文书,是无意间遗留下来的,最为珍贵,内容涉及面也较广,但除个别抄在佛经长卷背面者外,多是残纸。碑志则相对完整,但属于有意撰述的文字,特别是墓志的文字过去备受诟病,以为是"谀墓之辞"。其实大多数墓志还是有其学术价值的,特别是对于职官迁转等方面的研究,要详于史籍记载。新史料,特别是那些不是有意撰写的文书,虽然一般不涉及宏大的历史叙述,但提供了历史的许多细节,提供了传统史家不曾关注的方面,而这些方面,如社会下层、妇女、儿童、西北史地、丝绸之路等,正是今天史学界所比较关注的方面,新史料在某些课题上起到了更加重要的作用。

如何利用这些新出史料?这就需要研究者有问题意识,因为只有知道传统史料所解决不了的问题所在,才能在新出史料中寻找可以说明问题、解决问题的材料。过去学者们常常说敦煌、吐鲁番文书主要的贡献是"补史""证史",一些学者利用这些文书材料,对于北朝隋唐均田制、赋役制、军制、兵制等,都做了详细的补充和订正,成绩斐然。但由于敦煌、吐鲁番这些边疆地区出土的文书中,涉及中原王朝政治史的材料不多,像陈寅恪先生研究玄武门之变时利用的敦煌写本《常何墓碑》[2],是敦煌写本

---

[1] 笔者对陈先生此文有详细阐说,拙文《陈寅恪先生〈陈垣敦煌劫余录序〉读后》,蔡鸿生等读解《中西学术名篇精读·陈寅恪卷》,中西书局,2014,第34~74页。
[2] 参看陈寅恪《论隋末唐初所谓"山东豪杰"》,《金明馆丛稿初编》,上海古籍出版社,1980,第222页、第225~226页。

中比较少见的中原碑志抄本,因此,敦煌、吐鲁番文书在政治史上更为重要的价值,是在西域史、边疆史、西北民族史、丝绸之路史等方面,比如我利用敦煌文书撰写的《归义军史研究》①,即属此类,其中例证很多,此不赘举。

这里举另外一个例子,就是我们在研究归义军与周边民族关系史时,注意到敦煌写本S.6551《佛说阿弥陀经讲经文》(或称《说三归五戒文》)。过去学者们认为这是一个从中原去西天取经的僧人在于阗讲经时所用的文本,我们经过对内容和时代背景的考察,认为这是公元930年前后一位取经折返的汉僧在西州回鹘汗国讲经时留下的文本。考虑到新旧《五代史》都没有西州回鹘传,这个《讲经文》的一些内容就显得非常重要了:

A. (小僧)遂乃远持微德,来达此方,睹我圣天可汗大回鹘国,莫不地宽万里,境广千山,国大兵多,人强马壮。天王乃名传四海,得(德)布乾坤,卅余年国安人泰,早授(受)诸佛之记,赖蒙贤圣加持,权称帝主人王,实乃化身菩萨。诸天公主邓林等,莫不貌夺群仙,颜如桃李。诸天特勤,莫不赤心奉国,忠孝全身。扫戎虏于山川,但劳只箭;静妖纷(氛)于紫塞,不假缀纮。遂得葛禄、药摩、异貌达怛,竞来归伏,争献珠金;独西乃纳驼马,土蕃送宝送金;拔悉密则元是家生,點戛私则本来奴婢。诸蕃部落,如雀怕鹰,责(侧)近州城,如羊见虎。更有诸宰相、达干、都督、敕使、萨温、梅录、庄使、地略,应是天王左右,助佐金门,官僚将相等,莫〔不〕外匡国界,内奉忠勤。更有诸都统、毗尼法师、三藏法律、僧政、寺主、禅师、头陀、尼众、阿姨师等,不及一一称名,并乃戒珠朗耀,法水澄清。作人天师,为国中宝。

B. 门徒弟子言归依佛者,归依何佛?且不是磨尼佛,又不是波斯佛,亦不是火祆佛,乃是清净法身、圆满报身、千百亿化身释迦牟尼佛。……且如西天有九十六种外道,此间则有波斯、摩尼、火祆、哭

---

① 荣新江:《归义军史研究——唐宋时代敦煌历史考索》,上海古籍出版社,1996;再版,2015。

神之辈，皆言我已出家，永离生死，并是虚诳，欺谩人天，唯有释迦弟子，是其出家，堪受人天广大供养。

C. 即将巳（以）此开赞《大乘阿弥陀经》所生功得（德），先用庄严可汗天王，伏愿寿同日月，命等乾坤，四方之戎虏来庭，八表之华夷启伏，奉为可汗天王念一切佛。诸天公主，伏愿云仙化（花）态，鹤质恒芳，长丞（承）圣主之恩，永沐皇王之宠。诸天特勤，奉愿命同松竹，不逢雕（凋）谢之灾，福等山河，永在圣天诸（之）后。诸僧统大师，伏愿琉璃殿内，高然（燃）般若诸（之）灯，阿耨池边，永赞无生之偈。诸宰相，伏愿福齐海岳，寿对松椿，永佐金门，长光圣代。诸都督、梅录、达干、敕使、庄使、萨温、地〔略〕，应是在衙诸官人等。总愿人人增禄位，各各保延年，官职渐高迁，居家长安泰。诸寺毗尼、法律、僧政、法师、律师、诸僧众、尼众、阿姨师等，总愿龙花三会，同登解脱之床，贤劫数中，早证无为之果。

A、C两段，为我们提供了西州回鹘汗国内部两种最重要的职官序列，大致应当是按身份等级先后排列的：A. 天王（回鹘文 tängriqaghan）、天公主邓林（tängriqunchuitämgrim）、天特勤（tängritegin）、宰相、达干（Tarqan）、都督（tutuq）、敕使（chigshi＜刺史）、萨温（saghun＜将军）、梅录（buyruq）、庄使（changshi＜长史）、地略（tiräk）；C. 可汗天王、天公主/邓林公主（tängriqunchui）、天特勤、宰相、都督、梅录、达干、敕使、庄使、萨温、地略。比较而言，似乎C段的排法更近情理。我们在史籍和出土文书中都见到过一些零散的回鹘官称，现在可以利用这两个有序的记录，来判定它们在回鹘汗国职官体系中的位置。在A、C两段中又保留了一系列的僧官名称，两者基本一致，以C为例：僧统大师、诸寺毗尼、法律、僧政、法师、律师。这就为我们提供了西州回鹘汗国内佛教教团的僧官设置情形以及僧官之间的高低位置。

此外，这篇《讲经文》还举出当地流行的宗教，除作者颂扬的佛教外，还有崇拜波斯神（景教神）、摩尼神、火祆神和哭神的各种宗教。最后，还提到这个回鹘汗国所控制的葛禄（Qarluq）、药摩（Yaghma）、异貌达但（Tatar）、独西（Türgish 或 Tukhasi）、土蕃、拔悉密（Basmil）、黠戛私（Qirghiz）等部族的情形。可以说，S. 6551虽然是一篇讲经文类的文学作品，但只要考证出它所描述的回鹘汗国的实际地点和大致时代，并阐明其所记官称、部族等专有名词，我们就不难从中复原出五代时期西州回鹘王国职官、僧官体制，以及内部流行的宗教和分布的各部族等情况。换句话说，我们在某种程度上复原了一篇《五代史》"西州回鹘传"的大部分内容①。

我们还可以举另外一个碑志的例子。1984年，陕西省泾阳县云阳镇发现一座"杨良瑶神道碑"，后移存泾阳县博物馆。1998年，咸阳市地方志办公室张世民先生撰写《中国古代最早下西洋的外交使节杨良瑶》，抄录了其中有关杨良瑶出使大食的一段文字，并略加考释②。此后，周伟洲先生在《唐朝与南海诸国通贡关系研究》一文中，依据张文，对杨良瑶事迹也有简要介绍③。2005年，张世民先生又发表《杨良瑶：中国最早航海下西洋的外交使节》一文，录出全部碑文，并对其中丰富的内容一一做了考释④。

杨良瑶是不见于传世史料记载的一位宦官，他在唐贞元元年（785）出使大食一事，在中外关系史上是一件被遗忘千年的大事。我读了碑文的相关内容，觉得仍有可以深入探讨之处。这里从如何对史料进行分析运用的角度，来加以申说。碑文云：

> 贞元初，既清寇难，天下乂安，四海无波，九译入觐。昔使绝域，西汉难其选；今通区外，皇上思其人。比才类能，非公莫可。以贞元元年四月，赐绯鱼袋，充聘国使于黑衣大食，备判官、内傔，受国信、诏书。奉命遂行，不畏厥远。届乎南海，舍陆登舟。邈尔无悼

---

① 详参张广达、荣新江《有关西州回鹘的一篇汉文文献——S. 6551讲经文的历史学研究》，《北京大学学报》（哲学社会科学版）1989年第2期，第24~36页。
② 张世民：《中国古代最早下西洋的外交使节杨良瑶》，杜文玉主编《唐史论丛》第7辑，陕西师范大学出版社，1998，第351~356页。
③ 周伟洲：《唐朝与南海诸国通贡关系研究》，《中国史研究》2002年第3期，第72~73页；同样内容又见周伟洲《古都西安——长安与南海诸国》（"古都西安丛书"），西安出版社，2003，第157~159页。
④ 张世民：《杨良瑶：中国最早航海下西洋的外交使节》，《咸阳师范学院学报》2005年第3期，第4~8页。

险之容，懔然有必济之色。义激左右，忠感鬼神。公于是剪发祭波，指日誓众。遂得阳侯敛浪，屏翳调风。挂帆凌汗漫之空，举棹乘灏溔之气。黑夜则神灯表路，白昼乃仙兽前驱。星霜再周，经过万国。播皇风于异俗，被声教于无垠。往返如期，成命不坠。斯又我公杖忠信之明劾也。四年六月，转中大夫。七月，封弘农县开国男，食邑三百户。

第一个问题是，贞元元年（785）前，唐朝与黑衣大食之间没有什么特别的事情，为何派出杨良瑶使团，不远万里去黑衣大食呢？这要从建中四年（783）十月长安发生泾原兵变说起。朱泚在长安称帝，德宗逃至奉天。兴元元年（784）正月，唐朝派秘书监崔汉衡出使吐蕃，搬取救兵，条件是讨平朱泚，唐朝以安西、北庭土地相赠。七月，兵变事平，德宗返回长安。吐蕃遣使来索安西、北庭之地。德宗听信谋臣李泌建议，拒绝所请。于是吐蕃大举进攻，长安戒严。唐朝正是在此时派遣杨良瑶出使黑衣大食，其目的恐怕不是像"杨良瑶神道碑"中所说的仅仅是"播皇风于异俗，被声教于无垠"，而是要联合黑衣大食，共同对付吐蕃。

第二个问题是为何选择海路呢？碑文说："奉命遂行，不畏厥远。届乎南海，舍陆登舟。""南海"即广州。贞元元年四月杨良瑶出使时，从长安往西最便捷的河西走廊通道已经落入吐蕃人之手，所以要走海路去大食，先到广州。广州是唐朝海外贸易的重要港口，也是海上丝绸之路中国的起点之一，方便准备远洋船舶。进一步追寻，我们知道杨良瑶一行到广州的时候，正是杜佑担任广州刺史、岭南节度使。杜佑的侄子杜环751年在怛逻斯（Talas）之战中被俘，因此得以从中亚游历阿拉伯世界，流寓黑衣大食都城苦法（al-Kūfah，今Meshed-Ali）等地约十年；762年附商舶经海路回到广州，写有旅行记录《经行记》。杨良瑶可以从杜佑那里见到杜环的《经行记》，这是他出使大食最好的指南手册。

第三个问题是杨良瑶一行具体的经行路线是怎样的呢？碑文对此用墨极少："挂帆凌汗漫之空，举棹乘灏溔之气。黑夜则神灯表路，白昼乃仙兽前驱。星霜再周，经过万国。"幸运的是，我们今天可以从《新唐书·地理志》保存的贾耽《皇华四达记》中，看到详细的从广州到缚达（巴格达）的路线。贾耽贞元九年（793）入朝为右仆射、同中书门下平章事，担任宰相。他曾经和杨良瑶同时在长安，那么贞元初年杨良瑶的海航日记，应当是贾耽撰著《皇华四达记》所可以依据的最新鲜而又真实的材料了。贾耽贞元十七年（801）完稿的这部著作中南海航程一段，很可能来自杨良瑶使团的报告。

至此，我们通过"杨良瑶神道碑"，可以勾勒出贞元初年唐朝与黑衣大食之间一段久已湮没的史事，极大地丰富了中国经海上丝绸之路与阿拉伯世界的交往史[①]。通过对新出碑志史料的深入发掘，特别是与传世史料的相互印证，可以把杨良瑶出使大食一事的相关材料串联起来，使碑文简洁的记录得以丰满，也让断断续续的传世史料记录得以连续。

陈寅恪先生说："群经诸史，乃古史资料多数之所汇集。金文石刻则其少数脱离之片段，未有不了解多数汇集之资料，而能考释少数脱离之片段不误者。"[②] 新史料的价值是传统史料所烘托出来的，只有熟悉了传统史料的优点和不足，根据所研究问题的内涵，才能发现新史料的价值。

以上仅就史料与史学研究相关的两个问题略做陈说，不当之处，敬希指正。

[①] 详细论证参看荣新江《唐朝与黑衣大食关系史新证——记贞元初年杨良瑶的聘使大食》，《文史》2012年第3期（百辑纪念特刊），中华书局，2012，第231~243页。

[②] 陈寅恪：《杨树达积微居小学金石论丛续稿序》，《金明馆丛稿二编》，第230页。

宋代史料整理二题

邓小南

北京大学中国古代史研究中心

历史学是一门启人心智的学问。它对于我们的吸引力，是与它所面临的挑战紧密联系在一起的。历史学所仰赖、所辨析的丰富材料，所关注、所回应的特有议题，是我们要终生面对、尽心处理的对象①。

史学领域中新议题与新研究的出现，有赖于史料范围的不断开拓。距今86年前，陈寅恪先生在《陈垣〈敦煌劫余录〉序》中，即指出新材料与新问题对于"一时代之学术"的重要意义。与中古其他时代相较，宋代存世文献尚称丰富，而新发现的材料不多，足以撼动既有认识的材料更少。尽管有考古学界的长期关注和宋史学者的不断跟踪，但出土材料的发现，仍属可遇不可求之事。

宋史学者日常所见材料，有许多是来自"坊间通行本"的。严耕望先生曾经说过："真正高明的研究者，是要能从人人看得到、人人已阅读过的旧的普通史料中研究出新的成果。"② 这些材料经过深度的整理研究，有了新的视域、新的方向、新的问题点，即可能"激活"许多以往不曾措意的内容，从中领悟到新的认识。

对于宋代出土材料和常用史籍的整理与研究，近年来取得了不少进展。这里仅举突出的两例：就出土的文书类材料而言，浙江武义南宋时期徐谓礼文书的出土，特别是2012年包伟民、郑嘉励领军对于这批文书的高水平整理③，为

---

① 参见拙作《永远的挑战：略谈历史研究中的材料与议题》，《史学月刊》2009年第1期。
② 严耕望：《治史经验谈》，台湾商务印书馆，1988，第26~30页。
③ 包伟民、郑嘉励主编《武义南宋徐谓礼文书》，中华书局，2012。

学界开启了新的"议题群",提供了深化研究的依据;就宋史界熟悉的文献史料而言,《宋会要辑稿》的再度整理,为学界提供了方便,更引发对于这类基础史料本身深入认识的可能[①]。

一

近些年学界注意到的宋代行政文书类材料,包括法令汇编、地方军政文书、公牍之类,相对集中的有《天圣令》、西北边境军政文书以及宋人佚简等。这些材料被发现后,受到唐宋史学者广泛重视,从整理到研究,都有高质量的成果呈现。

传世文献中有许多涉及行政文书的内容,但对于文书流程通常并非直接记载。政令文书的流程是政治秩序的体现,反映着权力的枢纽、制度的环节与政令的流向,从中得以观察帝国时期行政网络的运行方式、官员关系网络的结构形式。当年留下的有关行政运作程序的书法卷帙和出土文书,使我们有机会从制度演进的角度,讨论从唐朝、五代,经过北宋直至南宋的制度设计、行政规程与实施中的具体情形。

徐谓礼文书,基本是围绕官员个人的个案材料,就其涉及内容、篇幅规模而言,自然远不能与敦煌吐鲁番文书等材料相比;但它是目前所见最为详尽的中古官员个人仕履资料,在制度史上有其特殊价值。该文书的面世,为宋史学界开启了一扇重要的窗扉,提醒我们追踪新的材料,也使我们得以提出并且思考新的问题。

这批文书的发现,充满了偶然性,但偶然中也有必然。仕途是官员的命运所系,官宦身份是其一生成败的重要证明。就今见唐宋时期的材料来看,以不同形式保留仕履记录(尤其是官告),可能是当时普遍的做法。唐代西北、宋代东南,都不乏例证。研究者曾经指出,唐代有以正式告身文本随葬者,也有家人在临葬时抄录死者告身原件用以附葬者;不同地区

---

① 参见陈智超《〈宋会要〉的利用与整理》,《文献》1995年第3期;《关于〈新辑宋会要〉整理本的说明》,见中国社会科学院历史研究所隋唐辽金元研究室编《隋唐辽宋金元史论丛》第五辑,第240页,上海古籍出版社,2015。另可参看李晓东、危兆盖等《〈宋会要辑稿〉校点本出版》,《光明日报》2014年10月10日第7版;孙昊:《宋史专家探讨"〈宋会要〉的复原、校勘与研究"》,《光明日报》2015年2月25日第14版。

发现的唐代随葬告身抄件,有纸本,亦有石质①。甚至有研究者认为,"随葬告身抄件实为唐代丧葬的一项制度"②。南宋张孝祥《于湖居士文集》③后附8份官告1份敕黄,杨万里《诚斋集》附有其"历官告词"31份④。陈康伯、方逢辰等人的文集,都是其后裔编成⑤,其中也存有他们任官南宋时的敕牒、告身。徐谓礼是南宋中后期众多官僚中的一员。正是由于其身份、事历平常,因而具有充分的代表性。其历官文书,是成千上万中下层官员履历记录的代表。官告、敕黄、印纸等材料备份"录白",承载着官员(包括已逝官员)的精神寄托,鲜活体现出当时官僚社会的特色,也反映着时人的社会文化心理。这些告敕无论是珍存于家中、附着于集内,还是随葬于墓中,都体现着官员本人及其家属的理念,体现着他们对于仕宦身份证明的重视;而不同之处是,文集中的告身等材料,皆无程序,无签署,对于实际流程的质证意义,远远不及文书实物。对研究者来说,保留完整的徐谓礼文书无疑是珍贵的制度史资料。

整整30年前,我自己的硕士论文,主要针对宋代文官选任制度的研究。当时讨论到宋代的磨勘叙迁、差遣除授,成资、年满、待次、待阙等问题,也涉及宋代考核官员的印纸批书。写作时依据的材料,主要来自官

---

① 例如,敦煌莫高窟北区B47窟发现的唐代□文楚瘗窟,出土有随葬告身,B48窟也出土了《武周万岁通天某年勋告》;吐鲁番发现的唐代墓葬中,也有若干随葬主人附葬的告身。参见荣新江《〈敦煌莫高窟北区石窟〉(第一卷)评介》,载《敦煌研究》2000年第4期,第178~180页;陈国灿:《莫高窟北区第47窟新出唐告身文书研究》,载《敦煌研究》2001年第3期,第83~89页;徐畅:《存世唐代告身及其相关研究述略》,载《中国史研究动态》2012年第3期;王静、沈睿文:《唐墓埋葬告身的等级问题》,载《北京大学学报》(哲学社会科学版)2013年第4期,第35~41页;赵振华:《谈武周苑嘉宾墓志及告身——以新见石刻材料为中心》,载《唐史论丛》2013年第2期,第186~205页。
② 王静、沈睿文:《唐墓埋葬告身的等级问题》,载《北京大学学报》(哲学社会科学版)2013年第4期,第35页。
③ 四部丛刊本《于湖居士文集》前,有自称其"门下士"的谢尧仁及孝祥弟孝伯作于嘉泰元年(1201)之序。集后所附官告及敕黄,尽管编入时间不详,但无疑是其家自南宋保留下来的。
④ 四部丛刊本,卷一三三《历官告词》。
⑤ 陈康伯文集为其裔孙以范编次,士选参订,成书应在明代中期。《四库全书总目》卷一七四《陈文恭公集》提要中斥该书"无往而不伪",但书中收录陈康伯任官告敕尽管错讹杂糅,却多有依据,应系陈氏家传。另据四库馆臣,方逢辰《蛟峰文集》外集四卷,为其七世从孙玉山知县方中在明成化年间续辑,"凡逢辰历官诰敕及酬赠诗文皆在焉"。其续辑资料,应来自南宋以来之家藏。

方文献的记载。近年里一些青年朋友关注文书制度，观察官僚体系的运行方式，一直希望寻求能够体现"运行流程"的实物载体，不仅从正史文献，也从传世的书法卷帙中探索制度的运行踪迹。恰在此时，这批文书提供了契机，使学界的认识有可能获得实质性的突破。

徐谓礼的告身、敕黄、印纸录白，反映南宋时期人事除授中文书档案制度的成熟，也呈现出以往不为人知的若干细节。通过这批文书，我们了解到当时相关制度运行的方式、程序、实态。这"实态"一方面是相当的程式化，体现制度的异化，并非如想象般地"运行"；另一方面也使我们得以窥得制度的实际目标及其施行重点所在。

《武义南宋徐谓礼文书》面世后，引起了学界的积极反应。继 2012 年 11 月国际性学术研讨会之后，2013 年 4 月，中国人民大学历史学院举办了"徐谓礼文书与宋代政务运行学术研讨会"；2014 年 7 月，在北京大学中国古代史研究中心与人民大学历史学院联合举办的"出土文献与历史研究：7～13 世纪"博士研究生研读班，也包括了有关徐谓礼文书的专题。我个人 2014 年春季在哈佛大学东亚系开设的"宋代文官选任与管理"（Personnel Administration of the Song Civil Service）课程以及 2015 年秋季在台湾大学历史系开设的"走向'活'的制度史"工作坊，也都涉及文书中的内容。

出土文书带来了新研究的可能性，而将这可能变为现实，要靠我们的切实努力。就徐谓礼文书而言，尽管其性质相对单一，但我们的研究要秉持多面向、重综合、广格局、深追问的原则。

所谓"多面向"，主要是对于观察与研究的切入点、着眼点而言。首先，传统史学应该与田野考古工作相结合。如郑嘉励所说，文书是墓葬整体的组成部分，要结合南宋时期的墓葬理念、墓葬格局、墓葬形制，观察文书材料在特定墓葬随葬品"序列"中的原始位置。我们的研究着眼点，是要把特定材料"嵌入"历史现场[①]，力求还原其本初"意义"。其次，议题要充分拉开，要对文书进行多角度的观察。从目前对于官告、省札、

[①] 例如出自敦煌的张君义告身、公验抄件等，据张大千跋语说，发现时包裹着削去头顶骨的人头与残肢，装在同一麻布袋之中（参见王三庆《敦煌研究院藏品张大千先生题署的〈景云二年张君义告身〉》，《敦煌学》第十八辑，1992）。此类特别状况与墓葬中的常见情形，文书出土环境，都值得特别注意。

荐举、考核的研究，对于给舍封驳、签署花押的研究，对于地方行政、发运司的研究，对于公文处理乃至书手书法的研究，等等，延伸出多方面的认识，挣脱出论题单一的窠臼。另外，我们要充分利用"录白"特点，既关注文书类型、文书性质、文书内容、文书结构、文书形制，也关注"录白"与原始文书的区别，这样才可能形成更为丰富的研究生长点。

所谓"重综合"，主要是指材料的综合利用，相互发明。首先，要将出土文书与传世文献结合研究，形成不同来源的"材料组"，彼此质疑、印证，这样才能改变我们习用的设问方式，真正深化我们对于相关制度的了解。其次，要善于汇聚不同类型的散在材料，例如文字材料中的石刻材料、书法作品、宗谱族谱，以及非文字材料中的各类图像、历史遗迹、墓葬群等，使我们对于文书自身及其制度文化背景、环境氛围的认识相对综合而非琐碎"散在"。

所谓"广格局"，主要是对于南宋整体的观察与研究而言。"点"状的研究本身并不意味着"碎片化"，关键在于研究者心中是否有开广的格局观。就文书解读而言，随文释义是重要的研究方式；而"义"之所在，不仅通过文书中的语汇字词表述出来，也经由充斥、渗透其中的倾向、气息体现出来。仅就文书讨论文书，不是历史学真正的出路。徐谓礼文书对我们而言，是思考的例证，是观察的线索，而不是聚焦的终极。现有的知识结构对于文书理解有重要帮助，但不能拘泥于既有框架；要以文书实例来丰富以往的认识，挑战以往的认识；要在以往认识的基础上前行，走出以往认识的束缚，争取对于宋代制度格局有新的体悟。

所谓"深追问"，是希望提醒我们这些制度史的研究者：善于提出问题，善于深化问题，是成功追索的关键。就学人普遍关注的印纸来说，徐谓礼时代的批书方式，可能比北宋规定细密，但从目前材料来看，从北宋中期到南宋中期，并无实质性的区别。我们既不能仅依据文献记载的条目规定，就认为这一制度实施有效；也不能只看到运作现实与我们心目中的制度不符，就简单认定为"具文"。"具文"二字可能掩盖着不少实质性的内容，我们不能停留于表浅层次的论断，不能让我们的研究沦为具文。真正的"研究"，要继续追问如何理解这"制度"本身：世上本没有不经实施而存在的"制度"，也没有原原本本谨守规定的"实施"。就徐谓礼印纸批书中的考成文书而言，值得我们深思的是：这尽管异化却有模有样、代价不菲的做法，在当时究竟是为了什么。退一步讲，即便如我们所批评的，当时某些做法是体制内"敷衍"的产物，甚至是各级人事部门对朝廷规定阳奉阴违的表现；我们也很难认为宋廷的行政官员、"行家里手"们根本不了解这类情形。因此，仍然需要追问：这种循规蹈矩的"阳奉"，为什么会被认定有其意义；这种显而易见的"阴违"，为什么会被长期容忍。这些问题，都牵涉对于印纸性质以及"制度"本身的真正理解。

二

2014~2015年在宋代基本史料建设方面的另一大事，是《宋会要辑稿》（以下简称《辑稿》）的整理工作有了可喜的进展。众所周知，《宋会要辑稿》称得上宋代史料之渊薮，被所有宋史学者视为"看家"的重量级史籍。先父邓广铭在其自传中曾经说，抗战期间他到昆明不久，在傅斯年先生的强烈建议下，用自己的全部月薪购置了《辑本宋会要稿》，从此"把研治宋史的专业思想巩固下来"[①]。这也从一个侧面证明了《辑稿》对于宋史学人的意义。

《辑稿》在辑录、流传、整理过程中的坎坷身世，一方面使其受到许多关注，辗转整理者不乏其人；另一方面因其部头太大，内容纷繁，甚至蒙罩着不少谜团，长期以来对其的整理研究被视为畏途，工作难以到位。研究者对于这一重要史籍的阅读利用，感觉诸多不便，学界一直期待严肃可靠的校点整理本问世。

20世纪80年代前期，中国社会科学院历史研究所即着手进行《宋会要辑稿》的整理准备工作。1988年，陈智超先生整理的《宋会要辑稿补编》面世。2001年，《宋会要辑稿·崇儒》在王云海先生指导下点校出版。2008年，上海人民出版社出版了U盘版的《宋会要辑稿》数据库，可惜并未做全面整理。多年前，四川大学古籍所与哈佛大学、台湾中研院历史语言研究所合作，完成了《宋会要辑稿》的校点工作，迈出了关键的一步。该电子版经台湾大学王德毅先生加工修订，纳入台湾中研院汉籍全

[①] 邓广铭：《自传》，见《邓广铭学术论著自选集》，首都师范大学出版社，1994。

文资料库，登上了海外学术网络，而当时国内学者却无缘直接使用，无疑是一大憾事。四川大学古籍整理研究所与上海古籍出版社倾力合作，2014年终于贡献出水准上乘的《宋会要辑稿》校点本。在喧嚣扰攘的时代里，能够致力于古籍整理研究，沉潜于校正纠谬，可以说是造福学界的"良心活"。这项工作不仅是比对整理，而且渗透着学术研究的心得。只有在此基础之上，才有可能鉴别文本、移正错简、添补缺漏、改正行款。多年整理过程中的甘苦和崎岖，非他人所能想象。

2015年，社科院历史研究所由陈智超先生领衔，启动了"《宋会要》的复原、校勘与研究"工作，争取整理出一部尽可能符合《宋会要》原貌的《（新辑）宋会要》。这一课题的起步点，建立在剥茧抽丝、回溯源流的基础上。20年前，陈智超先生在《揭开〈宋会要〉之谜》一书的出版序言中说："（历史的）真相并不一定很复杂。但是，人们认识历史真相的过程却非常复杂，并且永远不可能完成。这个过程，也就是一层一层地拨开当事人以及后人有意无意地所加的种种迷雾的过程。"[①] 下决心进行这样一项探索性的整理工作，无疑需要学术的眼光与切实的步骤。

课题组提出的基本目标是："体例适当、类目清晰、内容完整、接近原貌、便于利用。"这一任务，显然十分艰巨。复原工作是项目的核心，可能也是将来争议集中之处。这里面临的问题首先是：要"复原"什么？或者说，复原的对象或曰标靶是什么？《永乐大典》中的《宋会要》，显然并非宋代原有书名；这是自后人角度回头去看，取定的一个集合式名称。《辑稿》自《永乐大典》中辑出，却具有与其他辑出著述非常不同的特点。例如，同样自《永乐大典》辑出的《续资治通鉴长编》，因"《永乐大典》'宋'字韵中备录斯编"[②]，内容相对集中，且因系编年体例而易于整理编排。《宋会要》则限于《永乐大典》以韵统字、以字系事的体例，被分散收录在《永乐大典》诸多不同的字韵事目中，加之其原有体例并非清晰确定，因而编排复原颇为不易。

如果我们承认《永乐大典》收录的《宋会要》是"集合式"的材料

---

① 陈智超：《揭开〈宋会要〉之谜》，社会科学文献出版社，1995，第2页。
② 影印文渊阁四库全书本《〈续资治通鉴长编〉提要》。

群组，就需要分解辨析，先把所谓《宋会要》及其编纂方式看透，把《永乐大典》的收录方式厘清，才有可能接近其"原貌"。考虑到宋代的修史方式，会要作为当时的官方档案，是分阶段编修的。两宋尽管一直在纂修会要，却没有一部贯通前后的、严格意义上完整一体的本朝会要。北宋三部《国朝会要》基本延续相通；而南宋则大多侧重于特定阶段的内容，即所谓"断朝为书"，只有张从祖《（嘉定）国朝会要》和李心传《十三朝会要》（《国朝会要总类》）是相对通贯的。《（嘉定）国朝会要》"自国初至孝庙"[1]，淳熙七年（1180）启动，其实截至乾道；《十三朝会要》应至宁宗朝。这两部会要，都是在前修会要基础上"纂辑"而成。也就是说，宋代的会要，南宋时没有经过"定于一尊"的全面整合重修，其后的元代也未做此工作。换言之，《宋会要》本来并不是完整的"一部"书，它不同于《唐会要》《五代会要》，不是总成于一时；即便说到"原本"，其原始状态本来也是编纂叠加甚至重复参互的。从这个意义上说，"复原"的对象或目标，本身即是值得厘清的问题。就大众普遍的认识和预期而言，可以说是"复原《宋会要》"；而就学者切实的目标而言，应该是进行有关宋朝会要的综合研究，在此基础上整编一部结构序次相对合理、相对接近宋代原貌的《新辑宋会要》。

这显然不是一项容易奏效的工作。就个人感觉而言，陈智超先生在《解开〈宋会要〉之谜》一书中提出的"合订本"概念，可能是解题与新辑的关键。如若《永乐大典》收录的是南宋后期秘书省（?）整编的合订本，则意味着它并非文献记载的16种宋代会要中的任何一部。宋人对于《国朝会要》的重视，首先因为其中提供了本朝的制度依据，如高宗赵构所说，"《会要》乃祖宗故事之总辖"[2]。当年需要"合订本"，其益处正在于内容会聚相对完备，便于查检、征引。时至今日，若能争取在合订本的意义上，尽可能集中、充分地保留整理有序的材料，对学人利用这部史料的方式将有重要的帮助。正如陈先生所说："如果我们也采用合订本的办法，将每一门的内容按顺序排列，对今后的研究者来说已经足够了。"[3]

---

[1] 王应麟：《玉海》卷五一《嘉定国朝会要》。
[2] 李心传：《建炎以来系年要录》卷一八八，"绍兴三十一年正月庚寅"条。
[3] 陈智超：《解开〈宋会要〉之谜》，第91页。

宋代的合订本，应该是"将各部《会要》的同一门按顺序编在一起"。根据现存材料来看，当时没有打乱原来各门内在的顺序，没有把不同会要记载的事件重新混编叙述，而可能是将不同会要中同一门的内容"叠加"式地抄录在一起（按照门类，抄录了一部内容再抄一部内容。完全重复者，则有删削）。也就是说，在各"门"之下的大单元中会有来自不同会要的若干小单元。这样，也就不难解释，为什么《宋会要辑稿》中对同一性质的内容会有不同的概括叙述，而且被分散"剪贴"在不同部分。针对这种情形，本次编纂时"内容相近者两存或多存"，是合理的做法。

《宋会要》的深度整理，如陈先生指出，问题的复杂在于构成的复杂。"类"与"门"，是宋朝会要结构性的体现方式。"复原"和"新辑"的入手处，首先在于类和门的把握。这相当于从目录到全文的"绳套""纲目""关节点"，值得下足功夫。各部会要虽然内容不同，但在编辑时分类分门的方式有一些前代规制，形成一些基本做法，有其脉络可寻。把握住类和门的分疏与层次，新辑会要的规模和轮廓才能有所保证。

目前，《宋会要》中《职官类·中书门下门》《崇儒类·太学门》以及《道释类》的复原与校勘，已经在中国社会科学院历史研究所隋唐宋辽金元研究室编《隋唐辽宋金元史论丛》第五辑刊出①，作为课题组的首批成果，呈献给学界。

新近出土的徐谓礼文书和学界熟悉常用的《宋会要辑稿》，是不同类型的两种史料。而其共同处在于，内容都与宋代的制度现实相关，牵涉面广，情况复杂，要肯下硬功夫，才可能有高质量的整理成果。

出土文书及传世文献的整理，并非仅靠"工匠"式的劳作所能奏效，这是对我们知识结构与既有能力的挑战。从这个意义上看，整理和研究，二者实在无法分开。《武义南宋徐谓礼文书》的整理出版，让学界有机会更为贴近历史现实，也让我们得以从语汇释义、句读、结构分析、制度比较诸方面进行基础性训练，累积制度史研究的底气。相形之下，《宋会要辑稿》的校点与深度整理，更是压力重大的"工程"。课题既为学界提供

---

① 中国社会科学院历史研究所隋唐宋辽金元研究室编《隋唐辽宋金元史论丛》第五辑，上海古籍出版社，2015，第240~343页。

方便，又要通过集体协作，通过反复比对追索来锻炼学术人才，提升研究水平。在这一过程中，培养并磨炼出善于发现问题、善于步步紧逼解决问题的中青年团队，应该是不容回避的任务。

这些年来，海内外学人对于宋代基本史料愈益重视，包括对《宋会要辑稿》、《天圣令》、《名公书判清明集》、官箴书、地方志、石刻史料乃至出土文书等的研读课、工作坊愈益普遍。从基本训练开始，夯实基础，应该是我们不断努力的方向。就制度史研究而言，所谓的"活"，绝非浮泛飘忽，只有肯下"死"功夫，把根基扎在各类材料的沃土中，才能"活"得了。如果我们能够抓住机会，认真而非敷衍地对待面前的诸多史料，宋史学界希望可期。

2015 年 10 月于台北南港

刘浦江教授纪念专栏

编者按语：

北京大学历史学系暨中国古代史研究中心刘浦江教授于2015年1月6日不幸病逝，享年54岁。刘浦江教授长期致力于宋辽金史、北方民族史及思想文化史的研究，尤其是在宋辽金史领域有着深厚的学术造诣，成果丰硕。他的离去无疑是史学界的重大损失。为缅怀这位杰出的学者，本刊特设纪念专栏，刊发刘浦江教授学术述评一篇以及其著作《松漠之间——辽金契丹女真史研究》的书评两篇，以便读者更好地理解刘浦江教授的学术成就。其中特邀邱靖嘉撰写《刘浦江先生学术成就与思想述评》一文，原计划于本刊出版后收录于《大节落落高文炳炳——刘浦江教授纪念文集》一书。然本刊后于纪念文集出版，所以请邱靖嘉在已刊布于纪念文集中之文章的基础上梳理并改写，以不负本刊首发之初衷。

刘浦江先生学术成就与思想述评

邱靖嘉

刘浦江先生，北京大学历史学系暨中国古代史研究中心教授、博士生导师。长期致力于宋辽金史、中国北方民族史、四库文献学及思想文化史的研究，发表各类学术文章百余篇，出版《辽金史论》《二十世纪辽金史论著目录》《松漠之间——辽金契丹女真史研究》《契丹小字词汇索引》四部论著[1]，在国内外史学界赢得了很高的学术声誉。他对自己的研究方向和学术道路始终有清醒的认识和深远的思考，并对其毕生追求的学术事业怀有由衷的敬畏和深切的体悟。他的那些点滴之思凝聚成了一套独具特色的治学思想。笔者仅从受业弟子的角度，结合先生的学术经历，试对其学术成就与思想做一总结和评述，希望能够比较客观地呈现他这一生的学术风采。

一 别开生面的辽金史学研究

1979 年，刘浦江先生考入北京大学历史学系中国史专业，在求学期间，已展现出对历史文献的浓厚兴趣[2]，为将来的治学打下了良好的基础。大学毕业后，被分配到中共中央党校文史教研部任教，但对他而言，这并不是一份理想的工作。1987 年 10 月，他忐忑不安地来到邓广铭先生家，本想请邓先生介绍他去中华书局，可未曾想到，他叩开的是"一扇通往学

---

[1] 刘浦江：《辽金史论》，辽宁大学出版社，1999；《二十世纪辽金史论著目录》，上海辞书出版社，2003；《松漠之间——辽金契丹女真史研究》，中华书局，2008；《契丹小字词汇索引》（与康鹏合编），中华书局，2014。
[2] 《走出辽金史——刘浦江先生笃行而未竟的事业》，《光明日报》（史学版）2015 年 1 月 21 日第 14 版。

术殿堂的大门"。在晤谈两小时之后,邓先生对这位年轻人颇为赏识,当即决定要把他调到北京大学中国中古史研究中心。经邓先生竭力争取,他终于半年后顺利进入北京大学。①

刘浦江先生调入北京大学中古史研究中心后,师从邓广铭先生,长期担任其科研助手。当时邓先生布置给他的第一项任务是彻底解决《大金国志》一书的真伪问题,于是他花费了半年时间,逐条查找此书的史料来源,并写出《再论〈大金国志〉的真伪问题》②一文,这是他接触辽金史的最初机缘。但此后几年,他一度心有旁骛,直至1992年才最终确定了其学术坐标,说来不免有晚学之恨。③就在这一年,邓先生命他协助自己完成《三朝北盟会编》的点校工作。④在之后的五六年里,他全身心地投入此书的整理与研究之中。据他后来回忆,那些年,他基本上是每年上半年做金史方面的专题研究,下半年则要点校数十卷《三朝北盟会编》,其深厚的文献功底及对宋代文献之熟稔主要就是在此期间奠定的,同时这也更坚定了其从事辽金史研究的信念,所以这项工作可谓令他终身受益。就这样,在邓先生的鼓励与引导下,刘浦江先生逐步走上辽金史学研究的道路。

先生常对我们学生说:"要做一流学者必须得有一门拿得起来的断代史或专门史作为看家本领,首先要成为这个领域的专家,然后才能谈得上向外拓展。"对于他而言,辽金契丹女真史研究无疑就是他最主要的学术阵地。

在先生看来,辽金史在中国史学传统的断代史研究格局中素以冷僻著称,"直到今天,我国辽金史研究的总体水平还没有超过战前日本学者曾经达到的那种高度,辽金史研究至今仍未走出萧条"。在这种学术氛围之下从事辽金史研究是一桩很寂寞的事情,"不时有一种垦荒的感觉"⑤。他早年以研治金史起家,从20世纪90年代后期开始将注意力转向辽史,此

---

① 刘浦江:《不仅是为了纪念》,《读书》1999年第3期。
② 此文发表时题为《再论〈大金国志〉的真伪——兼评〈大金国志校证〉》,《文献》1990年第3期。
③ 刘浦江:《辽金史论》"自序",第1页。
④ 刘浦江:《邓广铭先生与辽金史研究》,《想念邓广铭》,新世界出版社,2012。
⑤ 刘浦江:《辽金史论》"自序",第2页。

后长期在辽金史学领域耕耘开拓,至今已有二十多个年头,发表了许多重要的研究成果,引起了海内外学界的广泛关注,被公认为当今辽金史界的领军人物。对于长期沉寂萧条、只有数量增长而缺乏高质量的精品的辽金史研究现况而言,先生的研究成果可以称得上是别开生面,在前人基础上取得了重大的突破。具体来说,刘浦江先生对于辽金史研究的学术贡献主要有以下三个方面。

第一,对辽金史上诸多关涉重大的核心问题进行系统研究,并解决了许多悬而未决的重大难题。先生的辽金史研究完全是以问题为导向,据其自述,他对于研究课题的选择,向来有两个基本原则:"一是追求重大题材,即关注重要的、关键的、核心的问题;二是追求难度系数,偏好难度较大的、前人没有发现或者未能解决的问题。"① 翻开先生的论著目录,我们会发现,他所研究过的辽金王朝开国史、民族政策、宗教政策,辽朝国号、部族制度、头下军州,金代户口、捺钵、财政税收制度等诸多问题,无不是辽金史上最为核心、关键的重大议题。这些题材基本上都是前人研究比较薄弱,甚至长期无人问津的。而先生穷尽史料,对此做了迄今为止最为彻底的清理,使我们对辽金王朝核心层面的诸问题有了更深入的理解,大大地推动了辽金史整体认识水平的提高。

追求难度系数也是先生辽金史研究的一大亮点。他长期关注辽金史领域内那些悬而未决的疑难问题,曾总结有"辽金史上的十大难题"②。他的许多文章就是专门为了破解这些难题而做的实证研究。其中,最令先生满意的两文当数《再论阻卜与鞑靼》和《金中都"永安"考》。③ 阻卜与鞑靼之谜是困扰自王国维以来中外学人的一道世纪难题,先生通过全面考索宋辽金元文献及契丹、女真语文资料,证明辽金史中的阻卜(阻䪁)绝非

---

① 刘浦江:《松漠之间——辽金契丹女真史研究》"自序",第2页。
② 据先生自己解释,所谓"几大"难题,绝不是有意凑数,其中并没有什么噱头可言,其所开列的都是他在研究过程中认为最为重要、最具代表性的一系列难题。而且随着学力的增长,这些难题的数量也在不断增多,起初只有"八大",后来增至"十大""十二大"。据我所知,他离世前列出的题已有15个之多,其中有些是他业已解决的,而更多的则仍有待探索。
③ 刘浦江:《再论阻卜与鞑靼》,《历史研究》2005年第2期;《金中都"永安"考》,《历史研究》2008年第1期。

元朝史臣凭空杜撰,该词源出契丹语,后为女真语所因袭,终于解开了这一百年谜团。金海陵王迁都燕京之初,曾改燕京析津府为永安府,这是清代学者施国祁精心考证后的一个重要发现,这一结论虽已被辽金史、历史地理和北京史研究者视为定谳,但在先生看来,这个问题仍存有很大疑点。果然他的研究最终推翻了前人成说,证明"永安"一名乃是海陵天德三年所改的燕京新地名,所谓"永安府"事实上是子虚乌有的。类似这样的问题在辽金史研究中是具有较高难度的,而先生却均能将其彻底解决,眼光之独到,考证之精审,论述之缜密,在辽金史学界实数少见。他的研究堪称是辽金史学"精耕细作"、向深度发掘的典范之作。

第二,拓展辽金史研究的手段和方法,充分利用民族语文资料和跨学科知识进行历史研究。先生在谈及辽金史研究的困厄与出路时,曾说辽金史学要想走出困境必须在材料和方法上寻求突破,前者除了指大力发掘传世文献史料之外,更要充分利用民族语文资料,而后者则是指采用跨学科的研究方法。① 他本人的研究就向我们全面展示了此二者对于推动辽金史研究的重要价值。

在辽金汉文史料严重缺乏的状况下,契丹、女真文字资料的出现无疑给辽金史研究带来了新的机遇。然而诚如先生所言,"长期以来,辽金史学界与民族语文学界彼此十分隔膜:一方面,辽金史研究者大都不能掌握利用契丹、女真文字资料;另一方面,民族语文学家又未能向历史学家充分展示这些资料在历史研究方面的价值"②。于是先生力图打破这两者之间的隔阂,将民族语文资料真正应用于历史研究之中,并获得了巨大的成功。如上文提到的阻卜与鞑靼问题的解决,即全赖契丹小字和女真字石刻材料所提供的关键线索。而最能体现契丹语文资料之于辽史研究价值的,就是先生关于契丹人名、字问题的研究。③ 他通过对契丹大小字石刻材料所见契丹人名、字的考释,结合相关汉文史料,揭开了从不为人所知的契

---

① 刘浦江:《穷尽·旁通·预流:辽金史研究的困厄与出路》,《历史研究》2009年第6期。
② 刘浦江:《松漠之间——辽金契丹女真史研究》"自序",第1页。
③ 刘浦江、康鹏:《契丹名、字初释——文化人类学视野下的父子连名制》,《文史》2005年第3辑;《再论契丹人的父子连名制——以近年出土的契丹大小字石刻为中心》,《清华元史》创刊号,商务印书馆,2011。

丹族父子连名制的奥秘,这一研究是运用契丹文字资料研究契丹史的力作,代表着辽金史研究的学术前沿。因此,著名契丹语言文字专家刘凤翥先生总结刘浦江先生在辽金史领域的贡献,其中之一就是"用契丹文字研究辽史,刘浦江先生开风气之先"。①

先生曾指出:"今天的辽金史研究,尤其需要跨越语言学、民族学、人类学、民俗学等学科屏障——不仅仅是吸取这些学科的材料及其研究成果,更重要的是要掌握各个学科不同的研究方法。"② 在他自己的研究中,就不乏运用跨学科知识和方法解决并升华问题的成功案例。如关于契丹人名、字问题的研究,除了利用契丹语文资料进行探索之外,它还是运用跨学科方法研究中国民族史的作品。其文通过考释契丹文字发现契丹人父子连名的现象之后,又结合中外民族志资料与文化人类学理论,进一步分析了这一父子连名制的具体类型和语言学、民族学特征,其学术意义和旨趣已超出了辽史研究本身,为中国民族史研究探索出一条新的道路。又如《契丹人殉制研究——兼论辽金元"烧饭"之俗》这篇长文③,在钩索宋辽金元及域外文献的基础上,充分结合考古学材料以及古今中外的民族志资料,对契丹社会的人殉制及北方民族的殉葬传统进行了系统研究,并引入文化人类学中"割体葬仪"的概念分析述律后"断腕"故事的原型,同时又从民族学和民俗学的角度,对辽金元"烧饭"之俗的含义界定及源流情况做了深入考察,其所涉学科之广泛,内容之丰富,令人耳目一新。先生在跨学科研究方法方面所做的开创性工作,对于辽金史研究的"学术突围"而言,具有示范性的意义。

第三,能够将具体的辽金历史考证问题升华为牵涉全局、关照面广的中观或宏观议题。先生平日常常教导我们,在做微观具体研究时,绝不能就事论事,而要时刻有"上层次"的问题意识。所谓"上层次"主要是指在考证具体问题的基础上,能够以小见大,在一个更高、更广的层面申发其历史意义。这种能力正是先生的过人之处,他在做学术研究时,总能见

---

① 孙妙凝:《刘凤翥谈刘浦江的五大学术贡献》,中国社会科学网,2015年1月9日,见 http://www.cssn.cn/zx/bwyc/201501/t20150109_1473248.shtml。
② 刘浦江:《穷尽·旁通·预流:辽金史研究的困厄与出路》,第27页。
③ 刘浦江:《契丹人殉制研究——兼论辽金元"烧饭"之俗》,《文史》2012年第2辑。

微知著,"大处着眼,小处着手",由微观实证牵引出一系列中观或宏观的重大议题,从而大大提升了其辽金史研究的整体层次。如关于金朝初叶国都问题的研究①,他首先对金上京会宁府的国都地位及其真实形态做了细致的考证辨析,然后将其置于女真政权从部族体制向帝制王朝转型过程中所存在的一种特殊政治形态下加以解读,进而揭示出北族王朝政治体制变迁的某些共性。其思路之开阔,眼光之高远,令人叹服。又如《德运之争与辽金王朝的正统性问题》②一文,以论证辽金两朝的德运之争为基础,进一步系统剖析辽金元明清历代对北族政权的政治定位问题,从而勾勒出近千年来华夷观念的演变轨迹,充分彰显先生高瞻远瞩、把控全局的宏观思辨能力。他的这些成果将辽金实证研究升华为层次更高且具贯通性的历史问题,为辽金史研究整体水平的跃升做出了重要贡献。

从以上三方面来看,刘浦江先生在辽金史领域所取得的研究成果,别开生面,为长期沉闷的辽金史学研究注入了新的活力。他对辽金史上诸多重大问题均有相当精深的系统研究,并拓展了辽金史研究的手段和方法,推动了辽金史整体研究水平和层次的提升。就这些非凡的学术成就而言,他不愧为当今辽金史学界的中流砥柱。先生曾对我们说,他毕生有两大心愿,第一就是希望他所做的辽金史研究能够超越此前的所有辽金史学者。不知在他心中,这一学术目标是否已经实现了呢?

二 "旁通之道":从宋辽金到辽金元

刘浦江先生研治辽金史二十余载,对于这一断代史的总体状况始终有着全面的认识和深刻的思考。史料匮乏是辽金史研究一道永恒的难题,也是辽金史在各断代史研究中处于相对落后地位的根本症结所在。辽金史研究要想走出困厄,改变辽金史学的冷落局面,就必须想方设法地寻求突破,这就是先生所说的"学术突围"。那么,究竟应当如何突围呢?其实,先生对此已有很成熟的考虑。

20 世纪末,他在撰写王曾瑜先生《金朝军制》的书评时,就已对 20

---

① 刘浦江:《金朝初叶的国都问题——从部族体制向帝制王朝转型中的特殊政治生态》,《中国社会科学》2013 年第 3 期。

② 刘浦江:《德运之争与辽金王朝的正统性问题》,《中国社会科学》2004 年第 2 期。

世纪的辽金史研究做了深刻的反省,并首次提出21世纪辽金史研究的新出路,他概括为"必须从上下、左右两个方向去寻求突破"。[①] 据他解释,所谓"左右",主要是解决史料不足的问题,辽金史研究的史料范围应该扩大到五代十国、两宋、西夏、蒙元、高丽、日本,尤其是宋、元文献,史料发掘的余地还很大。所谓"上下",主要是解决研究方法的问题,比如研究辽金汉制,不妨着眼于唐宋;研究契丹、女真制度,不妨从东胡系民族或清代历史中寻求答案。后来,他又将上下、左右这两个方向进一步阐发为"穷尽史料"与"旁通之道"这两条可能的出路。[②] 关于"穷尽史料",先生素以文献见长,尤精于宋元文献,故对他而言,这可以说是一种学术自觉,无须赘言。在此,我想结合先生的学术经历,重点谈谈他个人的"旁通之道"。

先生指出,"旁通之道"的要义之一就是"突破断代史的藩篱"[③],这其中又包含两层具体的含义。首先,辽金史研究绝不能就《辽史》论辽史,就《金史》论金史,而应该兼治辽史和金史、契丹史和女真史。先生起初主攻金史,后由金史入辽史,并始终坚持二史兼治,自不待言。其次,辽金史研究者最好能够兼治宋史,或兼治蒙元史,或兼治民族史。他解释说:"兼治宋史对于扩大辽金史的史料范围最为有利,兼治蒙元史或民族史则可拓展学术视野,以收触类旁通之功,前辈学者在这方面不乏成功的范例。"不过,他自称:"这种治学路数也一直是笔者的学术理想与学术追求,可惜心向往之而力不能至。"实际上,"旁通之道"不仅是他心向往之的学术理想,而且更是其努力践行的学术追求。

从先生的学术背景和实际研究来看,他始终与宋史有着不解之缘。他最初就是在邓广铭先生的引导下,通过在宋代文献中查找《大金国志》的史源以及点校《三朝北盟会编》这部宋人史籍而进入辽金史研究领域的。此后,他对宋史有着长期的关注,并致力于宋代文献及政治文化的研究。

---

① 刘浦江:《〈金朝军制〉平议——兼评王曾瑜先生的辽金史研究》,《历史研究》2000年第6期。
② 刘浦江:《穷尽·旁通·预流:辽金史研究的困厄与出路》。以下关于"旁通之道"的解释,皆出此文。
③ "旁通之道"的另一层含义是指采用跨学科的研究方法,关于这一点,上文已有论述。

在他的论著中，就有若干篇研究宋代文献的作品，比较有代表性的如《范成大〈揽辔录〉佚文真伪辨析》《〈三朝北盟会编〉研究》《宋代使臣语录考》。① 在他所研究的宋代文献中，大多含有辽金方面的重要史料，所以他说"兼治宋史对于扩大辽金史的史料范围最为有利"，可谓其研治宋史的经验之谈。

政治文化史一直是先生很感兴趣的一个研究领域。因宋代在中国传统政治文化变迁中具有重大的转型意义，故他对宋代政治文化关注尤多，且做出了极为重要的研究成果。其中，影响最大的非《"五德终始"说之终结——兼论宋代以降传统政治文化的嬗变》莫属。② 此文对历代王朝用以阐释政权合法性的五德终始说之消亡过程进行了深入的探考，结果发现五运说之终结其实是宋代儒学复兴、道德教化的结果，并进一步指出其在宋代所面临的危机并不是一个孤立的现象，而是中国传统政治文化的一种共同境遇。宋代知识精英对五运说、谶纬、封禅、传国玺等传统政治文化均做了全面的清算，从学理上消解它们的价值，从思想上清除它们的影响，宋儒的那些政治伦理观念后来成为元明清时期的普世价值观，这向我们指引了宋元明清时代思想史的基本走向。该文视野宏阔，卓有识见，论证分析鞭辟入里，解决了中国传统政治文化中的核心问题，故一经发表即引起国内外学术界的强烈反响，先后被翻译为英文、日文，如今已成为中国古代史研究生的必读篇目。此外，先生还曾对宋代宗教的世俗化与平民化、宋太祖誓约及誓碑之真伪等问题做过专题考察③，亦为其宋史研究的精品之作。

由此可见，先生的学术领域实不限于辽金史研究，而是一直将宋史作为兼治的对象。尽管他曾谦称自己"没有打通宋辽金史的野心"④，但邓小

---

① 刘浦江：《范成大〈揽辔录〉佚文真伪辨析——与赵克等同志商榷》，《北方论丛》1993年第5期；《〈三朝北盟会编〉研究》（与邓广铭先生合著），《文献》1998年第1期；《宋代使臣语录考》，张希清等主编：《10—13世纪中国文化的碰撞与融合》，上海人民出版社，2006。
② 刘浦江：《"五德终始"说之终结——兼论宋代以降传统政治文化的嬗变》，《中国社会科学》2006年第2期。
③ 刘浦江：《宋代宗教的世俗化与平民化》，《中国史研究》2003年第2期；《祖宗之法：再论宋太祖誓约及誓碑》，《文史》2010年第3辑。
④ 刘浦江：《辽金史论》"自序"，第2页。

南教授认为，其实"他心中是真正要把宋辽金进行通体研究的"①。在先生《松漠之间——辽金契丹女真史研究》一书勒口处的作者简介中，他将自己的专业领域界定为"辽金史、民族史，兼治宋史"，这或许才是先生对自我学术定位的真实反映。

不过，随着先生学术研究的不断深入，他逐渐认识到，兼治宋史固然对扩大辽金史料范围及借助唐宋制度研究辽金汉制方面有所帮助，但仍存在明显的局限性。这主要是由于宋代文献中的辽金史料大多出自宋人的辗转记载，有许多以讹传讹乃至演义杜撰的内容，难辨真伪，而且缺乏涉及契丹、女真传统民族制度及核心政治议题的史料，故仅仅打通宋史，还不足以使辽金史研究全面走出困境。近年来，先生日渐意识到"旁通之道"的另一个突破方向——打通蒙元史的重要性。

契丹与蒙古同属北方游牧民族，两者在民族传统、部族制度等诸多方面都有着天然的共性。女真与契丹、蒙古的民族谱系虽有所不同，但金元政治制度之间的内在联系尤为密切，加之元代文献中也保存着不少辽金史料，因而打通蒙元史对于辽金史学者而言，或许是更为迫切的事情。对此，先生早就心知肚明，不过由于他最近几年的研究重心主要放在政治文化及思想文化史上面，故而未能集中精力开辟蒙元史这一新的专业领域。不过，其实先生近年也已开始尝试朝蒙元史方向寻求新的学术突破。譬如，他从文献学的角度，对元代治河文献《河防通议》一书的源流及其内容做了详细探讨，并从中发现了金《泰和律令·河防令》的11条令文。②其尚未发表的遗著《历史是怎样写成的？——郝经雁帛书故事真相发覆》，是一篇纯元史的作品。此文对流传甚广的郝经雁帛书故事进行抽丝剥茧般的辨析，最终探明了这个故事的来龙去脉及其产生的社会背景，为我们还原了"历史"的书写过程。先生的这两篇文章仅仅是他涉足蒙元史的尝试之举，若天假以年，他或许会在这一领域开辟出一片新的天地。

---

① 孙妙凝：《邓小南追忆刘浦江："质犹近古，纯正笃实"》，中国社会科学网，2015年1月9日，见 http://www.cssn.cn/zx/bwyc/201501/t20150109_1473102.shtml。

② 刘浦江：《宋、金治河文献钩沉——〈河防通议〉初探》，《舆地、考古与史学新说——李孝聪教授荣休纪念论文集》，中华书局，2012。

在我印象中，大约自 2010 年以后，打通辽金元是先生训诫我们学生时反复强调的一个问题。他希望这个学术理想能够在学生身上得以实现，故思之深，责之切。出于这一目的，近年来，他指导博士研究生论文选题时，首先考虑的就是要找一个能够贯通辽金元史的题目。例如，他让陈晓伟博士研究北族王朝的行国政治，这就牵涉辽金元时代的捺钵、斡鲁朵、行朝等方面的核心问题。至于目前在读的两位博士生苗润博和赵宇，先生对他们的论文选题也有同样的要求，这也是他患病期间始终难以释怀的一桩心事。先生临终前，特意将二人托付给张帆教授，就是希望他们能够在张帆教授的指导下，顺利地进入蒙元史领域，最终实现打通辽金元史的目标。先生生前的第二大心愿是希望他培养出来的学生将来能够在学术上超越自己，在他看来，贯通辽金元史是超越他的一条可行之路。

纵观先生的学术生涯，他虽以辽金史名家，但并不满足于在该领域内所取得的现有成果，时刻思考着辽金史研究的出路在何方。为此他朝各个方向努力践行着其所谓的"旁通之道"，从兼治宋史到打通蒙元史。他的这些探索为后来的辽金史学人指明了方向。

三 "入于汉学，出于宋学"：最理想的治学路径

刘浦江先生不仅学问精湛，而且还具有十分敏锐的学术洞察力，对历史学界的整体面貌及发展趋向都了若指掌，并时刻反省自身治学路径所存在的问题，不断调整自己的学术目标。近几年来，他思考最多的就是当今史学界普遍存在的"碎片化"问题。自 20 世纪 80 年代新史学兴起以来，历史研究日益陷入碎片式的微观实证研究。一方面，研究议题越来越琐碎，大多热衷于对史事的细节考证和个案考察，缺乏全局性、整体性的关照；另一方面，专业分化越来越精细，各断代史或区域史之间壁垒森严，研究者往往穷其一生在某一领域内钻研探索，缺乏跨断代、跨区域乃至跨学科的贯通意识。这种倾向虽有助于史学研究的深度掘进，但也导致整体史学的衰微，宏观重大题材研究的缺失，从而呈现出一种"碎片化""边缘化"的现象，为史学界许多人士所诟病。

在这种状况下,历史研究者也逐渐分化出两类截然不同的治学取向。一类倾向于毕生皓首穷经,以烦琐考据和微观基础研究自矜,其学问深度虽无可挑剔,但整体器局未免过于狭隘。另一类则坚持"宏大叙事"主题的研究,善于阐发义理,关注大理论、大关怀、大问题,格调虽高,但往往流于空疏。在有关史学"碎片化"的论争中,上述两类治学取向往往相互对立,彼此责难:前者讥后者疏阔,经不起推敲;后者讽前者细碎,上不了层次。这一现象颇类似于清代的汉学与宋学之争。几年前,有一次先生向一位考据学家请教问题,谈到某位以义理见长的著名思想史家时,那位学者对这位思想家的学问予以严厉批判、全盘否定,言辞颇为激烈。先生听后大为吃惊,目之为当代版的"汉宋之争",并对这种做法很不以为然。他认为正确的学术态度"应该是取其长而弃其短,追求互补,若是矜己之长而攻人之短,势将不利于学术的进步"。[①]

此后,他就时常思考史学"碎片化"及"汉宋之争"的问题,并考问自己,历史研究者究竟应该追求怎样的学术境界。在他看来,要成为一流学者,既不能陷入"碎片化"的史学不可自拔,也不可执拗于汉宋门户之见,而应兼容并蓄,博采众长。2014年3月22日,在北京大学历史学系第十届史学论坛的开幕式上,先生就此话题发表了一系列演讲,这也是他最后一次公开谈论学术的讲话。在这次演讲中,他将其认为最理想的学术研究路径精辟地概括为"入于汉学,出于宋学"的治学主张。这可谓是先生对其一生学术经历及思考心得的高度提炼,需要加以详细解读。

先生所说的"汉学"是指清代乾嘉以来形成的考据之学。他认为一切历史研究都必须建立在扎实考证的基础之上,对于历史学者而言,也唯有做实证研究才能真正进入史学的大门。由"汉学"入门给我们带来的好处是:其一,可以充分接触历史文献,接受全面的文献学训练,打下良好的文献基础;其二,养成实证研究的习惯,今后即便研究宏观问题,也能在具体论证时脚踏实地,避免天马行空般的自说自话。这两点意义是先生十

[①] 此为2012年1月25日先生的邮件内容,见《收获丰厚的青春——刘浦江致弟子书》,《北京青年报》2015年1月12日第B2版。

分看重的,他本人的学术研究就是这样一种路数。他早年通过文献考证研究走上史学道路,练就了极为深厚的文献功底和考据功力,[①] 他的所有研究无不是以扎扎实实的考证为基础的,同时这也是他在培养学生时,对我们的一个基本要求。

"入于汉学"一语比较容易理解,这其实也是大多数学者进入历史学领域的一般路径。不过,对不少人来说,一旦入门可能就意味着学术畛域与路数的基本定型,今后不会有太大的改变。但在先生看来,长期浸淫于一个学术领域或重复一种学术路子未必是什么好事,可能意味着学术创造力的枯竭[②],因此他时常思考如何突破自己的学术瓶颈,追求更高的目标。"出于宋学"就是他认为最理想的一种学术境界。

这里所说的"宋学"可泛指与考据相对的阐发义理之学,然就具体的史学研究而言,主要包含两层意思,一是研究全局性的宏观问题,二是研究跨断代、跨区域甚至跨学科的重大题材。先生认为,当一名学者进入学术成熟期之后,就不能再把全部精力都用于做鸡零狗碎的烦琐考证,而应尽量做有分量、有影响的"大文章"。那么,怎样才能做出"大文章"呢?这就要求史学研究者一方面要"小题大做",在从事微观研究时,注意其背后能否牵引出更高层面的中观或宏观问题,此即上文提到的"上层次";另一方面又要"大题大做",突破断代史、区域史以及传统王朝格局体系的藩篱,关注和研究中国整体历史发展脉络中重大的、关键的、核心的问题。不过,对于青年学人来说,因学力尚浅,恐不足以把握牵涉面广的大问题,故可先从"小题大做"入手,但中年以后就必须朝"大题大做"而努力。[③] 以上谈到的这些就是所谓"出于宋学"的基本内容。尽管先生明确提出这一主张时间较晚,但事实上,

---

[①] 他不仅熟谙宋元文献,而且还在四库学方面有很深的造诣。长期为研究生开设"《四库全书总目》研读"的课程,最近又发表《〈四库全书初次进呈存目〉再探——兼谈〈四库全书总目〉的早期编纂史》(《中华文史论丛》2014年第3期)、《关于天津图书馆藏〈四库全书总目〉残稿的若干问题》(《文史》2014年第4辑)、《四库提要源流管窥——以陈思〈小字录〉为例》(《文献》2014年第5期)三篇四库学佳作。

[②] 此语出自《松漠之间——辽金契丹女真史研究》"自序",第1~2页。"重复一种学术路子"系笔者所加。

[③] 此即严耕望先生所云:"青年时代,应做小问题,但要小题大做;中年时代,要做大问题,并且要大题大做。"(严耕望:《治史三书》,辽宁教育出版社,1998,第54页)

他早已在其学术研究中默默实践着这个治学理想。上文谈到，先生的辽金史研究多具有"上层次"的问题意识，就是一个很好的反映。在此，我想着重介绍一下他在拓展学术视野、研究宏大问题方面的心路历程。

大约2000年以后，先生逐渐开始有意识地突破辽金史的束缚，开辟更为广阔的学术领域。他一直对中国古代政治文化史兴趣浓厚，通过研究辽金王朝德运之争与正统性问题这一契机，他敏锐地抓住了历代正统论、德运说、华夷观念等涉及传统政治文化及思想观念变迁的重大核心问题，进行长时段的系统研究，产出了一系列高水平的研究成果。除上文提到有关辽金正统及"五德终始"说终结的两文之外，还有《正统论下的五代史观》与《南北朝的历史遗产与隋唐时代的正统论》①。若将这四篇文章整合起来会发现，他为我们勾勒出了以王朝正统论为核心的传统政治文化自魏晋以降直至明清的整部发展演变史②，展现出其宽广的学术视野与宏阔的学术气局。近年，先生又申报了题为"历史学视野中的正统论——以华夷观念为中心"的国家社科基金项目，并将其研究议题转向思想文化史方面，对宋元明清乃至民国时期的民族主义、华夷观念及政治遗民等问题亦多有关注，并在远离他自身专业之外的领域做出了很有影响的研究成果。他新近发表的文章《太平天国史观的历史语境解构——兼论国民党与洪杨、曾胡之间的复杂纠葛》，竟是一篇近代史研究的作品。此文深入剖析和解构了太平天国民族革命色彩被不断涂抹的经过，以及国民党对洪杨、曾胡政治立场的复杂纠葛③，颠覆了人们对此问题的传统认识。该文发表后，赢得了近代史学界的广泛好评。一位中国古代史学者能够做出这样既

---

① 刘浦江：《正统论下的五代史观》，《唐研究》第11卷，北京大学出版社，2005；《南北朝的历史遗产与隋唐时代的正统论》，《文史》2013年第2辑。需要说明的是，后一篇文章的初稿大约写成于2008年，正式发表较晚。关于此文的详细评析，可参见李鸿宾《旧时的痕迹——刘浦江的生活与学术》，《东方早报·上海书评》2015年2月8日第B07、B08版。

② 据先生说，他以前本打算对秦汉时代的德运、正统问题亦加以考察，但读了顾颉刚《五德终始说下的政治和历史》这篇长文之后（收入《古史辨》第5册），觉得研究余地不大，故而作罢。

③ 刘浦江：《太平天国史观的历史语境解构——兼论国民党与洪杨、曾胡之间的复杂纠葛》，《近代史研究》2014年第2期。

有深度又有思想的近代史研究论文，殊为难得。这篇文章再加上他病中刊出的另一篇《元明革命的民族主义想象》①，共同为我们揭示出自明代以来中国民族主义思想的生长过程，这种研究思路正符合先生"出于宋学"的治学理念。

先生在做学术研究时，习惯将自己的研究进展和心得体会随时记录下来，以备日后总结反思，从中我们得以了解他学术探索的轨迹。前些年，先生曾摘录了几段日记总题为"心路"，分享给我们学生参考。当时他正在着手做明清华夷秩序方面的研究，在2011年10月10日的日记中，他这样写道：

> 近两日反复考虑，决定先做两个题目，一是"从明代的华夷之辨到清代的华夷秩序观"，二是"文化认同与政治忠诚——遗民问题研究"。主要是考虑到这两个题目都涉及元明清时代，有些问题还有交叉或关联，所以在读书搜集材料时不妨一块做，既可以提高效率，又能相互观照。

> 这真是一次很大的挑战，尤其是前一个题目可能需要一直梳理到民国时期，材料、问题、学术史都很陌生，不过这对拓宽自己的学术视野是非常有利的。准备拿出半年时间来读书找材料，寒假能动笔就不错了。

> 研究这样宏大的问题既有意义，又有意思。符合严耕望先生中年时大题大做的主张。一定要坚持几年，把这本书写出来。

从这则日记我们可以清楚地看到，先生敢于挑战陌生领域的勇气，"大题大做"、研究宏大问题的意识，以及坚持不懈、持志恒定的决心。后来，经过几个月的摸索，他最终选定乾嘉时代"倒错"的夷夏观问题作为切入点②，开启他的系列研究，此后的《元明革命的民族主义想象》《太平天国史观的历史语境解构》等文章都是由此生发而来的。可惜先生列出的研究题目还有很多，但天不假年，他永远无法完成这部最能体现其学术高度的书稿了，这不啻为一个巨大的遗憾！在了解了先生学术生涯中的这些

---

① 《元明革命的民族主义想象》，《中国史研究》2014年第3期。
② 此文题为"'倒错'的夷夏观？——乾嘉时代思想史的另一种面相"，尚未发表。

心路历程之后，我们就知道他提出"入于汉学，出于宋学"的理想治学路径绝非信口开河，而实为其苦心孤诣得来的至理箴言。①

还需一提的是，"入于汉学，出于宋学"的治学主张不仅是先生个人的学术理想，也是对我们学生的基本要求。近年来，他日益感觉到我们学生目前所做的研究也明显呈现"碎片化"的特点，尽是些微观考证，宏观思辨能力严重不足，故而在这三四年中，他指导学生时说得最多的话题就是要努力"上层次"、提高思辨能力，甚至到了耳提面命的程度。这也是先生对我们最为不满和揪心的一件事情，甚至病中他还群发短信训诫大家说："《近代史研究》2012年第4、5期连续刊载关于中国近代史研究中的碎片化问题的笔谈，大家有兴趣的话可以翻一翻。虽然我本人的学术路子不存在这个问题，但我在反思，是否我培养学生的方法比较容易导致这种倾向？你们都应该警惕这一点。"可见这件事确实是他难以释怀的一块心病。我想在这世上，恐怕只有先生才会如此直言不讳地指陈我们的缺陷，他培养学生的方法当然没有什么问题，主要还是由于我们自身的学术视野不够广、人文关怀不够深、思辨能力不够强。言犹在耳，先生的这一番话会一直鞭策我们努力提升学术研究的层次，调整学术路子，最终成为他所期望的那一类学者。

先生虽由"汉学"进入史学殿堂，并长期在辽金史领域耕耘，但他始终认为学无止境，一名优秀的学者不能将自己限定在某一固定的畛域，复制着同一种学术路数。所以他开始毅然决然地走出辽金史，努力探寻多元的研究路径和恢宏的学术格局，并通过"出于宋学"，进入一种通达的学术境界。邓小南教授这样评价先生的学术："浦江一方面学术敏感性、悟性突出，另一方面学术自觉性、自律性很强。他对学界整体脉络、演化趋势的把握，以及对个人治学目标、学问路径的认识都了然于胸，毫不混沌。……他希望挑战重大题材，追求更为恒久的学术价值。"②陈侃理博士

---

① 荣新江教授称"既要有实证性的硬功夫，也要有史家的识见"是邓广铭先生创建北大中古史研究中心以来的"家训"（《垫江洒泪送浦江》，《文汇报·文汇学人》2015年2月6日第4、5版）。先生提出"入于汉学，出于宋学"的主张或许在一定程度上也是受此"家训"的影响。

② 邓小南：《天然清流，不杂渭泾：忆刘浦江教授》，《文汇报·文汇学人》2015年2月6日第2版。

则称刘老师一定是"以通儒自期的"①。这些评论对于先生而言,是十分允当的。他可以称得上是一位悟性突出、自律性强、对自我学术路径有长远规划的"通儒"。

四 学术的尊严与品格

刘浦江先生在学术事业上成就斐然,不过需要特别指出的是,他绝不是一个只待在书斋里的学者,而是对这个社会、对这个时代都有着强烈的现实关怀。王子今教授即回忆说:"作为胸怀正义的学人,他对于社会情状和民众生活,对于国家前途和民族命运,内心在应当关切的时候是关切着的,热血在应当沸腾的时候是沸腾了的。"②尤需一提的是,先生对当今的学术环境更是有着十分透彻的观察和深刻的反思,这也深深影响着他的学术品格。他的这些思想在其所写的学术随笔中表露无遗。

早在20世纪90年代中期,先生就写过一篇很有名的文章——《唐突历史》③,对现代中国的整体学术环境以及历史学家的价值取向做了深入分析。他指出,历史学家在讲述历史时几乎不可能毫无介入政治、国家、民族利益,乃至个人感情。对20世纪中国史学研究影响最大的莫过于政治,从武则天的历史评价到岳飞的种种是非之争,皆可描摹出一个时代的政治风云,这其中还牵涉国家和民族的价值评判问题。尽管近30年来,历史学与政治拉开了一定的距离,但与此同时,历史研究中的各种非历史倾向则呈现出更加复杂的面貌,往往牵扯许多经济利益、地方利益,从而渐渐失去了学术的味道。最后,他抛出了一句掷地有声的话:"作为一位历史学家,我想说的是,尊重历史,应该成为每一位历史学家的职业信条。"基于尊重历史、尊重学术的精神,他呼吁历史研究者都应该做"独立的历史学家"。在他看来,历史学家的理想境界应该是站在人类的立场上,"超脱于政治、民族、种族、国家、宗教信仰以及个人情感等等"④,研究客观真

---

① 陈侃理:《黯淡世界中的一道光》,《大节落落 高文炳炳——刘浦江教授纪念文集》,中华书局,2016,第334页。
② 王子今:《老泪独吟忆浦江》,《文汇报·文汇学人》2015年2月6日第3版。
③ 刘浦江:《唐突历史》,《读书》1996年第12期。
④ 刘浦江:《第三只眼睛看中国历史——评〈剑桥中国辽西夏金元史〉》,《中国文化》第19、20期合刊,2002。

实的历史，唯有如此，才能真正成为"独立的历史学家"。

说起独立的史家，我们首先想到的就是以"独立之精神，自由之思想"著称于世的陈寅恪，而先生也写过《正视陈寅恪》一文。① 在这篇文章中，他着重从学术与政治的角度，进一步阐述了其对"独立的历史学家"的看法。② 他认为，陈寅恪带给我们的重要启示就是学术必须疏离政治，史学一旦沦为政治的附庸，就无异于宣告它的灭亡，所以他一向不赞成史学为××服务、与××相结合的口号，"服务史学""应用史学"必然沦为庸俗史学。知识分子应具有在严酷的政治环境和令人窒息的学术空气中，仍能保持自由思想和独立人格的胆识。至于历史学家如何养成独立的学术品格，他的宣言是："不盲从于政治，不盲从于时代，不盲从于权威，不盲从于习惯。"同时，他还严正指出如今的史学界之所以再难见到陈寅恪这般气象恢宏的大师，症结就在于今天的学术太功利了，"学术功利化的时代可以陶冶出一大批兢兢业业的专家学者，但终难铸就器宇磅礴的鸿儒"。这一席宏论至今读来仍振聋发聩，扣人心弦。在他眼中，史学研究是一项神圣的事业，不容许为政治所左右，这就是学术的尊严。置身于当今的时代氛围之下，固然需要社会给我们提供一个相对自由和宽容的学术环境，但更为重要的是，历史学家要努力抵御各种各样的诱惑，保持自己独立的人格和自由的思想，维护学术的尊严，做"纯粹的学者"。

先生曾说，一个人文学者的最佳境界是"能够完全凭着学术的感觉去选择自己感兴趣的研究课题，而不必有其他任何功利的考虑掺杂其间"③。他自己就是这样做的，同时也以此要求我们学生。2014年夏，我与陈晓伟博士毕业，走上工作岗位。当时先生正在接受化疗，他对我俩放心不下的是，担心我们今后处理不好学术研究与申报项目之间的关系，于是特命我们将今后若干年内准备研究的课题以及申报项目的名称、时间逐一胪列出来，发给他过目把关，并于2014年10月7日发来邮件，

---

① 刘浦江：《正视陈寅恪》，《读书》2004年第2期。
② 先生对学术与政治的思考，另见《不仅是为了纪念》及《书生本色》（《中华读书报》2002年12月11日第5版）两文。
③ 刘浦江：《松漠之间——辽金契丹女真史研究》"自序"，第2页。

告诫我们说：

> 有一点要特别提醒你们，以后无论申报什么项目，一定是自己做过的或是近年打算做的真正有学术价值的题目。绝不能为了拿到项目，什么题目容易获批就报什么题目，项目要服从自己的研究计划，而不能让自己的研究计划去迁就项目。不能为钱活着，学术事业才是第一位的。

这番话是先生内心世界的真实写照，他为学术而生，为学术而活，学术事业高于一切，他的所有研究都是他认为最有学术价值的题目，毫无功利之心，完全出于对学术的敬畏和尊重。

先生对学术的尊重与执着，还表现在他平日的为人处事之中。无论是研究生招生，学位论文答辩，还是各类评奖评审，处理行政事务，他都始终坚守学术原则与道德底线，坚持纯学术的价值观，这在他去世后许多师友的纪念文章中已多有提及。① 在此，我想不妨再举一例。2006年至2010年先生受命担任北京大学历史学系副主任，他见到每次学校公布的中标重大项目及各类科研奖项获奖名单中，各课题组成员排名前列的大多都是学校各职能部门及院系的行政领导，他对此极为厌恶反感，认为这种领导挂名的做法纯属投机行为，严重妨碍了学术的公正性。因此，他以身作则，严正声明自己在任期间绝不参加任何评奖评选。而每当历史系需要参评校内外各级奖项时，他总会按照学术标准，积极主动地在系里物色最有实力获奖的老师，千方百计地动员他们参评，故凡经他手参与的评奖活动，历史系老师几乎都能获奖。他用事实证明，学术可以不趋炎附势，学术标准是必须坚持的原则和底线。

谈到先生的学术态度，还有一点不得不提，那就是他对自己学术事业的自尊、自强与自信。众所周知，先生只有本科学历，没有继续攻读学位。据其亲友回忆，他之所以没再拿学位，并不是能力不济，而是对现行

---

① 张帆：《功在学术，虽殁犹荣》，《文汇报·文汇学人》2015年2月6日第5版；阎步克：《追念刘浦江君》，《东方早报·上海书评》2015年2月8日第B05版；李华瑞：《畏友浦江》，《东方早报·上海书评》2015年2月8日第B06版。

专业人才培养体制的不满和抵制。① 他坚信凭着自己的资质、勤奋和汗水，照样能够在学术上出人头地，要靠自己的实力正名，而不需要用高学历来装点门面，同时他也认为这个社会毕竟尚未沦丧到学术标准尽失的地步，他相信至少在北京大学不会以学历取人而埋没其学术事业。正因如此，他在《正视陈寅恪》一文中，不禁流露出对陈寅恪游学欧美十余年，上过众多名牌大学而没有拿一个博士学位的艳羡，以及清华大学国学研究院竟肯给这个既无博士头衔，当时又没有什么著述的白丁发导师聘书的赞赏。邓小南教授曾劝先生趁年轻在职申请博士学位，他却简洁明了地回答："我不相信北大也没有学术判断力！"②后来，果不其然，他凭借着自身的学术实力，跻身一流学者之列，顺利晋升为教授、博士生导师。在当今的学术评价体制下，或许唯有北大才能做到不以学历取人，不消说这是北大值得骄傲和坚持的优良传统。

另外，还有一事也能鲜明地反映出先生自尊自强的学术品性。在他第一部论文集《辽金史论》自序的结尾，有这样一段令人振奋的话语："曾有人建议我请一位前辈名流为这部论文集作序，被我断然拒绝了。我想，既然是学术著作，何须来这种俗套？如果连这点自信都没有，即令有名家捧场又能怎样？我们处在一个价值判断力彻底沦丧的时代，人们不得不依靠序引、'书评'或者获什么奖之类的名堂去衡量学术水准。这真是学者的最大悲哀。但无论如何，我的著作是决计不要名家作序的。于是我很坦然地写下了这篇自序。"言辞中充满了对学术的自信和内心的坦荡，显露出未来辽金史研究"舍我其谁的霸气"③，这就是先生的个性。

其实，在先生身上还有许多优秀的品质，如治学严谨精益求精、工作认真一丝不苟、处事公正严明、耿介不阿、淡泊名利等。这些纯正的品格归根结底，大多源自他对学术的那份尊重。我想说，他用自己的生命守护着学术的尊严，同时也为他自己赢得了应有的尊重，有人称他为"真正学

---

① 先生在《不仅是为了纪念》一文中曾说："在邓先生身边工作整整十年，虽然没有听过他一堂课，但不知怎么的，一来二去，你就变成了一个真正的学者。我对专业人才的生成机制发生了怀疑。"
② 邓小南：《天然清流，不杂渭泾：忆刘浦江教授》。
③ 李华瑞：《畏友浦江》。

者的表率"或许就有褒扬其学术品格的涵义。

纵观刘浦江先生的学术人生,他在邓广铭先生的引导下走上辽金史学道路,凭借着勤奋、笃实,在这一领域内取得了超越前人的学术成就,并从长年学术研究的心得体悟中提炼出若干重要的治学思想。无论是辽金史研究的"学术突围","入于汉学,出于宋学"的治学主张,还是对"独立的历史学家"的阐述,都是他带给学界的理论建树和精神遗产,展现了其过人的学术悟性和高洁的学术品格。此外,先生还特别重视学生培养和学术传承。为培育新一代辽金史学人,他在指导研究生方面可谓不遗余力、呕心沥血,投入了大量的时间和心力,不仅手把手地教授学生如何做史学研究、如何写作专业论文,而且还根据每个学生的特点,制订长远的学术规划,描绘着未来的学术蓝图。在先生的价值观中,他把培育学生、传承学术看得比什么都重要。正如先生所言:"我未竟的事业有人传承,是对我最大的安慰。"[1]

刘浦江先生学养深厚,思想深邃,本文所述仅为笔者的个人观点,恐难窥其万一,持论亦未必公允,谨在此表达弟子对恩师的无限哀思与怀念。

---

[1] 《犀利仁师憾未竟功》,《新京报》2015年2月1日第A09版。

评刘浦江《松漠之间——辽金契丹女真史研究》

钟 焓

1999年刘浦江教授在其第一部个人论文集《辽金史论》（辽宁大学出版社，1999）的自序中简要地回顾了其研究历程，并写道："我这十年的注意力主要集中在金史方面，目光转向辽史，只是近一两年的事情。从这部论文集里也能看出这种倾向，书中十分之七八的篇什是有关金史的。到我编下一部论文集时，或许就不会是这个样子了。"从这番坦率自信的期许中，读者不难体会出作者其时对于将来拟开展的研究课题，业已有了成竹在胸的展望和规划。果然10年之后，刘教授再接再厉，适时推出了第二部个人论文集《松漠之间——辽金契丹女真史研究》（中华书局，2008）。这既是一位认真严谨的学人对于当初所许承诺的郑重兑现，同时又是对自己新一阶段学术工作的及时小结。的确，如果从新著所收录的15篇论文和2篇书评来看，真正关乎金史的论文和书评只有5篇；《德运之争与辽金王朝的正统性问题》《再论阻卜与鞑靼》则涉及辽金两代；其余的论著均紧密围绕辽史——契丹史展开。故从内容权重上衡量，与上一部论文集以金史为主的安排恰好相反，《松漠之间》的主题明显偏重于辽史领域。这一变化显示出作者经过努力钻研，已经成功打通了横亘于辽金两史之间的隔阂，完全具备了将二者同冶于一炉的治学功力，从而彻底超越了那种以分治两史之一为满足的治学格局。这种辽金并举，且以辽史为主的内容变化可说是本书给读者留下的第一个突出印象。

本书的第二个重要特征则如刘教授在新书自序中所称："我的辽金史研究最初是由金史入门的，自1990年代后期起，逐渐将研究重心从金史转向辽史和契丹史。这时我才深切地感受到民族语文对于辽金史研究的重要性。长期以来，辽金契丹女真史学界与民族语文学界彼此十分隔膜：一方面，辽金史研究者大都不能掌握利用契丹、女真文学资料；另一方面，民族语文学家又未能向历史学家充分展示这些资料在历史研究方面的价值。以至于有不少历史学家存在一种误解，认为民族语文资料对于辽金契丹女真史研究并没有什么太大的用处。其实，就契丹大小字石刻对辽史－契丹史的潜在价值而言，如果能够对它们加以充分发掘和利用，其重要性将不亚于突厥语文之于突厥史，蒙古语文之于蒙元史。基于这种考虑，我不惜花费数年功夫去钻研契丹小字、大字和女真字的石刻资料。"作者的这一学术主张绝非停留在泛论方面，而是清晰切实地贯穿在本书所收的多篇鸿文中，譬如《辽朝国号考释》《辽朝"横帐"考——兼论契丹部族制度》《契丹名、字研究——文化人类学视野下的父子连名制》《"乣邻王"与"阿保谨"——契丹小字〈耶律仁先墓志〉二题》《再论阻卜与鞑靼》等。可以说，作者在精熟掌握以"四把钥匙"为代表的传统治史路径以后，增添民族语文这一如虎添翼的学术利器，就治学方法与工具而论，不啻在境界上更上一层楼，开创了会通传统的断代史研究与对民族语言有特殊要求的民族史研究的新气象。因此，在将断代史与民族史相互结合的层面，刘教授的这一新著明显较此前的《辽金史论》取得了更多的突破和创获。

《松漠之间》给专业读者的第三个印象则是全书所收的各篇论文，从始至终坚持一种谨严求真的实证学风，论述详尽扎实而深有力度，能于绵密考证中力求突破。加上全书行文流畅，文风朴实硬朗，虽举证众多却毫无枝蔓繁芜之病，足称目前国内考证史学的代表佳作，非常适宜后学模仿。值得注意的是，构成全书的10余篇论作此前多在非常重要的史学期刊中发表过，其中5篇文章曾刊登在选稿录用标准极高的《中国社会科学》与《历史研究》上，另外还有6篇则在被业内人士广泛认可的以专业性见称的《文史》《中国史研究》《考古》上发表。这些论文多因其突出的学术原创性而受到学界称引与重视，有的论文甚至还引起了国际同行的广泛关注。以刘教授的《契丹名、字研究——文化人类学视野下的父子连名制》这篇长文为例，其先后被译为日语和英语在国外发表。①

然而，我们也应认识到，就整体而言，中国史学界在整合传统的断代史和专门化的民族史方面还处在一个探索起步阶段。只有当研究者在这两个领域内的知识储备和学术训练都达到了极高的专业化要求，才能愉快地胜任并完成这项艰巨的学术任务。当然，就《松漠之间》一书所体现的学术水准与专业造诣而言，刘教授显然已经达到了如此之高的学术要求，不过毕竟因为此类横跨断代史与民族史的课题素称难治，全书中个别论断似乎还有斟酌考虑的必要。以下即将笔者在阅读学习此书中感到可能存在的一些疑义摘出，或许可供作者和读者做进一步的深入思考。

本书作者此前曾编定反映20世纪海内外学界关于辽金史研究现状的成果汇编之作《二十世纪辽金史论著目录》（上海辞书出版社，2003），因此对国内辽金史学界已有研究成果的掌握可谓了如指掌，从而确保了书中所得出的结论大都不与前人观点相重复，仅在个别地方略有遗漏。《辽朝国号考释》最后一节中曾指出辽代石刻文字中出现的"大蕃"名号犹如"大朝"之义，并在相关的注释中举证金人韩道昇《重编改并五音篇海序》中的"大朝"用例，以揭示金代已有汉人尊称本国为"大朝"的先例，从而对"台湾学者"萧启庆视元代文献中常见的"大朝"一名系蒙古语国号"也可兀鲁思"意译的观点提出质疑（该书第51页及同页注释2）。已故贾敬颜氏业已注意到这一问题并撰有《称"大朝"》札记，不仅引用了上述金人韩道昇笔下的"大朝"之例，还检出了敦煌所出画像及题记中的同类用法，结论是大朝之称不过为时人代称本朝的尊称用语而已，因此并非国号的专称。②所以作者的上述看法已经不很新颖。至于与这一问题有关的"大蕃"之名，作者在强调它只是汉人对异族政权尊称时，引向达《唐代长安与西域文明》中所见敦煌文书中所书"大蕃"一名作为立论的旁证。其实更为有力的旁证当属《唐蕃会盟碑》汉文部分中屡见的"大蕃"

---

① 其日文本以『契丹名、字研究——文化人類學の視點からみた父子連名制』（飯山知保译）为题，刊于日本唐代研究会《唐代史研究》第10号，2007。英文本则以"The Forenames and Courtesy Names of the Khitans: The Father-Son Name linkage system from the perspective of Cultural Anthropology"为题，收录于印第安纳大学出版的《中国学者论内亚史》（Luo Xin ed. *Chinese Scholars on Inner Asia*, Indiana Univ. Press, 2012）中。
② 此文收入贾敬颜《民族历史文化萃要》，吉林教育出版社，1990，第62~63页。

之语，它在碑文中所对应的藏文名称即吐蕃的自称：Bod。① 据此可见，"大蕃"原系当时双边往来中汉人指代彼邦的习惯用语，而不应理解为少数民族政权自己正式颁定的如辽、金、清一类的汉语国号名称。

作者还在《辽朝国号考释》中将辽太宗的会同年号时训释为"蕃汉一家"，并注："清初改明朝四夷馆为会同馆，掌管边疆少数民族事务。"（第35页注释1）此句注语反映作者对明清上述机构名称的沿革变迁及其职能理解有误。实际上明朝在相当长的时期内，兼有四夷馆和会同馆两个机构。前者的功能主要是负责外来语言文字的书面翻译并培养相关的笔译人员。目前尚存于世的各种《华夷译语》系列的文献实际上就是四夷馆人员当时执行翻译工作时需要参照的外语类辞书。汉学家夏德（F. Hirth）在1887年最早撰文研究了该机构的沿革历史。以后考察这一问题用力最勤的则为法国学者伯希和（Paul Pelliot），他的遗作《明史中的火者与写亦虎仙考》这篇长文后面的"附录3"标题即"四夷馆和会同馆"。其中的第一节在夏德和日本学者神田喜一郎的讨论基础上极其详实地考察了明朝四夷馆建立以前，中国历代所设置的外事接待服务机构的历史变迁，以及四夷馆于永乐年间建立以后的主要职能情况，并一直下溯到1748年它被并入会同馆而改名会同四译馆为止（此前在清朝入关时四夷馆即已易名为四译馆）。② 在随后的第二节中，伯希和继续考察了会同馆在中国历史上的名称来历及其职能变迁。他指出该名在反映南宋使者周煇于1176年出使金国的记录《北辕录》中就已出现，是当时宋使在开封和燕京下榻的机构名称。进入元代，会同馆则实际上承担了以前的四方馆和鸿胪寺之类机构的功能。而在随后的明朝，会同馆的上述接待并管理外来客使的职能得到了延续和加强，并更多地承担为这些使臣提供通事和驿乘的具体事务。③ 这些会同馆通事的工作属于口译性质，与四夷馆译员所承担的书面翻译任务有所不同。在伯希和的论文刊布以后，司律思

---

① 参看〔美〕李方桂《唐蕃会盟碑（821～822年）考释》，吴玉贵译，收入《国外藏学研究译文集》第八辑，西藏人民出版社，1992，第62页。
② Paul Pelliot, " Le Hoja et Le Sayyid Husain de l' Histoire des Ming", *T'oung Pao*, 1948, pp. 207 - 249. 参看神田喜一郎『明の四夷館に就いて』，《史林》1927年第12卷4号。
③ Paul Pelliot, *Le Hoja et Le Sayyid Husain de l' Histoire des Ming*, pp. 249 - 252.

(H. Serruys) 和赵令扬又各自发表了进一步考察明朝会同馆历史的研究成果，从不同的层面丰富了学界对这一课题的认识。① 虽然从会同馆接待及管理的对象上看，确实有些使臣来自明朝的边疆地区，如蒙古、女真、高昌、云南等，且它有时也要在边疆事务的管理上发挥一定的作用，但毕竟就其创设的主要目的、服务对象和工作性质来说，尚不宜说是掌管边疆少数民族事务的专门机构。因此本注中对会同馆创设的历史和功能的解说不够准确。

作者的《辽朝国号考释》一文的第六节作"契丹文和女真文中的辽朝国号"，其中的大部分篇幅是在讨论契丹文字中所出现的辽朝国号问题，这可以说是全文中最吸引读者的部分。我们先来看作者在本书第47页中讨论契丹小字中所见"契丹"一语的音值问题时所做的如下论述："契丹小字中表示契丹的三个原字中的最末一个字的音值为 [i]，已经得到反复验证：在突厥文鄂尔浑碑铭《阙特勤碑》、《毗伽可汗碑》和《暾欲谷碑》中，契丹一词的拉丁字母转写为 Qitay，又《黑鞑事略》将哈喇契丹（西辽）译作'呷辣吸给'，都表明'契丹'一词应是以阴声韵尾收尾的。"按这段话中所举的第二条证据自无问题，但第一条所引古突厥文的材料却不能作为讨论的依据，下面试剖析之。

鄂尔浑卢尼文突厥碑铭的释读者汤姆森（V. Thomsen）在他早期的著述中确实把碑文中出现的"契丹"一词转写为 Qitay，但在他去世以前的最终定稿中已经意识到对末尾音的处理有所不妥，转而采取了在 Qitay 一词的末尾字母 y 头上加短波浪线的转写方案，以表示该词的尾音中含有鼻音的因素。伯希和注意到这一点，在他去世后才出版的《马可波罗注释》一书中对"契丹"词条的考释中表示接受，并举出了暾欲谷的相关转写例证加强其说。② 但不少学者并未注意到汤姆森所做的自我修正，仍使用早期的 Qitay 转写方案，如波兰阿尔泰学家柯特维奇（W. Kotwicz）在其所撰的关于契丹名称的短文以及与人合作的解读阙利啜碑文的论文里均采取相

---

① H. Serruys, *Sino–Mongol Relations during the Ming* II: *The Tribute System and Diplomatic Missions* (1400–1600), Bruxelles1, 967, Chapter XV: Hui–t'ung–kuan, pp. 408–442；赵令扬：《记明代会同馆》，《大陆杂志》第41卷第5期，1970年。

② Paul Pelliot, *Notes on Marco Polo* I, Paris, 1959, p. 220.

51

当于 *Qitay* 的 *Qitaï* 转写形式。① 以后在魏复古与冯家昇合著的《辽代社会史》中则把鄂尔浑突厥文碑志中的契丹转写为与 Qitay 近似的 Khitāy②，大概由于这部在西方学界名声卓著的辽史巨著的影响，直到 10 多年前傅海波（H. Franke）在为《剑桥内亚史》撰写有关契丹－女真的专章时，仍然以为古突厥碑文中的族名契丹应当转写成 Qitay。③ 实际上在 1968 年特肯（T. Tekin）的经典之作《鄂尔浑突厥语语法》中已经明确把这个让汤姆森先后意见不统一的字母确定为腭鼻音，并采取字母 ń 的转写方式以区别于通常的鼻音 n。④ 突厥文碑文中的契丹在他的书中都统一转写作 Qïtań。⑤ 以后这种承认古突厥语中存在腭鼻音的现象以及这一由特肯所提倡的转写方案遂得到国际突厥学界的普遍承认，只是有的著作采取了 ń 的转写方式，还有的著作则采用字母组合 ny 来表示。但这最后一种方案因为容易使人误解为表示一个辅音组合，所以使用它的学者已越来越少。⑥ 以色列突厥学家埃达尔（M. Erdal）在最新出版的关于古突厥语语法的专著中，结合这个腭鼻音在现代突厥语各方言中的残存现象（主要是西伯利亚列纳河流域的突厥语），再次确认了其存在并分析了其演变的方向，指出在比鄂尔浑碑铭晚的出土于中亚或新疆的古代突厥语写本中，它大多变成了 y；其中在吐鲁番出土的卢尼文文献中，它实际上已经发类似 iy 的读音。⑦ 这比以前葛玛丽所做的考察更进了一步，故古突厥碑文中的"契丹"一名以腭鼻

---

① W. Kotwicz, "Les 'Khitaï' et leur écriture", *Rocznik Orjentalistyczny* 2/1924, p. 249; W. Kotwicz and A. Samoïlovitch, "Le monument turc d'Ikhe-khuchotu en Mongolie central", *Rocznik Orjentalistyczny* 4/1926, p. 103, 105.

② Karl A. Wittfogel and Feng chia-sheng, *History of Chinese Society*: *Liao*（907-1125）, Philadelphia, 1949, p. 1.

③ H. Frank, "The forest peoples of Manchuria: Kitans and Jurchens", in. D. Sinor ed. *The Cambridge History of Early Inner Asia*, Cambridge University Press, 1990, p. 402.

④ T. Tekin, *A Grammar of Orkhon Turkic*, Indiana University（Bloomington）, 1968, p. 87. 此前孟格斯（Karl H. Menges）曾采取这种转写方案。

⑤ T. Tekin, *A Grammar of Orkhon Turkic*, p. 345.

⑥ 采用 ny 转写方案的代表性著作是葛玛丽的《古突厥语语法》一书，参看 A. von Gabain, *Alttürkische Grammatik*, Leipzig, 1974, S53, 357。作者在书中简要地指出，碑文中的 ny 与写本中的 n 或 y 有交替现象。我们注意到，在森安孝夫等编撰的考察报告『モンゴル國現存遺迹・碑文調査研究報告』（大阪，1999，第 152 页）中对古突厥碑文的转写中，契丹即作 qïtany。

⑦ M. Erdal, *A Grammar of Old Turkic*, Leiden: Brill, 2004, p. 71.

评刘浦江 《松漠之间——辽金契丹女真史研究》

音收声的意见堪称定论。①

以上之所以不惜笔墨介绍国际突厥学界研究的进展状况，是因为这和我们所要讨论的契丹小字中的拟音问题密切相关。20世纪70年代后期，中国的契丹文字研究起步之后，随着学者们从小字中识别"契丹"名称工作的进行，该词小字形式的拟音问题也就成为诸家关注的焦点。而在这一过程中，鄂尔浑古突厥文中所保留的"契丹"的转写形式因其时代的古老，再加上学界也意识到历史上契丹与突厥人的关系密切，于是成为大家开展拟音工作时必须参照的重要依据。令人遗憾的是，长期以来国内的契丹文字学界所接触到的国外对鄂尔浑古突厥语文研究的成果都是20世纪前期的较为陈旧的结论，远远滞后于突厥学的最新进展，因此并不了解古突厥碑文中的"契丹"是以腭鼻音收声的情况，多数学者以为出现在那里的"契丹"一词当转写为 Qitay 的形式，少数学者虽然注意到国外学者采取的 -ny 转写形式，却未深究这和 Qitay 究竟有无实质上的差别，所以在论述中常常也和后者并列引用。这样一来，学界所拟出的关于契丹小字中"契丹"一名的尾音中自然就多有 -y/-i 音。② 而且有的国外学者也持同样的误解。③ 在上述这种学术背景的整体影响下，我们对于《辽朝国号考释》一文强调古突厥碑文中的契丹一词以阴声收尾，并以此来印证小字中契丹一名读法的论证方法就可以理解了。④ 究竟契丹小字中"契丹"一词的尾音应该拟作 [i] 还是作 [n]？笔者对此不好妄加评判，仅指出一点，根据塞诺（D. Sinor）、孟格斯（Karl H. Menges）的观察，从契丹语的亲属语言蒙古语和残留在通古斯

---

① 我国突厥学家耿世民先生在1999年与亚库甫合著的《鄂尔浑-叶尼塞碑铭语言研究》（新疆大学出版社出版）中曾对腭鼻音在古突厥文中的出现表示怀疑（参该书第59~60页），故把碑文中的契丹转写成以鼻音 -n 收声的形式，然在最新出版的关于古突厥碑铭文献的著作中，仍采取了 ñ 的转写方式。

② 关于国内各家对于小字中"契丹"一名的拟音争论问题及其各自所参照的拟音依据，清格尔泰教授有很好的综述，参看清氏编著《契丹小字释读问题》，东京：国立亚非语言文化研究所，2002，第97~100页。

③ 乌拉熙春（吉本智慧子）：『契丹文墓志より見た遼史』，松香堂，2006，第318页。

④ 从注释交代的出处来看，刘教授对古突厥文中契丹转写形式的了解来自韩儒林早年所翻译的汤姆森的有关著述，在同页的另一条注释中还提到了韩氏认为 qitan 可能是 qitai 的复数的见解。这一点也曾为田清波（A. Mostaert）所指出，但早已被伯希和否定，参看 Paul Pelliot, *Notes on Marco Polo* I, p. 220。

53

语中对它的称谓来看，其存在形式都应该是 Kitan 或者它的变体（如蒙古语中常用其带 -t 的复数形式：乞答惕，而在某些通古斯语中，尾音 -n 变化成 -r 或者脱落）。① 如果再结合它在女真文中的类似读法，那么我们无疑发现了一个值得注意的现象，在从蒙古高原直到黑龙江下游的滨海地区，再向北延伸到西伯利亚这么广袤的区域内，"契丹"一词的尾音均为鼻音或腭鼻音及其变体形态，而尾音作半元音 -y/-i 的情况仅见于中亚和西亚的语言中，如同刘教授在文中所引证的西辽的名称："呷辣吸给"。这可以用前述埃达尔所分析的在中亚一带的突厥语文献中腭鼻音的变化规则来阐明。所以对倾向于给契丹一名拟音作 [i] 的学者而言，他们还需要对这种不合以上语言分布规律的例外情况做出圆满的解释。

在重点指出了以上这个带有共通性的问题之后，我们再来看本文该节中作者的研究结论：契丹小字的材料表明，契丹国号的全称应是"哈喇契丹"，这正是契丹人对自己国家的称呼（该书第48页）。这一结论实际上是用新的材料对陈述先生的早年观点做了一个全新的证明。② 作者指出这种释读意见最初系源于刘凤翥。但自刘凤翥的释读结果公布以后，长期以来有两点疑问未得到妥善解决：（1）被释作"哈喇"的那两个契丹小字既有出现在国名"契丹"之前的情况，同时还有一例出现在"契丹"之后的情况。如果说前者可以读作哈喇契丹的话，那么后者是否就应读作契丹哈喇？这又如何解释呢？（2）被释作"哈喇"的那两个契丹小字中的第一个字在目前见到的各种情况下都只能读作 [xu]，与"哈"的读音有明显差异。而在最新的论文中，刘凤翥先生的观点又发生了显著变化，他结合契丹大字和女真字的情况，将原先拟定作"哈喇"的契丹小字拟音为"虎里"，并与蒙古语的 qola 和达斡尔语的 qol 相勘同（这两个词的意思均为"远"）。他进而认为这个读若"忽里"的词实际上就是表示国号"辽"。这样原先所释读的"哈喇契丹"和"契丹

---

① D. Sinor, "Western Information on the Kitans and some Related Questions", *Journal of the American Oriental Society*115/1995; Karl H. Menges, "Tungusen und Ljao", in. *Abhandlungen für die Kunde des Morgenlandes*1968, Wiesbaden. S56.

② 陈述：《哈喇契丹说——兼论拓拔改姓和元代清代的国号》，《历史研究》1956 年第 2 期。

评刘浦江 《松漠之间——辽金契丹女真史研究》

哈喇"都应当表示"辽·契丹"和"契丹·辽"之意义。① 刘氏的结论非常新颖，如能成立则将大大改变人们对辽朝体制的传统认识，但其结论中有一个让人困惑之处：他断定哈喇契丹中的"哈喇"因读音与"虎里"接近因而也应当是表示"辽"的意思，所以西方文献中对西辽的称呼"哈喇契丹"实际上就是"辽·契丹"之意。按"哈喇契丹"中的"哈喇"一词是突厥－蒙古语"黑色"的意思，此点无可置疑，《高丽史》《异域志》等汉文文献中的黑契丹之名可为佐证，故它与蒙古语中表示"远"之义的 qola 是两个不同的词，这在蒙古语族各支语言中都可以得到确切证明。② 而且在突厥－蒙古语中所见的 qara（黑色）一词的形态十分固定，仅在蒙古语族中的一些语言和方言中脱落尾音 –a，但并不发生词腰部位元音 –a–＞o/u 的音变。③ 这样正如清格尔泰所评论的，第一个契丹小字读音为［xu］（近似"虎"的读音）的情况已经十分不利于哈喇说④，而如果"虎里"又真是蒙古语 qola（远）的亲缘词的话，那就更与 qara（黑色）一词毫不相干了，所以刘凤翥的新说反而使得哈喇契丹说的论证更加薄弱。

此外还应当指出，不利于契丹人自称哈喇契丹一说的还有语言文化上的证据。如果契丹人真是自称哈喇契丹的话，那么作为修饰语的"哈喇"一词还应当具有广大之类的意思，这样才有利于其说的成立。事实上，刘教授在文中也曾这样推测大契丹等国号均是哈喇契丹的简称。而根据普里察克的论义，用原意为"黑色"的 qara 来作为专名的修饰语以暗含"伟大、全部"之义的例子大量出现在中世纪的突厥人之间，更早可以追溯到

---

① 刘凤翥：《从契丹文字的解读谈辽代契丹语中的双国号——兼论"哈喇契丹"》，《东北史研究》2006 年第 2 期；刘凤翥：《契丹大字〈耶律祺墓志铭〉考释》，《内蒙古文物考古》2006 年第 1 期。有关的总结性评述参看陈智超《辽契丹双国号制的发现——评刘凤翥关于契丹语双国号制的新研究》，《燕京学报》新 24 期，北京大学出版社，2008。

② 关于这两个词读音在蒙古语族各支语言中的出现情况，参看孙竹主编《蒙古语族语言词典》，青海人民出版社，1990，第 328 页，第 361 页。

③ 其在蒙古语族中的出现情况见《蒙古语族语言词典》，第 328 页；在突厥语族各支语言中的出现则参看 W. Radloff, *Versuch eine Wörterbuches der Türk – dialecte* Ⅱ/1. SS132 – 137, St. Petersbouge 1899。

④ 清格尔泰的评论参看《契丹小字释读问题》，第 101 页。他在评论中赞成即实的结论，认为契丹语"黑色"一词读若汉字"姚"的发音。此说参看即实《谜林问径》，辽宁民族出版社，1996，第 289 ~ 293 页。

55

叶尼塞突厥文文献中。① 而契丹－蒙古人中似乎则没有这种文化传统的存在。以色列学者彭晓燕（M. Biran）也持相对谨慎的观点，她认为契丹的礼仪和民俗中并不突出对黑色的崇拜，尚难断言哈喇一词对契丹人来说是否具有伟大之含义。② 综上所论，就目前的论据而言，契丹人自称哈喇契丹的观点还只能算是一种有待证实的假说。在这一问题上，契丹小字研究的进展并未为该假说的证明增添强有力的论据。

《契丹族的历史记忆——以"青牛白马"说为中心》是一篇读来令人兴趣盎然的文字。其澄清了关于契丹早期历史上的一些谜团，但也由此留下了少许需要继续探讨的疑问。该文认同所谓的"青牛白马"故事具有图腾崇拜的含义，不过又明确否定了提倡此说的爱宕松男将耶律的词义与"牡马"相联系的论断（该书第104～108页）。以图腾的理论来解说著名的青牛白马故事可谓许多辽史学者的共识，但具体到对这一问题的阐释，似乎仍存他解。蒲田大作在分析这一故事时着重指出契丹八部始终只能看作神人和天女所生，而马和牛只不过是他（她）们的坐骑，仅起到陪衬作用，与典型的兽祖传说（如蒙古的苍狼白鹿交合生人的故事）难以等同。这样，能否套用图腾的观念疏解此传说就是一个需要慎重考虑的问题。他在结论中主张改用萨满出世的观点来比附契丹人的古传说。③ 蒲田氏的理论还有不少问题，但他对图腾说的质疑却值得学者深入思考，至少表明这仍然是一个有争议的话题。

再看作者对爱宕松男关于耶律词源意见的两点驳论：（1）爱宕氏找出的那个试图与耶律勘同的蒙古语词实际上是个动词，意义与"牡马"判然有别，而且两者的读音也不吻合；（2）契丹小字材料反映"马"在契丹语中的读音可近似地拟为［mri］。笔者认为，这里的第二点说服力似乎不够，因为在突厥－蒙古语族的各种语言中，表示"马"含义的词汇都不会只有一个，所以如果预先假定契丹语中只能有一个表示"马"的单词，那

---

① O. Pritsak, "Qara. Studie zur türkischen Rechtssymbolik", in *Zeki Velidi Togan's Armağan*, Istanbul 1955, SS239-263.
② M. Biran, *The Empire of the Qara Khitai*, Cambridge University, 2005, p.217.
③ 〔日〕蒲田大作：《释契丹古传说——萨满教研究之一》，赵冬晖、冯继钦译，收入王承礼主编《契丹女真辽金史译文集》第1辑，吉林文史出版社，1990，第292～319页。

么显然是很不合理的。① 而作者在作第一点批评时，固然驳论有据，却忽略了澳大利亚蒙古学家罗依果（Igor de Rachewiltz）多年以前发表的一篇考释耶律名称的专文。② 罗氏在文中同样不赞成爱宕氏所找出的相关词源，但对于辽的统治氏族名称语义上与"马"关联这一点却没有异议，并把徐霆疏语和《至元译语》较早版本中的"移剌马"与金末契丹后裔耶律氏改用的移剌氏相联系，且视"耶律"的读音为"移剌"的派生形式，最后将移剌的词源追溯到突厥语 ala：有斑点的（马）。他坦承此说的弱点在于：突厥语 ala 和它派生出的蒙古语 alaq 虽然在语音上与"移剌"可能相合，但"斑点的"这一义项却与契丹人崇拜的白马缺乏词义上的关联。不过在笔者看来，这一障碍并非完全不能突破。按突厥语，ala 一词在北朝时期就作为鲜卑语的成分而为汉人所熟知，当时的汉语将其音译为贺兰，此点可为定论。③ 而汤开建据《元和郡县志》卷四"（贺兰）山有树木青白，望如駮马，北人呼駮为贺兰"这条记载，推断贺兰山实际上表示白马山之义（按"駮""驳"可通）。④ 这一看法或许还有检讨的余地，不过从上述引文上看，至少 ala 一词在北朝至唐代还可以用来表示青白之类的颜色，虽然在现存的各种突厥语方言中这一用法早已消失。

同一文中，作者在引用宋人王易《燕北录》的一段关于赤娘子的文字后，径直指出这个赤娘子就是青牛白马传说中的驾牛车沿潢河而下的天女（该书第 111 页）。对这一论断，笔者觉得问题似不如作者认为的那样简单，我们可以把《燕北录》所载赤娘子故事和见于宋辽双方史料的青牛白马传说的各项因素按照主题分类的原则录入表 1，以供比较。

---

① 有关内亚民族尤其是蒙古-突厥人中流行的对马名的多种称谓，参看 N. Poppe, "Pferdenamen in der Geschichte und Sage der Nomaden Zentralasiens", *Oriens Extremus* 1962, SS97 - 194; G. Doerfer, "Türkische Farbbezeichnungen und Pferdezucht", *Central Asiatic Journal* 39/2, 1995, SS208 - 227. 从两文的列举来看，在内亚游牧人中间，多数情况下马的命名确实与颜色有关。

② Igor de Rachewiltz, "Some Remarks on the Khitan clan name Yeh-lü ~ I-la", *Papers on Far Eastern History* 9/1974, pp. 187 - 204.

③ Paul Pelliot, *Notes on Marco Polo* I, pp. 134 - 135; L. Bazin, "Recherches sur les Parlers T'o-pa", *T'oung Pao* 39/1950, pp. 290 - 291.

④ 汤开建：《党项源流新证》，收入氏著《党项西夏史探微》，台北允晨文化出版公司，2005，第 52 页。

表1

主题	青牛	白马	天女（女始祖）	神人（男始祖）	阴山七骑（男始祖）	赤娘子（女始祖）	黄（潢）河	木叶山
青牛白马型故事	+	+	+	+			+	+
赤娘子故事					+	+	+	+

出人意料的是，两个故事彼此重合的主题竟然如此之少，仅仅集中在两个地理名称上。无论如何，这对想把赤娘子与天女直接比附的观点来说，显得太牵强了。从主题的缺乏一致性来看，毋宁让人相信二者并非由一个共同的祖源传说发展而来，而是起初各有各的渊源，到了晚期阶段才稍稍显出合流的趋势，从而出现了少许具有共同性的要素。可惜仅凭现有的辽代史料很难有充分的证据来详细考察二者形成、发展及合流的全过程。在此谨提供两篇相关论文的主要论点，以揭示该问题的复杂程度和研究现状。任爱君在2003年发表的一篇论文可以说是近来少见的比较分析这两个传说的专文，他的结论是"赤娘子"故事在出现时间上要早于"青牛白马"故事，并分析了后者产生的历史背景。① 而汤开建在考察党项风俗的问题时，发现了《燕北录》所记的七个骑马人和身世奇异的女子结为夫妻并产下契丹族人的故事类型，竟然也见于藏文史料中对党项开国国君的身世介绍中。他认为二者的相似并非巧合，而是反映党项起源时所受的北方民族文化影响。② 由此可见，王易笔下的这段"赤娘子"传说还有诸多待发之覆。③

该文最后一节是讨论《契丹国志》中的先祖传说，这一话题同时涉及契丹语言和民俗学两个不同学科的专业知识，因此既富有研究旨趣，也与其他

---

① 任爱君：《关于契丹族源诸说新析》，《蒙古史研究》第七辑，内蒙古大学出版社，2003，第32~46页。
② 汤开建：《党项源流新证》，第48~50页。
③ 笔者初步判断，《燕北录》所载关于赤娘子来历的"阴山七骑所得黄（潢）河中流下一妇人"的传说实际上是顺水漂流母题在内陆亚洲流传过程中产生的一种变体，有关这一故事类型的研究成果，参看李勤璞《铜匣（Zangs - Kyi Gavu）漂流记——聂赤赞普和支贡赞普》，《中国社会科学》1997年第1期。

学者的意见颇有出入。作者对三位可汗名称的复原除了列举国内学者的研究结论以外，国外学者的成果仅注意到白鸟库吉的研究。其实在卜弼德（Peter A. Boodberg）写于1933年的未刊札记《胡天汉月方诸》和石泰安（R. Stein）1940年发表的对《契丹国志》部分内容的译释长文中，都已经得出了国内学者在晚近时期才提出的一个结论：第三位可汗的名字"昼里昏"当为"画里昏"之讹，恰好可以和蒙古语的"二十只羊"相勘同。① 《契丹国志》中的先祖传说所带有的强烈神话色彩，是该问题吸引学者兴趣的另外一个重要原因。自卜弼德以来，不少学者尝试从民俗宗教的立场进行解析，代表性的有石泰安从主题类型的比较入手分析第三位可汗杀羊又使之复生的传说，护雅夫和蒲田大作从萨满教的观念探析契丹先祖所显现的萨满性格。② 对这些意见的吸收与批评并未反映在作者文章中，这使得本文考察问题的角度略显狭仄。

《契丹名、字研究——文化人类学视野下的父子连名制》大概是全书中最有创见也最具跨学科研究特色的一篇文章。我们这里仅就其中的一个结论提出一点不同的看法。文中的最后一节中有这样的表述："如果对契丹大小字石刻资料及汉文文献所见契丹语名字做一个粗略统计的话，我们就会发现，辽代契丹人名字中使用频率最高的两个词分别是胡都古和乙辛，前者意为'福'，后者意为'寿'。汉文化的影响由此可见一斑，就连契丹人的契丹语名字都充满了汉民族的价值观念。"（该书第172页） 如果作者的分析成立，那么学界重新评估汉文化对契丹民族的影响就多了一个有力的证据，但我们以阿尔泰学的视角全面审视了这两个词语的文化历史以后，却得出了与此截然相反的结论。

"胡都古"的拟音可作 * qudugu，它明显和下列阿尔泰语系中的词汇具有亲缘关系：古突厥语中的 qut，以《蒙古秘史》为词汇基础的中古蒙

---

① 卜弼德所作的"胡天汉月方诸"系列札记有不少于生前并未发表，后来收入其弟子所编辑的该氏论文选集中，本条的出处见 P. A. Cohen ed. *Selected Works of Peter A. Boodberg*, University of Californi, 1979, pp. 113 – 114；R. Stein, Leao – Tche, *T'oung Pao* 35/1940, p. 25。石泰安在文中声明这一看法来自伯希和。

② R. Stein, Leao – Tche, pp. 26 – 27；护雅夫：『古代一テユルク部族（高車）の始祖説法について』，收入氏著『古代トルコ民族史研究 II』，东京：山川出版社，1992，第 299 ~ 304 页。原文发表于1953年。

古语中的 qutuq/quduq（派生词 qutuqtu/qutuqtai）和 qutluγ，女真语的忽土儿，满语的hūturi，通古斯语中的 kutut′i。① 而上述词汇的基本义项均为"福运"。它也应和白鸟库吉所考察的余靖诗中表示福佑之义的契丹语"苦统"一词同源。② 目前学界对该词是否阿尔泰语系的共有词汇尚存有不同意见。反对同源词说的学者认为该词本来只是突厥语的固有词，以后才被转借到蒙古语等其他语言中。③ 但无论是中世纪的突厥－回鹘人，还是当时的蒙古人，都十分流行以这个表示"福运"的名词（含其派生词）来作为人的名称。仅以《元史》中提到的突厥人的名字为例，以忽都海牙（Qut Qaya）、忽都的斤（Qut Tigin）、忽都于斯（Qut Yüs）命名再加上名称中含有忽都鲁（Qutluq）的人名有近20例。④ 至于《蒙古秘史》和《圣武亲征录》中的类似蒙古人名则多含有 Qutuq，其数量也是非常之多的。⑤ 所以用突厥－蒙古语中表示"福运"的 qut 或其同源词来作为人的名讳是北方民族自身文化特征的一个体现。以此为参照，契丹人多以"胡都古"（福）来命名亦应属于这种情况。

"乙辛"的情况完全与之一致。据称契丹小字中表示它的第一个原字应当读音作［əs］（该书第231页），那么这个契丹语含义为"寿"的词的近似形式当为 *esin，这明显让我们联系到突厥－蒙古语中的 esen（也先）

---

① 该词在古突厥语中的形式参 A Von Gabain, *Alttürksche Grammatik*, S360；在中古蒙古语中的形式参 Igor de Rachewiltz translated and annotated, *The Secret History of The Mongols：A Mongolian Epic Chronicle of the Thirteenth Century*, Volume Two, Brill, 2004, p. 1335, 1336；在女真语中的情况参看孙伯君《金代女真语》，辽宁民族出版社，2004，第224页；在满语中的形式参看 E. Hauer, *Handwörterbuch der Mandschusprache*, Tokyo－Wiesbaden1952, SS475－476；通古斯语中的形式则参看 G. Doerfer unter M. Knüppel, *Etymologisch-Ethnologisches tungusischer Dialekte（vornehmlich der Mandschurei）*, Hildesheim：Georg Olms Verlag, 2004, S516。
② 按此二字本作"若统"，白鸟氏改正为"苦统"，并举突厥语 qut 及蒙古语中的亲缘词作为参证。参看氏著《东胡民族考》，《史学杂志》第23卷第12期，1912，第1250页。
③ G. Doerfer, *Türkische und Mongolische Elemente im Neupersischen* Ⅲ, Wiesbaden 1967, S553. 将该词视同同源词，并尝试构拟其原始形式的观点参看 Sergi Starostin etc eds, *Etymological Dictionary of the Altaic Languages* Ⅰ, Leiden：Brill., 2003, p. 749。
④ B. Ögel, *Sino－Turcica*, Istanbul, 2002, pp. 379－380。
⑤ 可参看两书的索引部分 Igor de Rachewiltz translated and annotated, *The Secret History of The Mongols：A Mongolian Epic Chronicle of the Thirteenth Century*, Ⅱ, p1232；P. Pelliot et L. Hambis, *Campagnes de Gengis Khan：Cheng－wou ts'in tcheng lou*, Leiden：Brill, 1951, p. 461。

一词,该词在 13 世纪以前的古突厥语文献中就已出现,正是"身体健康、良好,安全的"之意,以后这一表示身体健康的基本词义一直保留在各种突厥语近现代语言中。① 它也出现在 13 世纪的《蒙古秘史》中,明人所给的汉字旁译为"安、安存"。② 与上例相似的是,突厥-蒙古人中也流行以它来给人取名。③ 这在元代蒙古人中尤其明显,也先不花、也先帖木儿堪称当时蒙古人中最常见的名字。而从读音和词义上比较,契丹语中的"乙辛"一词当为其亲属词,原意也应是"健康、安全",只不过在翻译成汉语时,被润色成语意基本一致但更加文雅的"寿"字。所以突厥-蒙古的姓名文化的实例启发我们,契丹人喜欢用"胡都古"和"乙辛"来起名恰恰是本民族文化传统的一种显现。

《从〈辽史·国语解〉到〈钦定辽史语解〉》可以说是一篇全面梳理并探究契丹语言资料源流的"凿空"之作,文中表现出的深厚文献学功力令人尤为叹服,但在外文成果的汲取上还可以做得更加完善。本文的一个讨论重点就是澄清清代的索伦语与契丹语本身存在着极大距离,以此来说明乾隆所首倡,并为四库馆臣所部分遵守的"索伦为契丹苗裔"的理论的荒谬性,从而揭示了他们炮制出的《钦定辽史语解》的问题所在(该书第 193~195 页)。不过在论证索伦语性质时,作者仅仅引用了清人西清的一句"索伦语多类满洲,达呼尔语多类蒙古"加以说明,忽略了匈牙利学者李盖提(L. Ligeti)在半个世纪前所发表的一篇专门考察《辽史语解》中的索伦词汇性质的论文。李盖提逐一分析了其中出现的 25 个索伦词语,结论是它们大多与语言学家在新疆和大兴安岭布特哈旗等地所搜集到的鄂温克语词汇相契合,仅有一两例未能在鄂温克语中找到对应词。这一调查证明了《辽史语解》中不时采用的索伦语(按刘教授文中的统计,总共有 38 例)确系通古斯语族下的一种鄂温克语。而且刘教授在行文最后也对四库馆臣的索伦语素养提出质疑,认为他们在做这项以索伦语正契丹语的工作

---

① 该词在古突厥语中的情况参看 G. Clauson, *An Etymological Dictioanary of Pre - Thirteenth - Century Turkish*, Oxford, 1972, p248;在近代以来的各种突厥语如察合台语、奥斯曼语等中的情况参看 W. Radloff, *Versuch eine Wörterbuches der Türk - dialecte* Ⅰ/1. SS873, St. Petersbouge 1893。

② 额尔登泰等:《〈蒙古秘史〉词汇选释》,内蒙古人民出版社,1980,第 104 页。

③ 其作为突厥人名的情况,参看 B. Ögel, *Sino - Turcica*, p. 373.

时，并没有从事过任何实地调查索伦语的活动。① 我想如果刘教授能够吸取此文的主要论据的话，那么无疑可以运用这些成果将本课题开拓得更广更深。

本文最后一节实际上是在举述并评论明代以降，学者对契丹语材料的整理、考辨情况。作者对现代学者研究情况的评论集中在白鸟库吉等身上，但也注意到黄振华翻译的德国学者傅海波和道尔佛（G. Doerfe）的两篇相关论文。既然如此，那么引起傅海波商榷的孟格斯（Karl H. Menges）的契丹语研究论文似更应提到。孟氏作为具有良好阿尔泰学知识背景的学者，早在20世纪40年代就因为协助参加魏复古和冯家昇的辽史研究计划而对契丹语的研究产生了兴趣。后来出版的《辽代社会史》在涉及对民族语言的解释方面，大多吸取了他的意见。孟氏这一时期关于契丹语的代表性研究成果主要是考释辽代文献中所见的若干契丹语官职专名和统治者的头衔，先是集中刊出在《辽代社会史》的第14章"政府组织"中，后来又专门抽出增补后作为单篇论文发表过。② 最后他又于20世纪60年代后期发表了《通古斯与辽》的长文，将自己对契丹语专名的研究进一步扩展到部族名称和人名领域。③ 其早期研究曾受到柯立夫（F. W. Cleaves）的批评，晚期研究则引发了傅海波著前述商榷文章。④ 柯氏的批评认为孟氏过多地依靠通古斯语言中的词汇来解决契丹语问题，却忽略了一些明显的蒙古语因素，即使如此，柯氏仍然承认，孟格斯堪称用阿尔泰学知识来解决契丹语难题的最佳人选。实际上对于孟氏用力最深的契丹官衔专名的考释部分中，柯氏并未做多大修正。笔者阅读了相关内容以后，深感其成就不可忽略，孟氏考证的若干词语的词源如葛儿罕、挞林阿点等都是值得我们注意的。而且孟氏作为一位知识极其渊博的语言学家，还敏锐地发现了契

---

① L. Ligeti, "Les mots solons dans un ouvrage chinois des Ts'ing", *Acta Orinentalia Hungarica*. 9/1959, pp. 250 – 272.
② Karl A. Wittfogel and Feng chia – sheng, *History of Chinese Society: Liao* (907 – 1125), pp. 428 – 434. 参看 K. H. Menges "Titles and organizational terms of the Qytań (Liao) and Qara – Qytaj (Śi – Liao)", *Rocznik Orjentalistyczny*17 – 18/1951 – 1952, pp. 68 – 79.
③ Karl H. Menges, Tungusen und Ljao, SS1 – 61.
④ 柯立夫的批评附在杨联陞对《辽代社会史》的长篇书评中，参看 *Harvard Journal of Asiatic Studies*13/1950, pp. 231 – 235。

评刘浦江 《松漠之间——辽金契丹女真史研究》

丹语中一些特殊的语言现象。例如刘凤翥曾注意到辽朝贵妇人的称号"迤俪免"、"乙林免"与"夷离堇"词干及语义相同的情况,但未做语言学上的分析。孟氏则特地指出"夷离堇"中的"堇"字很可能与早期蒙古语中的一种指代女性的后缀＊-din有关,并举出了后来蒙古语中指代妇女和雌性动物的后缀-jin作为旁证。更富有启发性的是,他还顺手拈出了鄂温克语中的女性后缀-mni,这很容易让人联系起前述贵妇称号的后缀"免"字（＊-men）,虽然当时他并不知道辽代有"迤俪免"之类的名称。

此外,黄振华所翻译的傅海波和道尔弗的论文均发表在1969年,此后这两位学者又继续钻研这一课题,并各自有了新的成果。前者在1982年发表的关于契丹语新释的论文考证了刘凤翥等《契丹小字研究》中新释出的一些词语的词源,强调了这些词语与通古斯语族中词汇的亲缘关系。① 而后者在一篇讨论古突厥语中的蒙古语成分时,也集中汇释了若干他所新知的契丹词语。② 由于上述学者分别是西方汉学界和阿尔泰学领域的权威,所以其成果不仅受到留意契丹语文研究的国外学者的高度重视,而且对我们来说也颇有参考的价值,尤其是当他们得出跟我们的看法不同的一些结论时,那就更加值得注意。例如国内学者通常倾向于把契丹语的"捏褐"（犬）一词跟蒙古语表示"犬"的nogai联系,而外国学者则认为其相当于女真语的niaha（犬）和满语的niyahan（小狗）,并且契丹语的这一形式代表了一个以腭鼻音开头的词。所以刘教授此文介绍国外的契丹语文研究状况实际上只到20世纪60年代末。这对一篇问世于2000年以后的作品来说,在国外研究信息的收集方面未免有些陈旧。最后还可补充一点,关于有不少国外学者探讨过的余靖和刁约的汉语契丹语双语诗中的契丹词语,2003年美国学者A. Vovin也发表了一篇新作,既吸收了前人研究中可取的部分,同时又不乏自己独特的看法。③ 这对我们了解国外契丹语研究进展

---

① H. Franke, "Randnotizen zu eingigen worten der khitansprache im lichte neuerer arbeiten", *Acta Orinentalia Hungarica*. 36/1982, pp. 173 – 182.

② G. Doerfer, "Mongolica im Alttürkischen", in *Bruno Lewin zu Ehren*3, Bochum. 1992, SS30 – 56.

③ A. Vovin, "Once again on khitan words in Chinese – Khitan mixed Verses", in. *Acta Orinentalia Hungarica*. 56/2003, pp. 237 – 244. 有关这一问题最新的讨论参看 L. Talpe, "Some Qidan Words in Chinese Poems", *Central Asiatic Journal*54/1, 2010, pp. 79 – 91.

也有一定价值。

该文在阐述清代索伦一名的历史变迁时,用语十分严谨,但有一处叙述却使人易生误解。文中有这样一句话:"不过需要说明的是,今天的鄂温克包括历史上的索伦、通古斯、雅库特等族,1957年将他们统一改称为鄂温克族。"(该书第 194~195 页)笔者最初读到此处时,曾为此生疑:难道中国境内以前竟然分布着操一种突厥语的雅库特人?(按:雅库特语按照语言分类可以说是分布位置最靠北的突厥语。)后来翻检了国家民委组织编写的《鄂温克族社会历史调查》的相关部分后,才知道原来在民族识别工作开展以前,满族和蒙古族多称鄂温克人为索伦,而俄国人则常称呼他们为通古斯和雅库特。"鄂温克"一名才是其真正的自称。① 这样看来,"索伦""通古斯""雅库特"这些名称都只是外人施加给鄂温克人的不准确的名称,并非是说中国境内真有所谓的雅库特人,而作为自称的"鄂温克"一名也应当有着悠久的历史渊源,故上文的"1957年将他们统一改称为鄂温克族"很容易让人误以为鄂温克一词是1957年才出现的新名词,此前通行的只是"索伦"之类的名称。

《女真的汉化道路与大金帝国的覆亡》一文的第四节中似有两处小的纰漏。当作者认为金朝的末代皇帝因其勤勉有为、励精图治,故在亡国后仍然受到人们赞扬时,引证了下面这段论述:"刘祁在总结金朝亡国的原因时说:'末帝非有桀纣之恶,害不及民。'"(该书第 265 页)这段文字正如注释所示,来自刘祁《归潜志》卷一一的"辩亡"一篇。不过笔者细审文意,发现作者将"末帝非有桀纣之恶,害不及民"归于刘祁的表述不合作者原意,因为这句话的前面明确标有"或问"二字,也就是说,它只是刘祁引用的别人对于末帝哀宗的评价而并非刘祁本人的意见。至于刘祁本人对哀宗是褒是贬,在所引文章的后半部分,刘祁直言不讳的品评:"末帝夺长而立,出于爱私。虽资不残酷,然以圣智自处,少为黠吏时全所教,用术取人,虽外示宽宏以取名,而内实淫纵自肆。且讳言过恶,喜听谀言,又暗于用人,其将相止取从来贵戚。虽不

---

① 内蒙古自治区编辑组《鄂温克族社会历史调查》(国家民委民族问题五种丛书之一),内蒙古人民出版社,1986,第 13 页、第 148~149 页、第 254 页、第 355 页等。具体到各部分的鄂温克人,称呼情况也略有差异。

杀大臣，其骄将多难制不驯。况不知大略，临大事辄退却自沮，此所以一遇勍敌而不能振也。"① 从这一评语来看，刘祁眼中的哀宗固然没有差到"桀纣之恶"的地步，但远远谈不上是一位励精图治、奋发有为的明君。所以如果要论证哀宗因其品行政绩得到后人赞扬的话，那么显然就不应以刘祁的评价为根据。又，刘教授该文在引用许衡向世祖奏上《时务五事》时，将其事系于至元二年（1265）（该书第271页）。但笔者试检《鲁斋遗书》中有关原文时，发现其标题下有"至元三年"四字，明示了文章撰成的时间，而且这也可以和文中的具体内容相证合，因其中有许氏自述"自甲寅至今十有三年"之语，甲寅即1254年，所以至元三年（1266）当为此文撰写上奏的确切年份。

以上是笔者对书中一些具体论述的意见。就本书的总体而言，应当说考据史实式的论文还是占据了全书的主要篇章。简要地说，作者写作它们的主要目的是力求澄清有关研究课题中一系列前人尚未解决圆满或者没有注意到的"是什么"之类的问题，故具有显著的史实重建性质，而解释历史现象，探求发展规律的地方则相对较少。从这一点来看，《女真的汉化道路与大金帝国的覆亡》一文明显有别于其他大多数论文的研究路数，仅从标题即可看出这是一篇志在解释历史现象之间有机联系，以探讨"为什么"之类问题的诠释式论文，具有鲜明的考述、评论并重的特色。此文一开始即揭示中外学者在"征服王朝"等的评价问题上的尖锐矛盾，随之进入作者着力论述的女真汉化问题。在细致地考察了各项历史因素之后，得出的结论大体与陶晋生教授的观点一致，即认为女真入主中原以后，逐渐走上了一条"全盘汉化"的道路（该书第237～263页）。而在后面的部分，作者把女真汉化与金的衰亡紧密地联系在一起，以金元之交民间盛传的"金以儒亡"的话题作为论述的楔子，强调汉化彻底改变了女真人质朴勇武的精神面貌，使其养成懒惰奢靡、安于享乐的作风性格，最终在蒙古铁骑的冲击下不堪一击（该书第264～272页）。对于作者这一论证思路，笔者略感以下疑惑。

其一，作者既然一开始就亮出中外学者在对辽、金、元、清等北族王

---

① 刘祁：《归潜志》，中华书局，1983，第137页。

朝的汉化问题上所持的不同态度，那么应意识到出现歧见的原因并不在于论争的双方对对方所举的史料熟视无睹，而在于各自对"汉化"一词的内涵和外延的解说上存在着分歧，要突破这种作者视之为"几乎没有对话的可能"的学术交流上的困境，最好的解决途径无疑是作者对"汉化"的解说下一确切定义。但由于作者没有做出这种必要的交代，所以读者只好从具体的论述中去领悟作者对"汉化"的见解。从该文章的第二节"不可阻挡的汉化潮流"中列举的史实来看，作者心目中的"汉化"主要集中在女真人对包括儒学在内的整个汉文化的倾慕与学习，继而作者在最后一节中这样分析："在金朝亡国以后，社会上流传着'金以儒亡'的说法。这就是说，当时已经有人将金朝的亡国原因归结为女真人的全盘汉化。我觉得这种说法基本上是符合历史事实的。"（该书第 266 页）接下来即将女真人生活作风的变迁与汉化相联系。由此观之，作者很大程度上是将"汉化"与"儒化"等同起来，所以才自然觉得"金以儒亡"实际上说的就是女真的全盘汉化。这一点恰恰是一个非常富有争议的先验性判断，因为"儒化"（Confucianization）和"汉化"（Sinicization）这一对概念并不全然等同。

窦德士（John W. Dardess）早就以蒙古人为例，指出蒙古－色目统治精英中那些表现出很高儒学修养的人并不能被简单地用"汉化"来解释，因为儒家的影响使得他们将对儒家伦理的恪守与自己的忠孝观结合在了一起，因此与通常意义上的"汉化"有别。后者不仅指向一种对自己民族－语言认同的丧失，还涉及对自身的夷狄祖先的否认，而对先人的这种态度实际上是不合儒家伦理的。[1] 张帆教授则认为"儒化"只能理解成"汉化"的一个方面，但一般意义上的后者却又难以完全涵盖前者，且"儒化"之深浅并不与"汉化"的程度高低成正比，并举出了元朝皇帝的若干实例。他将两者分别理解为"受儒家思想影响"和"受汉文化影响"。[2] 两相比较，窦德士对"汉化"的界说重在认同的变迁转移上，而张帆教授

---

[1] John W. Dardess, *Conquerors and Confucians : Aspects of Political Chinge in Late Yüan China*, Columbia University Press, 1973, pp. 2-3.

[2] 张帆：《元代经筵述论》，收入中国元史研究会编《元史论丛》第五辑，中国社会科学出版社，1993，第 144～145 页。

的定义更趋宽泛，但两者均反映出将上述概念相切分对待的认识倾向。如果考虑到直至金末，大多数女真人都还清楚地保持着自身的族属意识，那么窃以为用"全盘汉化"一语概括其汉化面貌就显得太过，毕竟他们与汉人和契丹人的认同隔阂还未消除，并没完全融入汉人群体。借鉴张帆指出的元朝"汉化"最深的文宗、顺帝恰恰"儒化"不深的事实来反观金朝，可见实际上金朝的统治上层多少也有类似之处，因为刘教授文中列举的完颜氏贵胄子弟的"汉化"表现往往也是以诗文书画为主要的旨趣取向。至于金朝统治者是否"儒化"到了愿以儒家伦理治国并且真正重用儒臣的程度，则是另一回事。至少刘祁对金帝中"汉化"最深，表面上崇尚儒雅、信用名士的章宗就有"止于词章，不知讲明经术为保国保民之道"的批评。[①] 而作者文中未将"汉化"与"儒化"仔细区分就显得有些简单化了。[②]

其二，强调女真人的全盘汉化还必须考虑到以下事实。一方面，有些女真人将他们的旧有习俗与汉族伦理结合起来以固守其俗。如金末的女真人高嗣荣虽然已经改用了汉姓，但在其父亲去世时，却毅然"以刀刺额血面"[③]。这种被汉人视为"至孝"的举动实际上是《三朝北盟会编》所记女真人"鬻面"为死者志哀旧俗的遗留。另一方面，金统治下的部分汉人在某些方面也出现了"女真化"的趋势，例如南宋时出使金国的范成大等人业已观察到中原一带的百姓"久习胡俗，态度嗜好与之俱化。男子髡顶，月辄三四髡……最甚者衣装之类，其制尽为胡矣。自过淮河以北皆然，而京师尤甚"[④]。虽然从长时段上考虑，汉人的"女真化"或许不像女真人的"汉化"那样占据民族融合中的主流位置，但对于考察女真汉化问题而言，依然是不可忽视的反向材料。

至于究竟应当如何看待"金以儒亡"一说出现的时代背景，作者文中的理解恐怕尚不足成为定见。联系到金南迁以后的社会风气，让人觉得它

---

① 刘祁：《归潜志》，第136页。
② 有关金代文人士人化或儒化的论文，参看 P. Bol, "Seeking Common Ground : Han Literati under Jurchen Rule", *Harvard Journal of Asiatic Studies*, 47/2, 1987, pp. 461–538.
③ 胡祗遹：《隐士高君墓志铭》，收入李修生主编《全元文》第五册卷一五八，江苏古籍出版社，1998，第456~457页。
④ 范成大：《揽辔录》，收入《范成大笔记六种》，中华书局，2002，第12页。

的出现与金亡之后，时人对金末儒风沦落的反思有关。当时的士风被认为是"南渡后儒风日入颓靡，狂生怪士竞以口舌取重一时，以闲闲公之宿德，犹被侵侮"①。而在国力凋敝的南迁时期，不少儒生不顾国家岌岌可危的严峻形势，继续沉湎诗学。元好问称之为"南渡以来，诗学为盛。后生辈一弄笔墨，岸然以风雅自名，高自标置，转相贩卖。少遭指摘，终死为敌"②。故金末流行的脱离现实、取媚世道的颓靡士风使得儒生及其所学容易成为后来人们追探金朝亡国原因时所归咎的对象，这正如明朝亡国以后，不少遗民惯于将个中原因追溯到明季盛行的王学的空疏上。

其三，我们需要考虑的是女真人的汉化是否是造成其丧失勇武之气的根本原因，这涉及汉文化的影响是否必然导致历史上入主中原的北方民族养成懒惰习气，从而逐渐走向衰落的共通性问题。如果按照刘教授文中的观点，似乎这两者之间存在必然联系。但正如其提供的具有较高汉文化修养的金末名将完颜陈和尚的事例，他予人的印象恰恰是"如寒苦一书生"，可见泛泛而论的"汉化"或者"儒化"与北方民族勇武性格的销蚀至多只有部分的相关性，汉文化的影响也并不必然导致女真族质朴作风的蜕变。更为关键性的因素还是在于这些民族入主汉地后的迅速腐化，而这种本族成员的腐化最终源于其对异族人民的压榨和掠夺。金朝纵容猛安谋克下的女真将士强括民田就是一个突出的表现。在奴役外族，终尝苦果这一点上，实行猛安谋克制度的金朝与后来八旗制度下的清朝都具有相同的轨迹。所以我们如果过于强调汉化的消极影响的话，那么客观上反而替这些沉溺于腐化生活并享受特权的征服者开脱了他们本应承担的历史责任。③

---

① 段成已：《故中议大夫中京副留守陈公墓表》，收入《全元文》第二册卷五九，江苏古籍出版社，1998，第228页。
② 元好问：《溪南诗老辛愿传》，收入《全元文》第一册卷二六，江苏古籍出版社，1998，第439页。
③ 作者在该文分析金亡的原因，称"总的来看，金末的政治尚属清明"，又说"红袄军的起义，距亡国尚有二十年，没有对晚金的国势带来直接的影响"，上述看法完全没有涉及对金末军政腐败因素的分析，对这一点似应考虑王曾瑜教授《金朝军制》（河北大学出版社，2004）一书中的相关部分，同时对红袄军的评价也偏低，毕竟红袄军的活动使金朝最终丧失了对战略要地山东的支配，在和蒙古与南宋的较量中处于更加不利的地位。山东对于金朝的重要性，在当时赵秉文等人的奏议中都有所陈述。

评刘浦江 《松漠之间——辽金契丹女真史研究》

此外，笔者就本书吸取国外学术成果的情况谈一点个人的看法。从总体上看，作者对日本辽金史的学术阵容从早期的白鸟库吉等人到近年来出现的一些新人的研究情况都显得比较熟悉，对于像《立命馆文学》这类在国内图书馆罕见收藏的学术期刊也时有征引，可见作者在搜集日文材料上花费了不少精力。但与此相比，欧美国家的西文学术出版物中的相关著述却因为学术交流渠道的不够通畅和语言上的隔阂，往往未被作者纳入搜索视野。如卜弼德、石泰安等的研究情况，我们在前文中已经做过简要介绍。这里再就几个具体问题稍加提示。该书第345页评价了蔡美彪先生20世纪40年代末将《辽道宗哀册》中的鞑靼与《辽史》中的阻卜勘同的研究。（按，差不多与之同时，冯家昇也发现了这个问题，并将其写入1949年在美国费城出版的《辽代社会史》第101~102页对阻卜的注释中。）作者在全书中不时提到对《契丹国志》和《大金国志》史料性质的看法，此前也曾就此问题发表过有关专文详加阐述。[①] 其实伯希和生前即已涉足这一课题，其论述见于1959年巴黎出版的其遗著《马可波罗注释》卷一的第369~371页。伯希和明确论证两书实际上都是"伪书"，为元人杂采宋代史料所凑成，而且出自同一位炮制者之手，其价值只不过是抄录保存了一些宋代记载而已。再有刘教授该书第357页引用学界对完颜襄北征塔塔儿年代的考订时，注明的参考出处是外山军治的相关研究。实际上对此问题更为绵密的考证要数伯希和与韩百诗在《〈圣武亲征录〉译注》中第193~199页的考证，他们准确地将此役发生的时间定在1196年的5~6月，这就恰好和纪功石刻中所提供的"同年6月"的时间契合。所以国内辽金史学界对于像伯希和这样的硕学大师的研究成果，似乎还有关注、介绍的必要。

最后，笔者拟强调的是，除了前面涉及的对于材料的考释这类基本问题以外，刘教授著作中所得出的一些关于学术史方面的认识或者评价对读者也应当颇有启发。犹记刘教授在《辽金史论》的自序中提及，与中国史学界习惯上将辽金史归入中原王朝史序列不同，日本东洋史学界因受到征

[①] 刘浦江：《关于〈契丹国志〉的若干问题》；《再论〈大金国志〉的真伪——兼评〈大金国志校注〉》；《〈契丹国志〉与〈大金国志〉关系试探》，均收入《辽金史论》，第323~334页、第335~356页、第357~372页。

服王朝说的影响，传统上将其划进满蒙史的系列。对于这一概括，笔者稍持异议，缘于所谓"征服王朝"命题的正式提出，业已晚至二战结束后不久，然而包括辽金女真契丹史在内的日本满蒙史研究格局的发轫与成熟则可以上溯到20世纪早期的明治、大正之际。① 二战结束以后，随着日本的战败，原先与日本大陆扩张政策有着千丝万缕关联的传统满蒙史研究面临着就此丧失合法性的尴尬局面。此刻，德裔美国学人魏复古（K. Wittfogel）倡导的"征服王朝"学说却在大洋彼岸悄然问世。它十分有助于其时因战败而倍感失落的日本东洋史学界重新拾回学术研究的自信，并转而以这一最新理论作为强有力的依托，将其稍加改造后逐步取代了由矢野仁一、白鸟库吉那一代学者开创，如今在政治上已摇摇欲坠的旧有满蒙史研究体系。无怪乎仅仅在"征服王朝理论"问世后两年，日后成为日本战后敦煌学第一人的京都大学出身的藤枝晃随即出版了日本首部以"征服王朝"命名的重在概述金朝历史的史学著作。② 此书的问世事实上宣告了日本东洋史研究话语的转型。此后的半个多世纪，上述"征服王朝"的话语体系一直支配着日本对于辽金元清等北族王朝的具体研究，其影响延续至今而不衰。可以说魏复古当初创立的"征服王朝"理论体系在日本史学界激起的反响和共鸣远远大于其对欧美各国学界的影响。

而日本辽金史研究中的非学术因素其实在刘教授新著中的《辽代的渤海遗民——以东丹国和安定国为中心》一文中已表露无遗。此文令人信服地指出日本历史学者仅仅凭借非常有限的一点史料，竟然构筑起一部关于辽朝渤海遗民政权的灿然可观的完整历史体系，这完全与日本学者素来讲求实证的严谨学风大相径庭。如果我们稍稍扩展观察视野，就会发现渤海

---

① 葛兆光：《边关何处？——从十九、二十世纪之交日本"满蒙回藏鲜"之学的背景说起》，收入氏著《宅兹中国——重建有关"中国"的历史论述》，中华书局，2011，第231~253页。
② 藤枝晃：《征服王朝》，大阪：秋田屋，1948。一般容易将征服王朝理论的出现时间看作是《辽代社会史》正式出版的1949年，实际上早在1946年，魏复古就刊出专文《中国社会与征服王朝》（"Chinese Society and the Dynasties of Conquest"）明确表述了其理论主张。而在《辽代社会史》出版之前，后来在日本东洋史学界大力鼓吹这一理论的田村实造业已通过原野四郎的介绍和藤枝晃的斡旋，获悉了魏氏的主要观点并得到了其所发表的学术出版物。参见田村实造《中国征服王朝——总括》，李明仁译，收入郑钦仁等译著《征服王朝论文集》（修订版），台北稻乡出版社，2002，第75~77页。

史从20世纪直到今天，是日本学者长期情有独钟的关注领域。至少在20世纪80年代以前，日本东洋史学界拥有的渤海史（含考古研究）成果在数量上明显多于中国和相邻的朝鲜、韩国。这些研究成果不时流露出的对于渤海国历史的推崇和高估倾向似承载了过重的泛东北亚民族主义情感，这种或明或暗的"渤海情结"决不仅限于前引刘教授著作中所批评的和田清和日野开三郎二者的著作。甚至1980年前后，还有日本学者径直将东亚大陆"征服王朝"的鼻祖由辽代上溯到唐代的渤海国那里。同样值得从学术史尺度予以重视的还有《松漠之间》中对清朝皇帝在宋辽金正统问题上所持观念的评价，以及对于乾隆一朝借修《四库全书》之机篡改辽金史籍史实的清理与揭示。刘教授的以上发现对于我们反思近期流行于美国的"新清史"学派的某些观点也是颇有助益的。作为不治辽金史却又时时受益于刘教授指点的后学，笔者衷心期望能够等到先生身体完全康复以后，再就上述学术史问题与老师充分交换意见与看法。

[补记] 本文初稿完成于2008年秋季，成文后呈送刘师教正。刘师胸怀宽广，不以拙文内容为忤，并加以赞许肯定，如此学者气度，使后学至为感佩。2014年11月承刘师高足邱靖嘉学兄雅意约稿，遂将全文略做修改后寄送。本想待到刘师身体彻底康复以后，再就相关问题向老师做进一步的请益。令人悲痛不已的是，2015年1月7日早晨突然传来刘师于前晚辞世的噩耗。笔者在学术前进的道路上从此失去了一位难得的良师，谨以此文作为对老师的永久纪念。

——受业 钟焓谨记

良史的胸怀、视野与方法
——评刘浦江著《松漠之间——辽金契丹女真史研究》

维 舟

一

刘浦江先生这部自选集《松漠之间——辽金契丹女真史研究》（中华书局，2008）收录了他治辽金史20年来的17篇论文，在一定程度上可说代表了当代中国学者在这一领域的最高成就。细读这本集子，字里行间令人感触至深的不仅是对一千年前中国古代北方民族历史的洞见，还有一位学人的学术关怀和严格自我要求——因为历史毕竟都是人写的，我们读史不仅关心"史"，更重要的还有"人"。为良史者，必兼具"视野"与"胸怀"。

亚洲内陆腹地的诸骑马民族，曾给世界史造成极深远的影响，但内陆亚洲史向来是史学上一个以艰深冷僻著称的园地，而辽金史研究又是这一冷门之中的冷门。学界并非不知辽金两朝在中国史上的重大意义：自中唐东亚政治格局崩溃，契丹崛起于东北松漠之间，南取燕云十六州，迫使此后历代中原王朝不得不对西域和蒙古高原采取消极守势，而全力防守东北方向之强敌；中国政治中心由长安、洛阳、开封而一路向东北迁移至北京，并由此而与西域陆路断绝、对外向东南走海路，以及金元清三朝建立，都可追溯至契丹崛起这一最初的蝴蝶翅膀扇起的微风。尽管历史意义重大，但辽金两朝留下的文物典章不富，主体民族的语言文字都早已死亡，这一领域实在是要极其耐得住寂寞的人才能矢志终身耕耘的，其中甘苦，非仅"坐冷板凳"四字而已。

治史有两大苦：史料太少或是史料太多。辽金史无疑属于前者，其史料不仅支离破碎、多舛误，需要大量的拼接、释读、辨识工作，又常容易以主观想象补上遗漏环节；而且还有许多是死文字写成，全世界能解读的也不过十数人，而这少量专家的意见也常常并不统一。因此仅史料掌握一项，已使辽金史成为一个令人望而却步的迷宫。不过史料少也有好处，那就是只要肯下苦功，可以较全面地掌握，不像近现代史，仅仅是档案电报之类原始史料便已如汪洋大海。刘浦江先生是极注重"有一分事实说一分话"的严谨学者，而事实都得从史料中来，所以他极为注重基本功，在本书问世之前便先穷尽搜罗相关论文，写成《二十世纪辽金史论著目录》（上海辞书出版社，2003），并下决心研读已成死文字的契丹、女真大小字——事实证明，他的这些努力是非常值得的。

二

刘浦江先生治辽金史是以金史入门的，然后在十余年前逐渐将研究重心转向辽、契丹史研究。本书中金史相关论文仅占1/3，就可看出他的这一学术轨迹变迁。但辽契丹史研究与金史相比又"冷"了很多。辽代文物制度远逊金代，而且在二十四史中，《金史》向称良史[①]，《辽史》却"可以说是二十四史中内容最简陋而错误又最多的一种"，为历代学者所诟病，诋为"秽史"。[②]而明清时对辽史又极忽视[③]，以至于我们至今对这一王朝的了解和认识"仍是十分肤浅的"[④]。

《辽史》之所以修得如此差，除了成书仓促、潦草成编外，还有一个重大原因在于：全正三年（1343）元人修撰时，辽朝已灭亡218年之久，本已不多的辽代文献典章此时更遗失散落极多。除《后汉书》以外，没有哪本正史拖这么久才修的。而迟迟不修《辽史》的原因则是金元两朝数次激烈争论而不能决定的辽王朝正统性问题。本书以《德运之争与辽金王朝的正统性问题》一篇冠全书，不仅是编排体例的问题，实际上也高屋建瓴

---

① 但刘浦江先生认为"《金史》素以良史为人所称，正可谓盛名之下，其实难副"（氏著《〈金朝军制〉平议——兼评王曾瑜先生的辽金史研究》，《松漠之间——辽金契丹女真史研究》，中华书局，2008，第398页）。
② 刘浦江：《辽朝国号考释》，《松漠之间——辽金契丹女真史研究》，第28页。
③ 如明朝只有一本辽史著作《辽小史》而已（"辽海丛书"本，辽沈书社，1985）。
④ 刘浦江：《契丹名、字研究——文化人类学视野下的父子连名制》，《松漠之间——辽金契丹女真史研究》，第124页。

地奠定了基调：从辽金王朝自身的视角去看待他们自身，以及这些形象在历史中的变迁，而不是仅从宋人的角度将他们视为边缘政权，这显然与以往那种以宋为正统的传统史观视角是颇有不同的。

在对辽朝国号、横帐、头下制度、青牛白马传说、契丹人名字、契丹语言资料等篇什的考证中，刘先生显示出极为扎实的考证功底。虽然这些都是辽史上反复出现的老问题，但他仍能在全面掌握资料的基础上，翻新出奇，给出现有条件下更完满的解释。他并不仅仅是就事论事，而能深刻意识到这些问题背后隐藏的更深远的历史背景和重大意涵。以辽朝国号为例，他考证梳理的最终意图并不是为了搞清这一王朝何时何地用"辽"、"契丹"或"大契丹"国号这一事情本身而已，而是更上一层，以清楚地揭示辽朝对草原和定居文明的二元统治制度，以及辽代政治家对自身统治的自我认识及其变迁。

刘先生深切意识到"由于受制于有限的文献资料并深受传统史学方法的桎梏，迄今的民族史研究在深度上尚难以企及早已相当成熟的断代史学"[1]。在其1999年出版的《辽金史论》自序中，甚至感叹国内辽金史研究的总体水平迄今"还没有超过战前日本学者曾经达到的那种高度"[2]。在这样的语言背后，是一个学者对所在研究领域的期许——他心目中隐含着一些标尺，以此作为自我鞭策和警醒。正是在这种戒慎戒惧和自感不足的自我要求下，他敢于不断挺进，以追求重大题材、追求难度系数大的问题这两个原则要求自己。

辽金史研究的前代学者，有两个主要缺陷：一是对史料及他人论著的掌握不够穷尽，这有当时传播技术上的原因；二是通常不懂契丹、女真文，也缺乏对考古材料的重视。这两点在本书中都得到了相当大的补足。不仅如此，刘浦江先生还常意识到研究辽金史不能划地自限[3]，应打通辽金史、宋史、契丹女真语言研究之间的隔阂，改变学术领地越划越小、彼

---

[1] 刘浦江：《契丹名、字研究——文化人类学视野下的父子连名制》，第124页。
[2] 刘浦江：《辽金史论》"自序"，辽宁大学出版社，1999，第2页。
[3] 其《辽金史论》"自序"即云："我总觉得，长期浸淫于一个学术领域未必是一件好事，当你对史实和材料越来越熟悉，出成果也就越来越容易的时候，也许就快要陷入有增长而无发展的泥沼了，那将意味着学术创造力的枯竭。"（第1页）

此不通、各自为政的局面（其实这一现象在西夏史研究中同样极严重），他甚至尝试以文化人类学方法来解读契丹人名，"结果我们很欣慰地发现，契丹史的研究其实还大有深入的余地和展拓的空间"①。这都是非常积极的探讨，表现了一流学者的雄心和更宏大的学术关怀。

或许可以这么说，这本论文集的意义并不只在那一篇篇论文的结论上，甚至也不只是对辽金史研究的学者有意义，因为渗透在这些论文中间的问题意识、逻辑推导和求真精神至少同样耐人寻味。给读者的不仅是一个结论，而且是教人一种方法，一种如何思考并解决这类学术问题，不断引入新方法和新思路的理论追求。

书中对契丹文字的研读、辽代墓志碑刻研究和人类学知识的运用，从材料和方法两个方面，都为辽金史研究打开了新的局面，这也是现在新一辈学者比上辈学者有所突破的地方——要超越前人，可能也不得不如此。中国学者以往研究亚洲内陆民族史的，除了如亦邻真等少数人外，大多都不懂其语言文字，如王国维、洪钧等都不懂蒙古语，这是一个严重缺陷，也是现在学人欲努力弥补的。刘浦江研读契丹文并重视刘凤翥、金启孮、乌拉熙春等的契丹女真文研究，专治中古北族史的罗新也同样致力于古突厥文，以求第一手原始史料的准确性。刘浦江先生为重建辽史，下大力气著成《契丹小字词汇索引》（与康鹏合著，中华书局，2014），并完成中华书局点校本《辽史》修订稿的统稿工作②，其用意都在于回到最基本的材料上，以求真解。

可以说，这种态度类似于乾嘉学派对经典的训诂学努力，是以"解经"的方式在"治史"，而这必然影响整体的治学态度。虽然刘先生对20世纪辽金史论著搜罗无遗，但从论文引用材料来看，他还是最重视原始史料。书中大量引用第一手的资料，在史料无法直接说话的情况下才引用现代学者论著的观点。

事实上，他对一些现代学者的观点是多有保留意见的。如陈述先生是

---

① 刘浦江：《契丹名、字研究——文化人类学视野下的父子连名制》，第125页。
② 参见刘浦江《中华书局点校本〈辽史〉修订前言》，《唐宋历史评论》第一辑创刊号，社会科学文献出版社，2015；邱靖嘉：《一部倾注生命的〈辽史〉——记刘浦江教授的〈辽史〉修订工作》，《东方早报·上海书评》2015年2月8日第B09版。

辽金史领域前辈学者中的学术权威，但他对契丹女真文不了解，推测辽代"头下"一词源出扶余语，刘先生就直率地批评此说"纯系一种猜测，并没有什么语源学和历史学的依据，故很难令人相信"①。更不必说对于方壮猷1930年发表的《契丹民族考》80%抄袭自白鸟库吉《东胡民族考·契丹篇》一事的不满，刘先生明确指斥这是"剽窃行为"②。从这些细节之处也能感受到刘先生在治学上极重"求真"，这恐怕不仅是一个学术问题，更是一种个人品格。在1999年出版的《辽金史论》自序中，他说道："我们处在一个价值判断力彻底沦丧的时代，人们不得不依靠序引、'书评'或者获什么奖之类的名堂去衡量学术水准。这真是学者的最大悲哀。但无论如何，我的著作是决计不要名家作序的。"③可见在探求真知的问题上，他是无意妥协的。

既如此，他对学术的态度也自然是实事求是，而完全不在意其他了。对于宋史权威王曾瑜先生所著《金朝军制》，他预先致函作者，提出独立而公正的评述，"书评写好后不打算送他过目，并由我自己找地方发表"，其次连带综合评价其辽金史研究；在文中也不隐讳地提出自己的不同意见，对王曾瑜先生未能重视考古材料也颇表遗憾。④而辽史研究学者李锡厚先生曾对刘先生提出率真而毫不留情的批评，刘先生则觉得"再正常不过了"。⑤他这么说的时候，让人相信他真的是如此坦诚地想的，因为读完全书后我的感觉是：他自己就是这样一个人。事实上，一些前辈学者对刘先生的直率批评，他多能虚心接受，毫无芥蒂，表现出崇高的学术品德。正因此，才使我这样一个对辽金史不过稍有所知的后学晚辈敢于提出一些私见和批评。

三

内亚史研究学者丹尼斯·塞诺（Denis Sinor）曾说，内陆亚洲史研究

---

① 刘浦江：《辽朝的头下制度与头下军州》，《松漠之间——辽金契丹女真史研究》，第75页。
② 刘浦江：《契丹族的历史记忆——以"青牛白马"说为中心》及《从〈辽史·国语解〉到〈钦定辽史语解〉》，《松漠之间——辽金契丹女真史研究》，第116页注5及第203页。
③ 刘浦江：《辽金史论》"自序"，第3页。
④ 刘浦江：《〈金朝军制〉平议——兼评王曾瑜先生的辽金史研究》，第387~399页。
⑤ 刘浦江：《李锡厚〈临潢集〉评介》，《松漠之间——辽金契丹女真史研究》，第403页。

的一个特殊现象是：单篇论文的价值常常比一本专著更高，例如学术泰斗伯希和"由于对任何宣称能够解释世界如何运行的理论有着正确的不信任，他从未能够下决心去写一部综合性专著"。但塞诺也说："内亚历史学有一个令人遗憾的怪癖，那就是提出错误的问题，集中精力去澄清一些始终含混不清、无关痛痒的事情。"①

这些也是辽金史研究中经常看到的现象。近30年来的几部辽朝断代史专著，说实在的，大抵价值不如这本《松漠之间》中一些论文高。刘浦江先生治辽金史20年，只出了包含本书在内的三本专著及70余篇论文——而这三本专著中其实两本是论文集，一本是辽金论著目录学书籍，都不是综合性专著。当然，任何一部综合性专著，必须要有坚实的基础，犹如城堡须由一块块城墙砖和石头垒砌成；尤其辽金史的状况常常只是一堆瓦砾，如想以此为建材仓促造城，难免成为批评的活靶子。但史学家最终还是须致力于尽可能真实地全面理解和还原历史，因此辽朝始祖的契丹语名字究竟应读"阿保机"还是"阿保谨"，对于我们更好地理解这一契丹王朝，委实贡献有限。

当然，也许刘先生的本意只是想扎实根基、整顿一地瓦砾之后再重建整个历史画面。看得出来，他极力想要先厘清一些基本事实，这是吃力不讨好，但又不得不做的冷板凳功夫，讨巧不得。从全书来看，他的治学途径是极其看重材料掌握和考据功底的②，以至于让我觉得不免有些强调过甚了。章实斋有言："高明者多独断之学，沉潜者尚考索之功，天下之学术，不能不具此二途。"③刘先生可谓沉潜者。

正因此，他倾向于认为近百年来辽金史研究"之所以始终比较沉寂，在各断代史研究中处于相对落后的地位，其根本症结就在于史料太少，而且由于没有新史料的重大发现，无缘形成学术新潮流"④。他列举近代以来几乎各断代史都有新史料的重大发现，连西夏王朝都有黑水城文书，"惟

---

① 〔美〕丹尼斯·塞诺（Denis Sinor）：《中古内亚的翻译人》，《丹尼斯·塞诺内亚研究文选》，北京大学历史学系民族史教研室译，中华书局，2006，第190页。
② 如"穷尽史料是研究辽金史的基本前提，如果不能做到这一点，一切都将无从谈起"（《〈金朝军制〉平议——兼评王曾瑜先生的辽金史研究》，第389页）。
③ 章学诚著，叶瑛校注《文史通义校注》卷五《答客问中》，中华书局，1985，第477页。
④ 刘浦江：《〈金朝军制〉平议——兼评王曾瑜先生的辽金史研究》，第387页。

独明史和辽金史没有重大的新发现。明史研究一直比较沉闷，可能与此有关；辽金史研究的困窘则更能说明问题"①，可谓三复斯言。新史料出土固然能极大推动学术发展，如没有甲骨文，殷商史很难重建，更不可能成为显学，但认为缺少新史料就难以取得进展，窃以为也是偏颇的。明史研究并未如他所言那么沉闷，而他列举魏晋南北朝"新近也有吴简出土"，如我们所知，20世纪魏晋南北朝史取得了重大进展，而陈寅恪、唐长孺、周一良、田余庆、罗新等数代学者所取得的成就得益于新史料者甚少。

固然没有史料，一切无从谈起，但治史却不能寄望于此——钱大昕天纵奇才，但他早生数百年，不可能赶上研究甲骨文。和社会学等学科不同，历史学不能自己创造材料，任何时代的史学家所面对的都是一个多多少少不完整的历史画面。但任何史料最终都有待阐释，正是在这里，我们得以窥见一个学者的史识与特质。妨碍我们深入理解历史的，常常并不是史料的匮乏。

窃以为史学家最关键的学养还是史识。陈寅恪著《隋唐制度渊源略论稿》《唐代政治史述论稿》，所引材料大抵是最习见的正史材料，而独其能阐幽发微，道前人所未及，确为一代良史风范。即使今人在史料的占有上超越陈氏，却不见得能独具他这样的洞见。而且容我直言：片面强调史料的占有，将使路越走越窄，如不另辟蹊径，后人又如何超越？这犹如自清代以来的汉宋之争，汉学重视考索，宋学却致力于义理的探索，而视名物训诂为破碎琐屑；但强调过甚的宋学又流弊于空疏。训诂与义理这两者必须保持一定的平衡。

说到底，还是要靠人。新史料的出土不可预见，那么只有做方法论上的改变：或是将原先不视为史料者以历史的眼光来看待（陈寅恪"诗史互证"即一例）；或是引入新的方法论，改变视角甚至达成典范转移，这一点该书中引入文化人类学便是。但刘先生对原始史料极熟，对人类学等新方法则显得有些不够熟练，这一点上王明珂已有突破性进展，其对国外相关研究成果的利用也是刘先生有所不及的。②在这一点上，刘先生体现出他

---

① 刘浦江：《〈金朝军制〉平议——兼评王曾瑜先生的辽金史研究》，第393页。
② 刘浦江书中只引用过少量日文论文，英文论著更少。

的问题意识是史学家的,而非人类学家的。

在立论上,刘先生大抵是凭史料来谨慎推出结论的,而非那种以强烈的问题意识为导向的研究。刘先生这种方法受社会科学影响较深,本身也有可议之处。他虽然指出"五德终始说"在南宋之后就在官方的"正统观"讨论中消失不见了,谶纬、封禅、传国玺等相关行为也渐渐淡出,但这对他而言更像是一个结论,而非进一步展开讨论的大问题——也许是他觉得这超出了辽金史的范畴。

刘先生的一些观点我也有保留意见。如《女真的汉化道路与大金帝国的覆亡》一文,强调彻底汉化是金朝覆灭的原因,认为"女真人的汉化彻底销蚀了其传统的尚武精神,使得这个昔日强大无比的马上民族在蒙古人的铁蹄下变得不堪一击"①,这一判断窃以为是有些夸大其词了。铁木真1206年被称为成吉思汗,同一年金朝宣布允许猛安谋克户与州县民户自由通婚,次年"诏策论进士免试弓箭、击毬",刘先生认为这是彻底汉化和金朝军事力量衰败的两个标志性事件,但金朝1234年才在蒙古、南宋夹击之下灭亡,抵抗蒙古军28年之久,在蒙古的敌人之中算是极顽强的一个,无论如何很难说是"不堪一击"的;而金朝作为蒙古世仇,蒙古对灭金战役一向是倾尽全力打击的。如刘先生所言:"金朝之亡国,并不是由于君王的无道、政治的腐败、吏治的衰敝。"②《金史》卷一一九赞语亦言:"金之亡,不可谓无人才也。"③纯因军事力量不及外敌强大。但说实在的,在不世出的军事天才成吉思汗所率的史上最强大游牧骑兵面前,金朝即使不汉化也未必能改变覆亡的命运。汉化最多只是未能延缓这一进程,根本原因仍是金朝未能控制蒙古高原的局势,这又有深刻的历史背景。何况汉化也为金朝带来好处,即增强其合法性。金覆亡时奋力抵抗的忠臣义士大批涌现,为历代所罕见,即是明证。这是汉化甚浅的辽、元二朝没有的事。

从全书基调来看,刘先生基本是将辽金史作为中国史的一部分来加以研究的,而非置于整个东亚或欧亚大陆格局下,很少谈及当时国际政治。

---

① 刘浦江:《女真的汉化道路与大金帝国的覆亡》,《松漠之间——辽金契丹女真史研究》,第268页。

② 刘浦江:《女真的汉化道路与大金帝国的覆亡》,第265页。

③ 《金史》卷一一九"赞曰",中华书局,1997,第2611页。

虽然他意识到了日本学者常将辽金史放在东洋史的大格局下，而中国学者则多将之视为中国王朝史的一部分，但他本人似也未完全逃出这一范畴。虽然他主张辽宋金史应兼通[①]，但对宋史及宋人对辽态度、辽的存在对宋的意义等问题，没有探讨。自来有治宋史而兼治辽金史者（如《邓广铭治史丛稿》），治辽金史而兼宋史者却甚少。

近年来的历史研究有两种看似相反的趋势：一是强调大视野、全球史研究，二是研究专题越来越细化。但这两者并非对立，本应结合在一起。一个好的史学者应具通史之才，致力于解决具体问题，方能以大搏小、以小见大。本书的多篇论文观点在这方面堪为表率，但似有一个潜在的问题，即刘先生过于强调辽金史研究的断代性质，以至于他所看待的这段历史，在时间和空间上都是有边界的。但正如刘先生本人已认识的，虽然历史研究的课题必须有边界，在思考问题时恐怕还是尽量打破这些边界为好，许多历史问题的延续性或许更强过断裂性——例如，宋对辽金的态度、辽金元史本身都具有某些潜在的延续性。像辽朝国号与蒙元国号的二元特质、金朝五等人制（女真、渤海、契丹、汉人、南人）与蒙元的四等人制（蒙古、色目、汉人、南人）、金朝的猛安谋克制与清朝的八旗制度等，在诸多层面都是可以互为映照而激发出新的思考和问题的。实际上，辽金史的重要性，在很大程度上也是因为"他们树立了异族入主中原的模式，而为后来元、清两代所模仿"[②]。女真的汉化，常让人想到后世满人的相似道路，但如果大胆设想一下，金海陵王贞元元年（1153）迁都北京之举，与北魏孝文帝之迁都洛阳也基于相似的逻辑。《金史》卷八《世宗纪下》载海陵王"恐上京宗室起而图之，故不问疏近，并徙之南"[③]，平毁上京，以绝后念，"取消女真化"运动，积极准备统一中国，但结果，引起了帝国内部的失衡，以致亡于北边兴起的野蛮力量。历史并不重演，但这些相似性似乎意味着，当北族进入华北时，到一定时刻，它们会遭遇到某些同样的问题。历史事件并不是孤立的，更不应孤立地看待它们，如果把

[①] 在这方面，张希清等编《澶渊之盟新论》（上海人民出版社，2007）一书兼跨辽宋史研究，颇有价值。
[②] 陶晋生：《女真史论》"导言"，台北食货出版社，1981，第2页。
[③] 《金史》卷八《世宗纪下》，第185页。

不同的事件与事件、人物与人物、地域与地域联系起来，必有助于更深的理解。治史者不如更多地着眼那些联系。

从全书的研究方向看，其重点放在传统的政治史、文化史上，利用的考古材料多限于墓志碑刻的文献价值，而少艺术和人类学意义上的解读，对外交史、生态史等着墨也极少——辽代崛起"松漠之间"，正因辽河上游曾有开阔的八百里"平地松林"，这片林地此后被砍伐殆尽，是中国生态史上一个著名事件。当然每个学者各有自己最擅长的领域，读者也是不可强求的，正如我们如果"遗憾"生态史学者未能兼及政治史，或许也会让当事人有些不知所云。不过，辽金主体民族皆起于农牧或农耕-渔猎混合地带，而不像蒙古人基本只营游牧生活，他们在统治华北时政策之不同，恐非偶然。生活环境毕竟也会影响到人的观念和行为，有时便不免与政治相关了。

附带说一下：刘先生在后记中已谈到书名《松漠之间》不巧与林梅村一本专著同名[1]，他"踌躇再三，决意仍旧维持原名"。虽然本书较林著晚出一年，但确实更适合冠以"松漠之间"。中国史上，"松漠"是有特定含义的专指，代称辽金。所谓辽代崛起于"松漠之间"乃是前代习语。林著集中讨论中西文化交流史，与辽金史无涉，只不过所讨论的历史地理区域在中亚沙漠和额尔古纳松林之间，而以此为名。对于知道"松漠"一词特定含义的人来说，林先生所取书名实在不无误导之嫌。

---

[1] 林梅村：《松漠之间：考古新发现所见中外文化交流》，生活·读书·新知三联书店，2007。

专　论

论武则天称帝

孟宪实

摘要：武则天称帝，是中国古代的重大事件。究竟怎样看待此事，论者言人人殊。或者从女性角度看待，认为唐代社会开放、女性地位较高才导致女皇的出现。或者认为新兴的社会阶层成为武则天称帝的社会基础。本文认为，武则天称帝是一个政治事件，称帝的成功是武则天政治运作的成功，武则天具备的成功要素是偶然的，所以女皇才成为历史绝唱。武则天称帝，能够反映皇帝制度的弹性，很准确地证明帝制之下的官场唯强是从的功利主义。

关键词：唐朝　武则天称帝　关陇集团　女性地位

武则天所建立的武周，精密计算持续时间12年，皇帝仅一人，完全称得上是昙花一现。但是，这毕竟是中古时期中国历史的大事，一个女人主持下的改朝换代是怎样实现的？武则天现象，到底反映了怎样的历史本质？政治、制度、社会和文化，在这个过程中究竟发挥了怎样的作用？20世纪，陈寅恪先生的相关研究，曾经带动起武则天研究的一个高潮，现在的相关研究似乎归于平静，但是武则天现象引发的历史课题并未完结。究竟是什么因素导致女皇的成功，换言之，到底应该怎样理解武则天称帝的社会基础？

一　武则天称帝的性别史视角

武则天作为女皇，首先引起的便是男女性别的历史讨论。隋唐源自北朝，而研究者发现，北朝女性地位远比中原要高。那么这个社会传统对于武则天称帝构成怎样的影响呢？这个话题又与唐朝的所谓开放联系在一起。总体的逻辑是，唐朝因为开放，也因为继承了北朝的传统，所以看待男女的观念与中原传统是不同的。也就是说，北朝的女性地位，对于中原一贯的男尊女卑观念形成冲击。在北朝传统的影响下，中原男尊女卑不再那么强烈了，便为女皇的诞生提供了条件。而这，通常也被看作是武则天称帝的一个社会基础。

傅乐成先生《唐人的生活》认为影响唐人生活最重要的两个要素是"功利主义和胡化"。所谓"胡化"，就是接受胡人的影响。"功利主义既然流行，儒学在社会上自不会发生多大作用，女性的约束也无形减少。唐代妇女受教育的机会较多，男女地位比较平等，社交比较公开，思想也比较自由。"[1] 但是，傅先生的这个结论并没有与武则天称帝相联系。在论证武则天称帝的社会基础问题上，可以高世瑜先生的研究为代表。她认为"武则天这个女皇帝出现在唐朝，有着深刻的时代背景，深厚的社会基础，或者说，与整个妇女群的社会地位、面貌有着必不可分的关系"。她在《唐代妇女》第一章"唐代妇女社会面貌概说——一个非凡女性引起的思考"中，全面论证了武则天称帝的社会基础，一方面是封建礼教尚不完备，对于妇女的束缚还比较有限；另一方面因为民族融合、文化交流的大局面，使得胡风盛行，从而为唐代妇女带来极大的幸运，她们的生活十分开放与活跃。她总结道："正是唐代世风和唐代妇女群为武则天称帝制造了氛围、铺垫了台阶、提供了机遇。""应该说，唐代的社会风气和妇女地位创造了女皇，而女皇又推动和助长了一代风气。"[2]

陈弱水先生专文《初唐政治中的女性意识》，指出武则天在高宗时代确实发动了很多议题，有利于女性地位的提高。[3] 但是，这跟女皇的诞生有什么样的因果关系呢？论证起来确实难度极大。正如陈弱水看到的那样，武则天称帝之后，反而没有人能够以她为先例再来一次女皇登基。同样引发质疑的是，武则天的儿媳韦皇后，其实也为女性做过很多工作，但

---

[1] 傅乐成：《唐人的生活》，原载《食货复刊》第4卷第1、2期，1974，收入傅乐成《汉唐史论集》，联经出版事业公司，1977，第117～141页。

[2] 高世瑜：《唐代妇女》，三秦出版社，1988，第一版。此处所引为2011年版同名著作，第1～8页。根据作者的"再版后记"，新版属于增订版。

[3] 陈弱水：《初唐政治中的女性意识》，初以英文发表于1994年。后经中文改写，发表于邓小南主编的《唐宋女性与社会》，上海辞书出版社，2003。定本收入《隐蔽的光景——唐代的妇女文化与家庭生活》，广西师范大学出版社，2009，第165～203页。

她的政治发展却遭遇了失败。可见，社会上的女性地位问题，与女皇的诞生间的因果关系并不明确。唐代妇女地位较高，尤其与后来的宋朝比较，并非没有证据。然而，唐朝是否已经达到男女完全平等的程度，这显然存在巨大疑问。武则天是女皇，她的成功究竟是政治的因缘际会，还是社会发展，如男女平等的实现，这个问题并不难判断。唐代妇女的所谓"高地位"对于女皇成功而言，绝非充分条件。当时的政治依然属于上层的游戏，与社会的一般状况缺乏基本联系。但是，依然有很多学者愿意从男女平等这个角度看待武则天称帝。①

女皇的故事只有武则天讲述成功。自陈寅恪先生以来，另外的一种分析是佛教的作用。把武则天作为弥勒佛来供养，而缘起就是《大云经疏》的故事。传世文献清楚地记录了武则天情夫薛怀义主持此事，结论也很清晰。但是，是敦煌文献《大云经疏》的发现，才促进了这个问题的新研究。传世文献是后武则天时代的产物，主要表达批判武则天的结论；而敦煌本的发现，致使《大云经疏》原来的面貌得以重现。武则天利用《大云经疏》为自己制造舆论，在全国范围内修建大云寺，供奉《大云经疏》，声势浩大，是她造神运动比较重要的一个措施。利用原来的《大云经》，武则天的御用和尚们主要是利用"疏"的方式为武则天称帝摇旗呐喊，更多的方法不是利用符瑞，而是利用谶言。② 这种通过舆论造神的方式，会获得一些舆论效果，但不可能成为推进女皇诞生的动力。

这类因素，如女性地位比较高、佛教舆论造势等，在促成女皇诞生这个问题上，最多是推波助澜，即所谓缘饰之说。而最高统治者的换位，必须到政治实力中去寻找答案。武则天事实上完成了改朝换代，如此重大政治变故，舆论无论如何是不能成为主因的。那么，在唐代，对于武则天来

---

① 段塔丽在《唐代妇女地位》一书中指出："唐代这个封建经济高度发展，社会风气相对开放的时代，女性参政（包括议政），却如同得到了适宜的土壤和气候，格外地活跃和普遍。女性参政无论从深度和广度上都较前代有了新的突破。此间不仅出现了中国历史上唯一一位女主——武则天，而且受其影响，唐代女性参政议政者更是风起云涌，屡见不鲜。"（人民出版社，2000，第73页。）

② 参见林世田《武则天称帝与图谶祥瑞——以 S. 6502〈大云经疏〉为中心》，《敦煌学辑刊》2002年第2期，收入林世田《敦煌遗书研究论集》，中国藏学出版社，2010，第39~54页。此外还有林世田《〈大云经疏〉初步研究》，初载《文献》2002年第4期，收入《敦煌遗书研究论集》，第3~15页。

说，性别问题真的完全消失了吗？事实并非如此。

垂拱二年（686）十月，新丰县有山踊出，朝廷改新丰县为庆山县，因为庆山是大瑞。对此，《资治通鉴》（以下简称《通鉴》）的记载如下：

> 己巳，雍州言新丰县东南有山踊出，改新丰为庆山县。四方毕贺。江陵人俞文俊上书："天气不和而寒暑并，人气不和而疣赘生，地气不和而堆阜出。今陛下以女主处阳位，反易刚柔，故地气塞隔而山变为灾。陛下谓之'庆山'，臣以为非庆也。臣愚以为宜侧身修德以答天谴；不然，殃祸至矣！"太后怒，流于岭外，后为六道使所杀。①

观察《通鉴》的记载，虽然此事获得了普遍的承认，即"四方毕贺"，但更多的文字是在记述俞文俊的意见和最后结局。《通鉴》赞成俞文俊的立场鲜明。然而，就当时的情况看，主流当然是拥护"庆山说"，认为新的山峰的出现，是巨大祥瑞。②

俞文俊认为这不是庆山，非祥瑞，而是灾异，原因是"陛下以女主处阳位，反易刚柔"，所以出现灾异。这是典型的传统言论，受到武则天镇压也在情理之中。更值得注意的是"四方毕贺"显现，更多的人当然赞成这"庆山"是大瑞，是武则天的政治赢得上天赞许的证明。官场众多的官僚，没有人不是深受儒家思想教育而成长的，但是在这样的历史时刻，他们刻意忘记了传统理论，努力自然而然地忘记"女主处阳位"这个政治现实。这是需要十分重视的政治现象，并且与武则天称帝存在着重要的因果关联。

利用男女性别理论正面讨论武则天称帝问题的，现存的文献资料只有李商隐《宜都内人》一篇。其内容如下。

---

① 《资治通鉴》卷二〇三则天后垂拱二年，中华书局，1956，第6442页。《旧唐书》卷三七《五行志》记此事未光宅元年（684），应从《资治通鉴》。《新唐书》或记十月己巳，或记九月。根据吴玉贵先生考证，应为十月己巳，九月无己巳日，见吴玉贵《资治通鉴疑年录》，中华书局，1994，第219页。

② 《唐六典》记载，祥瑞有大、上、中、下四等，而庆山是大瑞。《唐六典》卷四"礼部郎中、员外郎条"，中华书局，1991，第114~115页。

武后篡既久，颇放纵，耽内习，不敬宗庙，四方日有叛逆，防豫不暇。宜都内人以唾壶进，思有以谏者。后坐帷下，倚檀机，与语。问四方事，宜都内人曰：大家知古女卑于男耶？后曰：知。内人曰：古有女娲，亦不正是天子，佐伏义理九州岛耳。后世娘姥有越出房合断天下事者，皆不得其正，多是辅昏主，不然，抱小儿。独大家革天姓，改去钗钏，袭服冠冕，符瑞日至，大臣不敢动，真天子也。然今者内之弄臣狎人，朝夕进御者，久未屏去，妾疑此未当天意。后曰：何？内人曰：女阴也，男阳也，阳尊而阴卑，虽大家以阴事主天，然宜体取刚亢明烈，以消阳。阳消然后阴得志也。今狎弄日至，处大家夫宫尊位，其势阴求阳也。阳胜而阴亦微，不可久也。大家始今日，能屏去男妾，独立天下，则阳之刚亢明烈可有矣。如是过万万岁，男子益削，女子益专，妾之愿在此。后虽不能尽用，然即日下令诛作明堂者。①

　　陈寅恪先生引证此文，对"作明堂者"注释道"此指薛怀义"。②这段文字，虽然希望指导武则天努力改变男女阴阳关系，希望"万万岁"之后，"男子益削，女子益专"，彻底改变"女阴也，男阳也，阳尊而阴卑"的现实。但是，这段文字来源并不清楚，如果是李商隐的作品，此事是否真的发生在武则天时代，值得怀疑。所以，还不敢把这段文字当作证据，证明武则天时代确实有人跟武则天讨论男女阴阳问题。

　　但是，武则天时代，全然回避了男女阴阳理论，这个判断也不成立。武则天和她的御用文人们，显然对这个问题是重视的，并且有研究应对，特别突出的是制造一个"圣母"概念。这就是人所共知的洛水"宝图"故事。根据《通鉴》的记载，事情的原委是这样的：

　　　　武承嗣使凿白石为文曰："圣母临人，永昌帝业。"末紫石杂药物

---

① 《全唐文》卷七八〇"李商隐第十"，中华书局，1983年影印本，第8151页。
② 陈寅恪：《记唐代之李武韦杨婚姻集团》，原刊《历史研究》，1954年第1期，收入《金明馆丛稿初编》，生活·读书·新知三联书店，2001，第266~295页。陈寅恪《武曌与佛教》一文，也引此文献，原载《历史语言研究所集刊》第五本第二分册，1935，收入《金明馆丛稿二编》，生活·读书·新知三联书店，2001，第153~174页。

填之。庚午,使雍州人唐同泰奉表献之,称获之于洛水。太后喜,命其石曰"宝图",擢同泰为游击将军。五月,戊辰,诏当亲拜洛,受"宝图";有事南郊,告谢昊天;礼毕,御明堂,朝群臣。命诸州都督、刺史及宗室、外戚以拜洛前十日集神都。乙亥,太后加尊号为圣母神皇。①

如果仅就男女性别理论来说,男尊女卑的观念根深蒂固,武则天一派的宣传不具优势,但是母亲的概念具有特殊价值。一方面,母亲也是女性;另一方面,母亲更有尊贵的一面,在孝道理论中,母亲是孝道中被尊敬的对象。在母亲面前,是无法讨论男尊女卑的。这样,当时的性别理论遇到母亲这样的具体问题的时候,只好将尊卑理念放置一边。这说明孝道理论与男女性别理论之间存在着复杂关系,男女性别理论的彻底性或理论性尚存在漏洞和不完善。也许应该这样表述:男尊女卑仅仅是一种观念,称为理论并不适当。当然,武则天的拥护者们显然准确地把握住了这个要害,以母亲概念为突破,使得男尊女卑理论不能再成为女皇的障碍。其实,从实践层面来看,武则天背后的拥戴人群,除了武家成员之外,也不应该没有其他男性成员。他们在支持武则天进一步升级的时候,显然置男尊女卑观念于不顾。

洛水宝图发现之后,"太后加尊号为圣母神皇"。在"神皇"之前加"圣母"二字,是武则天特殊身份的恰当表达。宝图中已经点出"圣母临人,永昌帝业"了,于是顺势再增加"神皇"称号。神皇与皇帝,还有区别吗?区别不大,但不等同。显然,这是一个模糊战略,对于最后称帝的目标接近的意义十分明显。两年以后的天授元年(690),在武周建立大势所趋的政治背景下,《通鉴》记载:

九月,丙子,侍御史汲人傅游艺帅关中百姓九百余人诣阙上表,请改国号曰周,赐皇帝姓武氏,太后不许;擢游艺为给事中。于是百官及帝室宗戚、远近百姓、四夷酋长、沙门、道士合六万余人,俱上

---

① 《资治通鉴》卷二○四"则天后垂拱四年",第6448页。

表如游艺所请，皇帝亦上表自请赐姓武氏。①

在积极上表请求武则天改朝换代的人群中，恐怕以男性为主，但是他们谁会不明白，即将称帝的人是武则天，而武则天是女人。但是，武则天是当今皇帝唐睿宗的亲生母亲，她真的是"圣母"。当武则天"不得不同意"大家的建议，改朝换代之后，同时也改变了自己的称号，叫作"圣神皇帝"②。

敦煌出土文书P.2005为《沙州图经》，在垂拱四年（688）的"野穀"条中，已经使用了"唐圣神皇帝垂拱四年"的字样，而"圣神皇帝"是天授元年武则天改唐为周之后的尊号。③把"唐"和"圣神皇帝"写在一起，有一点政治讽刺。但我们在这里要指出，武则天的模糊战略十分成功，在敦煌这样的地方，根本不去管唐与武周，以及圣皇与皇帝的区别。模糊战略具有试探性，也具有暗示性：试探是否有强大的反对力量显现，暗示更多的人支持自己的方向。傅游艺明白了暗示的方向，立刻聪明地行动起来。

但是，所有这些与女性有关的言行，到底在武则天称帝过程中发挥了怎样的作用？作用一定是存在的，是主导性作用还是辅助性作用呢？最多属于后者。尤其是，武则天突出母亲的概念，利用舆论造势，这种行为当然属于政治手段，跟社会上的妇女地位高低没有关系。

二　武则天称帝的阶级基础

此观点以陈寅恪先生为代表。武则天称帝是唐朝历史的重大事件，其意义在陈寅恪看来十分重大，甚至超过了唐朝的建立。其言：

> 李唐皇室者，唐代三百年统治之中心也，自高祖、太宗创业至高宗统御之前期，其将相文武大臣大抵承西魏、北周及隋以来世业，即宇文泰"关中本位政策"下所结集团体之后裔也。自武曌主持中央政

---

① 《资治通鉴》卷二〇四"则天后天授元年"，第6467页。
② 《资治通鉴》卷二〇四"则天后天授元年""庚辰，太后可皇帝及群臣之请"，第6467页。
③ 见唐耕耦编《敦煌社会经济文献真迹释录》，书目文献出版社，1986，第38页。

权之后,逐渐破坏传统之"关中本位政策",以遂其创业垂统之野心。故"关中本位政策"最主要之府兵制,即于此时开始崩溃,而社会阶级亦在此际起一升降之变动。盖进士之科虽创于隋代,然当日人民致身通显之途径并不必由此。及武后柄政,大崇文章之选,破格用人,于是进士之科为全国干进者竞趋之鹄的。当时山东、江左人民之中,有虽工于为文,但以不预关中团体之故,致遭屏抑者,亦因此政治变革之际会,得以上升朝列,而西魏、北周、杨隋及唐初将相旧家之政权尊位遂不得不为此新兴阶级所攘夺替代。武周之代李唐,不仅为政治之变迁,实亦社会之革命。若依此义言,则武周之代李唐较李唐之代杨隋其关系人群之演变,尤为重大也。①

武则天称帝之前,先有废王立武,确立武则天为皇后,陈先生得出重大结论,认为这中国中古史的一个转折点:

> 盖西魏宇文泰所创立之系统至此而改易,宇文氏当日之狭隘局面已不适应唐代大帝国之情势,太宗以不世出之英杰,犹不免牵制于传统之范围,而有所拘忌,武曌则以关陇集团外之山东寒族,一旦攫取政权,久居洛阳,转移全国重心于山东,重进士词科之选举,拔取人材,遂破坏南北朝之贵族阶级,运输东南之财赋,以充实国防之力量诸端,皆吾国社会经济史上重大之措施,而开启后数百年以至千年后之世局也。②

这里,陈先生把废王立武事件与后来武则天称帝紧密地联系起来并统一加以考察,从而得出如上结论。但是,陈先生分析这个时期的核心历史概念还是关陇集团及其被取代。

> 更总括以上所述者论之,则知有唐一代三百年间其统治阶级之变迁升降,即是宇文泰"关中本位政策"所鸠合集团之兴衰及其分化。盖宇文泰当日融冶关陇胡汉民族之有武力才智者,以创霸业;而隋唐

---

① 陈寅恪:《唐代政治史述论稿》,生活·读书·新知三联书店,2001,第202页。
② 陈寅恪:《记唐代之李武韦杨婚姻集团》,《金明馆丛稿初编》,第279页。

继其遗产，又扩充之。其皇室及佐命功臣大都西魏以来此关陇集团中人物，所谓八大柱国家即其代表也。当李唐初期此集团之力量犹未衰损，皇室与其将相大臣几全出于同一之系统及阶级，故李氏据帝位，主其轴心，其他诸族入则为相，出则为将，自无文武分途之事，而将相大臣与皇室亦为同类之人，其间更不容别一统治阶级之存在也。至于武曌，其氏族本不在西魏以来关陇集团之内，因欲消灭唐室之势力，遂开始施行破坏此传统集团之工作，如崇尚进士文词之科破格用人及渐毁府兵之制等皆是也。此关陇集团自西魏迄武曌历时既经一百五十年之久，自身本已逐渐衰腐，武氏更加以破坏，遂致分崩堕落不可救止。其后皇位虽复归李氏，至玄宗尤称李唐盛世，然其祖母开始破坏关陇集团之工事竟及其身而告完成矣。此集团既破坏后，皇室始与外朝之将相大臣即士大夫及将帅属于不同之阶级。同时阉寺党类亦因是变为一统治阶级，拥蔽皇室，而与外朝之将相大臣相对抗。假使皇室舆外廷将相大臣同属于一阶级，则其间固无阉寺阶级统治国政之余地也。抑更可注意者，关陇集团融合胡汉文武为一体，故文武不殊途，而将相可兼任；今既别产生一以科举文词进用之士大夫阶级，则宰相不能不由翰林学士中选出，边镇大帅之职舍蕃将莫能胜任，而将相文武蕃汉进用之途，遂分歧不可复合。举凡进士科举之崇重，府兵之废除，以及宦官之专擅朝政，蕃将即胡化武人之割据方隅，其事俱成于玄宗之世。斯实宇文泰所创建之关陇集团完全崩溃，及唐代统治阶级转移升降即在此时之征象。是以论唐史者必以玄宗之朝为时代画分界线，其事虽为治国史者所得略知，至其所以然之故，则非好学深思通识古今之君子，不能详切言之也。①

从废王立武到武则天称帝，可以看作是一个历史时期。同时，从总体考虑，陈寅恪也把唐玄宗与武则天看作一个历史时期，因为关陇本位政策是武则天开始破坏，而到玄宗时期完成。其言：

　　武周统治时期不久，旋复为唐，然其开始改变"关中本位政策"

---

① 陈寅恪：《唐代政治史述论稿》，第235页。

之趋势，仍继续进行。迄至唐玄宗之世，遂完全破坏无遗。而天宝安史乱后又别产生一新世局，与前此迥异矣。夫"关中本位政策"既不能维持，则统治之社会阶级亦必有变迁。此变迁可分中央及藩镇两方叙述。其所以须有此空间之区别者，因唐代自安史乱后，名义上虽或保持其一统之外貌，实际上则中央政府与一部分之地方藩镇，已截然划为二不同之区域，非仅政治军事不能统一，即社会文化亦完全成为互不关涉之集团，其统治阶级民族之不同类更无待言矣。盖安史之霸业虽俱失败，而其部将及所统之民众依旧保持其势力，与中央政府相抗，以迄于唐室之灭亡，约经一百五十年之久，虽号称一朝，实成为二国。史家述此，不得不分之为二，其理由甚明也。①

陈寅恪笔下的阶级，我们可以直接理解为集团或阶层。以关陇集团为例，他们原本是北魏、北周以来的最高统治阶层，但是统一时代到来以后，这个阶层则变成一个地域集团，与山东、江南并立而存在。包括关陇集团在内，都是宇文泰"关中本位政策"的结果，而这种政策在统一时代再也无法继续下去了。隋末唐初，山东豪杰在军事和政治领域都非常活跃，山东势力成为最醒目的政治力量，所以最高统治集团内部的不同派系竞相笼络山东势力②，这不仅证明山东势力的强大，也证明关陇小集团的政治独占难以为继。

把关陇贵族退出历史舞台与武则天现象联系起来，前者有一个巨大的社会史背景，即魏晋南北朝以来的士族传统，后者不过是一个政治事件。以前者为后者的社会基础，这便是陈寅恪先生研究隋唐历史的重大线索。本来，用陈先生的原有表述，即关陇集团被"新兴阶级"所取代，已经取得了重大的历史结论。但是，陈先生没有停留在这一步，而是继续研究"新兴阶级"的构成问题。如果用地域概念表达"新兴阶级"，那就是：

> 当时山东、江左人民之中，有虽工于为文，但以不预关中团体之

---

① 陈寅恪：《唐代政治史述论稿》，第 202~203 页。
② 陈寅恪：《论隋末唐初所谓"山东豪杰"》，原载《岭南学报》第 12 卷第 1 期，1952 年 6 月，收入《金明馆丛稿初编》，第 243~265 页。

故，致遭屏抑者，亦因此政治变革之际会，得以上升朝列，而西魏、北周、杨隋及唐初将相旧家之政权尊位遂不得不为此新兴阶级所攘夺替代。

但是，地域概念可能妨碍"新兴阶级"的正确表达，所以，陈寅恪还使用"以科举文词进用之士大夫阶级"、"蕃将即胡化武人之割据"以及来自南方边远地区的"阉寺党类"等概念。由此为社会背景，形成前朝、武将和阉党三方基本政治势力与唐朝后期的政治格局。陈先生的研究思路，明显重视政治背后的社会与文化根源，而地方问题，既是社会问题又是文化问题。但是，陈寅恪的研究，给人地域观念的印象还是太深刻了，所以胡如雷先生总结为"其论点是以不同的地域婚姻集团间之斗争来分析历史事件的进程"[1]。

那么，回归武则天问题的讨论，依然是武则天称帝，其基础何在？

承袭陈寅恪阶层论的，最明显的是胡如雷先生。胡如雷先生对于陈寅恪观点的回应最具时代特色，他的《论武周的社会基础》一文，认为用地域集团的概念分析唐代政治斗争是不准确的，武周兴起，是地主阶级内部"新兴地主集团"与"大官僚贵族集团"的斗争。后来，从地主阶级内部不同阶层的角度理解武则天时期的政治斗争关系，成为史学界的常规研究思路[2]。阶级论在20世纪五六十年代是主流话语，强调政权的阶级性也是当时的主流思维。然而，政治权力到底怎样反应具体的集团利益？这个问题需要怎样论证才能让人更信服呢？比如，以神功元年（697）的刘思礼案为例，在武懿宗的主持下，刘思礼广引朝士，包括宰相李元素等在内36家，"皆海内名士，穷楚毒以成其狱"[3]。胡如雷先生判断这些人"必然也就是李唐《氏族志》中比较显赫的一部分大官僚无疑"[4]。但此时，武则天称帝已经七年，所有的这些高官都来自她的任命，既然要打击大官僚，不任命岂不更

---

[1] 胡如雷：《论武周的社会基础》，《历史研究》1954年第1期，收入胡如雷《隋唐政治史论集》，河北教育出版社，1997，第250~263页。后来，胡先生又著《关于武则天研究中的几个问题》，对于武则天研究中的阶层等问题再进行新的研究，比如阶层意识等，都属于新论。此文亦收入《隋唐政治史论集》，河北教育出版社，1997，第264~288页。
[2] 此前的学术总结，参见胡戟等先生主编《二十世纪唐研究》，中国社会科学出版社，2002。
[3] 《资治通鉴》卷二○六"则天后神功元年"，第6513页。
[4] 胡如雷：《论武周的社会基础》，《历史研究》1955年第1期。

简单，为什么要提拔了再打击呢？这样，岂不证明识人不明吗？

把政治斗争背后的社会因素尤其是集团背景发掘出来，是历史认识的深化与进步，但如果过于坚持，则可能出现求之过深反而远离了真相。比如，高宗打击长孙无忌，人所共知是废王立武事件君臣冲突的结果。胡先生认为这是打击大贵族大官僚。同时，他还把徐敬业的造反等量齐观，因为徐敬业打起的旗号是"旧臣"和"公侯"，所以徐敬业也是"大官僚贵族集团"的一分子。可是，人所共知的事实是，徐敬业的爷爷李勣是支持唐高宗废王立武的，是长孙无忌的对立方。此一时彼一时，人际关系发生转变很正常，非要用集团斗争来解释一切，就会造成这样的困惑。士族地主与庶族地主的矛盾解释，情况也一样。

过度解释造成问题，这一点陈寅恪先生也不可避免。陈先生曾主张上官仪是反武则天的，因为他是关中人。新出的《上官婉儿墓志》证明上官仪在废王立武的过程中没有受到打击，之后还获得高宗重用。而上官仪在晋王府时代就是唐高宗李治的属官。后来上官仪成为"废后风波"的替罪羊，并不能因此证明他是一贯反对武则天的。[①]

其实，除了"废王立武"事件可以作为关陇集团退出历史舞台以外，此后的阶层斗争、集团斗争都不该进行扩大化解读。那么，怎么理解武则天称帝呢？

三 制度史的解释

用制度史解释武则天称帝，是社会史之外的另一种方案。把武则天称帝理解为后士族时代的现象是可行的，毕竟从身份性到非身份性是这个历史转变时期的核心特征。陈寅恪以废王立武为关陇集团退出历史舞台的标志，这个标志也是士族政治完结的标志。士族政治或称门阀政治，虽然田余庆先生认为只有东晋一朝才是典型的[②]，但是说整个魏晋南北朝时期都是士族政治也未尝不可，即使不如东晋典型，但前后历史时期毕竟仍然具有一致的特征。

[①] 参见笔者另论《上官仪研究三题》，荣新江主编《唐研究》第二十卷，北京大学出版社，2014，第209~228页。

[②] 田余庆：《东晋门阀政治》，北京大学出版社，1989。

士族政治的标志，即士族的特权获得政治制度的保障。具体地说，魏晋南北朝时期，保障士族特权的制度有两个，经济上便是品官占田荫客制（或叫占田制、荫族制），政治上便是九品中正制。[①] 当时也强调"婚宦"，以士族内部通婚的方式维持他们的特权，是等级森严时代的特有产物。但是，到隋唐时期，这两项最重要的士族特权保障制度都被取消了。虽然经历了一个过程，但隋唐时代确实进入了崭新时代。汪籛先生的研究结论是："均田制最初对大族是有一些妥协的，以后各代田令内容变化，限田制的性质就越来越明显了。北齐时限制授田奴婢的数目，到隋朝时取消奴婢受田，限制已很严了。"[②] 而吴宗国先生的结论是："隋政权废除九品中正制，实行地方佐官由中央任免的制度，取消了士族地主世袭做官，世代控制地方行政的特权。"[③]

所以，吴宗国先生与陈寅恪先生的结论有所不同。对于关陇贵族集团的消亡，陈寅恪最看重的是废王立武事件，而吴宗国先生把关陇贵族集团放在整个士族时代的大概念中来对待，认为隋朝才是士族政治消亡的关键。吴先生指出："唐朝最终结束了家国一体和贵族门阀政治的国家体制，开启了皇帝－官僚政治体制。"秦汉以来，"皇权本身，始终依托于当时最有势力的集团或阶层。西汉初年是功臣集团，西汉末年是外戚，再后就是世家大族和士族门阀"。"这些情况在南北朝时期开始发生变化。江南士族、山东士族和关陇贵族先后开始衰落，从隋朝开始到唐朝初年全都退出了历史舞台。隋文帝开皇初年采取了两项重大举措：一是取消九品中正制，地方佐官中央任免；二是府兵制实行君主直辖化即禁军化，征召扩大化即兵农合一化。前者抽去了山东士族最后赖以苟延残喘的依靠，后者则挖了关陇贵族存在的基础。隋炀帝进一步取消了关陇贵族的特权。门阀政治终于在隋朝结束。"[④] 既然士族政治在制度上已

---

① 参见唐长孺《门阀的形成及其衰落》，原载《武汉大学学报》（人文科学版）1959 年第 8 期，收入《唐长孺文集六·山居存稿续编》，中华书局，2011，第 6～55 页。
② 汪籛：《两汉至南北朝大族豪强大土地所有制的发展和衰落》，收入汪籛《汉唐史论稿》，北京大学出版社，1992，第 133～143 页。此文是胡戟先生记录整理的《汪籛隋唐史讲稿》（1961～1963）。
③ 吴宗国：《唐代士族及其衰落》，载《唐史学会论文集》，陕西人民出版社，1986。
④ 吴宗国：《盛唐政治制度研究绪论·唐代政治制度的历史特点》，吴宗国主编《盛唐政治制度研究》，上海辞书出版社，2003，第 1～2 页。

经被隋朝取消，关陇贵族在唐初的兴旺只能作为士族政治的回光返照，其势力已经是强弩之末，而"废王立武"事件不过是压垮这匹骆驼的最后一根稻草而已。

不过，从制度与政治关系的视角来看，制度到位之后，并不一定能立刻取得政治上的所有效果。唐初最高当局打压士族门阀的动作仍然不断，足以证明士族的势力在社会上依然存在，让统治者感到头疼。唐太宗编《氏族志》，唐高宗编《姓氏录》，其用意只有一个，打击传统士族，抬高当朝冠冕。与此密切配合的措施就是禁婚政策，先是限制财礼数额，后来直接规定十七家内部不许通婚。打击传统士族，看上去更像与士族竞争，而编辑《姓氏录》因为并不直接与铨选相联系，所发挥的作用是按照朝廷思想重新编排规定士族标准，或者直接规定什么人属于士族。对此，汪篯先生的观点是唐太宗有树立新门阀的意图。① 除了皇帝的意愿以外，重新编排家族等第，对于没有门阀家族背景的朝廷官员，确实动力强劲。在《显庆姓氏录》的编写过程中，史书记载李义府发挥了推动作用，因为他身为宰相却没有士族背景，所以对此特别热心。士族作为一种荣誉概念，被社会承认和追捧，必然会推动有条件的人群努力跻身其中。《显庆姓氏录》完成之后，史书记载评价不高，认为是"勋谱"。但这种评价很明显代表的是传统士族的立场。那些刚刚进入的家族一定是另外一种心情，欢呼雀跃、弹冠相庆都是可以想象的。最终，各方合力的结果是士族的界限越加模糊，假作真来真亦假，过分强调自己的士族身份，更会招来质疑。② 很多唐代墓志就是这样，没有人不是出身高门。正如《史通》所言："自世重高门，人轻寒族，竟以姓望所出，邑里相矜……爰及近古，其言多伪。至于碑颂所勒，茅土定名，虚引他邦，冒为己邑……"③ 这是众所周知的资料，不必详引。

士族政治完结了，政治回归士大夫政治，原来的士族后裔，依然可以

---

① 汪篯：《唐太宗树立新门阀的意图》，初刊《内蒙古大学学报》1979 年第 1、2 期，收入《汪篯隋唐史论稿》，中国社会科学出版社，1981，第 150~164 页。
② 参见作者另论《唐官修谱牒与王权主义》，载《王权与社会——中国传统政治文化研究》，崇文书局，2005，第 387~400 页。
③ （唐）刘知幾著，（清）浦起龙释：《史通通释·邑里》，上海古籍出版社，1978，第 145 页。

在士大夫政治中找到自己的机会、上升途径和发展空间。① 历史进入一个新时期，如果用田余庆先生的说法，那就是皇权政治的回归。吴宗国先生的说法是"皇帝－官僚政治体制"。阎步克先生的观点是"士大夫政治"。他们所指是一致的，但都与"门阀政治"不同。

那么，可否从制度史角度理解武则天的称帝呢？从制度史角度可以理解士族政治的结束，皇帝－士大夫政治的重新开始；然而，制度史上士族政治结束并不等同于武则天称帝的成功，即使这可以为理解"废王立武"事件提供帮助，但并不代表为武则天称帝提供了制度性的支持。所以，武则天称帝的制度支持在哪里呢？就制度史而言，皇帝制度向来为男性设计，然而当武则天以女性的身份登上皇帝宝座的时候，为什么见不到制度性阻拦？或者，我们可以放宽思路，变成这样的提问：应该怎样理解武则天称帝与皇帝制度的关系呢？

武则天称帝的事实是，虽然皇帝制度是为男性设计的，但是当一个强势女性登临的时候，制度性的反对忽然烟消云散，甚至可以说，并不能认为存在一个制度性的选择问题。此时，所谓制度性的因素完全可以忽略，而核心还是政治。高宗弘道元年（683）去世，至天授元年（690）有7年的时间，此时的武则天67岁，是唐朝法律意义上标准的老人。但此后，武则天在政治上却步步高升，最终实现了称帝并且改朝换代。

武则天称帝，改变的是自己的身份，从太后到皇帝，她并没有改变皇帝制度。武则天穿上龙袍，登上龙床，享用皇帝制度的一切。大臣们承认并尊奉这位女皇，行礼如仪。皇帝制度说起来威严无比，其实它就像一件如意服装，谁穿上都合身。旧史攻击武则天男宠问题，陈寅恪先生指出，这种理解是错误的。武则天已经不是太后，她是皇帝，"则皇帝应具备之礼制，武曌亦当备有之"②。证据呢？从当时大臣公然为武则天推荐男宠的情形看，他们并不是在为女主的淫乱提供条件，而是在为皇帝制度的完善进行努力，所以才会如此开诚布公，言无禁忌。

---

① 参见毛汉光《中古官僚选制与士族权力的转变》，《唐代研究论集》第1辑，台湾新文丰出版公司，1992，第283~324页。
② 陈寅恪：《记唐代之李武韦杨婚姻集团》，收入《金明馆丛稿初编》，第280页。

事实上，武则天不仅称帝，享用了皇帝制度，还充分利用包括皇帝制度在内的一切制度性因素为自己的发展提供保障。准确的程序应该是，武则天首先控制了政治，然后利用制度，保证自己的政治发展达到预定目标。在研究中国政治制度的时候，学者们通常都能注意到专制性、中央集权等特征，但皇帝制度因为对皇帝个人的要求有限或者比较空泛，经常会导致整个国家陷入某种危机。怎样的人才具备国家最高领导人的标准，除了儒家有些"哲学王"的意味之外，更多思想家对这一点要求并不高，《韩非子》的说法是"中人"即可。皇帝制度下，对于个人的要求主要集中在"唯一性"上，而不是更高的素质标准。这可能是为万一状况下提供可能性，如小皇帝之类的问题。这样，皇帝制度就表现出它的另一面：看起来森严无比的皇帝制度，内在却存在着巨大的弹性。究竟什么人可以坐上皇帝宝座，制度并没有确然规定，也不能做绝对规定。相对而言，人们关心、关注的政治焦点，通常都不是皇帝，而是宰相。

因为皇帝担当者的标准比较虚化，这反而成了皇帝制度的一个最具弹性的空间，也可以说是皇帝制度的软肋、漏洞。历史上，外戚专权、宦官专权，往往与皇帝的个人状况紧密相关。这就是《宜都内人》所说："后世娘姥有越出房合断天下事者，皆不得其正，多是辅昏主，不然，抱小儿。"总之，在皇帝制度下，人们对于皇帝的个人状况要求比较低，而接受程度比较高。所以，当武则天从掌权太后到名正言顺的皇帝，在很多人看来，没有什么本质不同，完全可以接受。对于社会公众而言，因为日常生活远离政治，谁当皇帝跟他们根本没有关系，他们也不关心，皇帝是否是老弱病残，一概不顾。即使官场中人，绝大多数人考虑的问题也如此。武则天已经掌控国家，如今她要实至名归，有谁会出来冒死反对呢？既然没有人反对，或者反对的力量很弱小，武则天称帝成功自然就变得很正常。

虽然皇帝制度有漏洞，但武则天称帝的关键显然不在制度如何规定，而在武则天如何成功运作。而这，主要是政治问题，其次才是制度问题。

四 武则天称帝是个政治事件

武则天称帝，是一个政治事件。第一是政治行为，即武则天的政治经营，是她称帝成功的关键。第二，观察的视角应该放在政治上。其他解释，皆有部分的正确性，但没有抓住要害。

在武则天的历史书写中，我们熟知的方法是把武则天从一开始就写成是野心勃勃的女人，是心狠手辣、恶毒妇人的典型代表。对此，两《唐书》和《资治通鉴》都不能避免。武则天在贞观时期入宫，始终默默无闻，后来跟太子李治地下恋爱成功，才为她真正成长为女政治家提供了契机。但是，如果"废王立武"惊动不是那么大，武则天的政治前景依然很有限。高宗长期为打倒长孙无忌正名，扶植武则天成为很重要的途径，而这些都锻炼了武则天的政治才干。历史上，从来没有女人当皇帝的故事，所以把武则天描写为很早就有女皇的人生规划是没有根据的，把防范女皇当作他人的评判准则也是强人所难。

武则天的女皇梦，只有高宗去世以后才有可能。

首先，高宗授予武则天一个实在的政治权力，这便是"摄政"。此前，武则天的政治判断与才干，显然获得了高宗的承认，而对皇位继承人中宗，高宗显然是不满意的，所以在上元二年（675）才有"天后摄政"之议。此事遭到郝处俊、李义琰的反对而作罢，但高宗并没有放弃这个想法。弘道元年（683）十二月，高宗驾崩之前，"召裴炎入，受遗诏辅政"，"遗诏太子柩前即位，军国大事有不决者，兼取天后进止"。[1] 很明显，高宗生前的这个安排，是准备很久的，中途虽然一度沉静，但并没有放弃。八年之后的结果，是在八年之前决定的。

裴炎是遗诏的坚定执行者。太子即位之前，裴炎已经有"监国"身份，但是裴炎却在此时有意倾向太后。"庚申，裴炎奏太子未即位，未应宣敕，有要速处分，望宣天后令于中书、门下施行。甲子，中宗即位，尊天后为皇太后，政事咸取决焉。"[2] 中宗即位之前，通过太后令而由中书、门下执行最高指示，这是武则天第一次通过正常的制度渠道贯彻自己意志，虽然时间不久，但意义重大。中宗即位以后，太后的这个权力无法继续保留，虽然《通鉴》在这里强调政事全部取决于太后，但属于征求意见性质，并非由太后直接发布命令。后来不久发生的事情表明，太后的权威

---

[1] 《资治通鉴》卷二〇三"高宗弘道元年"，第6416页。《唐大诏令集》卷十一《帝王·遗诏上》，第67~68页。

[2] 《资治通鉴》卷二〇三"高宗弘道元年"，第6416页。

遇到挑战，皇帝要直接任命侍中，这导致中宗立刻下台。

所以，武则天第一次尝到权力的甜头是高宗去世之后、中宗即位之前。所谓"摄政"的概念，在不同人的理解中，其实并不一致。太后的权力，根据遗诏的说法是"军国大事有不决者，兼取天后进止"。这里有两个要点，第一是军国大事，第二是皇帝不能决断听取太后意见。嗣圣元年（684）二月，有关韦玄贞任命侍中的问题，是否属于这个"摄政"问题呢？至少存在争议。韦玄贞是皇帝的岳父，可以认为属于皇帝的人，但这个任命裴炎不同意，与皇帝发生争执。皇帝感觉到自己的权力受阻，很气恼，于是说出了一句气话："我以天下与韦玄贞何不可！而惜侍中耶！"任命侍中，即使属于军国大事，皇帝认为自己可以决断，为什么裴炎却不同意呢？所以，中宗的气恼是有理由的。但是，裴炎的理解可能有所不同，即太后摄政就是太后领导皇帝，没有太后的意见皇帝就不可决定。这种理解有可能也是正确的，因为正是对中宗不放心，才设置了太后摄政。中宗此人头脑可能确实不清楚，应该是中宗没有正确理解皇帝与摄政太后的真正关系。

虽然如此，对于中宗的行为也可以教育为主，但是武则天却决定废黜中宗。《通鉴》记载如下：

> 二月，戊午，太后集百官于乾元殿，裴炎与中书侍郎刘祎之、羽林将军程务挺、张虔勖勒兵入宫，宣太后令，废中宗为庐陵王，扶下殿。中宗曰："我何罪？"太后曰："汝欲以天下与韦玄贞，何得无罪！"乃幽于别所。
>
> 己未，立雍州牧豫王旦为皇帝。政事决于太后，居睿宗于别殿，不得有所预。①

太后废中宗，获得了朝廷大臣支持，出现在废黜仪式现场的裴炎、刘祎之代表行政系统，程务挺、张虔勖代表军方。新立的皇帝睿宗并不掌权，"政事决于太后"，那么制度当如何运行呢？很简单，再回到中宗未即位之前的状态，中书、门下执行太后之令。

---

① 《资治通鉴》卷二〇三"则天后光宅元年"，第6418页。

女皇梦第一步，废黜中宗。从此，武则天虽然尚未称帝，但是已经作为最高权力人在行使国家权力。所有的政府机构，都对她俯首帖耳。这一步，因为有高宗遗诏作为合法依据，有裴炎、程务挺等大臣支持，完成得十分顺利。这一步的完成，证明太后拥有的是实实在在的最高权力，连皇帝都能废黜，这是她拥有最高权力的绝对证明。没有这个事件，太后的最高权力是无法验证的。但是，这一步也有一定的风险，这个风险就是暴露了太后的权力欲念。而这种欲念一旦产生，终结点就难以控制，而政坛的腥风血雨就会如期而至。

皇帝换位之后，有两个人离开洛阳，从后来的情势看，这都是武则天预防不测的措施。一是命刘仁轨专知西京留守事，离开洛阳。武则天主动给刘仁轨写信，说西京如何如何重要。但是，当时政治中心在洛阳，刘仁轨作为左仆射而离开政治中心，显然是武则天对他不放心。而刘仁轨给太后的回信证明，刘仁轨确实是应该防范的人，因为他提及吕后的失败与耻辱。这已经不是暗示，是明确的提示，太后可不要学吕后。武则天十分重视刘仁轨的信件，她没有简单地回信说明，而是特意派武承嗣前往西京送信给刘仁轨，说自己绝没有吕后那样的心思，还拼命表扬刘仁轨的忠诚。在唐高宗留下来的老臣中，只有刘仁轨出将入相资格最老，只有他可以充当周勃。但武则天的防范已经提前布置，刘仁轨离开洛阳，即使有周勃之心也没有施展的条件了。

另一个离开洛阳的人是丘神勣。他专门到巴州去看望故太子李贤。结果，李贤自杀。李贤是张反武则天的王牌。能够打起皇室旗号，具有真正动员力量的人物，只有李贤。因为高宗的其他儿子都在武则天的控制之下。文明元年（684）三月，李贤死。九月，扬州事变发生，徐敬业果然打起李贤的旗号。此事证明武则天的先见之明。同时，这也证明了武则天知道废黜中宗的风险，所以立刻采取措施，调走刘仁轨，杀死李贤，都属于预防不测的措施。刘仁轨提出吕后问题，徐敬业毅然起兵，其他个人因素不计，武则天废黜中宗显然是关节点。徐敬业起兵，"以匡复庐陵王为辞"，是最直接最有力的证明。

女皇梦第二步，镇压徐敬业。

废黜中宗，为徐敬业起兵提供了说辞，而这次起兵，事实上成为武则天权力成长的第二个台阶。徐敬业起兵，有太多的私心，战略也失误严重，更重要的是没有获得响应，没有官场的支持，没有百姓的支持。连徐敬业叔叔李思文都不支持他，可见事态的严重。扬州事变对于武则天的意义十分重大，她有机会观察、考验天下反应，尤其是军队的态度。废黜中宗，军队的表态是片面的，就是值班的军人跟将军到朝堂上走了一趟而已。现在，朝廷要派大军镇压徐敬业，而军队尤其是将军的态度事关重大。李孝逸统兵三十万讨伐徐敬业，有些畏缩，因此魏元忠便催促，而魏元忠的话很能反映当时的天下状况："天下安危，在兹一举。四方承平日久，忽闻狂狡，注心倾耳以俟其诛。今大军久留不进，远近失望，万一朝廷更命他将以代将军，将军何辞以逃逗挠之罪乎！"① 读《通鉴》，殿中侍御史魏元忠功劳似乎更大，而他在军队中的位置却并不清楚。根据《旧唐书·魏元忠传》："徐敬业据扬州作乱，左玉钤卫大将军李孝逸督军讨之，则天诏元忠监其军事。"② 原来魏元忠是监军。从李孝逸到魏元忠，在镇压徐敬业的过程中，对自己的行为没有一丝一毫的怀疑，看魏元忠的发言，他是认为许敬宗作乱，扰乱了太平。而李孝逸是李神通之子，是李唐皇室成员，代表性毫无疑问。魏元忠说他"朝廷以公王室懿亲，故委以阃外之事"，看来武则天用李孝逸是考虑到他的皇室身份的。

徐敬业起兵对于武则天称帝的意义是十分正面的，如此公开地反对武则天，但无一响应者，这让武则天的朝廷，更让武则天大获信心。徐敬业很快被镇压，军队的表现尤其让武则天满意。唐朝的军事力量分布，陈寅恪以来大家都同意，是一个中央集权式的布局，举天下之力不敌两京。但，这仅仅是一个布局问题。府兵制度之下，日常与战时是两个状态。只有行军或者处于征行状态的军队才是有组织有战力的军队，而日常的府兵与百姓几乎没有区别。所以，在中央，正在执勤的军队是一种力量，如同汉代的北军，这是有战斗力、有威胁的。所以武则天要把刘仁轨调离洛阳，便是让他远离这种力量。

行军状态下的军队是否听从武则天朝廷的指挥，这在徐敬业起兵之前

---

① 《资治通鉴》卷二〇三"则天后光宅元年"，第 6429 页。
② 《旧唐书》卷九二《魏元忠传》，中华书局，1975，第 2951 页。

是无法求证的。而徐敬业起兵，最终帮助武则天获得了验证。即使征行状态下的军队也是忠于朝廷的，武则天因此大可放心了。

武则天究竟拥有多大权力，最初武则天和其他人都需要验证。此前，双方对此问题都心里无数。现在，武则天和对方或者其他人，都获得了经验：武则天的权力是绝对至上的。唯强是从的官场生态，是推动朝臣顺从武则天最强大的动力。朝臣多担心不能搭上武则天称帝的政治列车，冒死反抗者凤毛麟角，甚至可以忽略不计。不管是什么人，只要掌握了最高权力，就会获得官场的一致拥护，在这种政治体制下，这才是铁律。

女皇梦第三步，杀裴炎。

裴炎被杀，是在平定扬州事变的过程中完成的。武则天和裴炎都在利用扬州事变，最终武则天胜出，裴炎被杀。

高宗去世之后，裴炎在朝臣中处于万人之上的位置，十分重要。在裴炎阻止中宗即位之前宣赦之后不久，他升职为中书令。他的第一项重要工作是"迁政事堂于中书省"。《通鉴》解释唐朝的制度："故事，宰相于门下省议事，谓之政事堂，故长孙无忌为司空，房玄龄为仆射，魏征为太子太师，皆知门下省事。"[①] 而中书令裴炎此举，当然是为了自己控制宰相议事大权。裴炎反对中宗任命韦玄贞，理由也在此。因为韦玄贞一定会获得皇帝更多的信任，因此威胁到裴炎的地位。

废黜中宗，裴炎即使不是首倡者，也是积极拥护者。裴炎赞成废黜中宗，但后续的发展大出裴炎预料。裴炎可能认为，换了皇帝之后，太后会将大政奉还，没有想到太后变本加厉。太后的摄政，本来属于过渡状态，这在特殊时期未尝不可，根据祝总斌先生的研究，太后制是已知过渡办法中最佳的[②]。但是，武则天要把这个过渡状态常态化，这是裴炎始料未及的。

不仅如此，武则天开始设置改朝换代的小动作，这是裴炎反对的。现在所知，裴炎在几个问题上与武则天发生不愉快，即冲突：一、裴炎不同意立武氏七庙，这明显是皇家的礼法。裴炎在反对的时候，提及吕后。武

---

① 《资治通鉴》卷二〇三"高宗弘道元年"，第6416页。
② 祝总斌：《古代皇太后"称制"制度存在、延续的基本原因》，《北京大学学报》（哲学社会科学版）2008年第2期，收入氏著《材不材斋史学丛稿》，中华书局，2009，第549~563页。

则天自然不高兴,但还是进行的辩解,说这是对死者的,跟吕后封王吕氏是不同的;二、武承嗣要找借口杀韩王元嘉、鲁王灵夔,武则天征求宰相的意见,刘祎之、韦思谦不表态,而裴炎坚决反对;三、扬州事变发生,裴炎认为只要太后还政,"不讨自平"。

总之,裴炎表现出忠于李唐的态度,与武则天发生了明显的对立,而裴炎曾经帮助武则天证明太后的至高权力,如今养虎为患,武则天轻而易举地消灭了裴炎。在裴炎案件中,裴炎是否谋反,是否与扬州起事者联盟都不是关键所在。关键何在?立场才是关键。所有为裴炎辩护的人,都忘记了根本问题。武则天需要的是立场支持,而不是资料贡献。所有指控裴炎谋反的人,都没有实际证据,但是,他们推论不利于太后的就是谋反。所以,凤阁舍人李景谌等人,很快职位高升。

有人肯为裴炎证明,但没有人敢出来反对太后专政。一方面,太后摄政是一个模糊概念,无法确认摄政时间长短。另一方面,很多事情已经证明,太后势力最大,权力最高。谁有必要去得罪太后呢。这是官场的一般性政治生态,对于绝大多数人具有绝对引领作用。看看刘仁轨的表现,就能知道官场中的一般情形。《通鉴》记载:

> 炎之下狱也,郎将姜嗣宗使至长安,刘仁轨问以东都事,嗣宗曰:"嗣宗觉裴炎有异于常久矣。"仁轨曰:"使人觉之邪?"嗣宗曰:"然。"仁轨曰:"仁轨有奏事,愿附使人以闻。"嗣宗曰:"诺。"明日,受仁轨表而还,表言:"嗣宗知裴炎反不言。"太后览之,命拉嗣宗于殿庭,绞于都亭。[1]

刘仁轨已经看到事情不可挽回,武则天已经为所欲为,刘仁轨不能为裴炎辩护,也不再提什么吕后故事,最多只能拿一个趋炎附势的小人物姜嗣宗出气。太后满足了他的这个小小愿望。要小聪明的姜嗣宗就这样玩掉自己的性命。刘仁轨及其一家的态度,雷家骥先生用一个标题进行概括,即"反对力量的沉潜"[2],很是恰当。到裴炎案件发生,已经没有什么力量

---

[1] 《资治通鉴》卷二〇三"则天后光宅元年",第6428页。
[2] 雷家骥:《武则天传》,人民出版社,2000,第295页。

能够阻止武则天的野心了。

光宅元年（684）十月丙申，裴炎死。十二月，程务挺死。这时，《通鉴考异》引用《唐统记》的文献，事关武则天此时的心态，内容如下：

> 既而太后震怒，召群臣曰："朕于天下无负，群臣皆知之乎？"群臣曰："唯"。太后曰："朕事先帝二十余年，忧天下至矣。公卿富贵，皆朕与之！天下安乐，朕长养之。及先帝弃群臣，以天下托顾于朕，不爱身而爱百姓。今为戎首，皆出于将相，群臣何负朕之深也！且卿辈有受遗老臣，倔强难制如裴炎者乎？有将门贵种，能纠合亡命过徐敬业者乎？有握兵宿将，攻战必胜过程务挺者乎？此三人者，人望也，不利于朕，朕能戮之。卿等有能过此三者，当即为之。不然，须革心事朕，无为天下笑。"群臣顿首，不敢仰视，曰："唯太后所使"。

《通鉴考异》的说法是："恐武后亦不至轻浅如此。今不取。"① 但是，这完全可能就是事实。从废黜中宗以来，武则天连续使用强硬手段，迫使群臣低头，这几乎是唯一的事实。武则天这个时候公开宣战，也具备了条件，不管武则天用什么方式宣言，事实都是如此，群臣不可能不唯唯诺诺。

武则天杀裴炎之后，看刘仁轨的表现，已经放弃斗争。光宅元年（684）十二月程务挺死，转年垂拱元年（685）正月，刘仁轨去世。朝廷完全在武则天的掌控之下。之后，又发生如刘祎之、琅琊王李冲事件等，都不再成为问题。此后，武则天利用舆论，大造声势。至天授元年（690）九月，傅游艺等六万人上表，声势浩大，连唐睿宗都要出来表态，支持武则天称帝。至此，改朝换代，一切都水到渠成。武则天称帝，社会性的因素一定是存在的，其隐藏在政治斗争的背后，表现出了过于复杂的形态，很难简单概括。地域或阶层性质的归纳也都难以概括，所以还是回归政治更恰当。

为什么武则天改朝换代，看不到有力的反对力量。两个很特殊的因素或许需要考虑。武则天是六十多岁的老人，一个这样年龄的人到底能走多远，很多人是否因此对武则天的前途并不看好而放弃努力斗争。此其一。

---

① 《资治通鉴》卷二〇三"则天后光宅元年""初，裴炎下狱"条，第6432页。

其二，武则天的儿子就是大帝的儿子，武则天一直没有放弃睿宗作为继承人的动作。虽然后来武承嗣等有过非凡的努力，但最终还是以失败而告终。这就是说，武则天改朝换代，一开始就存在继承人危机，如果还是她儿子继承，那就等于回归唐朝。对此，祝总斌先生的研究值得参考。①这个危机伴随武周始终，最终社会继承制度成了武周无法逾越的障碍。这一点并不难看到，或许这也是许多人放弃斗争的着眼点。

总之，武则天称帝成功，是众多的偶然因素促成的。这些偶然因素再没有机会集合于另外一个女性政治家身上，于是女皇故事终成绝唱。

On Wu Zetian's Claiming of the Imperial Throne

Meng Xianshi

Abstract: Wu Zetian's claiming the imperial throne was a significant event in ancient China. Every scholar can have different opinion on this event. Some scholars suggest from the perspective of female gender that the appearance of an empress such as Wu Zetian was due to the higher social status of women and the open – minded mentality of the Tang society. Some others suggest that the newly rising social class became the social foundation for Wu's claim of the imperial throne. This paper suggests that, Wu's claiming the imperial throne was a political event. The success of claiming the throne was the success of Wu's political activities. What made her successful was random, and this was why she was the unique empress in Chinese history. Wu's claiming of the throne reflects the flexibility of the emperorship. It also precisely shows the utilitarianism behind the bureaucratic system that often followed the stronger political power.

Keywords: the Tang Dynasty, Wu Zetian's Claiming of the Imperial Throne, the Guan-Long Group, the statue of women

---

① 祝总斌：《古代皇太后"称制"制度存在、延续的基本原因》，《北京大学学报》（哲学社会科学版）2008年第2期，收入氏著《材不材斋史学丛稿》，中华书局，2009，第549~563页。

政务文书的环节性形态与唐代地方官府政务运行

——以开元二年西州蒲昌府文书为中心[*]

刘后滨 顾成瑞

摘 要：开元二年（714）的西州蒲昌府，是府兵制行将废弃、正值重大战事期间的唐代西部边陲的一个折冲府。蒲昌府在这一年中有几个月的政务文书得以在墓葬中保存下来。这批文书为我们提供了一个通往那个特殊时空环境的通道。由于本组文书的行用时间相对集中，而且都是围绕府兵番替事务的，借此能够梳理出一些文书所处的政务环节，是研究唐前期地方官府政务流程难得的档案资料。通过对这批文书的分类排比，参照敦煌吐鲁番出土相关文书，将唐代地方官府（中央官府当亦如此）实际处理政务过程中产生的文书分为案由文书、行判文书和送付文书三种文书流程中的环节性形态，并借此对这些文书所涉及政务处理程序做出简要分析。希望能够建立起一个可供参照的坐标系，对已经刊布的相当数量出土唐代政务文书进行环节上的定位，并初步探索出关照唐代政务运行的文书学研究范式。

关键词：唐代 蒲昌府 地方官府 政务文书 环节性形态

---

[*] 本文是中国人民大学科学研究基金（中央高校基本科研业务费专项资金资助）项目成果，项目名称为"出土汉唐政务文书汇释及研究"（批准号：11XNI010）。中国人民大学历史学院"出土唐代政务文书研读班"全体成员对本文都有贡献。本文由刘后滨、顾成瑞汇总而成，朱博宇据陈国灿、刘永增编著《日本宁乐美术馆藏吐鲁番文书》（文物出版社，1997）扫描制作图片，朱博宇和高峰核对了相关资料。研读班成员包括刘后滨、赵璐璐、张雨、顾成瑞、朱博宇、牟学林、徐聪、刘家隆、王杨梅、刘欣、高峰、宋伟华、李怡。黄正建、孟彦弘、雷闻等先生对本文提出了修改意见，谨此致谢。

绪 论

学界对敦煌吐鲁番文书的研究已经取得了丰厚的成果，许多细致入微的信息都被发掘和利用。就出土政务文书而言，有两个主要的研究途径。一个是利用文书所提供的政务内容及相关信息探讨某一历史事件或某项相关制度，例如利用文书中提到的某次战役探讨该场战争经过及各方面相关问题，利用文书探讨涉及的户籍、土地、赋役、关津、过所、烽燧、府兵上番等方面的事务及相关制度。由于唐代历史研究中能够利用的具有档案性质的史料极度匮乏，所以对敦煌吐鲁番文书的研究可以说到了穷尽的程度。另外一个是将文书作为政务运行过程中产生的档案资料，并以此还原政务运行的环节，探讨官府的文书处理程序及政务裁决机制。后一个取径的研究大体属于古文书学的研究范围，不仅仅是把文书作为研究其他历史问题的史料，文书本身的形态体式、所处政务运行环节及其判署程序等就构建了重要的历史信息。经过比对、拼接和分析，可部分地复原政务运行的程序与环节，进而为探讨其时的政务运行机制和治理体制提供档案性的支撑材料。这个取径的研究在文书被著录和整理之初就已经展开，其后也有一些学者进行了研究，其中内藤乾吉、卢向前、向群、刘进宝等学者的研究比较具有代表性。[①] 但由于资料的零散性和随机性，研究并未有整体性的推进。随着研究视角的转换，借助学界对中国历史晚近时段档案文献的认识，出土唐代政务文书所蕴含的一些信息还可以得到进一步的发掘。

---

① 参见〔日〕内藤乾吉《西域发现唐代官文书研究》，载日本西域文化研究会编《西域文化研究》第三卷《敦煌吐鲁番社会经济资料》，日本法藏馆，1960；卢向前《牒式及其处理程序的探讨——唐公式文研究》，载《敦煌吐鲁番文献研究论集》第三辑，北京大学出版社，1986；向群《敦煌吐鲁番文书所见官文书"行判"的几个问题》，《敦煌研究》1995年第3期；刘进宝《从敦煌吐鲁番文书看唐代地方官文书的处理程序》，《图书与情报》2004年第5期；赵璐璐《县级公文书判署特点与唐代前期县级政务运行机制》（未刊稿），参见其博士学位论文《唐代县级政务运行机制研究》，清华大学，2011。另外，笔者还获益于以下文章：〔日〕赤木崇敏《唐代前半期的地方公文体制——以吐鲁番文书为中心》，首刊于《史学杂志》第117编第11号，后经作者修改并翻译中文收入邓小南等主编《文书·政令·信息沟通——以唐宋时期为主》，北京大学出版社，2012，第119~165页；邢义田《汉代简牍公文书的正本、副本、草稿和签署问题》，《中研院历史语言研究所集刊》，第82本第4分，2011，第601~678页。

政务文书的环节性形态与唐代地方官府政务运行

唐代地方官府，主要包括州县官府以及与州县有着密切政务关系的、作为府兵基层组织的折冲府。这些机构在日常政务运行中遵循着何种程序；各级官府之间以及官府内部不同层级、不同成员之间体现了怎样的分工协作关系和权力分配格局，是否具有自主行政的动因与空间；具有判案权力的官员与围绕文书运作进行检请、受付的府史等杂任之间，其权力的边界如何，体现在政务文书上近乎教条的签署程式有着什么样的意义；诸如此类，都是有关唐代地方政务运行机制研究问题中的应有之义。根据传世的典志体文献和法令文献，对此可以进行一些制度层面的描述，但无法真正落实到流程和环节，无法辨识流于形式的环节和实际运行的流程。依靠出土的具有档案性质的政务文书来加以复原，无疑是一个不可替代的选择。不过，唐代文书的出土地只限于敦煌、吐鲁番及新疆其他少数几个地区，其中能够确切判定为政务文书的，主要集中在吐鲁番文书之中。本文选取日本宁乐美术馆及其他地方所藏开元二年（714）西州蒲昌府文书[①]，归纳政务文书的环节性形态，进而具体考证有关政务运行的主要问题。希望能够在前人研究总结出的州县政务文书程式通例的背景下，聚焦开元二年蒲昌府作为府兵制行将废弃、正值重大战事期间的唐代西部边陲一个折冲府的特殊情况。由于本组文书的行用时间相对集中，而且都是围绕府兵番替事务的，借此能够梳理出一些文书所处的政务环节，是难得的研究唐前期地方官府政务流程的档案资料。

唐前期律令体制下，地方官府遵循长官、通判官、判官和主典四等官分工对政务文书进行判署的程序，以及服务于勾检制的严格的文书受付程

[①] 有关蒲昌府文书的研究是由日本学者日比野丈夫『唐代蒲昌府文書の研究』（《东方学报》第33册，1963）所奠定的，中国学者陈国灿、刘永增编著的《日本宁乐美术馆藏吐鲁番文书》（文物出版社，1997）在其基础上对藏于日本奈良宁乐美术馆的开元二年蒲昌府文书重新进行了解题和录文，其他引用这组文书研究相关问题的论著还有不少，不烦赘引。除了宁乐美术馆所藏外，蒲昌府文书还包括三部分，一是京都桥本关雪藏唐蒲昌府文书3件，见日比野丈夫上引文。二是日比野丈夫新获见蒲昌府文书21件，见日比野丈夫『新獲の唐代蒲昌府文書について』，《东方学报》第45册，京都大学人文科学研究所，1973，第363~376页。三是辽宁省档案馆所藏唐蒲昌府文书5件，最早公布于辽宁省档案馆《唐代档案》，《历史档案》1982年第4期，第2~4页；文书的定性见荣新江《辽宁省档案馆所藏唐蒲昌府文书》，《中国敦煌吐鲁番学会研究通讯》1985年第4期，第29~35页；陈国灿《辽宁省档案馆藏吐鲁番文书考释》，《魏晋南北朝隋唐史资料》，2001，第87~99页。

序。本文重点关注的是，这些程序在开元二年（714）的蒲昌府政务文书和政务运行之中是如何被遵循的，文书中有所变动的具体情形与制度规定之间，以及与其他西州官府文书中反映的常态之间存在何种差异？只有梳理清楚了上述问题，才有可能对这一组残缺严重的文书做进一步的整体解读。至于开元二年蒲昌府的情况是否在唐前期的数百个折冲府中具有典型性和普遍性，以及这一组文书多大程度上能够反映折冲府与州县之间的政务关系，无疑需要做更深入的专门研究。在没有更多的资料之前，或许只能做出初步的推论。

蒲昌府是唐代前期设立在西州都督府（文书中亦称为西州、州司）下辖五县之一蒲昌县的一个折冲府，其全称应作"右玉钤卫西州蒲昌府"（神龙以后或作"右领军卫西州蒲昌府"，但官印未改，仍作"右玉钤卫西州蒲昌府"）[1]。《沙州都督府图经》卷三（P.2005）记开元四年（716）九月敦煌县令赵智本寻访到张芝墨池之后，劝张氏后人"修葺墨池，中立庙及张芝容"。张氏后人中，有一人是"游击将军、守右玉钤卫西州蒲昌府折冲都尉、摄本卫中郎将、充于阗录（录当作镇）守使、敦煌郡开国公张怀福"[2]。蒲昌府在西州都督府的领导下，承担当地镇、戍、烽候的兵员配置和差替任务。开元二年蒲昌府文书是作为随葬品出土的，残损严重，但经过整理，许多文书仍可释读出较为完整的信息，尤其是有关政务文书处理流程和环节的主体信息[3]。

---

[1] 参见刘后滨、王湛《唐代于阗文书折冲府官印考释——兼论于阗设置折冲府的时间》，《西域研究》2013年第3期。

[2] 参见郑炳林《敦煌地理文书汇辑校注》，甘肃教育出版社，1989，第15~16页。荣新江记此事为开元二年，并认为其时张怀福是"以折冲都尉兼任镇守使"，似误。张怀福官衔中的"守右玉钤卫西州蒲昌府折冲都尉"，当是其荣誉性的阶官头衔，其获此官衔或要早于神龙年间。开元二年蒲昌府文书中的折冲都尉为王温玉，未见有张怀福。说见荣新江《唐代于阗史概说》，中国新疆文物考古研究所、日本佛教大学尼雅遗址学术研究机构编著《丹丹乌里克遗址——中日共同考察研究报告》第一章第二节，文物出版社，2009，第5~31页。

[3] 有关本组文书的发现流传和收藏情况，以及蒲昌府的基本情况，参见〔日〕日比野丈夫『唐代蒲昌府文書の研究』，第267~271页。陈国灿、刘永增编著《日本宁乐美术馆藏吐鲁番文书》对文书进行了重新解读和定名，本文引用的文书和录文据此书，部分录文重新标点。

一 唐代地方官府政务文书的环节性形态

唐代地方官府政务文书的类别,按照应用场合可以区分为不同的功能性形态,如符、关、牒、帖等;按照运行流程则可以区分为不同的环节性形态,总体上可分为三种主要类别,即案由文书、行判文书和送付文书①。案由文书是官府判案的依据性材料,包括个人向官府的申辞,官府得到的上级指示、批示或下级的请示,或者判案时所依据的法令、制敕等。行判文书是官府判案过程中形成的文书,有具体的判案流程和签押,判署完成后要在当处官府存档。送付文书是官府判署之后送付到其他官府的文书,针对的是需要交付其他官府进行处理落实的事务。送付文书并非行判文书的原件,由于行判文书在当处存档,送付其他官府的文书只能另外抄录一份。开元二年蒲昌府文书由于文书行判流通的时间和处理的事务相对集中,对于理解政务文书的三种环节性形态实为难得的档案资料。

(一)"案由文书"及其抄目

通过案由文书的情况,大体可知地方政务的事由。地方官府所要处理的政务,主要来自以下三个方面:一是上级官府交办的任务或协助同级官司处理的政务,包括出具的证明;二是对下级官员申报案件的批复;三是对百姓、卫士等个人申辞的批示。蒲昌府作为一个基层军事单位,其职掌相对单一,主要承担当地镇、戍、烽候的兵员配置和差替任务,在唐代地方官府中不具代表性。以下主要通过蒲昌府文书揭示出地方官府政务文书中的"案由文书"这一环节,为下一步结合律令和其他制度史资料来还原唐代地方官府政务运行机制提供了一个新的切入点。

《唐柳中县牒为勘维磨戍兵战死及埋殡事》,是一件柳中县送付蒲昌府的文书,涉及核实兵士死亡和埋葬事宜,兹将其中一部分移录如下②。

---

① 关于唐代地方官府政务文书的三种环节性形态,可参看刘后滨《古文书学与唐宋政治史研究》,《历史研究》2014 年第 6 期。
② 此件文书由宁乐 27 (3)、28 (1) 号文书拼合而成,由整理者命名。见陈国灿、刘永增编著《日本宁乐美术馆藏吐鲁番文书》,第 84~85 页。

11　卫士田通子 高君 [

12　右同前得府牒：得 [

13　速报者。依检上 件 [

14　蒲昌府件状如前者，[

15　牒府知，其张进得等 [

16　州户曹仍牒府知，其 阙 [

17　任埋殡，依前附牒上州。其 [

18　下所由准式者，此已牒上州，[

19　状牒，牒至准状，故牒。

本件文书第12、13行"右同前得府牒：得……速报者"，即是柳中县得到蒲昌府的牒文，要求报告当处的蒲昌府卫士死亡和埋葬情况。对于柳中县而言，这就是协同处理政务的案由。《唐开元二年三月西州都督府下蒲昌府为李秀才解退病马依追到府事》①（图1），是西州都督府对蒲昌府申报解退病马情况的批复。

图1　《唐开元二年三月西州都督府下蒲昌府为李秀才解退病马依追到府事》

兹移录第1~7行如下：

1　任从退解，牒 [

2　准状牒团，召得上 件 [

---

① 此件文书由宁乐14（5）、22（2）拼接合成，见陈国灿、刘永增编著《日本宁乐美术馆藏吐鲁番文书》，第48~49页。

政务文书的环节性形态与唐代地方官府政务运行

3　依追到府。已勒李〔

4　申李秀才替〔

5　蒲昌府件状〔

6　开〔

7　兵曹参军 宝

本件文书第1~2行钤有"西州都督府之印",是西州都督府送付蒲昌府准许病马解退的文书。西州处理此事的事由,可从《唐开元二年三月十六日蒲昌府索才牒为兵李秀才马病废解退事》①(图2)得知。

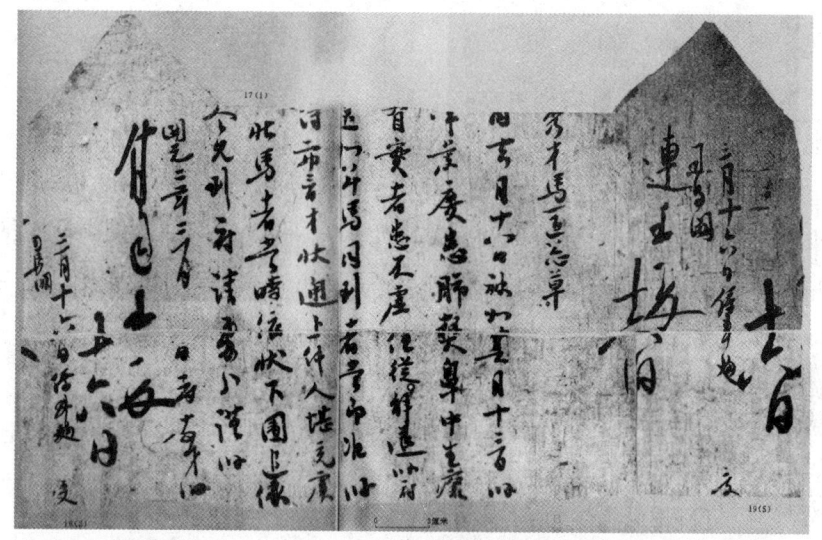

图2　《唐开元二年三月十六日蒲昌府索才牒为兵李秀才马病废解退事》

陈国灿认为本件文书第6行以前为另件牒尾,注明有"右玉钤卫蒲昌府之印"。兹引录第6~18行如下。

6　□秀才马一疋,忩草

7　］内,去月十八日被州,其月十三日牒

8　］常疲废,患肺热,鼻中生疮,

---

① 此件文书由宁乐17(1)、19(5)、16(2)号拼合而成,见陈国灿、刘永增编著《日本宁乐美术馆藏吐鲁番文书》,第46~48页。

115

9] 有实者,患不虚,任从解退,牒府

10] 送州并马同到者,当即准牒

11] 得郭盲才状,通上件人堪充虞

12] 壮马者,当时依状下团追,依

13] 今见到府,请处分。谨牒。

14 开元二年三月　日府索才牒

15 付司。玉 示

16 十六日

17 三月十六日录事麴　　受

18 司马阙

本件文书是蒲昌府内部由称为"府"的主典索才主动检请,请长官折冲都尉王温玉处分的牒文,第15行的"玉"是折冲都尉王温玉,第17行"麴"是蒲昌府录事"麴相"。第6~10所指为(李)秀才病马解退事。此事在王温玉做出批示、文书判署成立后,当另抄写一份送付文书,呈报西州都督府(详见后论),都督府的批复处理意见就形成了图1所示文书。折冲府牒都督府请求批复的文书,就是都督府处理案件的案由文书。以上两件文书,从一个侧面揭示出折冲府与州、县官府的政务关系。

有关官司处理百姓申辞,例见《唐开元二年闰二月蒲昌县牒为卫士范君住母亡准式丧服事》[1],文书中提示范君住曾向县司申辞:

1　蒲昌县

2　卫士范君住母杨

3　蒲昌府:得上件人辞,称母今月五日身[

4　状勘,责得里正赵君傲、保人刘叡[

5　者范君住母亡。勘责不虚,别牒府[

6　季终举申者。此已牒乡讫,牒至准式[

7　开元二年闰二月[

---

[1] 此件文书由宁乐28(5)、21(2)号拼合而成,见陈国灿、刘永增编著《日本宁乐美术馆藏吐鲁番文书》,第41页。

政务文书的环节性形态与唐代地方官府政务运行

8 大 [

这件文书发文者为蒲昌县，受文者为蒲昌府，卫士范君住母杨氏亡故，县司通报折冲府，与折冲府安排番替事宜有关。范君住的呈辞就是蒲昌县决定出具证明的案由文书。呈辞原件现虽不可见，但可知蒲昌县曾经接受其呈辞，并为其出具相关证明直接送付至蒲昌府。个人的呈辞往往就是官府所要处理事务的案由，接受个人呈辞并进行裁决处置，这是作为"亲民之官"的州县官员所要面临的主要政务之一。呈辞文书的形态体式，可参见吐鲁番出土文书《唐总章元年西州高昌县左憧憙辞为租佃葡萄园事》（64TAM4∶6）①：

（一）1 总章元年七月　日高昌 县 左憧憙 辞
2　张渠蒲（葡）桃（萄）一所旧主赵回□
3　县司：憧憙先租佃上□桃，今 [
4　恐屯桃人并比邻不委， 谨 以 辞 陈 ，[
5　公验，谨辞。

左憧憙呈辞于高昌县，请求县司对其租佃的葡萄园纠纷做出处分。对于处分此事的高昌县来说，这就是案由文书。官司对于案由文书的处理，会根据情况，做出在原文案判署或另制文案判署。文书第5行"公验，谨辞"后有大量余白，高昌县的处理意见没有连写于其后，应是另制文案处理。

对于作为案由文书的来文，受文官府需按时间顺序抄目登记。② 抄目是日后主典检请文案的需要，也是文书勾检的需要。抄目的形式不一，有官司仅抄录事目的，如由池田温拼接并命名的《唐开元十九年正月西州案头府到来符帖目》③；有官司抄录事目并注明给付人的，如吐鲁番出土文书

---

① 唐长孺主编《吐鲁番出土文书（图录本）》第三册，文物出版社，1996，第221页。
② 参见王永兴《吐鲁番出土唐西州某县事目文书研究》，原载《国学研究》第1卷，1993，收入王永兴《唐代前期西北军事研究》，中国社会科学出版社，1994，第379页。王文认为事目与抄目不同，事目是因请印、上使或为其他行政需要而条列具体文案目录，本文从之。
③ 〔日〕池田温：《中国古代籍账研究》（录文），龚泽铣译，中华书局，2007，第213~214页。

《唐西州某县事目》①；还有抄录事目并注明后续处理情况的，如《唐天宝某载文书书目帐》②。三者的差异，恰好是由其所处受理环节不同而致③，后文将做相应的揭示。

（二）"行判文书"及其当处存档

如上所述，行判文书是官府判案过程中形成的文书，有具体的判案流程和签押，判署完成后要在当处官府存档。如果经过判署的文书还需交由其他官府处理，则需要据此抄写一份，形成送付文书。地方官府对于案由的处理，有两种方式：一种是在案由文书上原卷行判；另一种是由主典根据案由文书提出检请、并重新起草案文进入判署程序，可称为另案行判。如果只是通知、通报或说明情况的来文，不需要再转至其他官司落实处理，一般就在原卷上判署，然后存档。蒲昌府文书《唐开元二年三月一日蒲昌县牒为卫士麴义遏母郭氏身亡准式丧服事》④（图3），即是蒲昌府在蒲昌县来文上的直接行判。

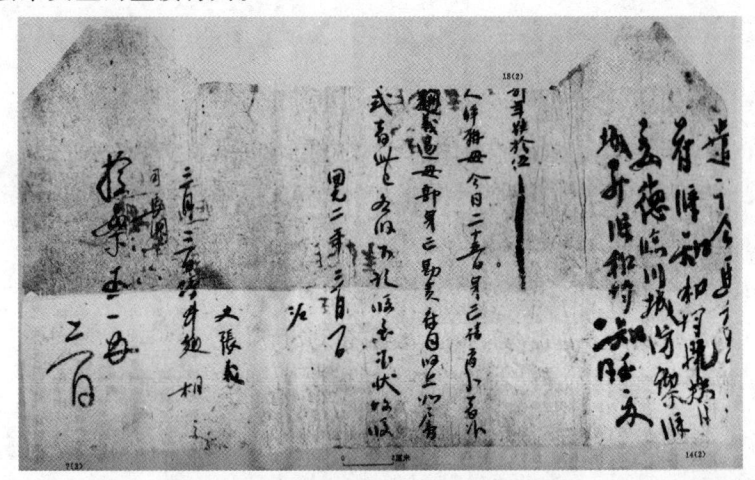

图3 《唐开元二年三月一日蒲昌县牒为卫士麴义遏母郭氏身亡准式丧服事》

① 唐长孺主编《吐鲁番出土文书（图录本）》第三册，第457～463页。
② 唐长孺主编《吐鲁番出土文书（图录本）》第四册，文物出版社，1996，第241页。
③ 参见方诚峰《唐宋"事目"与行政》，首都师范大学"宋代社会中的权力网络青年学术研讨会"（2013年6月）宣读。
④ 此件文书由宁乐18（2）、14（2）、7（3）号拼合而成，见陈国灿、刘永增编著《日本宁乐美术馆藏吐鲁番文书》，第42～44页。据解题，第1～5行为另一件牒尾。

政务文书的环节性形态与唐代地方官府政务运行

兹将 6～16 行迻录如下：

6] 郭年四十五————————
7] 人辞，称母今月二十五日身亡，请处分者。准
8] 鞠义遏母郭身亡，勘责府同，牒上州户曹
9] 式者。此以各牒下讫。牒至准状，故牒。
10 　开元二年三月一日
11 　佐
12 　史张义
13 　三月三日录事鞠　　相　　受
14 　司马阙
15 　检　案。玉示
16 　三日

这一部分由宁乐 18（2）、7（3）拼接而成，第 11、12 行之间为接缝，第 7～8 行、第 9～10 行钤有"蒲昌县之印"，第 14～15 行有"右玉钤卫西州蒲昌府之印"，是蒲昌府存档文书。第 6～12 行笔迹一致，当是作为蒲昌县主典的"史"张义所写，然后钤印送至蒲昌府。第 13、14 行是蒲昌府文书受付程序，第 15、16 行是折冲都尉王温玉的判署。经过蒲昌府在来文上的判署，这件案由文书就转变为行判文书，并在蒲昌府存档。

对于来文是需要进一步落实处理的辞牒，一般采取另案行判的方式。前文所引《唐开元二年闰二月蒲昌县牒为卫士范君住母亡准式丧服事》是县司送付蒲昌府的文书，当是处理此事的末端文书。在此之前县司内部还应有一个体现行判过程的文书，在蒲昌县存档。而蒲昌县的行判文书之前，又还有一件由卫士范君住本人提交的申辞，当亦作为档案存于蒲昌县。

由于多数蒲昌府文书较为残缺，难以将文书的环节性形态及行判的所有环节展示出来。兹以大谷 2835 号《长安三年停逃户文书》为例，探讨另案行判文书的完整体式。兹将文书相关部分节录如下[①]：

---

① 〔日〕小田义久编集《大谷文书集成》第 1 卷，法藏馆，1983，第 105～106 页。本文进行了重新标点。

119

1　甘、凉、瓜、肃所居停沙州逃户
2　牒。奉处分，上件等州，以田水稍宽、百姓多

……（中略）

16　……若不牒
17　上括户采访使知、即虑逃人诉端不息。
18　谨以牒举。谨牒。
19　长安三年三月　日典阴永牒
20　付　司。辩示。
21　十六日
22　三月十六日录事　　　受
23　尉摄主簿　　付司户
24　检案。泽白。
25　十六日

……………………………………（纸背押署"泽"）

26　牒。检案连如前。谨牒。
27　三月十日史氾艺牒
28　以状牒上括逃御史
29　咨。泽白。
30　十六日
31　依判。仍牒上凉、甘、肃
32　瓜等州，准状。辩示。
33　十六日
34　牒上括逃御史。件状如前。今以状牒。牒至准
35　状。谨牒。
36　牒上凉、甘、肃、瓜等州。件状如前，今以状牒。
37　牒至准状。谨牒。
38　长安三年三月十六日
39　佐
40　尉
41　史　氾艺

42　三月十六日受牒。即日行判,无稽。
43　录事　　　检无稽失
44　尉摄主簿自判
45　牒。为括逃使牒、请牒上御史,并牒凉甘肃瓜等州事。

唐长孺先生研究武周末年浮逃户时,将此件文书作为关键史料。唐文指出,这是一件敦煌县内部行判的文书,由典阴永拟定初步处理意见,然后由县尉泽判署,作为长官的县令辩同意后,申报括逃使和甘、凉、瓜、肃等州。① 刘进宝进一步分析指出,这件文书体现的处理程序是敦煌县接到上级指示后,由掌管文案的典阴永将其上报县令辩,辩批给有关部门;录事接到这一批示后,便请尉摄主簿泽提出处理意见;作为县司的主要佐官主簿,批示"付户司检案";司户史检查案卷后,再上给主簿;主簿便做出拟判,"以状牒上括逃御史",然后送交县令辩;辩判署"依判,辩示",完成整个案卷行判。最后由佐、尉、史、录事进行一次勾检。②

此件文书涉及的环节性形态可进一步厘清,刘文所谓的"上级指示"就是第45行所谓的"括逃使牒",即由括逃使发给敦煌县的牒文,是为案由文书。本件文书则是另案行判文书,从第44行看,本件文书是"尉摄主簿自判",体现为第28、29行:"以状牒上括逃御史。谘。泽白。"文书第23行的"付司户"是县主簿职掌体现。县司的司户佐是杂任,没有判案权力,故由县尉泽判署。"谘"本是通判官用语,但是在县司判案中未必具备完整的四等官,故而县尉兼具判官与通判官的角色。县令辩作为县司长官,同意县尉判署外,还决定"仍牒上凉、甘、肃、瓜等州"。第34~41行是主管司户的县尉和司户佐、史对经过判署的结果进行的归纳,以便于进一步形成送付文书。第42~44行是文书勾检的程序,第45行是文书的事目,概括了两个环节的文书——已处理的案由文书"括逃使牒"和即将抄写的送付文书"牒上御史,并牒梁、甘、肃、瓜等州事"。大谷2836《敦煌县录事董文彻牒》作为行判文书的事目是第35行"牒为录事董文彻牒,劝课百姓营田判下乡事"③,情况与此一致。

---

① 参见唐长孺《关于武则天统治末年的浮逃户》,《历史研究》1961年第6期。
② 参见刘进宝《从敦煌吐鲁番文书看唐代地方官文书的处理程序》,第29~30页。
③ 录文见〔日〕小田义久编集《大谷文书集成》第1卷,第108页。

此件文书充分说明行判文书须留在当处官司存档,在存档之前还要归纳出文书下一步送付的官司,并完成勾检、抄目。如此完整的流程,当是一个严格按照程式处理的典型例子,现实中未必都是如此严格遵循流程的。行判文书由当处官司存档的情况,在案由文书的抄目中也有所体现。例如,编号为 S.2703/3 被定名为《敦煌郡牒文抄目及来符事目历》(天宝年间)[①]的敦煌文书:

(前缺)
1　廿四日判。
2　支度勾覆所牒为同前事。
3　如同前判。
4　监河西和籴使牒为诸色脏赎勘报事。
5　其日判。牒监和籴使讫。史张宾行。
6　敕东京北衙右屯营使牒为果毅李延言违程不到事。
7　廿四日判。牒上东京右屯营使讫。史宋光。
8　敕河西节度使牒为军郡长官已下不须赴使事。
9　其日判。牒军并榜门讫。史张光。
10　右壹拾肆道。直典宋思楚。

这件"事目历"是天宝年间敦煌郡政务文书归档的登记表,并表明所受事由文书与判署完成后的行判文书一一对应,一起归档。其中第2、4、6、8行,都是案由文书的抄目;第3、5、7、9行是与之一一对应的处理情况,用朱笔书写,字迹不一。方诚峰判断,这与作为来文事目登记的前者在事实上是分两个阶段完成的。[②] 据此言之,大谷2835号文书作为行判文书,应与对应的案由文书一并归档,并在文书抄目上有所体现。

天宝《敦煌郡牒文抄目及来符事目历》对处理情况的记载中,除了行

[①] 《英藏敦煌文献(汉文佛经以外部分)》第四卷,四川人民出版社,1990,第200页。录文参考唐耕耦、陆宏基《敦煌社会经济文献真迹释录》第四辑,书目文献出版社,1986,第472~474页,部分重新标点。后者将此件文书定名为《唐天宝年代敦煌郡公文事目》。

[②] 参见方诚峰《唐宋"事目"与行政》,首都师范大学"宋代社会中的权力网络青年学术研讨会"(2013年6月)宣读。

判时间外，还有根据行判文书制作的送付文书送达对象的记录，如第 7 行"廿四日判。牒上东京右屯营使讫。史宋光"①。"廿四日"为行判时间，"牒上东京右屯营使"应是对案由文书"敕东京北衙右屯营使牒为果毅李延言违程不到事"处理后所作回复的送付文书，"讫"指示这件事务处理完毕，"史宋光"则应是经办文书的主典。而第 3 行"如同前判"意为同第 1 行的"廿四日判"，是对第 2 行"支度勾覆所牒为同前事"案由文书的行判，可能并不需要将处理意见送付支度勾覆所，所以没有送付记录，或许为在案由文书上直接行判。一些没有留下存档记录的残损文书，其存档时在"事目历"上标注的情形可以此为参考。

（三）"送付文书"及其与行判文书的关系

来文需要进一步落实处理的辞牒，一般采取另案行判的方式，并在文书行判后，节要抄写一份形成送付文书，送达下一个处理环节的官司。前引大谷 2835 号《长安三年停逃户文书》第 34～35 行"牒上括逃御史。件状如前。今以状牒。牒至准状。谨牒"，第 36～37 行"牒上凉、甘、肃、瓜等州。件状如前，今以状牒。牒至准状。谨牒"，都提示了本件行判文书之后的送付文书有二，其一送付括逃御史，其二送付凉、甘、肃、瓜等州。送付文书的形态从敦煌县保存的这一份行判文书上自然无法看到，送付文书应保存在其受文官司。对受文官司来说，就是一份案由文书。保存在蒲昌府的文书《唐开元二年三月二十六日西州都督府牒下蒲昌府为□守节年老改配仗身事》②，就是较为完整的西州都督府的送付文书，兹引录如下：

1　□守节—————
2　□昌府：得上件人辞：先患耳聋，更患困

---

① 送付对象在事目历上的标注，应该也体现在归档行判文书的末尾处。如大谷 2835 号《长安三年停逃户文书》中第 34～37 行的"牒上括逃御史""牒上凉、甘、肃、瓜等州"。
② 本件文书由宁乐 18（1）、12（2）号拼合而成，见陈国灿、刘永增编著《日本宁乐美术馆藏吐鲁番文书》，第 53～55 页。按，陈国灿、刘永增的录文与日比野丈夫的录文差异较多，除将第 10 行"兵曹参"、第 16 行"案"重判为不可辨，改将 14 行"元德"为"玄德"外，句读与标点差异也略大，其中较有关碍的是第 6 行，日比野录文为"充仗身依请者。配却填果毅"，陈国灿、刘永增则作"充仗身，依请者配，却填果毅"。

3   ］眼暗，年老不能前进。今见可验，州

4   ］ 弱 ，遣配充仗身守府，来月一日

5   ］上，请乞处分者。司马判，检验老

6   ］充仗身，依请者配，却填果毅

7   ］月仗身。牒府准式。故牒。

8   开元二年三月二十六日

9   府阴达

10 ］ 军 宝

11 史

12 四月三日录事鞠 相 受

13 司马阙

14 检案。玄德示

15 三日

16 ］连如前。谨牒

文书第 8～9 行年月处有"西州都督府之印"，第 12～13 行处有"右玉钤卫蒲昌府之印"。第 1～11 行字迹一致，应为西州都督府某主典（或即为"府阴达"）据行判文书抄写。黄惠贤考查唐前期仗身制时引用本件文书，认为应定名为"西州都督府批复右玉钤卫蒲昌府，准府申报卫士□守节老病不堪征戍，遣配注仗身守府牒"，并考证出第 10 行"兵曹参军宝"为王宝。黄文认为，该件文书由两部分组成，第一部分包括三点内容，依次为：第 2 行"得上件人辞"至第 5 行"请乞处分者"，是□守节的呈诉和申请；第 5 行"司马"至第 7 行"月仗身"，为都督府司马判辞；第 9 行以前的其他内容，为公文的发给单位、下发时间及具体经办人。第二部分为第 10～16 行，是牒文下发至蒲昌府后，各承办人阅牒后签字及时间。① 这个判断需要修正，第 9～11 行都是发文官司西州都督府行判时的判署官典。对于西州都督府来说，在本件送付文书形成之前，有一件完整的对守节呈辞的判署文书。按照大谷

---

① 黄惠贤：《唐代前期仗身制的考察》，唐长孺主编《敦煌吐鲁番文书初探（二编）》，武汉大学出版社，1990，第 266～268 页。

2835号文书的处理程序，本件文书第8～11行与大谷2835号文书的第38～41行一致，应抄自行判文书。体现在送付文书上，为同一人抄写，相应曹司官典的署位信息被照抄下来，并在日期和署位处钤有官印，即发生法律效力。第11行和第12行之间没有接缝，表明蒲昌府受文后直接在来文上行判。送付文书并不体现文书判署的全部程序，而是仅署主管曹司官员（判官）和主典之名，行判文书原有的长官和通判官的判署则不出现。本件文书上体现为西州都督府的兵曹参军王宝和兵曹的府、史。据此推测，作为行判文书的大谷2835号文书，其送付文书就只有第39～41行负责司户佐的县尉和司户佐、史（氾艺）的签署，而没有县令的签署，并钤敦煌县官印。蒲昌府文书中，《唐开元二年闰二月蒲昌县牒为卫士范君住母亡准式丧服事》《唐开元二年三月一日蒲昌县牒为卫士麴义遏母郭氏身亡准式丧服事》（图3）等，从蒲昌县角度看，都是县司发给蒲昌府的送付文书。

蒲昌府文书《唐开元二年闰二月蒲昌府范阿祚牒为知园临番方始与替、仗备失时事》①（见图4），对于送付文书的体式形态是一个难得的印证。

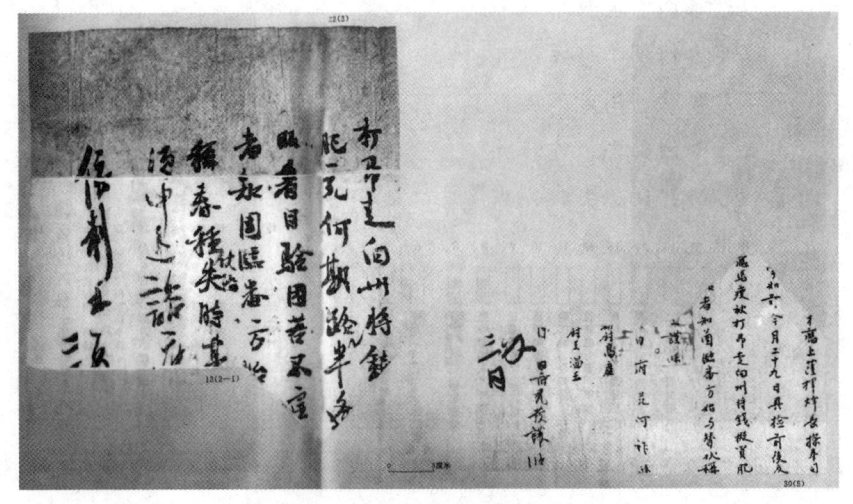

图4 《唐开元二年闰二月蒲昌府范阿祚牒为知园临番方始与替、仗备失时事》

---

① 此件文书由宁乐30（5）、22（3）、13（2-1）号拼合而成，见陈国灿、刘永增编著《日本宁乐美术馆藏吐鲁番文书》，第32～34页。录文最初由日比野丈夫整理，参见『唐代蒲昌府文書の研究』，《东方学报》第33册，280页。参见〔日〕菊池英夫『西域出土文書を通じてみたる唐玄宗時代における府兵制の運用』，《东洋学报》第52卷第4号，东京：东洋文库，1970，第69～70页。

兹迻录如下：

1 ］才应上萨捍烽长探奉司

2 ］如前。今月二十九日具检前后及

3 ］应马瘦被打，即走向州，将钱拟买肥

4 ］者，知园临番，方始与替，状称

5 ］谨牒。

6 ］日府范阿祚牒

7 ］ 都 尉高庆

8 ］尉王温玉

9 ］月 日府秃发护牒

10 ］示

11 三日

［中缺］

12 打即走向州，将钱［

13 肥充。何期半路逢［

14 眼看目验，困苦不虚。［

15 者，知园临番，方始［

16 称春种，仗备失时，其［

17 须申上。咨。庆［

18 依判。玉示。

19 三（日）

本件文书由三个残片拼成，中有缺，前部上缺，第5～7行有"右玉钤卫蒲昌府之印"。文书30（5）第1～9行书写工整，似为一人笔迹，官典署位是全名。22（3）、13（2－1）拼接完好，第12～17行笔迹似为一人，第18～19行为另一人。文书涉及的事务大致是蒲昌府为某人替番请示都督府。① 文书

---

① 关于本件文书处理的事务及文书流程，有以下几种不同理解。程喜霖认为第1行的萨捍烽长探才应，即宁乐二七（1）、一拼合的文书（陈国灿、刘永增编著《日本宁乐美术馆藏吐鲁番文书》第23件）第4行"长探虞侯苏才感、三卫苏才应"，刺探敌情是（转下页注）

第12~19行下缺字较少，可根据前文补充。按文书处理的流程，第12~19行应在第1~11行之前。第12~19行是折冲府内部对某人替番处理意见的行判文书，第17、18行分别是折冲府通判官果毅都尉高庆与长官折冲都尉王温玉的判署，在行判文书上只署名不书姓。第1~11行则是由主典据行判文书抄写制作的送付文书，为一人笔迹，官典署位是姓和名都出现。第5~7行之间所钤"右玉钤卫蒲昌府之印"，说明是加盖蒲昌府之印后送往都督府的送付文书。至于这份文书为什么会出现在蒲昌府，后文稍作分析。

送付文书应包括如下部分：对案由的概述、行判文书的判署意见、对应曹司的官典署位和成案时间。至于送付文书有没有按时间进行类似案由文书（来文）的抄目，出土文书中尚未见到这种情况。但是，送付文书在钤印时，主典会向掌印勾司呈牒将文书事目列举。如《武周典齐九思牒为录印事目事》[①]：

1　敕慰劳使　　　　请印事。
2　牒西州为长行驼马不足事，一牒为乘驮案事。
3　右贰道
4　牒。录印事目如前。谨牒。
5　四月廿九日 典齐九思牒
6　贰道　　　　　　　　使郎将张弘庆
7　贰道勘印方泰　　示
8　廿九日

文书第2行"牒西州为长行驼马不足事，一牒为乘驮案事"都是送付

(接上页注①)其职责。才应因马疲劳，困苦不虚，奔向州用钱买肥马，换乘坐骑时，乍逢贼寇，被打。参见程喜霖《汉唐烽燧制度研究》，三秦出版社，1990，第209页。殷晴认为，服役者临番至萨捍烽，带钱买肥，拟上烽垦殖，不料路上被打伤，故春耕失时，遭受处分，反映当时屯田管理十分严格。参见《汉唐时期西域屯垦与吐鲁番盆地的开发》，收录于殷晴主编《吐鲁番学新论》，新疆人民出版社，2006，第572~573页。吴大旬认为，文书记载上萨捍烽长探苏才应因马瘦被贼打伤，影响了春种，造成农耕失时，故受"申上"处分，说明西州政府对屯田管理十分严格。参见吴大旬《从出土文书看唐代西州的屯田》，原载《新疆大学学报》（哲学社会科学版）2004年第5期，收入《新疆通史》编撰委员会编《新疆历史研究论文选编·屯垦卷》，新疆人民出版社，2008，第117页。

① 唐长孺主编《吐鲁番出土文书（图录本）》第三册，第315页。录文标点有所改动。

文书的事目，对应行判文书最后一行事目的后半部分。此外，长距离的官府文书送付时使用长行坊。送出文书的官司应交给长行坊相应事目历。敦煌文书S.2703v1、v2、v3、v4《敦煌郡典王隐为诸司上使封牒事目事牒》①，是天宝年间敦煌郡典付给长行坊的事目历，应与送付文书一并被长行坊领取，进入文书传递环节。②

送付文书在传递到受文官司后，就转变为受文官司的案由文书。该官司对此大致有两种方式处理：其一，在送付文书原本上受付判署后当处存档；其二，当该事务尚未处理完毕时，受文官司据此案由行判，继续出具送付文书给新的受文官司。前引《唐开元二年三月二十六日西州都督府牒下蒲昌府为□守节年老改配仗身事》就是蒲昌府在都督府来文原件上直接受付判署的案例。前引《唐开元二年三月一日蒲昌县牒为卫士麴义遏母郭氏身亡准式丧服事》，则是一件蒲昌县送付蒲昌府的文书。据第6行提及"牒上州户曹"，县司同时给西州都督府户曹送付牒文。《唐开元二年三月西州都督府牒为冯住子身死、麴义遏遭母忧事》③印证了这一点。兹录文如下：

1 冯住子身〔
2 卫士麴义遏母郭〔
3 右得蒲昌县牒，得〔
4 身亡，请处分者。〔
5 式者，麴遏〔
6 蒲昌府得申〔
7 一人遭母忧，准〔
8 〕状，故〔

本件文书第2~4行钤有"西州都督府之印"，文书第3行所谓"得蒲

---

① 录文参见参考《敦煌社会经济文献真迹释录》第四辑，第475~477页；图版参见《英藏敦煌文献（汉文佛经以外部分）》第四卷，第202~204页。
② 关于此件文书的解读可参见王永兴《吐鲁番出土唐西州某县事目文书研究》，第378页；又参见方诚峰《唐宋"事目"与行政》。
③ 此件文书编号为宁乐33（2）号，见陈国灿、刘永增编著《日本宁乐美术馆藏吐鲁番文书》，第45页。

昌县牒",表明西州都督府收到过蒲昌县送付的类似《唐开元二年三月一日蒲昌县牒为卫士麹义邈母郭氏身亡准式丧服事》(图3)文书。本件文书是蒲昌府收到的西州都督府来文。此前的环节是,西州都督府将蒲昌县发来的核准郭氏身亡的文书(对蒲昌县来说是送付文书)作为案由,另案节录后再行判署,判署文书当处存档,另外再抄写一份作为送付文书,送至蒲昌府。站在西州都督府的角度看,这件文书是处理卫士麹义邈母郭氏身亡事务给蒲昌府的送付文书,处理该事务的案由文书为蒲昌县送付的与蒲昌府文书(图3)相关的一件,中间还有一份行判文书,在都督府存档。

二 开元二年蒲昌府文书反映的折冲府政务运行特征

政务运作依托于文书流转,体现在对政务文书的行判。唐代前期折冲府参与文书判署的官吏包括流内品官和杂任:折冲都尉、果毅都尉、别将、长史、兵曹参军事等,都有流内品阶,而录事、府、史,则没有品阶,属于杂任。[①] 长史和司马置废更迭。[②] 在蒲昌府文书中,折冲都尉、果毅都尉、别将、司马、录事和府、史都有体现,流内品官和杂任在文书判署中分工明确。唐前期文书判署较为严格地按照律令规定执行,四等官分别承担文书起草、检请、行判和抄录等环节工作。政务文书上官员和主典在案文形成和处理程序中的分工,体现了官府政务运行的基本流程。

(一) 府、史与政务文书的检请

折冲府所置府、史,作为文案施行的主典,需要承担文书检请之职

[①] 参见《唐六典》卷二五《诸卫府》,中华书局,1992,第 637~638 页、第 644~645 页;《天一阁藏明钞本天圣令校证》,中华书局,2006,第 433 页。赵璐璐:《唐代"杂任"考》,《唐研究》第 14 卷,北京大学出版社,2008,第 495~508 页。

[②] 《新唐书》载:"永徽中,废长史,置司马一人,总司兵、司骑二局。……圣历元年,废司马,置长史、兵曹参军事。"见《新唐书》卷四九上《百官四》,中华书局,1974,第 1288 页;《通典》的记载稍异:"每府置折冲都尉一人,掌领校尉以下宿卫及卫士以上,总判府事。左右果毅都尉各一人,掌通判。……别将一人,不判府事。若无兵曹以上,即知府事。初别将既改为果毅,而府中有长史员。圣历三年,废长史,置别将一员,后又兼置长史。长史一人,通判,载初元年置。兵曹一人,判府事,付019勾稽,监印,给纸笔。"见《通典》卷二九《职官——·武官下》,王文锦等点校,中华书局,1988,第 810 页。蒲昌府文书上的"司马阙",说明开元年间折冲府在制度上还有司马。这是否说明圣历三年(700)废长史后又一度置司马,根据现有材料还难以判定。

责。所谓检请，即将存档的文案检索出来提交给官长行判，所检索的文案包括其他官司来文、相关法令和本部门以往处理过的案例等。检请有主动和被动两种方式，被动检请是应官长"检案"的要求查找相关文案，检出后提交给官长作为处理政务的参考，一般书写"牒。检案连如前。谨牒"。主动检请则主要是对于那些具有相对固定日程的政务，按部就班地准备相关文案或法令，主动提交给官长作为参考；或者起草需要官长判署的文案，以"牒。检有事至"的句式呈报官长，获批"连"后连接相关案由文书，然后进入行判程序。主动检请的情况下，府、史在日常政务处理中的主体地位或主动性比较明显。

蒲昌府文书《唐开元二年四月十一日西州都督府牒蒲昌府为李绾替折冲王温玉遊奕及索才赴州事》①（图5），保留了较完整的对受文所做的判署程序。②

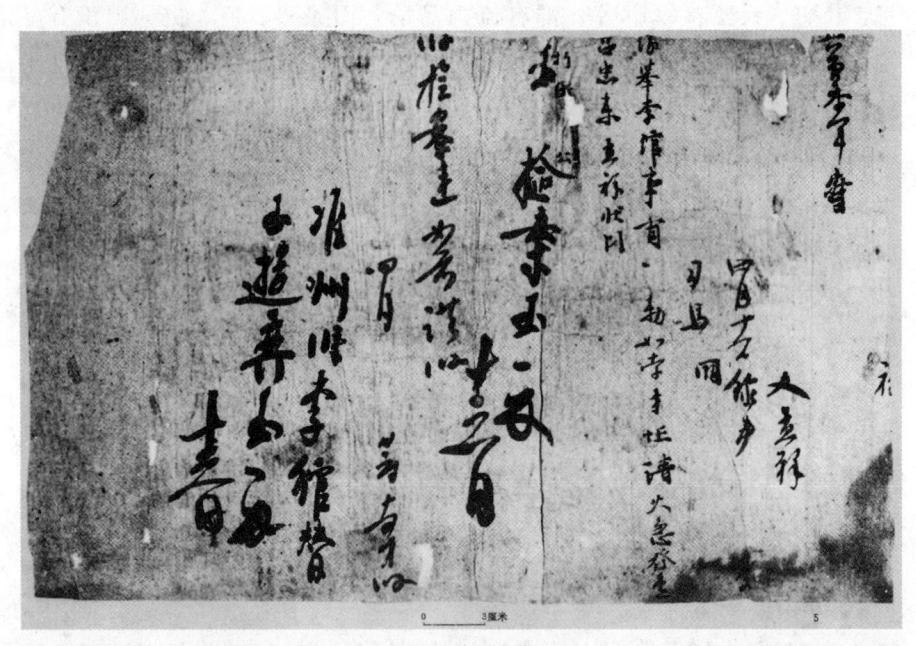

图5 《唐开元二年四月十一日西州都督府牒蒲昌府为李绾替折冲王温玉遊奕及索才赴州事》

---

① 本件文书编号为宁乐5号，陈国灿、刘永增编著《日本宁乐美术馆藏吐鲁番文书》，第59~61页。
② 按，第6~8行的行文形式，吐鲁番文书中所见不多，推测可能是发文的西州都督府主典"史"孟祥附属的一个私人意见，以供蒲昌府折冲都尉王温玉参考。

政务文书的环节性形态与唐代地方官府政务运行

兹移录如下：

1　府
2　兵曹参军宝
3　史孟祥
4　四月十一日录事　　受
　　司马阙
6　缘举李绾事，有敕：如索才忙，请火急发遣
7　吕忠来，孟祥状问。
8　折冲公
　………………………………………玉…………
9　检　案。玉示
10　十三日
11　牒。检案连如前。谨牒
12　四月　　日府索才牒
13　准州牒，李绾替
14　玉遊奕。玉示
15　十三日

本件文书是蒲昌府对西州都督府送付牒文所做判署。第 1~8 行为同一人笔迹，第 8 行与第 9 行之间王温玉骑缝押字，与第 9 行"检案。玉示"几乎处在同一行，当是受文的"录事"对来文另文抄写并事先粘连好空白纸张，供长官王温玉判署。对于王温玉指示的"检案"，"府"索才检稽相关文案，书写"牒，检案连如前。谨牒"并签署日期姓名。身兼长官和判官的王温玉据此给出"准州牒，李绾替玉遊奕"的判署意见。文书第 15 行后留有较大余白，表明文书判署至此结束。这是蒲昌府内部的行判文书，内部执行，无须再送付其他官司。

大量的出土唐代政务文书表明，文书付给判官后，判官一般都先要求主典去检寻相关文案，核实本件案由是否成立。主典检案确定案由成立，则书以"牒。检案连如前。谨牒。某月日某府（史）牒"报给判官，由判官做出判署。在这种程式中，主典的检请是为了配合判

131

官判案。

主典主动检请、起草案卷的情形,与此稍异。上引大谷 2835 号《长安三年停逃户文书》就是主典主动检请的,"典"阴永接受括逃使要求检括户口的来文后,对于是否要如实申报拿不定主意,所以抄录来文并提出疑问。第 20~21 行的"付司,辩示,十六日",是作为县司长官的"县令"辩对"典"阴永起草案卷的过目,尔后进入受付、行判程序,即与前一类受文直接行判程序一致。

蒲昌府文书《唐开元二年闰二月十八日蒲昌府索才牒为□礼奕等番当来月申州处分事》①(图6)与此同类,兹移录如下:

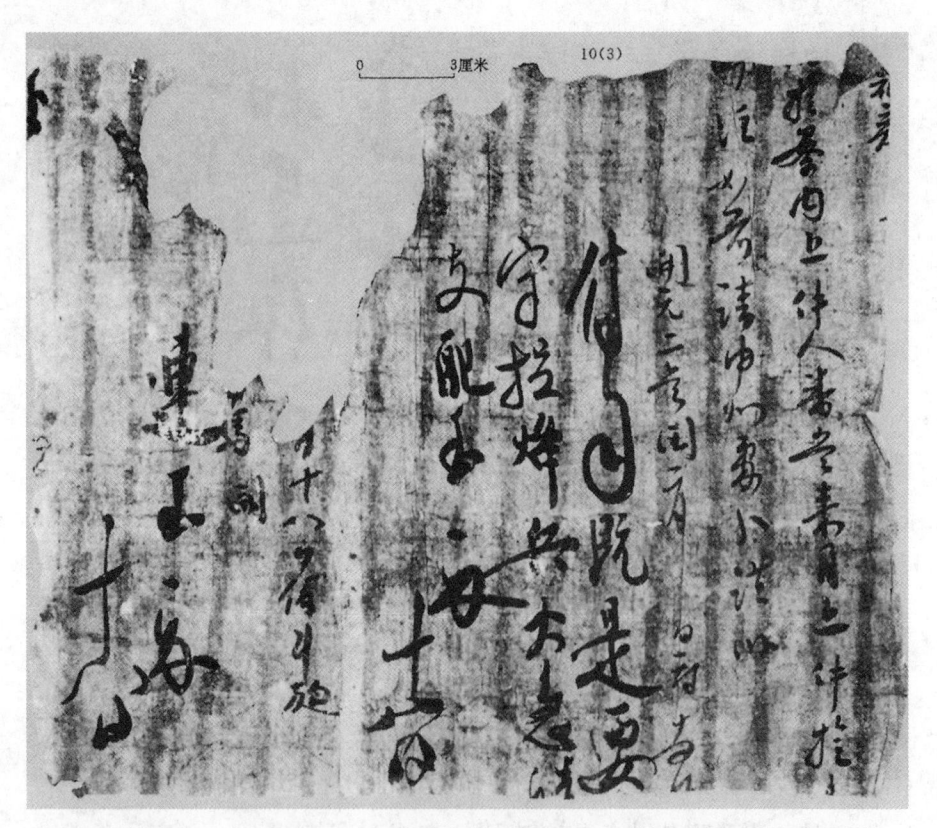

图6 《唐开元二年闰二月十八日蒲昌府索才牒为□礼奕等番当来月申州处分事》

---

① 此件文书编号为宁乐10(3),见陈国灿、刘永增编著《日本宁乐美术馆藏吐鲁番文书》,第40页。

政务文书的环节性形态与唐代地方官府政务运行

1. □礼 奕 [
2. 右 检案内，上件人番当来月，上件检 事
3. 即 注如前，请申州处分。谨牒。
4. 开元二年闰二月　日府索才□
5. 付司。既是要□
6. 守捉烽兵，火急 请 □
7. 支配。玉示。
8. 十八日
9.] 月十八日录事鞠　□
10. 司 马阙
11. 连。玉示。
12. 十八日
……玉……………………………………………

本件文书第1~4行是索才检核来月当上番人中有人因故不能上番而提请的事由，此当为"府"索才每月安排来月当番名单所遇到的常见情况。到一定的时间根据规定做出安排是作为主典的"府"的职责，但如果遇到特殊情况，有人无法当番，则需要官长进行调整，重新安排。所以，索才提请折冲都尉王温玉处置，这一环节即是府史主动检请。第5~7行长官王温玉署"付司"，同时做出批示，写明处理意见。然后进入受付程序，王温玉批示"连"，意即把同类牒文粘接在一起，以备"申州处分"①。战争状态下的特殊时期，王温玉身兼长官与判官，安排上番事属紧急，他以长官身份签署"付司"之后，紧接着以判官身份做出处理决定。第9~10行的受付，则是对文书运行程式的形式化坚守。

蒲昌府文书《唐开元二年五月十九日蒲昌府索才牒为来月当上番、改补、请替申州处分事》②（图7）的处理程式，又有所不同。

---

① 参见程喜霖《汉唐烽堠制度研究》，第249页。
② 此件文书由宁乐27（1）和1拼合而成，见陈国灿、刘永增编著《日本宁乐美术馆藏吐鲁番文书》，第64~66页。

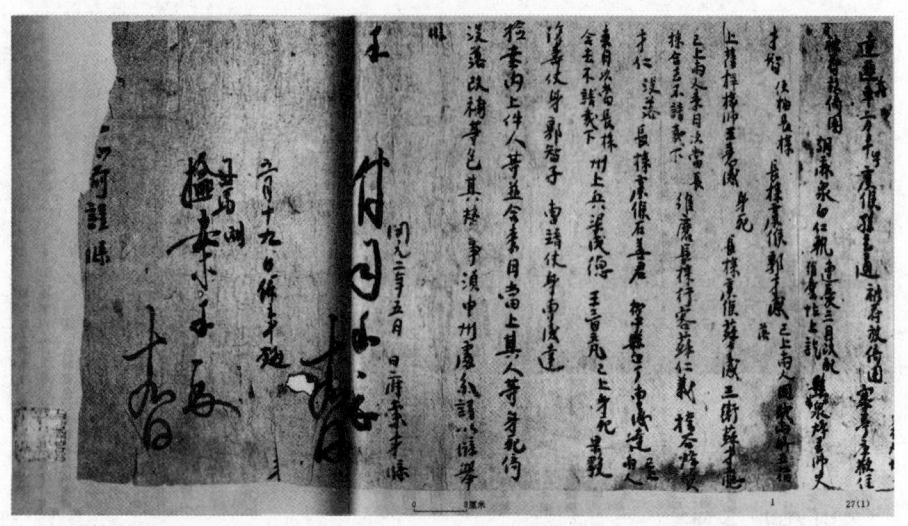

图7 《唐开元二年五月十九日蒲昌府索才牒为来月当上番、改补、请替申州处分事》

兹将9～19行迻录如下：

9　□检案内上件人等，并合来月当上。其人等身死、倚

10　□、没落、改补等色，其替事须申州处分，谨以牒举，

11　□牒。

12　开元二年五月　日府索才牒

13　……玉……………付司　　玉示

14　十九日

15　五月十九日录事鞠　　受

16　司马阙

17　检案。玉示

18　十九日

19　] 如前。谨牒。

本件文书第1～12行由"府"索才检索文案后对因事而不能番上的卫士情况条列，王温玉以长官身份署"付司。玉示"后，进入受付行判程序之中。在后续行判中王温玉指令"检案"，接着可能由当案主典去检索相关案文。检索到了之后，书以"牒。检案连如前。谨牒。某月日某府

（史）牒"报给判官，进入新的判署程序。

至于主典以"牒。检有事至"呈报事由后的检请方式，可举蒲昌府文书《唐开元二年七月二十二日蒲昌府贺方为诸事上州听裁判》①为例：

1　奕□□□先塞悬泉谷，□〔
2　州听裁。其来月诸执掌阙〔
3　听裁。诸烽戍交替兵勘过〔
4　二十二日
5　牒。检有事至。谨牒
6　七月　日府秃〔
7　连。方示
8　二十五日

经辨认，该件文书第4～5行间有粘连痕迹，而第5～6行与第1～4行笔迹一致。据此，府秃［护］当是将一份其本人三日前起草的请示意见案粘接新纸，接着书以"牒。检有事至。谨牒"，请新任折冲都尉贺方处理。贺方批示"连"之后，府秃［护］当进一步做出反应，将相关案文连在后面。也有可能是，第1～4行就是"连"的相关案文。文书残缺，难以周知。再引另外一件较为完整的吐鲁番出土文书《唐神龙二年主帅浑小弟上西州都督府状为处分马䣛料事》②：

1　□有事至。谨牒
2　二月　日史安进□
3　连。敬仁　白
4　四日

5　状上州

---

① 此件文书编号为宁乐8（2）号，见陈国灿、刘永增编著《日本宁乐美术馆藏吐鲁番文书》，第72页。
② 此件文书编号为72TAM188：82（a），见唐长孺主编《吐鲁番出土文书（图录本）》第四册，第26～27页。按，编者解题"一至四行所记可能为别一事"，本文对此解释有所不同，部分录文重新标点。

135

6　　　　　　　　马一匹驱敦
7　　　　　　　　新僱得上件马，今月一日到营，其踏料未□
8　　　　　　　　谨以状上，听裁。
9　　　　　　　　如前。谨牒。
10　神龙二年二月　日主帅浑小弟
11　押官折冲马神禄
12　付司。定母示
13　四日
14　二月四日录事　使
15　录事摄录事参军　敬仁

16　牒别案准式。咨。敬□
17　白
18　四日
19　依判。咨。泰 示
20　四□

本件文书第 13~15 行钤有"西州都督府之印"，据李方考证，敬仁为西州都督府录事摄录事参军，定母为西州都督，泰为西州长史或司马。[①] 请料事属西州录事司，"史"安进□（某）以"牒。检有事至。谨牒"上报判官敬仁，敬仁署"连"后，史安进某将某军镇的来文粘连在后，然后经长官都督过目"付司"（第 12 行），进入受付、行判程序。参照这个程式，蒲昌府文书《唐开元二年闰二月九日蒲昌府折冲都尉王温玉依年前所配番上判辞》[②] 的类似情况便可做出解释了。录文如下：

1　检此色揔？不 [
2　一时，牒所由依前

---

① 参见李方《唐西州官吏编年考证》，第 438、436、437 页。
② 此件文书编号为宁乐 23（5）号，见陈国灿、刘永增编著《日本宁乐美术馆藏吐鲁番文书》，第 39 页。

政务文书的环节性形态与唐代地方官府政务运行

3　知，还依年前所配
4　上。玉示。九日
5　］至。谨牒
6　闰二月　日
7　连。玉示
9　十□

由图版可见，该件文书第4~5行文字间有纸缝粘痕。根据第7行录文"连。玉示"，第5行录文"至。谨牒"前应补"牒检有事"，第1~4行是粘接此前王温玉判牒。蒲昌府文书《唐开元二年五月一日西州都督府牒蒲昌府为遊奕官番上等事》①则是粘接检索到的案由在后的情况，移录如下：

1　牒。检有事至。[
2　 车 [
………玉………………
3　五月一日录事鞠　相
4　司马阙
5　检案。玉示
6　一日
7　牒。检案连如前。谨牒
8　五月　日府索[
9　今月遊奕官，准[
10　各牒知。其李六[
11　车坊康苟征番[
12　到，待番到日举[
13　示
14　一日

---

①　此件文书编号为宁乐6、25（1）号拼合而成，见陈国灿、刘永增编著《日本宁乐美术馆藏吐鲁番文书》，第62页。

137

根据该件文书第1行"牒。检有事至",残损的第2行应为"连,玉示"(日比野丈夫和陈国灿等都录为"車"),主典接着将案由文书检出粘连。第3~14行是检出的相关案文,王温玉在粘缝处押字。

(二) 三官通押的变形与受付程式的形式化坚守

前引《通典》所载折冲府"判府事,付事勾稽,监印,给纸笔"的兵曹参军和"通判"的长史,并没有在蒲昌府文书出现。文书所见的蒲昌府长官折冲都尉有王温玉、贺方,果毅都尉有高庆和贺方,录事为鞠相,此外还有府范阿祚、秃发护和索才。有学者根据贺方在开元二年七八月间相关文书处理过程中行使和折冲都尉王温玉一致职权的现象,指出贺方此时可能由果毅都尉升为折冲都尉。①《唐六典》载折冲府以上官典员额为:折冲都尉一人,果毅都尉分左、右,各一人,录事一人,府、史共七人。②仅从开元二年这批蒲昌府文书所见,蒲昌府在任职员或少于令式规定。

按照唐前期四等官判案制度,主典将文案准备完毕后,判官、通判官、长官依次判署意见。就蒲昌府而言,虽有果毅都尉高庆、贺方,但很少在文书行判环节以通判官身份签署意见,这可能与当时西州处于战争状态,果毅都尉需要外出镇守、出征的情况有关。至于长官之外的判官,在蒲昌府文书中就没有反映。换言之,所有蒲昌府行判文书都是长官折冲都尉王温玉和后来行使长官权力的贺方所判。以府史主动检请、起草文案的行判文书处理为例,府史起草后须经长官过目批示"付司",尔后进入受付程序,付给判官。前文所引大谷2835号《长安三年停逃户文书》的情况如下:

19　长安三年三　日典阴永牒
20　付司。辩示。
21　十六日

---

① 参见李方《关于唐西州蒲昌府问题》,《西域研究》2005年第3期;李方《唐西州官吏编年考证》,第376~377页。按,李方在本书写作时又重新判断,认为贺方此时是以果毅都尉身份代行折冲都尉职权。
② 参见《唐六典》卷25《诸卫府》,第637~638页。

22　三月十六日录事　受
23　尉摄主簿　　付司户
24　检案。泽白。
25　十六日

"付司。辩示"是县令判语,"检案。泽白"是判县司户的县尉泽所判,长官、判官分工清晰。蒲昌府的这类文书,在此判署环节上则呈现变形。以《唐开元二年五月十九日蒲昌府索才牒为来月当上番、改补、请替申州处分事》(图7)为例:

……
12　开元二年五月　日府索才牒
13　……玉……………付司。玉　示
14　十九日
15　五月十九日录事麴　　受
16　司马阙
17　检案。玉示

第13行的"付司。玉示"、第17行的"检案。玉示",同是王温玉判署,中间有录事、司马受付的环节。王温玉前后判语分别是以长官和判官身份做出的。这种情况反映了当时蒲昌府文书行判时长官兼摄判官,这是三官通押的变形。从实际运作中,可能王温玉一次性将两个场合的判语写出,中间空出受付环节,由录事等事后添补(图6、图7)。

无论府、史以何种形式检请文案,文书进入三官通押的判署程序前,必有"受""付"环节。从蒲昌府文书可见,录事麴相署"受"后例有"司马阙"三字,接着才是行判环节。"司马阙"与录事署受笔迹一致(图2、图3)。据此推测,按照制度规定,蒲昌府文书判署程式应是"司马某付",而此时司马缺位,由录事麴相书"司马阙"三字,表明其在受付程序上还是完整的。而上文指出的王温玉一次性将作为长官和判官的两处意见都签署,留出空白处供录事等填写受付程式,使得受付本身沦为一种形式。如图7所示,可以做出如下推测:王温玉在本件文书粘接处署

"付司。玉示，十九日"，留部分空白后，接着署"检案。玉示，十九日"。作为负责受文环节的麴相，则事后在此空白处签署，字迹显得潦草和逼仄，尤其是代署"司马阙"三字，已经接近先署的"检案。玉示"，在前后都有王温玉签署之后补写的痕迹比较明显。

结　语

本文通过对开元二年（714）西州蒲昌府文书的分类排比，参照敦煌吐鲁番出土相关文书，将唐代地方官府（中央官府当亦如此）实际处理政务过程中产生的文书分为案由文书、行判文书和送付文书三种文书流程中的环节性形态，并借此对这些文书所涉及政务处理程序进行了简要分析。希望能够建立起一个可供参照的坐标系，对已经刊布的相当数量出土唐代政务文书进行环节上的定位。如果这种定位能够成立，许多文书包括那些残损严重的文书，都可以提供更加丰富的信息。从政务运行角度研究出土唐代政务文书，也因此有了可操作的文书学解读范式。

蒲昌府文书所体现的折冲府实际政务运行的特点：一方面，彰显律令制规定的政务流程在基层得到了贯彻和执行；另一方面，由于开元二年西州蒲昌府所处的特殊时期和特殊环境，这种对程式的坚守有些只能流于形式。或者说，地方或基层的政务处理流程，原本就相对务实，基于中央官府运行机制而制定的一些程序性规定，在地方和基层，即使要坚守一些形式上的东西，实际运行中往往需要变通处理。制度规定中的程式随着上层体制的变化不断有所调整，但地方和基层的实际运行规程应该是保持着相对的稳定性。这一特点，对于理解唐宋地方和基层行政体制和政务运行机制的变化轨迹来说，都具有重要的意义。

The Circulation Format of the Government Documents and the Running of Administrative Affairs in the Local Government of the Tang Dynasty: With Special Attention to the Documents from the Puchang Garrison in the Xi Prefecture in 714

Liu Houbin and Gu Chengrui

Abstract: This paper examines the unearthed official documents from the Puchang Garrison in 714 and reconstructed the circulation format of the government documents and the running mechanism of administrative affairs in the local government of the Tang dynasty. The Puchang Garrison, as a remote defense sector, located in the Xi Prefecture (modern Turfan in Xinjiang), was one of hundreds of garrisons in early Tang dynasty. These documents can be categorized into three groups, such as documents for initiating cases, documents for running judgments, and documents for distribution, which seem to construct the circulation system of official documents in the remote area. At that time, the Tang Empire was facing a big challenge from the enemies in the western frontiers. Soon later it abandoned the Fubing system and began a crucial military reform.

Keywords: the Tang Dynasty; the Puchang garrison; the local government; official documents; textual morphology

南宋地方政治探微——以朱熹按劾唐仲友事件为中心[*]

高柯立

摘　要：本文对朱熹按劾唐仲友事件的始末及其动因进行了考察，呈现当时台州地方政治的运作情况，借此来探讨南宋时期地方政治格局形成的机制。经过对朱熹六篇奏状的细致排比和辨析，本文认为朱熹按劾唐仲友，既有他与唐仲友在治理地方策略上存在差异的因素，也有针对当时地方官府普遍存在的各种弊端加以批评的考虑，是对唐仲友集团发起挑战。进一步，本文指出，朱熹按劾唐仲友事件实际上是地方官府与地方势力之间的一次政治博弈，反对唐仲友施政的地方势力利用官府内部的矛盾，暗中推动了对唐仲友的弹劾。在这场政治博弈过程中，朱熹只不过是一颗被利用的棋子而已，最终唐仲友虽然被罢免，朱熹也黯然辞去浙东提举一职。

关键词：朱熹　唐仲友　台州　南宋　地方政治

淳熙九年（1182）夏，江浙地区干旱，出现饥荒，朱熹被任命为浙东提举，负责赈济灾民。在前往台州巡视的途中，朱熹"访闻"得知台州知州唐仲友催督赋税"刻急"，以及他"多有不公不法事件"，遂向孝宗皇帝上了一道《按知台州唐仲友状》，其后连续上了五道按劾唐仲友的奏状。结果唐仲友罢知州，其改任江西提刑的任命被取消，朱熹本人也辞去浙东

---

[*]　本文初稿 2013 年 9 月 2 日~3 日在北京大学召开的"宋代政治史研究的新视野"国际学术研讨会上发表，题为"南宋台州地方政治管窥——以朱熹按劾唐仲友事件为中心的考察"，得到了评议人宫崎圣明、赵冬梅两位先生的批评指正，与会的李华瑞、刁培俊两位先生也就文中的学术史和史料提出了宝贵意见，在投稿给《唐宋历史评论》时，得到了包伟民、刘后滨与李全德诸先生的指正和建议，在此一并表示由衷的感谢。

提举一职。这就是著名的朱熹按劾唐仲友事件。

事件的起因,从南宋时开始就有不同的说法,主要着眼于朱、唐的个人恩怨,前辈学者对此有不少辨析。[①] 此外,也有学者围绕朱唐事件来考察地方的吏治。[②] 上述研究对朱熹按劾唐仲友事件的背景和成因有深入的分析,并对该事件所反映的南宋时代的地方政治进行了有益的探讨。但就朱熹按劾唐仲友奏状的丰富复杂内容来说,现有的研究还有进一步分析的余地,尤其是朱熹奏状的复杂内容及其所反映的错综交错的社会关系,仍有必要加以考察。

朱唐事件的发生及其动因反映了南宋淳熙七年(1180)至九年,台州地方官府的运作状况,涉及官府事务的诸多层面,揭示了地方官府的诸多弊端,以及知州与周围人群的复杂关系。本文即以朱唐事件为中心,对其中所见的台州官府事务加以排比,对其中所涉及的社会关系加以梳理,呈现台州政治的运作过程,分析朱熹按劾唐仲友的真正动因,借此来探讨南宋地方政治格局形成的机制。

一 关于朱唐事件的史料

关于朱唐事件的记载主要有两方面,一是朱熹的奏状,一是当时人对朱唐事件的记述和议论。前人对后者多有引述、考证,对于了解当时的社会风气颇有助益,本文不欲再加赘述。前者是朱唐事件的直接史料,前人虽然也多有引述,或者径作为唐仲友"不法不公"的证据,或者用来概括为南宋吏治的特征,但比较笼统,没有充分发掘奏状所蕴含的丰富信息。

---

① (清)黄宗羲、全祖望:《宋元学案》卷六〇,中华书局,1996,第1952~1954页。邓广铭:《朱唐交忤中的陈同甫》,原载天津《益世报》1937年5月27日"读书周刊";《悦斋唐仲友生卒年份考》,原载天津《益世报》1937年7月1日"读书周刊"。以上两文后收入《邓广铭全集》第八卷,河北教育出版社,2005,第705~715页。朱瑞熙:《宋代理学家唐仲友》,原载《刘子健博士颂寿纪念宋史研究论集》(同朋舍,1989),后收入朱瑞熙《疁城集》,华东师范大学出版社,2001,第50~67页。束景南:《朱子大传》,商务印书馆,2003,第505~530页。
② 王德忠:《从朱唐交奏看南宋吏治》,《东北师大学报》(哲学社会科学版)1993年第4期,第7~11页;俞兆鹏:《论朱熹按劾唐仲友事件——兼论朱熹的政治思想》,《江西社会科学》1991年第2期,第89~94页;〔日〕户田裕司:「唐仲友弾劾事件の社会史的考察——南宋地方官の汚職と係累」,『名古屋大学東洋史研究報告』31号,2007年3月,第93~108页。

朱熹的文集中所收按劾唐仲友的奏状共有六篇，直接反映了唐仲友在任台州知州期间①的各种"不公不法事件"。从这六篇奏状的上奏时间来看，朱熹按劾唐仲友的力度随着调查的逐渐深入而不断加大，所论唐仲友的不公不法事件多有人证物证。但正如不少学者研究指出的，朱熹按劾唐仲友不无"罗织"之嫌，不免小题大做。②朱熹按劾唐仲友无疑带有自己个人的强烈目的。为了将唐仲友罢免，朱熹在台州滞留一月有余，接受民间的陈诉，多方搜罗证据，审问相关人员，甚至借助监司的身份，将有关人员送往绍兴府审问，这在当时的官场并不多见，与"因循苟且"的风气大相违背，这也是朱熹虽然最终劾罢了唐仲友，但自己也黯然请辞的原因。这一鲜明的倾向性提醒我们要注意这六篇奏状的局限性，不能完全囿于朱熹的一面之词。

朱熹按劾唐仲友的六篇奏状虽然颇为琐碎，带有倾向性，但所论事项多有人证、物证，不能算无中生有。参考相关的史料，经过仔细的辨析，这些奏状依然具有重要的史料价值，揭示了台州政治的诸多面相。首先，这些奏状对于了解唐仲友在台州期间的施政有重要价值，相比于如墓志、正史传记等人物传记资料较为正面、甚至溢美的记述而言，奏状中集中揭示唐仲友的"不公不法事件"，可以了解到他的另一面。其次，这些奏状所涉及的台州赋税、词讼、公使库等方面，是台州州县官府事务的重要内容，为考察台州地方官府事务运作提供了详细的史料。最后，这些奏状所反映的浙东提举朱熹按劾台州知州唐仲友的过程，集中反映了台州地方不同力量之间的角力、博弈，为考察台州地方政治提供了一个极佳的案例。上述三个层面的内容又是相互关联的：唐仲友的施政是台州州县官府事务运作的核心，二者造成了台州错综复杂的政治局面，积累了尖锐的矛盾，并借着朱熹到台州巡视的机会爆发。

本文即在对朱熹按劾唐仲友奏状进行详尽辨析的基础上，参照、补充相关史料，对唐仲友在台州的施政和台州州县事务的运作加以论述，在此

---

① 据《嘉定赤城志》卷九，唐仲友是淳熙七年十二月二十四日知台州，淳熙九年八月十八日改任江西路提点刑狱，《宋元方志丛刊》，第 7357 页。
② 参见前引《宋元学案》卷六〇《悦斋学案》，邓广铭《朱唐交忤中的陈同甫》，以及张继定、毛策《唐仲友之悲剧及其成因略考》，《浙江社会科学》2005 年第 5 期。

基础上对朱唐事件的始末脉络重新梳理,对其动因加以分析。

二 朱熹按劾唐仲友奏状所见台州官府事务

唐仲友在任台州知州期间曾上过一道劄子①,论说"政事"与"财用"的关系,认为州县的"财用""不过夏秋两税、榷酒征商之属尔","词讼淹延,追呼烦扰,则农桑必至于妨废,差徭不公,豪猾放纵,则户口必有逃移。理索不得其中,则贫富无以相资,过割不及其时,则版籍至于贸乱,如是而欲夏秋两税之及时,可得乎?"所以他主张"无政事则财用不足"。他批评当时的监司对于知州只要财赋能够征发齐备,就对其他方面"阔略假借",即对其不公不法的举措加以包容。他又批评当时州县官在政事上专务苟且,"但得官物不欠",就认为已经尽职了。他还指出州县官不留意民事,"词状有弥旬而后受者,追呼有累月而不到者,狱词、版图、契券、要会,视为不急,胥吏因缘为奸,豪猾得志,善良抑塞,催科既急,勾稽不明,形势鲜或谁何,下户重并追扰,户长破产代纳,数年未免监系"。可见由于不重视民事,州县政事被胥吏所把持,狱词、版籍不明,词讼淹延不决,赋税催督只及于下户,对于形势户无可奈何。唐仲友的上述议论无疑是极有针对性的,反映了当时地方官府治理地方的实际状况,这也是他任知州时所面对的难题。在朱熹的奏状中,这些唐仲友所尖锐批评的问题恰恰是他遭受弹劾的重点。但如果仔细加以辨析,可以发现唐仲友的施政与上述论说可相印证。

如前所论,朱熹按劾唐仲友的奏状虽然带有强烈的倾向性和目的性,是为了揭露唐仲友的"不公不法事件",作为其贪赃枉法、横征暴敛的罪证,但这些奏状所涉及的"事件"大都是经过审问的,从而揭示了台州州县地方官府事务的诸多细节和弊端。这些官府事务主要集中于赋役、词讼、请托和公使库等方面,虽然不能全面反映台州官府的运作状况,但与朱熹按劾唐仲友事件有着密切关联,反映了台州地方政治的格局和各种矛盾关系。

---

① (宋)唐仲友:《台州入奏札子》,《全宋文》卷五八五六,第260册,上海辞书出版社,2006,第235~236页。

（一）催督赋税

催督赋税是地方官府的重要职责，也是地方官府与民户发生交集的主要途径。同时，催督赋税是最容易造成官府与民户紧张关系的因素。朱熹在前往台州巡视途中，就从流民口中"访闻"到台州知州催督赋税刻急，这也成为朱熹按劾唐仲友的第一条罪状。

淳熙八年（1181）十月后半，唐仲友派其亲信的司户参军赵善德开设场务受纳秋苗糙米，赵善德"公然倍取合耗，高带斜面"（合耗、斜面都是一种附加税），最后不到半个月，就收完了当年的秋苗糙米额。赵善德又要求人户将没有缴纳的糙米折换成钱，这样人户不得不低价卖掉糙米，折成钱来缴纳秋苗糙米。临海县丞曹格倚仗与唐仲友的亲戚关系（唐仲友长子之妻曹氏的叔叔），肆无忌惮，在受纳两税时，百般刁难，敲诈勒索，"多取合耗"，百姓送纳的"绢必授挼令破，绵子晒或经月，米麦必十来日宿仓"。唐仲友还经常派赵善德和曹格来负责"非法估没人户财产"①。估没财产就是没收犯法民户的财产并估定其价值，是份油水很足的差事。

按照宋朝的法律规定，夏税在八月三十日的下限前缴纳，但当时朝廷户部擅自命令要在七月缴纳完毕，唐仲友则要求六月缴纳完毕。这种层层加码的做法在当时已成为惯例。知州不止下达了严命，还派亲信的官吏到各县催督，所属各县自然要听命行事，甚至"转相促迫"，变本加厉地催缴赋税。②但还是有不配合的官员和胥吏。淳熙九年，天台知县赵公植因为催督夏税迟缓了，到六月下旬只征到一半左右，唐仲友就派人"追请"其到州里，天台县人得知后加以拦阻，并答应十日之内将各户所欠的"零税绢"送州，赵公植才被"放免"。事后唐仲友直接发牒给县尉康及祖③，催缴上述"零欠"以及淳熙七年、八年所剩的未纳税赋，这次他还派州里的人吏牟颖到县里监督，州里的承局、禁子等胥吏也乘机络绎不绝地来到天台县勒索骚扰。同时，台州还派天台县主簿张伯温和州吏郑椿、姜允到

---

① （宋）朱熹：《按唐仲友第三状》，《全宋文》卷五四四○，第243册，第212页。
② （宋）朱熹：《按唐仲友第一状》，《全宋文》卷五四四○，第243册，第207页。
③ 原文为"专牒县尉康及祖"，所谓"专牒"，即是将知县抛在一边，直接指挥县尉来负责催督赋税了。

宁海县催缴淳熙八年所剩下的秋税苗米和下户的丁税，由于张伯温"追呼迫急"，导致人户"群聚喧噪"，欲殴打张伯温。① 宁海县押录林仅因为"拘催夏税迟慢"，被唐仲友发配到本州的牢城。②

为了增加台州的财政收入，唐仲友采取了各种方法。（1）统计"隐落丁税"人户。淳熙八年春大旱，出现饥荒，为了赈济人户，发放救济粮，要求登记各县受灾需要赈济的人户姓名（所谓"抄札"），唐仲友乘此机会派州里的人吏李回强迫各县的乡司统计"隐落丁税"（即登记户籍不实以逃脱人头税）的人户，每县增加了"隐落"的男丁数千人，五个县所收地丁产绢因此比往年增加了数千匹。③ 但因为在统计"隐落丁税"之人的过程中有"失实"的情况，遭到了人户的陈诉。④（2）科罚。科罚即是各种名目的罚款，是南宋时期州县官府普遍存在的敛财手段。⑤ 唐仲友为了追缴"赃赏钱"，将民户关进监狱，其中就有周念五等一百七十六户没有缴纳的"酒曲赏钱"共计一千五百八十二贯五百六十二文，有王十二等一百三十六户没有缴纳的"杂色赃钱"四千五百四十七贯四百九十九文，还有台州驻军家属没有缴纳的"赎铜钱"一百三十六贯二百三十文。⑥（3）搜捉贩私酒之家。榷酒是宋代地方官府增加财政收入的重要途径，成为知州关注的重点。台州设有都酒务⑦，每天要上缴榷酒的课利三百二十贯。淳熙九年台州干旱，"禾稻失收，细民阙食"，无法酿酒，这影响到都酒务的课利收入，但要是不能足额上缴课利钱，酒务上下都要获罪，因此都酒务

---

① （宋）朱熹：《按唐仲友第二状》，《全宋文》卷五四四〇，第 243 册，第 208 页。
② （宋）朱熹：《按唐仲友第四状》，《全宋文》卷五四四一，第 243 册，第 230 页。
③ 参见朱熹《奏台州免纳丁绢状》，《全宋文》卷五四三九，第 243 册，第 189~190 页。根据这篇奏状，有台州属县人户向到台州巡视的提举朱熹陈诉，台州将身丁税全折纳为绢七尺，而本来是一半纳绢（三尺五寸）一半纳钱。但根据朱熹的调查，宋朝的政策是第一等至第四等的丁产税钱全部折纳绢帛，只有第五等户的丁税只纳一半绢，一半仍纳钱，以免其折纳之困。所以向朱熹陈诉的台州属县人户应该是第一等至第四等户，而不是第五等的下户。他们的陈诉有意隐瞒了只有第五等户纳半绢半钱的规定，是想浑水摸鱼。最后朱熹虽然知晓他们的意图，但仍然奏请台州所有人户的丁税纳半绢半钱。显然，陈诉之人的计谋得逞了，第五等下户固然不用全部纳绢，第一至第四等户也不用全纳绢了。
④ （宋）朱熹：《按唐仲友第三状》，第 212 页。
⑤ 包伟民：《宋代地方财政史研究》，上海古籍出版社，2001，第 181~182 页。
⑥ （宋）朱熹：《按唐仲友第四状》，第 229~230 页。
⑦ 《嘉定赤城志》卷七"都酒务"条，第 7330 页。

搜捉台州城里面"贩私酒之家",以罚款所得来补足课利。①

(二)狱讼中的穷究与请托

前面所引述唐仲友的论说中,曾言及由于地方官不重视狱词、版图、契券、要会等政事,胥吏"因缘为奸",致使"词状有弥旬而后受者"。但据朱熹的奏状,唐仲友在任台州期间很少在州厅接收词状,而由人吏应褒、林木负责"签押"接收词状,他们乘机勒索财物,"无钱竟不得通"②。不仅如此,唐仲友还千方百计地锻造狱案,"穷究根底";官吏借机勒索钱物,或者接受请托,曲法枉断。关于后者,朱熹的奏状中提供了很多线索,值得仔细排比考量。

众所周知,宋代民户(包括很多士大夫)对于词讼都有深深的警惕或者畏惧,因为词讼而导致家破人亡的情形并不少见,这既是因为词讼本身需要民户投入一定的时间、精力以及钱财,还因为官吏乘机邀取勒索(如前述应褒、林木的情形)。所以民户尽量不去官府陈诉,即朱熹所谓"民间初无词诉"。这显然减少了官吏勒索钱财的机会,也减少了官府收取诉讼费用以及各种罚款、没收民户财物等进项。朱熹在奏状中指出,唐仲友主动去"刺求富民之阴事",然后"急遣吏卒奄至其家,捕以送狱",并"择奸贪之吏锻炼考掠,傅致其罪,往往徒配",但只要进行请托,就马上放人,案情的曲直和罪罚的轻重,全在唐仲友一念之间。③

朱熹言唐仲友"本性喜引致奸私公事,或告首事不干己,或帏箔暧昧不明,或僧道与人有冤,并行受领,皆欲穷究根底"④。在他看来,唐仲友接受词讼,所图在于索取贿赂。所谓"帏箔暧昧"之事,就是通奸这一类"阴事",如应扬骚扰其舅母李承节之妻,应扬又是李家的佃户,还有富室黄士龙、黄日新交换妻子淫乐,这类"阴事"一般不是当事人上诉,很可能是唐仲友刺探得知的,或者是"告首事不干己"之人告发的。对于这类

---

① (宋)朱熹:《按唐仲友第四状》,第230~231页。无独有偶,唐仲友在知信州时,也曾"多遣军兵,远出禁地,以捉酒为名,掠其所有财物",并因此被提刑官按劾,见朱熹《按唐仲友第四状》,第221页。
② (宋)朱熹:《按唐仲友第三状》,第210页。
③ (宋)朱熹:《按唐仲友第三状》,第210页。
④ (宋)朱熹:《按唐仲友第三状》,第214页。

案件，唐仲友不让司理院去审理，而是亲自审断，并且是在州治花园中亭馆或者宅堂后举行宴会的客厅中进行"鞫问"。也许是涉及"阴事"之故，"语言秽媟"，所以不在正堂审判。应扬一案在临判之际，唐仲友得到了二千贯的贿赂，就不断罪。① 黄士龙一案，通过唐仲友亲兄慈溪县令从中请托②，"既受其物，至今不断"③。所谓"僧道与人有冤"，就是僧人景猷和道士祝元善与人通奸之案，因为景猷"富厚"，所以索取贿赂甚重。景猷没有满足其要求，最后被判没收其"衣钵庄产"。同案的道士祝元善却通过栖霞宫的知宫李道士④向唐仲友行贿，没有裁断就被放了。⑤ 祝元善是天庆观的道士，他还因为与陈百一娘通奸被告发，经州院审理，司法建议"决杖十三还俗"，他又通过临海县丞曹格（前述唐仲友长子之妻的叔叔）请托，此案遂拖延不决。⑥

据朱熹的奏状，唐仲友受领词状后，都是和其子弟在宅堂"同坐商议判词"，甚至父子自相争执，同时歌妓、心腹的人吏以及乡僧、道士等人内外相通，肆行请托，取受货赂。⑦ 可见与词讼相伴随的是大量的请托行为。⑧ 本文根据朱熹奏状（主要是《按唐仲友第四状》）整理出来一份请托事项表（见附表1）。据此表，所涉及的请托事项既有前述通奸案，也有触犯法律的刑事案件，还有谋求胥吏的职位、刺兵，甚至动用官府力量去捕人也可以请托，可见请托已渗透在台州官府的许多事务中。从附表1还

---

① 应扬还与董承信之妻有通奸一案，最后由州司理院结案。董承信通过相熟的书表司厂志、学院子金璉，到营妓王静家，表示愿意在外和解，许给她一百贯，请其嘱托唐仲友长子唐士俊。最后该案判了个杖罪，但以赎铜了事。见《按唐仲友第四状》，第224页。
② （宋）朱熹：《按唐仲友第四状》，第226页。
③ （宋）朱熹：《按唐仲友第三状》，第214~215页。
④ 李道士是栖霞宫的知宫，祝元善则是天庆观的道士。栖霞宫与天庆观号"东西二宫"，见《嘉定赤城志》卷三〇，第7511页。
⑤ （宋）朱熹：《按唐仲友第三状》，第214~215页。
⑥ （宋）朱熹：《按唐仲友第四状》，第226页。后来又查出祝元善承担了修建盖竹洞庙时，曹格收受了他贿赂的丹砂二百余粒。值得注意的是，盖竹洞庙是座供奉龙神的祠庙，其修建是因为淳熙七年唐仲友在此祈雨得到灵验。见《嘉定赤城志》卷三一，第7520页。
⑦ （宋）朱熹：《按唐仲友第三状》，第214~215页。
⑧ 参见刘馨珺《"请求罪"与公私之分际》，高明士编《唐律与国家社会》，台北五南图书出版有限公司，1999；《宋代的请托风气——以"请求"罪为中心之探讨》，宋代官箴研读会编《宋代社会与法律》，台北东大图书股份有限公司，2001。

可以了解到，官员子弟、营妓和胥吏是请托的重要媒介：僧义玗可能就是朱熹所说的"乡僧"，而花康成是唐仲友的婺州"乡邻"。有的请托比较复杂，如朱绰然除了向十八宣教（唐仲友长子）请托外，还向高宣教请托；董承信请托先是找到书表司丁志、学院子金琏，再通过丁志、金琏找到营妓王静，王静再找到十八宣教。这种复杂的关系网是有层次的，官员子弟大多处于核心地位，营妓（有时会升级为核心位置，如严蘂）、亲戚乡党因为与官员及其子弟的亲密关系而处于次级地位，胥吏处于第三级。周士蘅理分一案比较特殊，是通过唐仲友长子请托营妓王静，可见有时受到知州宠信的营妓的作用还在官员子弟之上。请托的场合也值得注意，有间接地批条子请托的，也有营妓直接入知州宅行请托的。

（三）公使库的收支

台州的公使库包括酒库、钱库、银器库、账设库、设厨，其钱物用来供给官员宴会、馈赠过往官员。① 台州公使库的收支情况很难确知，但唐仲友知台州时仅其卖酒一项，一年收入就可达到十万余贯。② 而据《嘉定赤城志》所载，台州上供中最重要的折帛钱也不过二十二万六千余贯，经总制钱一十五万六千余贯。③ 所以从总额上来说，公使库在台州财政收入中占有不小的比重。而公使库的收入是不用上缴中央财政的，由州里支配使用。

唐仲友对公使库极为重视，千方百计增加其收入，日常开销也多仰赖公使库，这也是朱熹按劾的重点。在增加公使库收入方面，唐仲友将本州所收的私盐税钱入公使库，每年一二万贯，这影响到了官府正常的盐课收入。从属县催缴来的秋苗折米钱按规定是要入籴本库④的，但实际上大都

---

① 关于公使库及公使钱的研究，参见俞宗宪《宋代公使钱研究》，收入邓广铭、徐规等主编《宋史研究论文集》，浙江人民出版社，1987，第 82～108 页；以及包伟民《宋代地方财政史研究》，第 58～59 页。
② （宋）朱熹：《按唐仲友第三状》，第 212 页。
③ 《嘉定赤城志》卷一六，第 7412 页。
④ 台州籴本库属于军资库。军资库收贮的是中央规定由本地留用的钱帛与粮草，按规定由通判提举，录事参军监领。参见包伟民《宋代地方财政史研究》，第 61～62 页。但值得注意的是，台州的籴本库并没有和经总制库（亦属军资库）一样设在通判厅，而是设在州治的西庑。见《嘉定赤城志》卷七《军资库》。

入了公使库①。按照朝廷的规定，公使库本来是不能卖酒的，但南宋以后，卖公使酒所得已经是公使库的重要收入来源，台州的公使库就有酒库。一方面，公使库造酒多是取自州里其他仓库的"羡余"，没有什么成本，利润丰厚；另一方面，为了保证公使库卖酒的高额利润，唐仲友加强了对私造酒曲和糯米、糯谷买卖的查禁和处罚。据说两年间就有两千家因为从事私造酒曲而被没收资产，犯者被关进监狱，这引起了当地从事私酒制造买卖之家的不满和怨恨。②

朱熹在奏状中指出，唐仲友将公使库作为自己日常开销的主要资金来源，用来"馈送亲知，刊印书记，染造匹帛，制造器皿，打造细甲兵器"，这些器物都被他送回婺州老家。本文根据朱熹的奏状整理出唐仲友任知州期间的公使库支出一览表（见附表2）。根据附表2，公使库最主要的支出用于馈送官员，所馈送的官员又存在亲疏远近之别，与唐仲友有亲戚关系的官员来往最密，所得最多。唐仲友还将其婺州乡里的官员列入馈送的范围。用公使库钱雕印的书籍有一半归入唐仲友个人，另外一半主要送给寄居的官员（官方名义）。归入唐仲友的那一半书籍也应该是用来馈送官员（私人名义）。朱熹即说收到唐仲友馈送的一套《四子》，但被他退回台州军资库。③ 同时，知州日常的宴会、私人家庭开销都由公使库供给。

正是因为公使库为知州提供了丰厚的资金和极大的便利，所以唐仲友对公使库的管理也格外看重，专门委派心腹司户赵善德兼管公使库。赵善德还兼管籴本库，被任为秋苗受纳官④，所以本应收入籴本库的秋苗折米钱被挪到公使库。但籴本库属于军资库，由通判管辖，因此，赵善德听命于知州唐仲友，直接反映了知州和通判之间的矛盾。公使库造酒、卖酒也

---

① 朱熹的《按唐仲友第三状》中曾言及唐仲友"自两年来，却以籴本库钱拨入军资库，军资库拨入公使库，以支供给"，第213页。《按唐仲友第六状》中言及几次支行公使库钱购买银子来抵还籴本库借支米本钱，作为籴本银起发，但有两千贯公使库钱买到银子，公使库的账簿没有记录清楚，第243～244页。

② （宋）朱熹：《按唐仲友第三状》，第212～213页。

③ （宋）朱熹：《按唐仲友第四状》，第220页。这里需要辨析的是，朱熹所收到的《四子》是唐仲友私人送给的，还是以台州名义送给他的。按照朱熹退回给台州军资库的结果来看，应该是台州官方名义送的，但朱熹又不是寄居官员，不在台州正式馈送的行列。本文以为朱熹所收到的《四子》仍是唐仲友个人所送，但被朱熹拒绝，并送归台州军资库。

④ （宋）朱熹：《按唐仲友第三状》，第212～214页。

冲击了都酒务的收入，侵夺了正常榷酒的利益。负责公使库的使臣姚舜卿，和人吏郑臻、马澄、陆侃等皆为唐仲友心腹。每次唐仲友下发公使库支出单，他们马上为其办理出库①。馈送官员的公使库钱专门由手分马澄来支行②。根据马澄的供状，唐仲友每月派客将陈庚、周式、夏公明和书表司的杨楠写"单历"，列出供送官员等折酒钱，杨楠向公使库库子叶志提交此单，请取钱去购买海味等，马澄手中保留了"付书簿"。根据杨楠的供状，唐仲友曾"口点"官员士子六七员，命其列"单状"，到公使库支折酒钱，单状要有唐仲友所"批"之判语，杨楠支到的会子再送州衙的"书院"供纳③。所以公使库的支出是有详细的账簿可查的。当唐仲友得知朱熹要"勾追"马澄时，立即将公使库的账簿都"拘收入宅"，朱熹命通判赵善伋、司理王之纯前去索要，唐仲友"坚执不肯付出"④。

除了上述账簿所登记的收支外，还有不见于账簿的收支。公使库造酒卖酒，用来造酒的米麦之类，都是取自"仓库羡余"（即额外收入），其所收的息钱"太半不曾收附公使库钱历"，朱熹说这些息钱都归了唐仲友个人⑤。司户赵善德兼管公库，在即将任满之前，"以收买米曲物料为名"，一日之间支钱二万贯，并无他处簿书收附证照，朱熹认为这笔钱是归了他个人。唐仲友还设立"财赋司"，由人吏郑榛、陈忠负责，将"不系省（按即公使库）及诸库收附（按即如上述籴本库挪入公使库）"的财赋所得（主要是公使库卖生酒所得）用来买银子，而没有记录入账，赵善德乘机与二胥吏"同谋作弊"，常以犒赏为名支钱来贿赂，赵善德一岁所支达二三千贯，二吏所支也达数百贯⑥。唐仲友不肯交出账簿，一方面是其中有其支出的记载，会暴露其作弊的痕迹；另一方面是因为有不少"呆账""死账"，即所谓"账目不明"的地方。但朱熹依然根据唐仲友所依

---

① （宋）朱熹：《按唐仲友第三状》，第210页。
② （宋）朱熹：《按唐仲友第三状》，第213页。
③ 这里的"书院"不是教育机构，不见于《嘉定赤城志》的"州治"条，从朱熹的奏状中可以了解，"书院"设于州衙内，里面有藏书，并受纳公使库支给的钱物，应是唐仲友临时设立的非正式机构。朱熹《按唐仲友第三状》言从公使库所支取的会子"就书院供纳"，唐仲友所刊印的《四子》也是"节次径纳书院"，后来有十部保存在书院。
④ （宋）朱熹：《按唐仲友第三状》，第210页。
⑤ （宋）朱熹：《按唐仲友第三状》，第212页。
⑥ （宋）朱熹：《按唐仲友第三状》，第214页。

赖的官员和胥吏的供状,查获了不少人证和证据(包括唐仲友来不及"拘收"的账簿①)。

朱熹奏状所指陈的唐仲友在赋税、词讼、请托和公使库收支等台州州县官府事务中的诸多"不公不法事件":官府赋税催督刻急,词讼淹延,请托贿赂大行其道,官员狎妓之风甚盛;公使库被部分官员所控制,成为其个人中饱私囊、迎送馈赠、奢侈腐败的工具。这些都反映了当时地方官府事务推行的实际状况。关于催督赋税,虽然朱熹指斥唐仲友刻急,不遵朝廷指挥,但如前所述,朝廷规定八月三十日受纳夏税完毕,户部则限定七月完纳,唐仲友要求六月完纳,这在当时已经是一种常态,朱熹以此来指责唐仲友不恤民情,未免苛责。② 至于朱熹指责最多的请托之风,反映了当时政治生活中的痼疾。从前述请托的事例来看,唐仲友周边的人是请托的主要对象。当他的子弟、亲戚、乡邻、交好的营妓都接受请托的钱物时,这是一个既得利益集团在操纵地方官府的各种事务。唐仲友虽然是构建这个集团关系网的核心,但请托之风盛行,唐仲友个人也无能为力。朱熹对于营妓严蕊、王静等抨击尤多,其关键不在于唐仲友狎妓,而在于严蕊等肆行请托,这已经影响到台州官府的运作了。关于公使库的收支,一方面唐仲友确实存在大肆挥霍、以公为私的嫌疑,一方面他依靠公使库来建立其人际关系网络,笼络亲戚乡邻之心,结交过往官员,这在当时的官场是普遍存在的。因此,将上述台州官府的"不公不法事件"归罪于唐仲友,确实不免有"捃撦"之嫌。或者可以说,朱熹按劾唐仲友,所针对的并不是唐仲友个人,而是宋朝整个官府体系的痼疾。

三 唐仲友与台州的赈济、建设与教化

上述朱熹奏状所记述的内容都是于唐仲友极为不利的。除了这些"不公不法事件"之外,唐仲友在台州还推动了其他方面的官府事务,这在朱熹的奏状里面没有反映。

---

① (宋)朱熹:《按唐仲友第四状》,第221~222页;《按唐仲友第六状》,第239~241页、第243~244页。
② 在催督赋税方面,唐仲友与朱熹有不同的判断与取向,后文有详论。

（一）赈济

从淳熙七年开始到九年，两浙路连续出现干旱①。所以唐仲友在知台州期间所上的奏札中，曾言及救荒的措置，针对当时虽然朝廷下令民间的借贷，地方州县官要劝谕富室上户宽限还债时间，禁止"转利为本"和"非理准折"，还债要等到蚕麦成熟时方可进行，但唐仲友担心旧债和新借都在蚕麦成熟时追讨，会增加"小民"负担，所以建议一方面劝谕富民"自陈蓄积之数"，除了保留家庭一年的用度之外，其余的十分之七出售，十分之三借贷，县里"印给簿历"，约定还贷的日期，"簿历用合同印记，簿在富民，历付借者"，每月的利息不能超过三分；一方面，旧债不能算作新借之数，旧债要到"蚕麦成熟"时就可以追讨，新借的钱粮更要等到秋季收获时才能据印给的簿历追讨②。显然唐仲友的建议试图对灾荒时期富室上户的高利贷行为进行约束。另外，淳熙八年春正月庚午，唐仲友上奏朝廷，请求鳏寡孤独老幼疾病之人按照乾道九年例，取拨常平义仓米赈给。③ 朱熹到浙东任提举时，台州也曾申报提举司，请求拨钱买米，"数目甚多"④。前面曾述及唐仲友还前往祠庙举行祈雨，得到灵验后就对祠庙加以修葺。⑤ 可见唐仲友在救灾方面也采取了一些措置，不像宁海知县王辟纲"恬然不恤，亦无申报"，遭到了朱熹的按劾。⑥ 但朱熹的奏状也指出，

---

① 参见《宋史》卷三五《孝宗纪三》，第 671~679 页。朱熹在任浙东提举时，曾上《奏救荒画一事件状》，言："本路诸郡频年灾伤，蒙被圣恩，仅获全济。今又亢旱，周遍七州，其幸免者不过三五县，比之去年，被灾地分大段阔远。"《全宋文》第 243 册，173 页。
② （宋）唐仲友：《入奏台州札子三》，《全宋文》第 260 册，第 236~237 页。
③ （宋）佚名：《皇宋中兴两朝圣政》卷五九，北京图书馆出版社，2007，第 381 页。
④ （宋）朱熹：《奏救荒画一事件状》，第 174 页。
⑤ 《嘉定赤城志》卷三一，盖竹洞庙就是因为淳熙七年唐仲友祷雨灵验而兴修。
⑥ 朱熹：《奏知宁海县王辟纲不职状》，《全宋文》第 243 册，第 182 页。同时朱熹还按劾了衢州知州李峄不留意荒政，说他"专务掩蔽，不以实闻"，发生水灾却"执称无水"，遭了旱灾，却上报监司说"民不阙食"，甚至凭仗朝中的亲戚，压迫、影响来检查的官员，"但知一味差人下县督责财赋，急如星火"，朝廷拨给的救济米也不拨下县，并且不向民众宣布。参见《奏衢州守臣李峄不留意荒政状》，《全宋文》第 243 册，第 155~156 页。当时朝廷派监户部赡军酒库张大声去检查衢州开化县灾伤，又派龙游县丞孙孜前去核实，但两人都观望知州李峄的态度，不到田头实地检查，而采取瞒报、少报的办法，所以朱熹对两人加以按劾，《奏张大声孙孜检放旱伤不实状》，第 158 页。根据朱熹的巡视，当时浙东路普遍存在瞒报灾伤的情形，而衢州最为突出。

在台州出现严重灾荒之际，唐仲友依然坚持催督赋税，这已见前述。即如祈雨，台州虽然也建立了祈雨的道场，但实际上祈雨已经完全形式化了。尽管地方人士发起组织了水陆道场，但从官员子弟的态度来看，知州并没有给予重视①。

（二）兴学

《嘉定赤城志》卷九的《郡守表》"唐仲友"条只提及"修学"和"建中津桥"两件事，这应该是唐仲友留下记载的主要政绩了。台州州学建于北宋康定二年（1041），后多次经过修葺。淳熙七年，知州唐仲友"始大修之"，"更戟门、两庑及斋舍"。② 唐仲友亲自为此事撰写了记文。因为担心胥吏乘机舞弊，就在地方上的士大夫中选取三人来负责此次修学事宜，又从僚属中选派从旁协助，胥吏和兵卒只是"行文书，给呼召"。此次修学在朱唐事件发生前竣工了。修葺一新的州学"庭宇夷直，规制宏壮"，超过了以往，官府所费有数千贯。唐仲友认为州学"选明师，教士以德行道艺，以培植风化，震荡习俗，使人知有礼义"，这是"王道之本，生民之命"，并认为"养薄则不足移体，居陋则不足移气"，要为士子创造良好的学习环境。③

（三）修桥

中津桥是一座位于临海县城南的浮桥，淳熙八年唐仲友任知州时兴建。桥长八十六丈，宽一丈六尺，共有二十五节，由五十艘船连接而成，被称为"规制闳缜"，颇为壮观。临海城南有三条江，中间一条最为重要，是连接台州与福建地区往来的要道，但受到海潮的影响，船只停靠极为不

---

① 朱熹：《按唐仲友第三状》，第 217～218 页。唐仲友同时从外县"拘收"歌妓十余人和散乐二三十人，每天出入宅堂，名为"下棋弹琴"，有一天台州的寄居官员和士人、百姓在仪门下举行水陆道场，唐仲友长子唐士俊从临海县丞曹格家醉归，并且带着几个歌妓，在道场前观望，"嬉笑歌唱，无所不至"。
② 《嘉定赤城志》卷四"先圣庙"条，第 7310 页。
③ （宋）唐仲友：《台州重修学碑》，《赤城集》卷五，台州丛书本。参见《嘉定赤城志》卷四"先圣庙"条。《全宋文》卷五八六四亦收有《重修台州郡学记》，比上文有大量删削，第 260 册，第 351～352 页。

便。淳熙八年三月浙东提举官来巡视，其船从晚上开始一直到凌晨才得以登岸。提举官询问修桥事宜，唐仲友也认为"桥大利"，决意建一座浮桥。中津桥工程浩大，技术难度高，四月丙辰兴建，到九月乙亥方竣工。工程所需的桥栏舟筏是由台州的五个县共同承担的，黄岩县制作了竹缆，其他都由临海县负责。金木土石之工二万二千七百，州财政出钱九百八十万，米四百八十斛，酒二百六十石。可见中津桥的兴建主要是官府出资出物。中津桥的创建不但方便了交通，还因为在江面上可以按时开启关闭，来往船只需要等候通过，这给官府带来征税的契机。所以唐仲友命临海县尉、支盐官负责中津桥的管理，置吏属，行文书，有两名指使共同监视中津桥的开启关闭；并在桥边设立僧舍，有报恩寺僧行各二人负责守桥；还有番将校二人负责巡逻警戒，守桥人十四人，其廪给颇为丰厚。唐仲友又"以度数名物为图书，禁防法守为要策，田亩财用为版籍，东湖岁输公帑数百缗改入焉，以备葺费"，还命黄岩县令负责中津桥的修葺事务。围绕中津桥的管理，唐仲友在人员和制度上颇为费心。他在《新建中津桥碑》中最后说："民可与乐成，难与虑始。方议作桥则疑，中则谤，既成则疑释谤弭，而悦继之，是皆常情耳。"① 可见此桥的兴建从提议到修成，曾遇到不少阻力，饱受议论。

过了十余年，绍熙五年（1194），周晔知台州。② 第二年六月，中津桥被大风摧坏，遂重建中津桥。此次重建由临海县丞和州司户负责规划，恢复了原有的规模，用钱百二十万，米百三十斛，酒七十石，显然要比唐仲友新建花费少很多。高文虎（淳熙九年时曾任台州添差通判③）为此次重建撰写了记文，言及唐仲友创建中津桥是为了"规截舟以事征剥，意靡在民"，并指出桥建成后有所谓"启桥钱"，交钱方能放行，"检匿煽虐"，即在官吏检查通行船只时发生了各种勒索，为害百姓。前文曾述及一案，就是中津桥检查时抓获了走私的糯米。高文虎还提及十三年前曾目睹此桥的建成，"不能伸其言"，这次重建，乃建言台州取消"启桥钱"和原来的

---

① （宋）唐仲友：《新建中津桥碑》，《赤城集》卷一三。参见《嘉定赤城志》卷三《中津桥》条。《全宋文》卷五八六四所收《新建中津桥碑记》多有删削，第 352~353 页。
② 《嘉定赤城志》卷九《郡守表》，第 7358 页。
③ 《嘉定赤城志》卷十《通判表》，第 7368 页。

各种措置，则"惠无穷也"。据此，唐仲友兴建此桥时遇到的阻力和议论或许与通判高文虎有所关联，而高文虎也是推动朱唐事件的关键人物之一。朱熹按劾唐仲友的罪状中就有兴建中津桥一条，称其"支万余贯官钱，搔扰五县百姓数月方就"，桥成之后"专置一司，以收力胜为名，拦截过往舟船，满三日一次放过，百端阻节搜检，生出公事不可胜计"，不到一年，所收力胜钱已达二千五百余贯，所以朱熹说此桥是为"本州添一税场"。①

四 朱熹按劾唐仲友事件的动因探析

上述奏状所反映的台州官府事务运作状况，大都成为朱熹按劾唐仲友的罪状，即使是兴修中津桥也被朱熹列作征敛的罪状。这些罪状概括起来，即唐仲友催督赋税刻急、多有不公不法事件，专横跋扈，无视朝廷法条，顿辱良吏，苦虐饥民，刺求富民阴事，锻炼拷掠，纵容子弟、亲戚、乡党和胥吏交通关节，肆行请托，宠爱营妓，奢靡享受，贪赃枉法，"贪墨无耻，素乏廉称"。这是从奏状陈述的事项得出的结论，是朱熹按劾唐仲友的主要内容。但这只是奏状所呈现的表象，朱熹按劾唐仲友的真正动因仍未明了。

关于朱熹按劾唐仲友的动因，宋人的记载中多归之于陈亮挑拨朱熹与唐仲友关系所致②，有学者认为朱熹的理学思想和平息民愤、稳定统治的现实政治需要，是他按劾唐仲友的根源。③ 全祖望推测是通判高文虎在幕后推动了事件。邓广铭先生亦认为此说较为稳妥，并利用陈亮给朱熹的书信来证明，陈亮和朱熹在事后都意识到被小人误导，这个小人就是高文虎。④ 这种推测脱离了朱唐交恶的私人恩怨，而注意到朱熹按劾唐仲友还有其他力量在幕后推动，比较接近事实。这给本文以启发，应将朱熹按劾唐仲友事件置于台州的社会环境中加以考察，需要将考察的视线移向唐仲

---

① （宋）朱熹：《按唐仲友第三状》，第218页。
② 宋人的记载可参见邓广铭《朱唐交忤中的陈同甫》，第705~707页。
③ 俞兆鹏：《论朱熹按劾唐仲友事件——兼论朱熹的政治思想》，《江西社会科学》1991年第2期。
④ （清）黄宗羲、全祖望：《宋元学案》卷六〇，第1953页。邓广铭：《朱唐交忤中的陈同甫》，第709页。参见张继定、毛策《唐仲友之悲剧及其成因略考》，《浙江社会科学》2005年第5期。

友在台州的整个任期，不再局限于朱唐交恶。

（一）朱熹按劾唐仲友的始末及其信息来源

朱熹的六篇按劾奏状长篇累牍，内容繁杂、琐碎，尽管如此，我们还是可以从中得出朱熹按劾唐仲友的前后始末。首先，在朱熹前往台州巡视的途中，从台州流民口中得悉台州"催税刻急"，并访闻知州唐仲友催督税租"委是刻急"，且在任"多有不公不法事件"，"众口谨哗，殊骇闻听"，朱熹遂上了第一状（七月十九日）。其次，朱熹在进入台州后，在天台县又遇到"人户遮道陈诉"，告知州唐仲友"督迫属县，顿辱良吏，苦虐饥民"，朱熹遂有第二状（七月二十三日）。在朱熹到台州州城后，先接到了通判的申状，后有"士民陈状"，开始调查唐仲友的不公不法事件，再上第三状（七月二十七日）。因前三状没有得到朝廷快速决断，朱熹在八月八日、十日又连上两状（第四状、第五状），并上书请辞。九月四日，尚书省剳子罢免唐仲友新江西提刑的任命，朱熹因惧案情出现反复，再上第六状。

根据朱熹的奏状，其获取信息的途径有三：一是士民的陈诉；二是台州属官的申状；三是涉案人员的审问。第三种途径在奏状中有详细的陈述，对涉案人员的姓名、身份都有交代；但前两种途径在奏状中交代得很含混，且多不具名。从上述事件的过程来看，士民陈诉和属官的申状在推动整个事件的进程中发挥着关键作用。从最早的流民，到朱熹在天台县遇到的"遮道陈诉"的人户，再到台州城中通判申状和士民陈状，乃至朱熹审问过程中的"发现"，可以看到有无形的手在不断推动朱熹按劾唐仲友。即使是第三种途径，在朱熹审问涉案人员过程中，哪些人是主动的，哪些人是被动的，其动机都需要仔细推敲。从这三种不同的信息渠道着手，对奏状的内容详加辨析，可以发现朱熹按劾唐仲友的真正动因所在。

（二）朱熹按劾唐仲友的动因

对朱熹奏状的内容详加分析，可以发现朱熹按劾唐仲友确有或明或暗的推动者，不只高文虎一人。唐仲友之被按劾，与他平日的施政密切相关，是日积月累的各种矛盾所致，朱熹的到来只是提供了一个契机。

1. 朱熹奏状所见唐仲友集团

欲探究朱熹按劾唐仲友的动因，需先明了朱熹按劾的虽只是唐仲友一人（其按劾唐仲友的动因详见后文），但其奏状所涉及的各种不公不法事件却不是一人所能为。从朱熹奏状中可以发现一个以唐仲友为中心的权力集团，这个集团包括了知州唐仲友，台州州县的官员和胥吏，唐仲友的子弟亲戚乡党，台州官府的营妓，以及台州的僧道和地方势力，他们实际上主导了官府事务，在地方上起到了支配作用。朱熹按劾唐仲友真正所针对的或许是整个唐仲友集团。

（1）台州官吏

台州知州之下的地方官员包括州级官员和县级官员。州级官员有通判、添差通判，它们是贰官，还有军事判官、军事推官、录事参军、司理参军、司户参军、司法参军等佐官，此外还有监支盐仓官、监在城商税务、监比较务、监赡军务、监酒房廊务等监官，还有兵官。台州下辖临海、黄岩、天台、仙居、宁海五县，每县知县（县令）下有县丞、主簿、县尉、巡检等。①

作为知州，唐仲友是台州的最高长官，对所部官员具有"保任"和"按劾"的权力②，对他们的仕途有着直接的影响力。前面也曾述及，天台县知县赵公植虽然颇得民心，但因为催督赋税迟缓，遭到唐仲友的斥责，只能靠边站，由唐仲友直接指挥县尉康及祖催缴税绢。所以，接到唐仲友催督赋税的命令，各县都要遵命行事，甚至为了迎合其意，变本加厉，更加刻急，这在当时应是常态。天台县主簿张伯温被派到宁海县催督上年的残米、下户丁税，"追呼迫急"，以致引发群体事件。

州佐官是知州治理地方的助手，县级官员则是政策实施的主体，按照制度规定，他们各有所司。但实际地方政治的运作并不能按照设官分职来进行，知州需要根据对所部官员的判断来配置人员。知州与他们的关系会影响到知州的判断，这也造成了知州所信任的"圈子"，他们是影响官府事务的核心人群。前面曾述及，唐仲友信任司户赵善德，让其兼管公使库

---

① 《嘉定赤城志》卷一二《秩官门五》。
② 《宋史》卷一六七《职官七》。

以及籴本库（属于军资库）。实际负责公使库的使臣姚舜卿为其心腹。财赋方面的文书也由临海县丞曹格及曹官范杉所控制。曹格系唐仲友长子妻曹氏的亲戚，两税的受纳也让赵善德和曹格来负责，赵善德亦为其出谋划策。姚舜卿对于唐仲友支用公使库钱物更是有求必应。

胥吏是州县日常事务运转的主要力量，州县的赋税催督、狱讼裁决都离不开胥吏。台州及其属县胥吏的人数及其配置，《嘉定赤城志》卷一七有比较详尽的记载，此不赘述。大体而言，南宋时期台州的胥吏大都是通过投名来募集的，而不是按照户等来差派的，有的给雇钱，大都没有雇钱。这使得胥吏的专业化和世袭化日渐突出，胥吏因无稳定收入而乞觅勒索，成为地方官府的一个痼疾。从前述朱熹奏状所涉及的州县官府事务中，可以了解到胥吏与官员的关系颇为密切，例如唐仲友要派他们下县督促征税，要委派心腹的胥吏负责公使库的收支，他要支用公使库钱物，始终无法回避胥吏。这些胥吏掌握了官员非法支用钱物的信息，这也是朱熹获取唐仲友不法事件的重要途径。胥吏无疑比寻常百姓更熟悉官府运作的规则，知晓请托的途径，因此他们可以借由官员的子弟亲戚和官员宠爱的营妓来进行请托，为自己谋出路，获取更好的职位，或者充当民户请托的媒介，从中获利。虽然朱熹奏状中所指陈的都是唐仲友与胥吏勾结的事例，但不能就此认为两者是沆瀣一气。如前述在州学兴修过程中，唐仲友专门从地方士人中选取三人负责，又派僚属从旁协助，官府的胥吏和兵卒只是奉行文书，以防胥吏舞弊。

（2）子弟亲戚与乡党

从前述朱熹所述唐仲友的"不公不法事件"来看，很多与唐仲友的子弟、亲戚和乡党有关。他们与唐仲友有着血缘或地缘的联系，并凭借这种联系介入台州官府的事务中。

唐仲友有三子，长子名士俊（即十八宣教），次子名士特，三子名士济，还有侄子唐三六宣教（王氏之子），他们都"随侍"来到台州。唐仲友见客时，他们"立于屏侧"，唐仲友处理公事时，他们也"环坐于隅"，或者和胥吏"混立"。[①] 他们虽然并没有在台州的官府中任职，但却能干预

---

① （宋）朱熹：《按唐仲友第三状》，第217页。

台州官府的各种事务，这在前述的请托诸例中有详尽的体现，既有奸案、私酒、斗殴等案件的裁断，也有刺军和胥吏的处罚升迁等事务。朱熹言其"有签押决遣，各出己意，不容其父下笔。多因贿赂先入，其父不止，明知有公受其欺者，是非曲直，一切反戾"，虽然不能因此将所有请托都归咎于唐仲友，但至少可以知道唐仲友的子弟对唐仲友的裁断决策可以发生影响。唐仲友的子弟与营妓之间肆行无忌，也引发地方人士的批评。

临海县丞曹格与唐仲友有姻亲关系，唐仲友长子的妻父曹宣教正是曹格的堂兄。同时曹格又是其所部的官员，得到唐仲友的信用。据朱熹的奏状所述：

> 以其妻出入郡斋，日有丑恶之声，传播一郡，公然不时出入宅堂，或入其子舍，传度关节，百端取受。并仲友长子之妻父曹宣教者，即曹格之堂兄，往来曹格之家，通同干预公事，全无顾藉。仲友弟妇儿女妇侄不时往曹格之家饮燕，媟狎无礼，靡所不至，全无廉耻。

尚不论所谓"丑恶之声""媟狎无礼"等道德批评，至少可以从中可以了解曹格凭借其妻的关系，与唐仲友的家人有着密切的往来。曹格因此"妄作声势，凌侮同官，捶挞胥吏"，并与唐仲友的子弟通同请托。①

台州与唐仲友的故乡婺州相邻，唐仲友与婺州的联系非常紧密。朱熹多次言及唐仲友将钱物运回婺州的住宅，用公使库钱前往婺州的私家商铺购买布帛，利用职权在台州低价买入鱼货运回婺州的私家鱼铺。婺州人周大雅、许与曾拜谒唐仲友，事后周大雅送绉纱二匹，许与送金条纱二匹给唐仲友作"人事"②。在前述的请托诸例中，有婺州人周四（原名花康成）。周四之所以来台州，是因为他会放烟火，被唐仲友召唤来在宴会上表演。他的妻子会下棋，入唐仲友宅堂下棋（应是陪女眷），周四本人则受唐仲友的委派"探听外事"。所为"探听外事"，就是"犯奸首酒等事"。这也给了周四"在外邀求"的机会，"稍不如意，即时挑发"。周四

---

① （宋）朱熹：《按唐仲友第三状》，第216~217页。
② （宋）朱熹：《按唐仲友第四状》，第228页。但不知道他们行贿的目的何在，应该是请唐仲友给他们行方便之事。

不但靠在宴会上"呈艺",得以支用公使库钱酒;而且由于唐仲友还让十八宣教命兵士同周四向州县的胥吏征收"索子钱",他和妻子与唐仲友及其家人的密切关系也成为人们请托的重要途径。①

(3) 营妓

营妓严蕊与唐仲友的关系已成为讨论朱唐事件的焦点话题。学界对于宋代官员宿娼狎妓也有不少研究。狎妓是当时官场通行的风气,本文不欲赘论。上文也已经指出,朱熹按劾唐仲友狎妓的关键在于,营妓严蕊、王静等已经影响到地方政治的运转,成为请托的重要对象。严蕊与唐仲友关系最密,唐仲友公然为其落籍,并将其送归婺州别宅。营妓沈芳、王静等可以自由出入唐仲友的宅堂,并留宿供直仲友洗浴。唐仲友裁断公事,沈芳先与其商议,并"抱仲友幼女出厅事劝解"。

营妓又与唐仲友的子弟密切往来,唐仲友子弟经常出入营妓王静等人之家,"盘合简帖,络绎道路"。"盘合"是指盛装礼物的盒子,"简帖"是营妓与唐仲友子弟往来的书信(包括请托的"批子"),借此来向唐仲友进行请托。② 有时营妓得到唐仲友的宠信,唐仲友子弟甚至要反过来通过营妓来请托。值得注意的是,严蕊落籍之后,王静接任为行首,成为营妓这个群体的首领③,凭借其与知州及其子弟的私密关系,对台州官府各项事务多有介入,这可见于前述请托诸例。

营妓不但通过请托获得钱物,还可借此为自己的亲戚谋便利。严蕊的兄弟周召在黄岩县任栏头(低级胥吏),因受到监官何承节的刁难欺压,得知妹妹严蕊成为知州唐仲友的"喜美信据"(即喜爱信任),即通过严蕊请求辞去栏头一职。唐仲友即将何承节和周召等人拘押到州,后将周召等人"当厅免断"后释放,而将何承节一直拘押。④

(4) 僧道

僧道是地方官周围时常出现的特殊人群。北宋末李元弼撰写的《作邑

---

① (宋)朱熹:《按唐仲友第三状》,第 218 页;《按唐仲友第四状》,第 225~226 页。
② (宋)朱熹:《按唐仲友第三状》,第 217 页。
③ 王静成为行首,也是通过十八宣教请托唐仲友,十八宣教还给了王静五十贯官会和毛段一丈四尺。严蕊落籍后,王静即搬到严蕊旧屋居住,十八宣教随后"到家宿卧"。见《按唐仲友第四状》,第 223 页。
④ (宋)朱熹:《按唐仲友第四状》,第 222~223 页。

自箴》中曾言及县官上任,要"出榜十数要闹处并镇市晓谕:无亲戚、门客、秀才、医术、道僧、人力之类随行"①。可见当时不少县官赴任会带着道僧等。唐仲友到台州任知州还带来了婺州的僧人介登(即所谓"乡僧")②。报恩寺是台州诸禅院中首领③,对各县佛寺有管辖之责。唐仲友任知州后,将其原来的住持"诬以他罪逐去",由介登来做住持。介登经常出入唐仲友宅堂,可见来往密切。唐仲友将台州所属五县寺院的住持逐渐换了个遍,新住持"皆是婺州富僧"。他们都是介登担保推荐的,每换一住持他都能得数百贯。④ 前述中津桥建成后,唐仲友除了派官员兵卒进行管理外,还在桥旁设立僧舍,由报恩寺的僧人负责守护中津桥。这与介登住持报恩寺或有关联,因为中津桥收取力胜钱,所获颇丰,负责守桥、管理浮桥启闭的官吏廪给甚厚。

前述请托事例中,有僧景猷与人通奸,天庆观道士祝元善也牵涉其中。"景猷富厚,责赂甚重",因无法满足所求,最终其衣钵庄产被官府没收。祝元善则通过栖霞知宫李某行贿,没有被判罪就释放了。李某因为善于弹琴得以出入知州唐仲友的宅堂。⑤ 祝元善还因为与人通奸,被判"决脊杖十三还俗",他遂通过曹县丞(当即曹格)请托唐仲友,拖延不予裁断。⑥ 道士李冲虚有一道童丁希言,其兄丁全在州衙担任院虞候,被唐仲友派往宁海县押送"散乐弟子王丑奴、张百二"到州衙侍候。张百二没有到,丁全因故被抓入狱。李冲虚遂先通过十八宣教(唐之子)向唐仲友求情⑦,再通过营妓王静请托。⑧ 栖霞知宫李道士或即李冲虚。又有人因为斗殴被抓,在唐仲友裁断之前,通过僧义玕向十八宣教请托,同时向手分陆侃、高宣教(唐之侄)行贿,进行请托。⑨ 上述三例反映了僧道与地方官、

---

① (宋)李元弼:《作邑自箴》卷一、卷七,四部丛刊续编本。
② 笔者一直没有找到关于道僧随地方官赴任的事例,唐仲友与乡僧的例子恰好符合。
③ 《嘉定赤城志》卷二七《寺观门一》,第 7477 页。报恩寺在寺院中名列第一。
④ (宋)朱熹:《按唐仲友第三状》,第 215 页。
⑤ (宋)朱熹:《按唐仲友第三状》,第 214~215 页。
⑥ (宋)朱熹:《按唐仲友第四状》,第 226 页。同一条奏状中还言及祝元善兴修盖竹洞屋宇,向曹县丞行贿了二百余粒丹砂。
⑦ 李冲虚曾送给十八宣教旧琴一面,见《按唐仲友第四状》,第 229 页。
⑧ (宋)朱熹:《按唐仲友第四状》,第 223~224 页。
⑨ (宋)朱熹:《按唐仲友第四状》,第 229 页。

营妓、官员子弟、胥吏之间盘根错节的复杂关系。

(5) 台州地方势力

在朱熹的奏状里面,地方势力①多受到唐仲友的打击压制,后文对此有详论。但也有例外,即是台州的市户应世荣。他与唐仲友关系密切,往来频繁,对唐仲友的施政给予积极配合和支持。朱熹的奏状描述说:

> 本州贩香牙人应世荣奸猾小人,因其家资稍厚,左右引致。以曾与仲友建立生祠,乃延为上客,与之颂赞,亲自题写。世荣乃刻石夸张,因此妄作声势,出入宅堂。仲友专一信委,为心腹爪牙,凡首奸获酒,尽是世荣发之,仲友却令临海县丞将带兵卒数十人追捕。每一如此,阖郡骚扰惊走。其他挑起事端及报其私冤,罗织平人,置于重宪,不可胜数。所断轻重,并出世荣己意,全无州郡。虽士大夫善人之家,亦被凌蔑,郡人指为殃祸。其人取受,前后不可计数,每事所得,必与子弟分受。若非送有司勘其情犯,编配远恶去处,何以赎陷害乡土善良无穷之罪。②

这条材料内容非常丰富,可以略做分析,有些地方还需要辨析。

①应世荣是个牙人,家资丰厚,在当地颇有影响。台州有座灵康庙,淳熙八年唐仲友曾加以修葺,庆元三年 (1197) 叶籈知台州时又加以重修。台州司法参军许兴裔为此撰写了记文,并记录了捐助修庙的当地人,其中就有登仕郎应世荣。③ 据此,应世荣在朱唐事件中并没有受到牵连,这可能与他主动交代帮助唐仲友偷税漏税之举有关。

②应世荣颇得唐仲友信任,往来密切,曾为唐仲友建立生祠。这里所谓建立生祠,恐是误传,或者是有意的误传,应该是上述淳熙八年唐仲友修葺灵康庙。据淳熙九年正月唐仲友所撰《灵康庙记》,淳熙八年台州干

---

① 这里所谓的"地方势力",主要是指在地方上的头面人物,他们具有一定的经济实力、社会声望,又不在官府担任职位。其实上述的营妓、胥吏、僧道等特殊群体严格来说也属于地方势力的范畴,这里只是更细分一些。
② (宋) 朱熹:《按唐仲友第三状》,第216页。
③ (宋) 许兴裔:《重修灵康庙记》,《宋代石刻文献全编》,北京图书馆出版社,2003,第2册,第96页。

旱不雨，唐仲友到灵康庙祈雨得应，乃重修该庙；"州民欲献其力，有登仕郎应世荣者，勤恪能干，慨然先众人，身督工役，度材必良，择匠必能"；此次修庙用公钱二十七万，民钱二十五万有奇①。应世荣不仅出力，肯定也出了钱。

③应世荣是唐仲友在台州的耳目，在其打击私酒的行动中出力甚多②。应世荣在这些活动中所获也颇丰，不仅可以借此树立威望（在受其打击者看来是"殃祸"），还抓住机会与唐仲友的子弟确立利益关系。

朱熹奏状没有更多的记载反映唐仲友与台州地方人士的密切关系，这并不能说明地方势力都不支持或者都反对唐仲友的施政。这与朱熹撰写奏状的目的有关，即是为了按劾唐仲友。但这也反映了唐仲友施政触犯了不少地方人士的利益。

上述唐仲友周围活跃的人群，形成了以唐仲友为中心的权力集团。唐仲友知州的身份和权力，是这个集团的基础。从唐仲友的角度来看，他也需要通过这些人群来建立其社会网络，作为治理地方的资源。他需要笼络亲信的官员来推行政务，通过胥吏来控制要害的部门，通过子弟、亲戚、乡党、营妓来沟通内外，通过地方势力来贯彻自己的意图，执行朝廷和官府的政策。在唐仲友周围聚集的这些人群，他们既依赖他的权力，也利用他的权力。同时，唐仲友在台州催征税租虽然刻急，对走私也大力打击，对豪强毫不手软，又开征中津桥力胜钱。这些举措虽然招致非议（这种非议也值得分析，详见下文），但对朝廷和台州州县官府而言，又是举措得力，保障了朝廷和官府的财政收入。朱熹按劾唐仲友，即是在对抗唐仲友集团，如果加上唐仲友的姻亲宰相王淮以及在朝中担任高官的师友，朱熹所面对的阻力之巨和压力之大可想而知，这也是他在台州留滞月余，仍无法将唐仲友劾罢的原因所在。

2. 唐仲友施政所引发的矛盾冲突

唐仲友之被劾虽然与他的个人行止不无关联，他狎妓而无所顾忌，对子弟没有严格约束，灾荒年份催督刻急，对所部官吏强项霸道，这都使他的声

---

① 《全宋文》第 260 册，第 358 页。案：此文录自《嘉定赤城志》卷三一。
② 此外，应世荣还利用牙人的身份，帮助唐仲友（通过其亲戚高宣教）偷税漏税，见朱熹《按唐仲友第四状》，第 226~227 页。

誉受到影响，极易招来非议，但他被劾主要还是与他在台州的施政有关，是在他任知州期间的举措所引起的各种矛盾冲突日积月累所致。

（1）与地方势力的矛盾

前文在论述催督赋税时曾言及唐仲友强迫"隐落丁户"的人户进行登记，并向民户、军户追缴各种"赃赏钱"。朱熹指责唐仲友"苦虐饥民"，引起"阖郡军民冤恨"。这里应该指出的是，上述"隐落丁税"之人多是乡村上户，而不可能是下户；科罚的对象并不是普通民户；需要缴纳"酒曲赏钱"的应该是走私酒的人户；需要缴纳"杂色赃钱"的应该是具有官员或胥吏身份的人户；需要缴纳"赎铜钱"的也应该是具有以钱赎罪的军官，而不是一般的士兵。唐仲友的很多措置都是针对地方豪强的，真正受到"苦虐"的不是"饥民"，心怀怨恨的也不是"阖郡军民"，而是那些"隐落丁税"、私贩盐酒之徒，所以全祖望说他"锄治奸恶甚严"[1] 是有根据的。

唐仲友创建中津桥固然有征取税赋的意图，当时大多数地方官都在竭力寻找财赋来源（主要是征榷）[2]，但中津桥建成后征收力胜钱（启桥钱），影响到的只是往来贸易之人。高文虎建议取消中津桥力胜钱（启桥钱），得到实惠的并不是普通百姓，也只是来往贸易之人。[3] 从中津桥的各种管理制度和人员设置来看，唐仲友利用不同的人员（临海县尉、黄岩县令、报恩寺僧行）相互制衡，并割东湖每年的税赋收入作为中津桥的修葺。朱熹认为启桥钱过重引发了很多纠纷，这虽然反映了征取启桥钱在实际施行过程中因为官吏的"搜检"不当、百端阻节而使得制度走形，但这无法否定中津桥的重要作用。

在搜捉贩私酒的过程中，都酒务企图乘机勒索，并依靠追缴赃钱来贴补酒务课利。如都酒务探查得知临海县长乐乡沈三四等家在禁界（禁止贩

---

[1] （清）黄宗羲、全祖望：《宋元学案》卷六〇，第1952页。
[2] 从中津桥的启桥钱年收入超过二千五百贯的结果来看，颇为可观，所以中津桥被风摧毁后，知州周晬马上加以重修，这从另一个角度也反映了往来的商船络绎不绝，并没有因为建桥收钱而萎缩衰败。
[3] 朱熹奏状中有一请托案例，有"张应龙载糯谷二十石过浮桥捉住，系黄勉嘱托丁志（台州书表司胥吏）取受张应龙钱六十贯文九十六陌，丁志告覆仲友，遂得疏放。见《按唐仲友第四状》，第227页。这里的浮桥应即中津桥。张应龙一次运送的糯谷达二十石，行贿丁志达六十贯文九十六陌，可见其富足，其运送糯谷被捉，也说明其为走私。

私酒的地域）外薄有资产，因为雇人来戽水，需要造酒供雇工吃用，遂派专知陈明、酒匠林春、脚子杨荣前去捉获，勒令沈三四等缴纳罚钱，企图用来补足课利。但沈三四等家不愿缴纳罚钱①，都酒务就将诸人押送到州里，并诬陷沈三四等家在禁界内卖酒。台州裁断沈三四等家徒罪，将其关进监狱，逼其缴纳赃钱②。沈三四等家"无可送纳"，就到提举朱熹那里告状。③ 沈三四等家"薄有资产"，并能雇人来"戽水"，造酒来供雇工吃用，也说明其具有较为雄厚的经济实力，不是普通下户。

朱熹的奏状中，虽然较少提及反对唐仲友施政的地方人士姓名，但个别内容还是可以推敲发现地方人士对唐仲友施政的反击。有人户张见等状"诉仲友与弟子行首严蘂情涉，交通关节，及放令归去"④。张见等人户状诉知州狎妓、交通关节，显然不是一般民户所为，笔者疑其为地方豪强或者为地方豪强指派之人。还有周士衡理分公事，是朱十九助教托十八宣教写批子给营妓王静，王静"入宅请嘱"。这个案子的物证是十八宣教亲书的批子，被人户潘牧缴给朱熹告状。⑤ 此前"本州士民有得其子所与弟妓书简受关节者"，作为物证"连粘投状"到提刑行司陈诉，此与前者属于同一性质。⑥ 这一方面可见唐仲友子弟肆行请托，毫无忌惮；另一方面也暴露有人一直想借此来打击唐仲友。

（2）与属官的矛盾

对于唐仲友的施政，地方官既有贯彻执行的，甚至为迎合而变本加厉的；也有贯彻执行不力的，如前述之天台知县赵公植没有按时完成催纳夏税，被"追请"到州（后因为县民的求情而没有成行）。唐仲友干脆直接指挥县尉，此可见其雷厉风行。知州所受领的案子多亲自在州衙的花园亭馆或宅堂后宴坐去处鞫问，而不愿"凭信狱官推司所勘"，"两狱"（州院

---

① 《全宋文》之原文为"勒令逐人罚钱，以助课利。不纳解州，作徒罪科断，追纳赏钱"。"不纳"下应断开，作"不纳，解州，作徒罪科断"。
② 原文作"监纳赃钱"，"监"即前述"监系"，指关押起来；"赃钱"，后又作"追纳赏钱"，前面的"赃钱"是指违法所得赃款，后面的"赏钱"则是用"赃钱"的一部分作为酒务的奖赏。
③ （宋）朱熹：《按唐仲友第四状》，第230~231页。
④ （宋）朱熹：《按唐仲友第四状》，第222页。
⑤ （宋）朱熹：《按唐仲友第四状》，第224页。
⑥ （宋）朱熹：《按唐仲友第三状》，第217页。

和司理院）所收禁的罪囚，也"不容狱官依法裁处"，必须每日到知州处听取其裁断。① 后来因为宠爱的严蕊被司理院审讯，他公然派吏卒"突入司理院门"，"拖拽推司，乱行捶打"。② 由此可以看到他对司理院和州院官吏的不信任乃至打压。

与知州唐仲友矛盾最深的应该是通判赵善伋、高文虎。通判是知州的贰官，有与知州通署文书的权力，并对所部官员有刺举之责；在北宋时甚至与知州抗礼；南宋时因为战争的需要，专门负责钱粮，催征经总制钱，对于郡政的影响力有所减弱。③ 淳熙九年，台州通判为赵善伋（五月始到任），添差通判为高文虎。④ 高文虎的在任时间不能确定，但淳熙八年新建中津桥时他已在台州。⑤ 在朱唐事件中，朱熹七月二十三日到台州就密切体访，收到了通判的申状，以及士民的陈状，揭发唐仲友不法不公事件。⑥ 朱熹的奏状中没有言明提交申状的通判为何人，且将通判的申状和士民的陈状混同起来，没有加以区分。但内中言"本州违法收私盐税钱岁计一二万缗，入公使库，以资妄用，遂致盐课不登，不免科抑"，"又抑勒人户卖公使库酒，催督严峻，以使臣姚舜卿、人吏郑臻、马澄、陆侃为腹心，妄行支用"，等等，事关官府的盐课、公使库，非寻常士民所能知晓，必是通判所申。通判赵善伋当年五月始到任，对这些情形不能如此了解，则所上申状应该出自添差通判高文虎，或者是二人共同所上。朱熹每言及通判赵善伋则明具其名，而从不及高文虎之名，似有意掩饰。前面曾述及在新建中津桥时，高文虎即对知州征取力胜钱的做法并不赞同。另外，朱熹曾命通判赵善伋去索取公使库的"文历"，从中午等到半夜都没有拿到。市户应世荣以家状揭发唐仲友的偷税漏税行为，也是通过通判赵善伋交给朱熹的。朱熹在调查台州很多案子（如妇人阿王状诉其子卢宗配牢城不当，以及酒务捉沈三四卖酒），"送本州两通判根究"，或"送本州通判赵善伋根究施行"，通判也上申状，报告审问的结果。赵善伋还上申状，称收到诸指挥众军等状，陈诉

---

① （宋）朱熹：《按唐仲友第三状》，第214~215页。
② （宋）朱熹：《按唐仲友第五状》，第234页。
③ 《宋史》卷一六七《职官七》。参见龚延明《宋代职官辞典》"通判"条。
④ 《嘉定赤城志》卷十《秩官门三》，第7368页。
⑤ （宋）高文虎：《重建中津桥记》，《赤城集》卷一三。
⑥ （宋）朱熹：《按唐仲友第三状》，第210页。

州里克扣军粮，朱熹发牒给两通判调查此事。可见，通判与知州之间颇有矛盾，通判也由此成为朱熹在台州调查唐仲友不公不法事件的主要力量。

知州唐仲友与通判的矛盾本质上是由宋代政治制度的制衡设置造成的，但也有其自身的原因。朱熹言其"簿历文字少经倅贰之手，惟倚临海县丞曹格及曹官范杉等"①，这应该源自通判的申状，反映了通判对唐仲友专权的不满。所谓"簿历文字"主要是财赋方面的文书，可见知州已经侵夺了本属于通判的财权。前述公使库的收支中，公使库的支用被唐仲友的心腹所控制，甚至挪用了通判所管辖的军资库（籴本库）财物。这应是通判不遗余力地推动朱熹按劾唐仲友的真正原因。

（3）与浙东提举朱熹的矛盾

尽管地方势力和台州官吏与唐仲友之间有深刻的矛盾，但在朱熹按劾唐仲友事件中，他们大都隐藏在幕后，在台前冲锋陷阵的却是浙东提举朱熹。

台州属于两浙东路，知州之上有监司，包括转运使、提点刑狱、提举常平等。朱唐事件的焦点正是知州唐仲友和提举常平朱熹之间的博弈。一方面是唐仲友的强项，对提举朱熹的百般抵制②。唐仲友与当朝宰相王淮有姻亲关系，其弟之遗孀王氏与他住在一起，他交好的朋友又多为朝中高官的子弟亲戚，朱唐事件发生时，唐仲友还受到了吏部尚书和侍御史的举荐，因为朱熹的不断按劾，已经被改任为江西提点刑狱。因此，唐仲友面对朱熹的按劾，虽然开始有些"惶恐"，但不久就得知朝廷另派浙西提刑来调查此起事件，就"忽复舒肆""言语诪张"，拷打审问严蘂的推司官，阻止通判赵善伋裁断严蘂等罪案。他在得知公使库胥吏被勾追后，马上将公使库的账簿全部收归私宅，不肯付出。他还上奏朝廷，诉朱熹拦阻其弟媳王氏出行，导致王氏心悸病危。

另一方面是朱熹紧追不舍，多方查访审问，坚持按劾唐仲友。朱熹按劾唐仲友，不但要和唐仲友斗智斗勇，还要面临朝中大臣的压力和掣肘。

---

① （宋）朱熹：《按唐仲友第三状》，第 211 页。
② 前面曾言及，唐仲友在知信州时就因为捉拿私酒受到提点刑狱的按劾。永康县派人到台州抓捕为唐仲友雕印书籍的蒋辉，唐仲友劫走蒋辉藏在住宅中，永康县申提刑司，提刑司发牒催台州遣送蒋辉，唐仲友总是以蒋辉身死上报提刑司。见朱熹《按唐仲友第三状》，第 219 页。

因为唐仲友的抵制，朱熹的调查并不顺利，有些胥吏开始不愿招供，他按劾唐仲友的奏状被朝中大臣隐瞒不报，迟迟没有消息，上报皇帝后也多方加以疏通，或加以拖延，并催促朱熹离开台州，另派其他官员调查。朱熹一面接受民户的陈诉以及台州官员的申状，寻找线索，讯问唐仲友亲信的官吏、营妓等，甚至将有关人员送到绍兴府去审问，取得了大量的人证和物证，一面不断上奏朝廷，连续六次上奏状，要求罢免唐仲友知州一职，并迫使朝廷取消唐仲友改任江西提刑的命令。① 朱熹也因为受到朝中势力的压迫，辞去提举一职和新的江西提举的任命。

前文曾引述唐仲友论说当时"词讼淹延，追呼烦扰，则农桑必至于妨废；差徭不公，豪猾放纵，则户口必有逃移；理索不得其中，则贫富无以相资；过割不及其时，则版籍至于贸乱"，显然他也认为当时的官府存在"不公"和"理索不得其中"的弊端，但这和朱熹所论"不公不法"是有所区别的。朱熹虽然强调恤民，尤其是在灾荒时期要对民户加以存抚，否则会导致人口流移，甚至引发社会动乱，但他对豪强上户和一般下户不加区分，一味宽纵，其实得利最多的是豪强上户，这一点在前述朱熹请求朝廷免除台州丁绢的奏状中就可见一斑。唐仲友则认为对豪强上户不能放纵，差徭需要公平，豪强上户只有承担更多的义务（朝廷赋役），贫富人户才能"相资"。从唐仲友大力缉拿走私，催缴各种赃赏钱，经营公使库，开征中津桥力胜钱，这主要是为了增加官府财政收入，不能简单视为盘剥和中饱私囊。朱熹的指责有很多臆测和罗织，即其所谓"虽其曲折未必尽如所陈（指台州官属所言，士民陈诉），然万口一词，此其中必有可信者"，他对唐仲友的按劾必有私憾在，故不顾罗织之嫌，力攻唐仲友而去之。但从更深的层次而言，朱熹与唐仲友在官府赋役征发和商税榷卖的不同取向，是二人发生激烈冲突的根源。

唐仲友在任台州知州期间，着重打击当地的富室、制贩私酒者和乡村上户，竭力征发朝廷和台州所需的财赋，引起了上述势力的怨谤；同时在官府内部，唐仲友与通判之间存在矛盾分歧，其个人专权独裁的作风引起了同僚和下属的反感和抵制。这两方面的力量借着朱熹巡视台州的机会，

---

① 关于朱熹在朱唐事件中的行事可以参看束景南的《朱子大传》。

向唐仲友发动反击，暗中推动，配合朱熹按劾唐仲友。朱熹之所最终能将唐仲友劾罢，也是因为受到上述势力的暗中支持。朱熹在《按唐仲友第五状》曾提及：

> 臣欲自此遍走诸州，计度救荒事务，而台州之人以仲友未罢，恐其一旦复出为恶，邀留臣车，不容起发。臣遂不免申尚书省，且住本州，恭俟奏报。

虽然朱熹逗留台州是为了继续向朝廷施压，坚持要罢免唐仲友，但从上文中亦可了解到"台州之人"（即包含了上述两种力量）恐惧唐仲友东山再起，将朱熹绑在他们的战车上，给唐仲友最后一击。

小　结

本文通过朱唐事件所透漏的信息，来考察南宋时期台州的政治运作过程，对当时地方官府的赋税、诉讼以及公使库收支等事务进行了较为细致的排比，对其中所涉及的人物及其相互关系进行梳理，进而探讨了朱熹按劾唐仲友的真实动因。朱唐事件虽然是一个偶然事件，具有个案的特征，但其所揭示官府运作的细节和各种弊端颇有代表性，而且这一事件与唐仲友担任台州知州三年间的施政密切相关，积渐所致，长期积累的诸多矛盾借着朱熹巡视台州的时机爆发。朱熹按劾的是知州唐仲友，其批评的锋芒却指向整个唐仲友集团，反对唐仲友施政的地方官吏和地方势力乘机推波助澜，终于劾罢唐仲友。

朱熹按劾唐仲友事件不仅反映了台州政治运作的情形，也为探讨南宋地方政治提供了一个绝佳的案例。从台州的个案来看，当时地方官府与地方势力之间的关系日渐紧张（也有与官府合作的，如市户应世荣者）：一方面地方官为了完成朝廷的赋税征收任务，不断向豪强上户施加压力，尤其是打击走私，严行征榷，不断扩大财源；另一方面地方势力在地方官府的强力打击下，虽然采取暂时的屈服，但始终利用地方官员之间的矛盾，对触犯其利益的官员不断加以攻讦而去之，借此来影响官府。台州地方官府与地方势力之间的博弈过程以地方势力获胜而告一段落，但这不是最后的终点，新的博弈仍不断上演。

附表1 朱熹奏状所见台州请托事项

当事人	请托人	请托中间人		事项	结果	请托金额
天庆观土祝道士祝元善		栖霞宫知宫李道士		奸案	放出不断罪	
祝元善		临海县丞曹元格		与陈百一娘通奸	拖延不断	
应扬	董承信	书表司丁志、学院子金瑶	十八宣教（唐仲友长子）	与童妻通奸	杖罪赎铜	一百贯
		营妓王静				
黄岩县栏头周召（严蕊之兄）		营妓严蕊		请辞栏头		四十二贯二百四十文足
临海县贴司徐新		严蕊		请免卖酒	免断	许钱一百贯，受青纱冷衫段、水线鱼鲞等
杨准		歌妓严蕊及朱妙		杨准藏侩歌妓百二		
州院虞候丁全		道士李冲虚[1]	十八宣教	追宁海县散乐弟子张百二不到，被断配	从轻作杖一百	官会三十贯文（二十四贯舍王静，学院子金瑶，韩百九得六贯）
		营妓王静	十八宣教			
李六娘		营妓王静与鲍双	十八宣教	与道士通奸	封案	王静得钱二十贯文省，鲍双得钱十一贯文足与银盏四只，推司萧明得檀盏二只[2]

[1] 丁全是李冲虚的道童的哥哥。
[2] 据此，此案还贿赂了推司的萧明。

172

续表

当事人	请托人	请托中间人		事项	结果	请托金额
兵士谢荣		王静	十八宣教	谋充学院子		许钱五贯
左永(王五七姊夫)	王五七	十八宣教		因事被送当直司结案①		许官会十一贯文,将金褒钗二只作当
周土衙	朱十九助教	十八宣教		理分公事		
贴司王敦仁		唐仲友	王静	朴充帐司人吏		会子二十道
鲍卜	鲍卜妻	三六宣教(唐仲友任)		刺军		钱二十贯文
狱子陈敦		十八宣教		求出引往黄岩县追人		钱二十贯
营妓许安韵		十八宣教		放归		钱一百贯
俞安	李锡(俞安亲戚)	十八宣教、三六宣教		俞安贩酒		钱二十贯
李锡		十八宣教、三六宣教		托刺厢军二名		钱四十贯
冯显	冯显母	十八宣教、三六宣教		因事被禁在狱	疏放	一十贯
张应龙	书表司丁志,学院子叶人等五人并擦给兵士	书表司丁志	十八宣教	因载糯合二十石过浮桥被捉	送路分厅保明	钱六十贯
衙前甘渊		书表司丁志		刺打甲军兵二十名		钱二十贯九十六陌
				求差充军资库专知		二十贯

① 当直司是州衙负责刑狱审讯的机构。

173

续表

当事人	请托人	请托中间人			事项	结果	请托金额
		方礼	僧又玗	十八宣教			
朱绰然等	朱绰然	仙居县丞杨浩 手分陆侃		高宣教	朱绰然与张将仕、营妓许筠家饮酒，与石提辖争，被送当直司		官会三十贯文送十八宣教；官会五十贯文送高宣教
周荣				州厅子	刺军		钱一千贯
威果兵士祝信		花康成	虞候陈长	唐十八宣教	犯酒送当直司寄禁，结案该配	免罪名	官会二十五贯
吴信两妹	吴信	承行人林木	花康成		枷禁勘奸	勘杖八十	钱三十七贯
		人吏陆侃	花康成	三六宣教	库本钱		官会十五道与花康成，五十道与陆侃，银子一匹（价钱一百贯），马一匹（连鞍直钱一百贯）
松门寨兵士谢兴		花康成		十八宣教	不伏差遣	押下本寨交管	钱三贯
院虞候陶显		花康成		十八宣教	求差在天台县催税		钱三贯
营妓阿蕙		花康成		三六宣教	令妹替回县		官会二十贯
东阳县陈客		花康成		三六宣教	令案吏出引，监索人头少欠纱钱		官会五贯
仙居县公人王富		花康成		十八宣教	求放令回免罢		官会一十贯

南宋地方政治探微——以朱熹按劾唐仲友事件为中心

附表2 朱熹奏状所见台州公使库支出一览

项　目	数　　额	用途（去向）	备　注
娶子（九宣教）娶妇	暗花罗、瓜子罗、春罗三四百匹 红花数百斤 紫草千百斤	供帐幕褥 从人衣衫 乐妓衣服	淳熙八年十一月 经手人是公使库之什物库专知陆侃，公使库手分马澄支钱绫罗购自唐仲友的婺州私家店铺 染造是在州治的宅堂和公使库进行的
	二万贯	四十余人 入己	淳熙九年二月 司户赵善德经手，时善德即将任满
收买米曲物料	每年二三千贯	赵善德支用	
犒赏		雕小字赋集 雕印花板	关集刊字工匠在小厅侧开雕 刊板搬运到自家书坊货卖
刻印书籍		每集二千道 印染斑　数十片	
打造细甲刀枪		精细铁甲　数副 弓弩刀枪　十数件	
馈送	钱二万八千六百一十六贯六百八十二文	妻见 何知县（妖子妇之父） 何教授 何宣教	一千四百八十二贯二百六十三文 不明 不明 不明
制造衣服	钱六百九十九贯五十二文	买暗花罗制造衣服	淳熙八年二月至九年四月
筵会	钱一百三贯，酒二百一十七瓶（价钱四十三贯二百九十二文足）	严蕊等	据婺州人周四（花廉成）供

175

续表

项目	数额	用途（去向）		备注
馈送	钱一万九千五百二贯三百二十三文	陈宣教等		淳熙八年三月初八日至九年六月初十日
馈送	钱一十贯文	赴任发路折酒钱		淳熙八年三月二十八日，此项并不在上项总支出之内
馈送	官会四千六百四十五贯	新镇江府诸军粮料院姜大夫		淳熙九年三月始，"虚作送与官员员朝议等"，实际上纳入书院
刊书	印装六百六部	乡里官员		
		寄居官员	二百五部	
		书院	十部	
		书表司	三部	
		本州官员纳纸印	一十三部	
		归黎州住宅	三百七十五部	
新任知府从物绢帛	钱一千贯文			高一宣教就公车马凳支取
支买造作宅堂什物	钱三百贯文省			
买造盛贮物色	支钱	买竹笼	一百五只	
		麻布	四百匹	
元宵设醮	支钱	买黄蜡造作蜡烛		黄蜡购自黎州。剩下各式蜡烛七百八十条由三六宣教收在西书院大厨内安顿

176

A Study of Local Politics in the Southern Sung with Special Attention to the Case of Zhu Xi's Impeachment on Tang Zhongyou

Gao Keli

Abstract: The paper is a case study focusing on Zhu Xi's impeachment on Tang Zhongyou in the Southern Sung. It reveals apolitical game between the local government and local powerful groups. On the one hand, the local government pressed on the local powerful groups by taxes and monopolies. On the other hand, the local powerful groups often attacked the local officials through ceaseless prosecutions, by which they could influence the local government.

Keywords: Local politics, Southern Sung, Zhu Xi, Tang Zhongyou

南宋中后期告身文书形式再析

王杨梅

摘要：依据除授方式的区别，告身分为制授告身、敕授告身与奏授（旨授）告身。制授告身对应高层任命，敕授告身承载特旨除授，奏授告身则反映由吏部奏上的常规注拟与迁转。南宋中后期是告身制度的末期，告身书式高度精简、稳定。以武义南宋徐谓礼文书的发现为契机，结合其他存世告身文献，本文总结出这一时期的一般告身书式，并试图以政务运行的眼光，再次分析其文本所反映的政治结构与行政运作流程信息。告身盛于唐宋，作为当时普遍行用的除授凭证，其发展与唐宋间职官体系的变迁同步，是唐宋国家政治体制变化的反映。伴随选任制度的变迁与除授文书体系的调整，作为一种独立文书类型，告身的核心意义由凭证向象征转移。

关键词：告身 官告 文书形式 徐谓礼文书

告身，又称官告、告[1]，是中国古代朝廷颁发的除授凭证，其授予对象，既包括文武官员，又包括内外命妇、庙神僧道等，且常处在变化之中。唐宋史学界对于告身的研究早已取得许多成果，而浙江武义南宋徐谓礼文书的追回与出版，再次带动了一批宋代告身研究论著出现[2]。

---

[1] 文献中亦见称诰身、官诰、告命、诰命、诰等的情况。其中诰、诰命在宋人语境中有非常明确的指代外制辞命的意思，需结合文意，谨慎辨别。

[2] 此前研究请参拙稿《徐谓礼告身的类型与文书形式——浙江武义新出土南宋文书研究》文末注①(《浙江社会科学》2013年第11期，第125~126页)。徐谓礼文书（包伟民、郑嘉励：《武义南宋徐谓礼文书》，北京：中华书局，2012）带动的告身研究成果集中于中国人民大学历史学院"徐谓礼文书与宋代政务运行研究"学术研讨会，（转下页注）

随着探讨的展开，宋代告身的文书形式与行用范围、对制诰文书的承载以及其本身的凭证意义都逐渐明晰，似乎未知的空间已经不多。然而，我们重读相关史料，仍然会发现许多难以索解的细节。笔者此文，拟在已有研究基础上，尝试以政务运行的眼光再次审视宋代告身的文书形成过程，抽象出南宋中后期的一般告身文书形式，并对其中一些问题与细节再作发覆，希望有助于对告身制度的认识。

一　南宋中后期敕授告身文书形式分析

宋代告身有多种划分方式，较为常见的，一是依制诰文辞起草者的两制词臣身份，划分出内制告身与外制告身；二是依除授方式划分为制授告身、敕授告身与奏授（旨授）告身。以词臣身份的内制与外制来区分，无法包含所有的告身类型，且偶有特例，故本文采取第二种分类。

在三种类型中，就存世情况而言，敕授告身数量无疑最多。笔者所见存世的较为完整的宋代敕授告身计三十余道，其中原件四道、残件一道、录白四道，其余均为文献中保存的录文①。内容上，敕封庙神的告身占一半左右，因其多镌刻于石，易于保存，其余为官员除授；时间上以南宋为多。

笔者曾据徐谓礼敕授告身复原出南宋乾道八年（1172）后敕授告身格

(接上页②)已刊发的专文讨论告身者有王杨梅前揭文及张祎《徐谓礼〈淳祐七年转朝请郎告〉释读》（《中国史研究》2015年第1期，第71~81页），已刊发的成果中使用告身的有周佳《南宋基层文官履历文书考释——以浙江武义县南宋徐谓礼墓出土文书为例》（《文史》2013年第4辑，第163~180页）、胡坤《宋代基层文官的初仕履历——以〈武义南宋徐谓礼文书〉为中心》（《史学月刊》2014年第11期，第29~37页）、李全德《从〈武义南宋徐谓礼文书〉看南宋时的给舍封驳——兼论录白告身第八道的复原》（《中国史研究》2015年第1期，第53~70页）。除该会外，主要的徐谓礼告身相关研究另有宋哲文《宋代奏授告身与外制告身问题研究——以文官授受为主》（中山大学历史系硕士学位论文，2013）、马德才《试析南宋政府公文处理效率——从"徐谓礼告身"说起》[《珞珈史苑》（2013），武汉大学出版社，2014，第91~107页]、李萌《唐宋告身略论》（厦门大学硕士学位论文，2014）及杨芹《宋代制诰文书研究》（上海古籍出版社，2014）。龚延明《南宋文官徐谓礼仕宦系年考释》依据徐谓礼官诰文书梳理其仕宦经历，具有参考意义（《中国史研究》2015年第1期，第35~52页）。新见司马伋告身的相关研究见附录二条目。

① 详见附录二"本文参考宋代告身信息简列"分类二"敕授告身"。以下引用告身，均以（某，某）的格式注明其在附录二中的分类与编号，不再单独标注出处。

式，今略作修改，引列如下①。

　　敕：云云（1）。具官某（本次除授前完整官衔）云云，可特授某官。(2)
　　奉
　敕如右，牒到奉行。
　　　　　年　月　日
　丞　　相　　名
　参知政事　　名
　给事中　　名
　中书舍人　　名
　　　月　日　时　都事　　姓名　受
　　　左司郎官　　　　姓名　付吏部
　丞　　相　　名
　参知政事　　名
　吏部尚书　　名（3）
　吏部侍郎　　名
　告：具官（本次授官后完整官衔）某，奉
　敕如右，符到奉行。
　　　　　　　　　　　　主事　　姓　名
　郎官　名　　　　　　　令史　　姓　名
　　　　　　　　　　　　书令史　姓　名
　主管院　名
　　　　　年　月　日下

说明：
　　（1）此处"云云"为脑词，侍从以下官无。告身中出现脑词，则

---

① 据拙稿《徐谓礼告身的类型与文书形式——浙江武义新出土南宋文书研究》中徐谓礼敕授告身式修改而成，原刊因排版问题造成文书格式略有混乱，以此为是。下文奏授告身式同。必须说明的是，文书式只是概括的、理想的情况，具体的文书总不免有因时因事的差别。又，告身中，签署文字较告词等文字为小，但一般实际地通过扩大书写间距，均匀布满一列，保持一种视觉上的整齐。

除授级别较高，一般不会出现同制的情况①。

（2）二人以上同制，则为：

具官某（本次除授前完整官衔）

右可特授某官。

敕：具官某等云云，可依前件②。

又，此处"可特授某官"，既有新授阶官差遣如故、新授差遣阶官如故，亦有因阶官或差遣的变化造成官员其他身份要素改变（行、守、试、兼、摄之类），均视具体情况于后列出。南宋中后期，这一部分在事实上较此前简易许多。

（3）告身中签署官员如为兼摄，大多只需列出正官兼某官即可，而吏部尚书如由他官兼摄，需于其下注阙，另行列兼任者正官注兼书名。可见，吏部尚书的列衔在告身中不可或缺。吏部侍郎同。

这一格式与《玉海》卷末所附《辞学指南》卷二所载"诰"的文书形式基本一致③：以"敕"字开头，侍从以上有脑词，侍从以下的众多庶官，则直接抄录由中书舍人起草的外制辞命，在"敕"字之后直具名衔，以本次授受的内容结束。二人以上同制，先言前件文，之后再续以"敕"云云，以"可依前件"结束。

---

① 所见敕封庙神的告身除清人汪国俅等所纂《安徽休宁汪氏世家谱·汪氏世守谱》第五卷所存《宋恭帝封昭忠广仁武神英圣王十一封王诰》（乾隆卅七年刻本，第20页）外均无脑词。此诰存于晚修家谱，且较残缺，真假难辨，暂不参考。另，徐谓礼录白告身皆用"敕"的俗字"勑"，司马伋告身经匡时拍卖公司鉴定亦同。其余原件尚存的告身为"勑"或"勅"，难以确认。文献中保存的宋代告身除南宋中后期的几道写作"勑"外，大多写作"勅"。本文一概使用现在规范的"敕"字，特此说明。

② 刘后滨曾提出，唐代制敕授官有两种情况，一种由皇帝直接任命（宣授），形式上使用发日敕，落实在制敕文书上为"可某官"，一种由宰相进拟，皇帝批准，形式上体现为使用敕旨对中书门下或地方长官进拟状的批复，落实在制敕文书上为"可依前件"（参氏著《唐代中书门下体制研究》，齐鲁书社，2004，第319、334、336页）。而南宋敕授告身中，"可某官"和"可依前件"的区别似乎只在于是否多人同制授官。宋代敕授告身的应用，与唐代的发日敕授官状况类似（参张祎《制诏敕札与北宋的政令颁行》，北京大学博士学位论文，2009，第18、26页）。同时，唐中后期以来因奏辟带来的敕授官范围的扩大在除授文书方面带来的影响并非单一，其中还有颇多细节有待辨清。

③ 见（宋）王应麟《玉海》，江苏古籍出版社、上海书店，1987，第3697页。

外制辞命后言"奉敕如右,牒到奉行",说明其以牒的形式被转发。其后的签署包括宰相、参政,及门下、中书二省的代表给事中、中书舍人。而后,文书由尚书都省转付吏部。在吏部尚书与侍郎的签署之前,是宰相与参政的签署。此处宰相与参政更多并非作为政府首脑来行使权力,而是在发挥其尚书省长官的身份意义。

"告:具官某,奉敕如右,符到奉行",或即告身之名的由来,它既是对除授内容的确认与宣示,也是从文献中辨别告身的重要标志。其中"符到奉行",指官员任命以符的形式下发①。

宋哲文提出,告身上所谓"符到奉行"的"符"当为吏部甲库出给官告院的签符②。此说提示我们关注告身形成的复杂过程,很有启发意义,但观点上似待商榷。第一,就在其引用的《职官分纪》卷九《甲库》所载北宋大中祥符五年(1012)敕中即载有"甲库出给签符,关送南曹格式司、官告院限五日"③。甲库虽出签符,但其对官告院行用的文书,乃是别局间使用的平行文书关④。第二,告身中"符到奉行"用语的确定,当早

---

① 刘后滨指出,从公文运行的角度看,告身是吏部或兵部签发的符,其实质即部符(见氏著《任官文书的颁给与唐代地方政务运行机制》,载《日常秩序中的汉唐政治与社会》,社会科学文献出版社,2012,第98页)。至于具体的下发方式,唐前期,告身及与任命相关的各种省符的具体操作由部司负责,但经由尚书都省签下。到南宋中后期,随着尚书都省权力的消减,符的发出途径或有转换,此处不辨。唐宋时期,随着官告文种的专门化及官告院的设置与反复兴废,告身符的实际意义已不明显。作为承载政务运行文书的终端文书,告身的凭证意义成为其文种的核心价值。
② 《宋代奏授告身与外制告身问题研究——以文官授受为主》,第28~29、80页。
③ (宋)孙逢吉:《职官分纪》卷九,中华书局,1988,第250页。
④ 此处涉及签符的使用问题,为免正文烦琐,附注于此。宋哲文文中提出:"都省承受之后,又会将文书交付甲库,再由甲库出'签符'送南曹格式司与官告院。"(第27页)"上闻奏抄画闻以后,外制制词草拟完毕,均应由都省承受交给甲库存档,再由甲库出'符'告示官告院制成告身。"(第29页)则官告院乃是据签符书写告身。但本文上文已及,甲库发给官告院与南曹格式司的文书是平行的关,也即,签符的制作与将任命信息关报南曹格式司、官告院等相关部门并非相继乃为并列。甲库制作签符,南曹格式司据甲库关制作历子、收附员阙,官告院出给官告。[《五代会要》卷二二《甲库》载后周显德五年甲库奏,中言"所有选人受官黄甲,备录关送吏部,出给告身,及具名衔关牒,送格式收附员阙,准格出给新授令录、判司、主簿签符",可为参考(上海古籍出版社,1978,第356页)]。据吴丽娱研究,唐代的签符,是尚书吏部掌管选人勒甲的档案部门甲库下达到官员所在或将任职州府的作为官员上任凭证的公文(参见《唐高宗永隆元年文书中"签符"、"样人"问题再探》,《敦煌学辑刊》1991年第1期,第46~50页)。(转下页注)

于官告院的设置。而且，麻制官告中也称"符到奉行"，似不应指甲库签符，甲库所出签符是否具有告身的核心效力是值得怀疑的。第三，告身作为凭证文书，不必体现出所有相关程序与细节，但其文本中必须标示构成任命效力的部门与流程。若其所称之符为甲库签符，则不应无相关签署。因此，此处的符，当为部符无误。

至于"奉行"部符的对象，按照宋哲文的解释为官告院。在对新见司马伋告身（二，13）的解读中，龚延明亦指出："告要下发给官告院。'符到奉行'，就是官告院官收到吏部文书'符'之后，得立即执行。"① 虞云国指出："'告右'以下到'符到奉行'是尚书省通牒下行官署，告知该告身已奉敕通过审核，必须见到'奉行'。"② 但未明言"下行官署"具体是哪些部门。事实上，仅从文字理解，"奉敕如右，符到奉行"确实有多种解释。即如"告具官某云云"，断为"告：具官某云云"还是"告具官某：云云"，其实也存在理解上的分歧。告身中的"符到奉行"，究竟是针对制作告身及其他相关凭证文书的吏部各司与后来的官告院及其他官司，还是下发给任职部门等需要核验告身的官司或受告者个人，或可暂不断言。

总之，"告具官某云云"位于吏部官员的签押之后，这一位置，意味着相关行政决策流程，或曰三省间流转的结束，并对授任内容做出确定。其后的官告院的签署，并不体现行政决策，只是制作凭证而已。

官告院制作官告是宋代告身形成的最后环节，告身上为数众多的印章，也是由官告院统一钤盖③。就文官授任告身而言，这一环节的签署者包括吏部郎

(接上页注④)可见，其时签符也并非书写告身的一环，而是与告身一起作为某些官员上任所需的文书。除却广为引用的《职官分纪》的记载，还能在许多文献中看到"签符敕关"的说法，如《宋会要辑稿·职官》三之一："吏部甲库，五日，候正敕到，方给签符敕关。"（中华书局，1957，第2398页）此外，文献中可见"依奏状写告"（《宋会要辑稿·职官》一一之六四，第2654页）等语，但未见"依（签）符写告"云云。

① 《中华读书报》2015年5月20日第5版《南宋官员委任状真迹首度露面！——司马伋、吕祖谦官告的解读》（下称《司马伋、吕祖谦官告的解读》）。
② 虞云国：《解读两份南宋告身》，《文汇报·文汇学人·学林》2015年5月22日第11～13版。
③ 关于宋代官告中印章的钤盖，可参拙文《告身制作诸方面与宋代政治文化观感》第二节"宋代告身中的官印"（第六届北京大学美术史博士生国际学术论坛论文集，第132～135页）。其中最为值得注意的是告身印印文从唐初的曹司机构印到加"告身"二字到南宋时"尚书吏部告印"的历史进程。

中、分押吏房的主事、令史、书令史及主管官告院（北宋前期为判官告院）①。告身中官员的签署，多数时候不需写出姓氏。而都事、主事、令史、书令史等吏员，无论在何种告身中，均需书写全名，这主要是与其政治地位匹配的。

宋廷曾于绍兴十三年（1143）四月二十九日"诏文武官给告日并下吏部，于年月日前系写主管院官名衔"。在徐谓礼各道告身中，行下时间前均带有主管院列衔，但除敕授告身中的两则外均未见签署②。北宋江休复《嘉祐杂志》载："庞相令制后舍人自署其名。永叔云：'诰身后惟吏部判官诰院者当押字尔。'"③ 新见司马伋告身（二，13）中，此处二字难辨，虞云国《解释两份宋代告身》中以其为花押，正与此相契。然而，在其他存世南宋告身原件中，此处可见书名，且徐谓礼敕黄、印纸中对押字的处理方式是书一"押"字而非视而不见，似乎难定于一。

以上是对南宋乾道八年（1172）后敕授告身一般书式的分析。乾道八年后的宋代告身，在文书形式上高度稳定，至于宋亡。从存留的唐宋敕授告身，我们可以发现一种趋势，即告身中关于受告者的个性化内容减少，告身用语趋于精简与程序化，至南宋中后期为极。这既与告身的行用范围及其在国家政治生活中的地位与象征意义有关，也体现出唐宋间日益增长的对政务简化、行政效率的追求。

二 敕授告身文本与三省结构变动

刘后滨、邓小南、张祎等学者都曾关注到北宋告身中的一种奇特现象——无论是北宋前期还是后期，宋代敕授告身中的三省格式都并不反映现实的政治流程，然而，这种格局还是被"艰难"地维持④。而当我们将乾道八年后的

---

① 从几件宋代告身原件来看，主事、令史、书令史的"签署"字迹非常统一，或许是书体相近，或许是制作告身时统一写就，列名担责，而非一一签署。同时，鉴于官告院定员与官告书写量间的悬殊对比，不排除告身文字出于守当官、楷书、书写文字等之手的可能。
② 第四道告身中列于书令史上，应是抄写原因。
③ 文渊阁四库全书本，页十 a。
④ 参见刘后滨《唐宋间选官文书及其裁决机制的变化》，《历史研究》2008 年第 3 期，第 127 页；《唐宋间三省在政务运行中角色与地位的演变》，《中国人民大学学报》2011 年第 1 期，第 11～14 页；《"正名"与"正实"——从元丰改制看宋人的三省制理念》，《北京大学学报》（哲学社会科学版）2011 年第 2 期，第 122～130 页；邓小南、张祎：《书法作品与政令文书：宋人传世墨迹举例》，《故宫学术季刊》2011 年第 1 期，第 83～86 页。

南宋告身与北宋时期行用的告身相比，即会发现，北宋告身中体现的截然分明的三省流转程序终于被打破了，这或许即这一时期告身的最大特色。

通过具体的告身文本可以更为清晰地了解这一现象。

《大观二年十月七日刘况授通直郎致仕告》（二，7）	《嘉定十五年五月二十三日徐谓礼授承奉郎告》（二，19）
…… 7 则予汝嘉尚其懋哉。可依前件。 8 大观二年十月四日	…… 5……可依前件
9 中书令　阙 10 中书侍郎臣林摅　宣奉 11 中书舍人臣余桌　行	6 奉 7 敕如右，牒到奉行。 8 嘉定十五年五月十五日
12 奉 13 敕如右牒到奉行 14 大观二年十月五日	9 少傅右丞相兼枢密使鲁国公　弥远 10 同知枢密院事兼参知政事　缙 11 签书枢密院事兼权参知政事　应符 12 给事中　卓 13 中书舍人　卫 ……
15 侍中　阙 16 太师兼门下侍郎　京 17 门下侍郎　执中 18 给事中　密 ……	

后者这种给舍并立，取旨、覆奏程序的签署体现在同一部分的情况，在北宋时期的告身中是不会出现的。

这一改变可以追溯到南宋初期的建炎三年（1129）。当时宋廷在国家情势推动下，"始合三省为一"①，将中书、门下二省合并，但相关职官仍然存在，名义上也仍称三省。宰执方面，因吕颐浩之请，以尚书左、右仆射同中书门下平章事为左、右相，门下、中书侍郎为参知政事。同时，省罢尚书左右丞，其签署由参知政事通签②。绍兴元年（1131）十月二十七日，宋廷又诏："中书、门下两省已并为中书门下省，其两省合送给舍文

---

① 《建炎以来系年要录》卷二二 "建炎三年四月庚申" 条，文渊阁四库全书本，第19b页。
② 同上，亦见（元）脱脱等纂《宋史》卷一六一《职官志一》，中华书局，1977，第3770页。左右丞签署由参政通签见《宋会要辑稿·职官》一一之六八，第2656页。

字今后更不分送,并送给事中、中书舍人。"① 乾道八年(1172)二月,宋廷正式改左、右仆射同平章事为左、右丞相,通治三省事。次月,罢三省长官名②。

作为以上变动的结果与反映,建炎三年(1129)至乾道八年间的宋代敕授告身,呈现出一种从北宋告身到以徐谓礼告身为代表的南宋中后期告身转变的过渡性特色。这一时期的敕授告身原件现存两件。新见成于乾道二年(1166)的司马伋告身(二,13),诏命付省前的签署为:

```
21    侍                    中         阙
22    中         书          令         阙
23    参    知     政    事              杞
24    签书   枢密院事兼权  参知政事     苪
25    权         给    事    中         岩肖
26    中    书    舍    人              曧
```

其中,中书、门下二省官员的签署已不截然分开为两个独立部分,在文书形式上不再体现出严格的中书取旨、门下覆奏,而后发付尚书省实行的流转形态。给事中(陈)岩肖与中书舍人王曧③并列,其上是参知政事魏杞、签书枢密院事兼权参知政事蒋苪的签署。

本件成于乾道二年八月,其时左、右仆射同中书门下平章事均阙,故文书上无相应签署,而在诏命付省后尚书省签署的部分,则将无人在任的尚书令和左、右仆射列衔注阙。通过对徐谓礼文书的阅读可以看到,徐谓礼奏授告身中,存在左丞相阙时在奏上环节列衔注阙,而覆奏环节则省的现象。其原因尚待详证,或许是告身在文书形成上直接依托于部符,所以必须开列完整的尚书省长官官衔。而覆奏等政务环节中,则按照实际在任情况书写。

最上方为传统名义上的中书、门下二省长官——侍中、中书令,此二

---

① 《宋会要辑稿·职官》一之七九,第2369页。
② 《宋史》卷一六一《职官志一》,第3770页。
③ "曧",拍卖方录为"瞰"(第53页),误。另,本件与吕祖谦告身中,此处给事中的签押似均为书吏统一写就,而中书舍人的签押则为实签或者说模拟出实签的形态,不知是否为突出中书命词的意义。具体如何,留待书法研究者考论。

职虽已无人在任，但依然列衔注阙，这或许可以看作三省制度在告身中的孑遗，以及三省观念与模式在宋人政治生活中顽强生命力的体现。同时，侍中、中书令并不各自与给舍并列，而是在最上方前后相属，正是中书、门下二省合并的体现。

第二件《乾道六年王佐告身》（二，14），诏命付省前的列衔及签署包括：

```
24  侍              中        阙
25  中        书        令        阙
26  尚书右仆射同中书门下平章事    允文
27  参    知    政    事    炎出使
28  参    知    政    事    克家
29  给      事      中      沂
30  权    中  书  舍  人    机
```

同样是给事中与中书舍人并列，其上是实际的宰相——尚书右仆射同中书门下平章事虞允文以及参知政事的签署，这已然与乾道八年后的告身一致。再其上是并列的侍中与中书令的署位，又与司马伋告身如出一辙。

概言之，告身内容有与行政运作实况脱离的一面，其文本信息不能完全与国家政务裁决中的情形等同，但宋代敕授告身保存甚多，几乎每一个宋代官制重大转变的时期，都有存留下来的较完善的告身文本。它们反映了宋代一个长时段的中枢格局与行政流程，其中也包含大量涉及机构调整、职官莅任的信息，确有引以为证的价值。

三 南宋中后期奏授告身的文书形式

相比于敕授告身，宋代奏授告身存留较少[①]。笔者所见文本较为完整

[①] 目前尚未见北宋前期奏授告身行用信息。元丰五年（1082）二月下诏恢复三省职权时已提及吏部注拟官员可用奏钞（李焘：《续资治通鉴长编》卷三二三"元丰五年二月癸丑"条，中华书局，2004，第7775页），同年六月，"详定官制所言，定到制授、敕授、奏授告身式，从之。翌日，诏：'官告及奏钞体式，令官制所取房玄龄官告看详改定以闻。'"（《宋会要辑稿·职官》五六之一一，第3630页；《续资治通鉴长编》卷三二七"元丰五年六月癸亥"条，第7877页）奏授告身形式确定。目前所见奏授告身均为此后形成

的，约有十道①，其中数量最多的是徐谓礼的奏授告身，其内容均为转官拟官，格式相对稳定，笔者曾作归纳，今略修改，如下：

尚书吏部

具官某，吏部奏：……。依格合转某官，拟官转官。
右拟转某官，差遣如何。(1)

平章军国重事_臣名 (2)

左　丞　相_臣名 (3)

右　丞　相_臣名

参　知　政　事_臣名

尚　　　书_臣名等言

谨拟如右，谨以申

闻，谨奏。(4)

　　　年　月　日郎官_臣姓　名（上）

　　　　　　　郎中_臣姓　名 (5)

给　事　　中_臣姓　名读

参　知　政　事_臣姓　名省

参　知　政　事_臣姓　名审 (6)

左　　丞　　相_臣名

右　　丞　　相_臣名

平　章　军　国　重　事_臣名

　　　　闻

　月　日　时都事姓　　　　　受

左司郎官　姓　名　　　　付吏部

吏部尚书　　名 (7)

吏部侍郎　　名

告：具官某（转官后完整职衔），计奏，被旨如右，符到奉行。

---

① 详见附录二之分类三"奏授告身"。

　　　　　　　　　　　　　　　　主事　　姓　名
　　　　　郎官名　　　　　　　　令史　　姓　名
　　　　　　　　　　　　　　　　书令史　姓　名
　　　　主管院
　　　　　　年　月　日下

说明：

（1）磨勘则为：

　　　磨勘到具官某（转官前完整官衔），

　　　右一人，拟转某阶，差遣如何。

如无差遣在身，书转官内容即可。此外，如因国家大祀封赠，则录赦书节文并转官内容，以此类推，总之以奏抄为据。①

（2）无人在任即不列衔。乾道八年废三省长官名之前，于此需列"令　阙"。

（3）若无人在任，于此列衔注阙，覆奏环节则省。

（4）多人同奏：

　　　谨件：某等几人，拟官如右，谨以申

　　　闻，谨奏。

（5）唐奏授告身中此处仅一郎中署位，而徐谓礼告身中，郎中常阙，由兼权者在其上另行署衔书名。官告院部分的郎官与此处奏上者常为同一人。

（6）参知政事二人分别省审。如仅一人在职，则由其人一并完成，签署形式为：参知政事臣姓名　省审。超过两人在任，余人列衔即可。

（7）吏部尚书与吏部侍郎都是告身成立的必要签署，若无人在任则列衔注阙，兼摄者另行列衔签署注兼。

---

① 所见较完整的宋代奏授告身内容多为转官拟官，封赠可参陈东《少阳集》卷七附录乾道六年《加赠陈东朝请郎诰》（仅存拟官奏上部分）及景定五年程某告身（附于《新安文献志》卷九六《程武魁鸣凤传》后，仅存拟官及奏上用语），二者均有残损。另，前揭《凤林王氏宗谱》所存《宣奉府君初封诰》形式上为完整的封赠奏授告身，但真伪未知。

具体来看这一格式。最开始先注明转官任命的形成部门，同时也是奏抄的发文部门尚书吏部。而后是转官任命的具体内容，磨勘转官告身中为磨勘文字①。与敕授告身有较为华丽的文辞不同，奏授告身的文字只是简单而直接地说明转官的缘由与内容。这是因其本部分文字依托于奏抄之故，而此处所列签署者，也即奏抄的签署者，包括既是政府首脑又具有尚书省长官意义的丞相、参政，以及相关职能部门尚书吏部的长官吏部尚书。

"等言"二字是转官任命奏上的标志，而"谨件：某等几人，拟官如右，谨以申闻，谨奏"，则是合并奏上的标志。转官内容的呈上由吏部郎中负责。奏上后，制敕运行进入覆奏环节，这一环节的正式签署者包括宰相、参政及门下省的给事中。因文书上行，这一部分的签署较为正式，除少数位高体尊的宰臣可只书名外，余人皆需签署完整姓名，签署顺序也与告身其余环节先尊再次不同，乃是以后列为重。给事中读，参知政事省、审，应是对唐代奏抄制度的承袭②。

奏授告身中，取旨与覆奏环节，签署者名前均需加一小写的"臣"字。敕授告身则不必如此，因其依托颁下的敕命，而非上行的奏抄。奏授告身覆奏画"闻"后的程序则与敕授告身一致，先由都事与左司郎官将命令交回给吏部，由吏部尚书、侍郎签署，最后交官告院制作官告行下。与敕授告身"具官某，奉敕如右，符到奉行"的用语不同，奏授告身仅称"具官某，计奏，被旨如右，符到奉行"。

---

① 宋孝宗淳熙十三年（1186）正月二十七日，吏部条上吏部侍郎兼太子詹事余端礼奏言："告身必书三代、乡贯、年甲，所以辨同异也，今铨曹四选书莫不皆然。而其间有所谓敕授告者，于三代、乡贯、年甲独略而不书，惟书姓名而已……乞今后应给告身，并须明书三代、乡贯、年甲，以绝奸弊，实铨法一助……除官告院见今告身内已系写三代、乡贯、年甲名色外，所有从来敕授并奏授未曾系写三代、乡贯、年甲名色，乞今后于告后背批三代、乡贯、年甲。如内有一时特旨并功赏等无家状案证见得之人，先次出给告命，行下所属给付各处取索家状，亦于告后背批官押用印照会，将来到部注拟或陈乞事节，照验得若系今降指挥之后所给告命、付身。如未经所属背批之人，从吏部照对家状三代、乡贯背批押官用印施行。"（《宋会要辑稿·职官》一一之七三、七四，第2659页）宋廷从之。但笔者所见宋代告身中仅文献中保存的两件奏授告身见书三代、乡贯、年甲，且似非初官。俟另文专论。

② 这种承袭中也杂糅了宋代政治现实。参刘后滨《"正名"与"正实"——从元丰改制看宋人的三省制理念》，第126~127页。

南宋中后期告身文书形式再析

前文讨论敕授告身时已然论及，告身文本会随政治结构与职官制度的变化而改变，奏授告身自不例外，乾道八年前的宋代奏授告身，其面貌大致可以推知。《新安文献志》所存《元符二年（1099）闰九月十一日孔若谷授澶州清丰县尉告》（三，1）可为一例。而另一件可做参考的文书——浙江省博物馆藏《乾道七年（1171）正月　日潘慈明妻高氏告身》抄件残片（三，5），则透露出更多信息。该件现存九行，录文如下：

```
1          印      印      印    印
2   乾道七年正月　日秘书省秘书郎　舒克昌①上
3               司 封 郎 中 阙
4   给    事    中臣王曮 读
5   参  知  政  事臣梁克家 省审
6   参  知  政  事臣王炎  出使
7   尚书右仆射同中书门下平章事臣允文　免书
8   侍                中 阙
9   闻
```

宰执官衔的不同不必再重复。本件奏授告身抄件残件的独特价值在于原录文未录但图版中清晰可见的列1，文字为红色，且紧贴列2，合理推测抄写人是想表示四枚印信钤盖于列2，而这恰好符合制授告身、敕授告身所见的印章钤盖方式之一——一列四枚，盖在时间之上②。这是笔者目前所见关于宋代奏授告身印章钤盖具体方式的唯一信息。此外，不同于官员任命告身中的吏部郎中，此处司封郎中的出现，显示出另一类告身的流程信息。而由秘书郎奏上，郎中另行注阙的情况，符合上文书式中的归纳。该抄件本有8卷，出土后散佚，或许仍有补全之时。

此外，虽然因品级所限，徐谓礼并无制授告身，但终宋一代，制授告

---

① 原录文舒克昌名前有一"臣"字，符合书式，但笔者未在图版中找到此字，故从阙。又，舒克昌或为许克昌之误写。
② 参见拙文《告身制作诸方面与宋代政治文化观感》第二节"宋代告身中的官印"，第132页。

身的行用也是一以贯之的。中唐以后，随着册授范围事实上的缩小，制授告身的行用范围向上收缩，以承接册书高层任命的职能。

目前仍有两件宋代制授告身原件存世，即《元祐元年（1086）闰二月　日司马光拜左仆射告身》（一，1）与《元祐三年（1088）四月六日范纯仁拜右相告身》（一，2）。这两道告身时间上非常接近，且均为元丰改制后，形式上也基本一致，大致为：以门下云云起首，称具官某可特授云云，以"主者施行"收束。与所见唐代制授告身书写完整含年号的年月日不同，此处只称某日而已①。门下省覆奏得画"可"后，抄录副本，注明"制可"，再由都省转付吏部，尚书令、仆射、丞及吏部尚书、侍郎签署后，出符、写告。

邓小南、张祎等学者已注意到，在司马光与范纯仁的拜相告身中无中书三官宣、奉、行，并从制授告身形成的流程以及元丰改制"循名责实"的追求等方面做出了令人信服的解释。② 这或许是承载高层任命的制授告身，比敕授告身更早地放弃刻板的三省流转的文书格式。

此外，唐代制授告身中有追赠故去之人称告其第的情况，这一现象亦偶见于宗谱中保留的宋代告身中③。当然，宋代谥告是另外的专门话题，此处不再延及。

四　唐宋间告身制度的变化与告身角色的变易

帝制中国，官的凭证经历了从官印到官文书的变化，而告身无疑是官员身份文书中最具代表性的一种。告身主要行用于唐宋时期，其

---

① 所参唐代制授告身，包括开元公式令中制授告身式（P.2819，45~75，参刘俊文《敦煌吐鲁番唐代法制文书考释》，中华书局，1989，第224~226页）及徐畅《存世唐代告身及其相关研究述略》（《中国史研究动态》2012年第3期，第33~43页）所列十九件及部分新见告身。中村裕一注意到吐鲁番所出帖文只写月日，而敦煌帖文却多标有年号，他推测前者代表了律令制时代的形态，而后者则系律令制崩解后出现的现象（〔日〕中村裕一：《唐代公文书研究》，转引自雷闻《唐代帖文的形态与运作》，载《文书·政令·信息沟通：以唐宋时期为主》，北京大学出版社，2012，第77页），不知是否适用于此处。

② 邓小南、张祎：《书法作品与政令文书：宋人传世墨迹举例》，第87页。

③ 前如《乾元元年（758）颜昭甫赠华州刺史告身》《宝应元年（762）颜惟贞赠秘书监告身》，俱载《忠义堂帖》下；后见（清）王宅心编《凤林王氏宗谱》目录《宣奉府君初封诰》，清宣统本，第2页。

时，它不仅具有身份证明的意义，同时也是受告者个人、家庭乃至家族的重要财产。作为一种"给付到身"的终端文书，告身的意义不仅在于传达与证明任命内容，其精美的制作也会让受告者直观感受到皇帝的天恩，成为官员及其家庭享受权益与荣光的凭证。从这一意义上来说，告身已由政治凭证效力衍生出社会价值，即小林隆道所谓之"物质性"①。

略举几例。据《天圣令·田令》唐12条："诸请永业者，并于本贯陈牒，勘验告身，并检籍知欠。"《天圣令·赋役令》宋6条："诸户役，因任官应免者，验告身灼然实者，注免。"这是以告身为凭据享受国家给的特权待遇②。而在社会生活中，告身作为官的凭证，既可以成为官吏"于贾区权息钱"③ 的凭借，也会成为子孙后代家族荣誉感与自豪感的来源。庆历年间，范仲淹为设范氏义庄，即曾委托人"于诸房更求先代官告文书"④。《名公书判清明集》中屡见关于告身的争夺诉讼乃至伪冒被诉的案例，正是因为告身具有巨大的价值与意义，甚至在朝代变迁之后，仍然能够带来现实的好处⑤。

因其具备以上种种价值，在讨论宋代告身之时，总不免出现类似告身体尊的说法。这类认识的内涵，既有告身所代表的官的身份与种种配套利益，其实也提示着存在其他官员身份凭证文书，对比之间方显出告身的体尊。

具体而言，由于唐代以降行政体制及考选体系的变化，官员除授出现了敕牒等许多其他的文书类型。官员除授文书体系不断变动，在不同时期针对不同等级与职务的官员，生出不同的面相。因应宋代官员身份要素的多样化，在不同的行政场合，其身份文书产生了许多不同的系统，即付身

---

① 〔日〕小林隆道：《宋代告身的原件和录白》，载《"徐谓礼文书与宋代政务运行研究"学术研讨会论文集》，第15页。
② 见天一阁博物馆、中国社会科学院历史研究所《天一阁藏明抄本〈天圣令〉校正》，中华书局，2006，清本第368、390页。
③ 见《宋会要辑稿·职官》一一之六〇载"太宗太平兴国六年十二月诏"，第2652页。
④ （宋）范仲淹：《范文正公尺牍》卷上，四部丛刊影明翻元刊本，第4b~5a页。
⑤ 《宋史》卷九《仁宗本纪一》："（天圣八年）二月戊子，诏：'五代时官三品以上告身存者，子孙听用荫。'"见第188页。

文书的各个层面①。对政府而言这些系统并不互相排斥，而是根据行政程序的需要灵活配合，通过文书的组合实现政务的运作与行政程序的完成。这种系统的交互，在一定程度上促成了某种文书跨越不同行政环节，也促成文书独立性的发展。在这样的历史进程中，告身虽不能再"自出身之人，至于公卿，皆给之"②，却仍保持了付身文书中最为核心的地位，是为"体尊"。

从唐前期自出身之人至于公卿皆给告身，到徐谓礼所处的南宋中后期复杂的官员除授方式与付身文书体系，唐宋间官员除授凭证的使用，显然发生了巨大的变化。首先值得关注的是敕牒的发展。唐代中后期以来，随着三省六部体制逐渐向中书门下体制过渡，敕牒在日常政务处理中的使用日趋广泛。安史之乱后，随着举荐制的普遍化及敕授官范围的扩大，敕牒逐渐成为制敕授官的一个环节，在相关制敕文书外，会再下发一道敕牒③。

五代在唐宋告身制度变迁中是一个值得关注的时期。且不论行政体制的继续变化，就告身文种而言，这一时期因朝廷滥授官职，告身数量也急剧增长。这一方面造成得告周期变长，另一方面也造成告身的内在价值随之降低。已有告身研究中引用较多的一条五代史料为《新五代史》卷五五《刘岳传》所载：

> 故事，吏部文武官告身，皆输朱胶纸轴钱然后给，其品高者则赐之，贫者不能输钱，往往但得敕牒而无告身。五代之乱，因以为常，官卑者无复给告身，中书但录其制辞，编为敕甲。④

---

① 根据宋代文献中出现"付身文书"一词时指代的具体文书类型，似可得出这样的归纳意见："付身文书"在宋人语境中具有层次性。具体而言，广义的付身包含的文书类型十分广泛，除却基本的告、敕牒、宣、授官的札，一定情况下还包括印纸、帖、绫纸等，其中以告、敕最为重要。狭义的付身则指特定的文书类型。在广、狭二义之间，宋代的付身文书是一灵活变动的体系，具有随宜调整的特点，并因之具有极大的行政适应性。
② （唐）杜佑：《通典》卷一五《选举三·历代制下》，王文锦等点校，中华书局，1988，第360页。
③ 参见刘后滨《唐代中书门下体制研究》第347～354页及《唐宋间选官文书及其裁决机制的变化》相关部分。
④ 《新五代史》卷五五，中华书局，1974，第631～632页。

此处"故事",应指唐后期以来。告身钱的征收固然给朝廷带来收入,但同时也将领得告身与缴纳不菲钱款联系起来,造成告身天子授官的神圣意义的消释。后期空名告身被作为一种财政资源,也带来类似的影响。

到北宋前期,敕牒对告身授官职能的分割越发明显。其中一个重要原因是敕牒比官告更具效率,告身的制作颁行相对敕牒成本更高、耗时更久。同时,更为重要的是,其时实行本官与差遣分离的制度,三省六部的官名成为身份与级别的标志,官告中三省、吏部官员的签署实际上与诏命颁行的程序无关,官告仅作为传统的、正式的委任凭证存在,更多具有象征意义。而敕牒中有现任宰臣的集体签押,同时与实际政务运作息息相关,是具有实际效力的任命文书①。

元丰改制,乃以告敕互补来代替告敕并给②。这既是对告身颁给过繁的缓解,也从侧面反映出敕牒授官职能的进一步发展,正式从配合告身的授官环节转变为独立的授官文书,开始形成对告身行用空间的挤压。

除授文书体系的变动并未就此结束。敕牒成为与告身并行的除授文书后,相应的凭证意义增加,而其发给迅速、适宜指挥实际政务的特点则为札子部分地分去。省札大量应用于官员除授,这在徐谓礼印纸中有所反映。原则上,官员得到札子即可赴职,虽然大部分任命还需等待正式的告身颁下才能算到任,但某些低级职务,在一定时段里亦只以札子

---

① 参见张祎《制诏敕札与北宋的政令颁行》,第33、147~155页。
② 《宋会要辑稿·职官》五六之八,第3629页;另见《续资治通鉴长编》卷三二五"元丰五年四月甲戌"条,第7826~7827页。《宋会要辑稿·职官》三之三引《神宗正史·职官志》:"中书省掌承天子之诏旨及中外取旨之事……应迁改官职,命令则用诰,非命词则用敕牒。"张祎推测本段文字应是元丰改制后,神、哲、徽三朝制度规定层累叠加而成,最终写定于大观、政和之际(《制诏敕札与北宋的政令颁行》,第14~15页)。但难以理解的是,对应于命词的敕授告身,另一种非命词的除授文书是敕牒,而非元丰改制后行用的奏授告身。如果以此处为中书省所掌命令之体来解释也会有问题,因为敕牒也并非中书省使用的文书。赖亮郡则认为这一段文字虽然出自《神宗正史·职官志》,但其所应当为元丰改制前的制度(《唐宋律令法制考释——法令实施与制度变迁》第二章《唐宋告身制度的变迁:唐宋〈令〉、〈式〉的探索》,台北:元照出版有限公司,2010,第116页)。如此又无法解决张祎提出的本段节略处出现后期制度的问题,或许是《神宗正史·职官志》在书写中刻意模仿《唐六典》而造成的混乱。

行遣①。

概而言之，告身始与律令制下的官员身份体系匹配，并保持强烈的联结。但作为除授文书，其使用与官员身份体系的变化息息相关。随着唐宋间官与差遣的分离、官员身份体系的变化，唐宋国家官员除授文书产生了许多新的类型，如因应敕授官增加而出现的敕牒。这些新的除授文书产生之时，亦有其对应的应用对象，就整个文书除授格局而言，他们打破告身独尊的地位，形成一种整体观感上的行用空间的挤压。然而，告身作为传统的与律令体制、三省官职匹配的授官文书，具有强大的生命力，并不会轻易消亡。在新的文书不断挤压、分配行用空间的同时，告身也在新的除授文书体系中确立了自己的位置。只是随着独尊地位的失去，告身的核心意义也逐渐由凭证趋向象征②。这就是我们在徐谓礼文书中，或者说在南宋中后期所看到的格局。到明清时期，即使行政制度与政务运作流程已经改变，仍时见以告身来命名诰命、敕命文书的情况，可见告身之制的深远影响。

笔者一直认为，对告身的认识，应当建立在对整个唐宋时期除授文书格局不断变动的历史进程的观照之中，才具有更大的学术价值。一道告身可以反映一时的行政运作流程与职官信息，而整个告身文种的形态变化，正是唐宋国家政治结构与官员体系变迁的反映。

---

① 司马伋告身（二，13）告词下属乾道二年八月二十八日，并于当月三十日付部、行下，而据宋人周应合《（景定）建康志》卷二六《官守志三·总领所》："司马伋，右朝散郎、尚书户部员外郎，乾道二年八月二十五日到任，十月十五日丁忧。"（四库全书本，页八b）则司马伋不待拿到告身即赴任。龚延明、虞云国二位先生均已指出，司马伋应是因公务急要，以省札赴任。分见《司马伋、吕祖谦告身的解读》《解读两份南宋告身》。

② 此处所言之"象征"，指告身对于"官"的象征意义，近似于前文所引小林隆道之"物质性"，但更倾向于精神层面而非物质层面。同时，与"物质性"类似，我们还可以认为告身具有"物品性"。作为存在于三维空间的立体物品，告身并不是只有文字内容，通过存世告身原件可以清晰地感受到这一点。拙文《告身制作诸方面与宋代政治文化观感》第三节"书于纸背——告身背面的利用"对告身纸背可能出现的内容的考察，正是出于这一思路。考察的结果不仅有利于我们加深对政府对告身凭证意义的随宜利用等历史现象的认识，同时也成为徐谓礼印纸为何缺失若干批书项目的一种合理猜测。可以说，作为物品的告身，与告身文本、告身书式，在认识上是能够交相促进的。

余 论

因留存资料有限，学界往往将承载了授官制敕的告身视为研究政治结构与行政流程的重要资料。然而，无论是流转程序，还是告身成立的必要签署，事实上都是传统告身体式与现实政治状况的折中与杂糅。告身文本所反映的，也并非永远是真实的情况。同时，政务文书在形成过程中不断被重抄、节录、嵌套，其中有承载的关系，却不能轻易将已进行到不同程序的文书与之前过程中的等同。

告身的价值，或者说学术意义，更应该建立在将其作为独立文种的前提之下，其在政治文化、官员认同、社会生活中扮演的角色，均值得关注。同时，告身文种的发展，也是唐宋间国家制度变迁的反映。我们将目光从告身文本转向告身成立的过程，也会发现许多原本看似不在题中的问题被带动，如尚书吏部内部的建制与运作，特别是甲库等看似不起眼的小机构如何在庞大的国家政务文书处理工作中发挥自己的作用，等等。

在文书研究中，随着新材料的发现与学术视角的转换，总会有许多细节的推断被证明是值得更新的，这种观念的更新，正是学术研究的深化与进步。拙文浅陋，亦望阅者包涵、指正。

本文写作得中国人民大学包伟民老师、首都师范大学张祎老师指导，敬致谢忱。

附录一：告身中的时间记录

本文讨论建立在对告身文书形式的解读之上，而告身文本的形成，是以时间为线索，告身中每一个流转程序，也都伴随着对时间的记录。故兹略为补充，以期有助于对告身文本的利用。

元丰改制前的敕授告身中，对于诏命发布和告身行下的时间往往只书年月而将具体日期空缺。张祎认为，这是唐代发日敕制度的残留，即"御画日"程序，但对于北宋外制诏命发布来说，这个程序其实并不存在。因此,现在所见的各则北宋告身,即使已经行下,这两处日期依旧空缺,只有都事受及郎官付吏部的时间有准确记载①。元丰改制后,告身上的时间记录趋于完善,告身开始普遍拥有清晰的行下时间。徐谓礼告身中,敕授告身诏命发布和告身行下的时间,都有明确记载,奏授告身对告身行下的时间也有明确记载,只是奏上时间仍然空白。

根据告身上写下的日期,徐谓礼敕授告身从敕文形成到敕命付省一般经历三至十一日,奏授告身磨勘文字形成与奏上的日期没有明确的记载,但第四道《淳祐五年正月十九日转承议郎告》十二月某日由户部郎中上,直到正月十九日,才由都事受、郎官付吏部,或许与赶上年下有关。

告身中都事受与郎官付吏部的内容,是尚书省承接制敕程序的记录,不只要注明日期,更需要精确到时辰②。所见北宋元丰五年(1082)前的告身,除却《王伯虎守建州右司理参军告》受付未注时辰,其余皆为未时。张祎认为这应该是参照宰执下班时间统一写定的,并不反映诏令颁行的实际情况③,笔者深表认同。有意思的是,笔者所见十道元丰改制以后的北宋官告,除受付时间湮灭者外,其余卯、辰、申、午、戌,五花八门。而包含徐谓礼告身在内的三十五道南宋告身,五道未保存相关信息的告身不论,其余除《绍兴二年十一月一日孔端朝授左承事郎告》仍为戌时外,皆为午时。则元丰改制后,一段时间内或许确实恢复了按照实际付吏部时间记录的制度,但一段时间以后,告身付吏部的时间复又开始统一化、程序化。孝宗以后,统一到午时,至宋亡不易。这一过程颇为微妙地提示出一些政务运行的普遍规律,即实际的运作效率、价值与需求的考虑会对制度规定进行潜移默化的修改。

包括徐谓礼告身在内的南宋告身,除《绍兴二年十一月一日孔端朝授左承事郎告》(二,11)于当年十月二十七日戌时由都事收受,但直到次

---

① 张祎:《制诏敕札与北宋的政令颁行》,第33页。
② 《嘉祐四年六月 日王伯虎守建州右司理参军告》(二,1)、《大观四年十二月八日顺应侯告》(二,9)都事收受时间记日不记时,或许其时制度尚宽,或许是流传中脱漏。
③ 张祎:《制诏敕札与北宋的政令颁行》,第36页。

月一日方行下外，其余一般在当日行下。元丰改制后的北宋告身则常于受付当日或次日行下，个别重要任命自是从速无疑，但也会有延滞较久者，兹不赘举。

需要注意的是，告身中所记录的时间，并非总与实际的政务流程符合。

试举两例。第一，《淳祐五年十二月二十六日徐谓礼授朝奉郎告》（二，25）中有两处李性传签署，分别在当年十二月十七日取旨环节与二十六日敕命付吏部后、行下之前，署衔均为签书枢密院事兼权参知政事。仅从文本来看，前一签署当完成于十七日至二十六日间，后一签署当完成于二十六日当天。然而，据《宋史·宰辅表五》："（淳祐五年十二月十八日）李性传自端明殿学士、签书枢密院事除同知枢密院。……十二月癸未（按，二十二日），李性传除职予郡。"前一除授亦见《宋史》卷四三《理宗本纪三》，后条亦见《续宋宰辅编年录》①。如此，李性传淳祐五年十二月二十六日不应再以签书枢密院事兼权参知政事的职衔签署。

另一个典型的例子是徐谓礼除授太府寺丞差遣的告身（二，28），其中称说"朝请郎行将作监主簿徐谓礼，依前朝请郎，特授行太府寺丞"②。而徐谓礼第十道告身（三，11）则称"磨勘到朝散郎新除太府寺丞徐谓礼，拟转朝请郎行太府寺丞"，从文本来看，二者在时间先后上矛盾。

根据第六五至七二则录白印纸，我们完全可以复原出徐谓礼的官职变动。他在淳祐六年六月十日据省札除将作监主簿，十二日赴职，"续准告"（告身未见）授将作监主簿，此时应在淳祐七年三月前。七年四月五日，他受告转朝请郎（告九、批书六九）。以上是他的将作监主簿在任经历。

---

① 依次见《宋史》第5623页；文渊阁四库全书本《宋史全文》卷三四，第1b页；《宋史》第5624、5623、834页；王瑞来：《宋宰辅编年录校补》，中华书局，1986，第1612页。《宋大臣年表》记载又异，以其当年十一月由签书枢密院事兼参知政事，迁同知枢密院事，十二月罢。见（清）万斯同《宋大臣年表》，开明书店二十五史补编本，第31页（总7797）。

② 本件仅存四行制词，陈文龙推断，可能是徐谓礼或抄录文书的人通过外制集获得的作废的制词。见其《从徐谓礼文书看南宋告身与敕黄制度》，载《"徐谓礼文书与宋代政务运行研究"学术研讨会论文集》，第72~73页。

十月四日，徐谓礼又据省札除太府寺丞，并于当日赴寺供职。他转朝请郎的告身也于当日发下（告十）。而就在他太府寺丞"在任未准职告间"，十二月十四日，他由省札差知信州。第十道告身称说淳祐七年八月上，其时徐谓礼尚未接到除太府寺丞的省札。这正好透露出奏授告身上所书的时间与其真实的行政程序完成时间或许并非完全符合。

前文提到告身中空日的现象，这种情况在宋代其他文书中也普遍存在。此处无法展开讨论整个宋代文书空日的问题，仅就徐谓礼文书总结一点看法。首先，徐谓礼的录白敕黄均空日，但无法确定是原件如此还是录白所致。而据张祎在论述宋代敕牒体式时引用的数件宋代敕牒录文来看，既有空日者，也有不空日者，在日期位置，北宋前期会加盖中书门下之印，后改为尚书省印①。

此前未见实物出现的印纸部分，据笔者粗略统计，批书日期如敕黄这样完全空缺的计五十七则，另外的二十余则也均未见书日，但在空日处右侧或正中，书一小小的印字，应是录白告身的书写者提示原件此处为印章。元泰定帝致和元年（1328）五月，曾巽申曾见"宋大理评事胡公梦昱出身印纸一卷，五缝，吏部考选之印钳之，批书有刑部、临安府、吉州印"②。以此而观，徐谓礼印纸中所注印字，应即批书部门所用之印，因此暂且可以认为徐谓礼印纸亦皆空日③。

《唐六典·中书省》载王言之制，其四曰发日敕，其七曰敕牒。唐代御画日程序主要针对发日敕，发日敕即御画发日敕的简称，而敕牒则是

---

① 张祎：《制诏敕札与北宋的政令颁行》，第 106~111 页。
② （元）曾巽申：《题印纸》，载《全元文》卷一一一一，凤凰出版社，2001，35 册第 7 页。标点略作修改。
③ 徐谓礼文书是录白文书，故分析时宜审慎。如自录白印纸第三八则淳祐二年（1242）七月到任批书后，印纸中才开始频繁出现应书日处注"印"的现象，难保不是不同时间书写时的不同习惯。当然，从中还是可以发现一些可信的规律性内容。如淳祐二年七月后考成、到任、交割、请给等印纸批书处常注"印"字，而保状批书上不论何时，出现印字的概率都非常低，总共三十三则保状，仅第五〇、七三、七四则注有"印"字，而且可以肯定并非不同次抄写造成的问题：第五三至六四印纸为保状，均不注；第六五则为到任，注；六六至六八复为保状，无；六九、七〇为推赏转官、历过月日，有……如此，即使是录白中产生的问题，也反映了录白者对不同文书间的看法。或许相比于其他批书事由，保状的日期并没有特别重要的意义，所以批书常不加印信。

"随事承旨,不易旧典则用之"①。刘后滨认为,与发日敕不同,敕牒无须经过三省签署而付受,其正文末只有中书门下官员的签署,所体现的政务处理程序是宰相机构直接承旨而转牒受命机构或个人②。到宋代,敕牒作为宰相机构协助皇帝处理政务的文书继续行用,北宋前期由中书门下发出,元丰改制后,改由尚书省发出。而印纸是宋代记录官员功过用以考课的官方文书,虽渊源于唐中后期,但其制北宋太平兴国年间才初步确立,元丰以后方对内外官司、文武官员普遍施行③。敕牒和印纸,特别是后者,从行用上来说,并不具备御画日的功能。

那么是否是发文部门画发日呢?暂不得而知。而且,在徐谓礼印纸的内容中也有空日现象。如第七二则印纸,称说徐谓礼在太府寺丞在任期间:

17 一转官,元系朝散郎,因该磨勘,准淳祐七年十月　日
18　　告,转朝请郎,于

徐谓礼转朝请郎的告身即录白告身十(三,11),该道告身于淳祐七年十月四日行下,而本则印纸的批书时间已是次年正月。此处的空日更无法简单以御画日制度的残余来理解。

书日并不会带来很大的行政消耗,甚至可以说是举手之劳,正是在这种前提之下,文书为何空日才具备学术考察的价值。《庆元条法事类》卷六载命官批书印纸式,末尾提到"事须批书本官第几考或替罢零日印纸者,年月实日依例程"(第88页),许多宋人了然谙熟的"例程",今日似乎都已成难解之题。

附录二:本文参考宋代告身信息简列

说明:(1)因各处拟题方式各异,且有时并不能如实反映告身的内容

---

① (唐)李林甫等:《唐六典》卷九《中书省》,陈仲夫点校,中华书局,1992,第273~274页。
② 刘后滨:《唐代中书门下体制研究》,第341~354页。
③ 参魏峰《宋代印纸批书试论——以新发现"徐谓礼文书"为例》(载《文史》2013年第4辑)、邓小南《再谈宋代的印纸历子》[载北京大学国学研究院中国传统文化研究中心编《国学研究》(第32卷),北京大学出版社,2014]等相关研究。

乃至文书类型，本文统一以行下时间并任命内容重新命名，酌情标注原题，行文中或将行下时间略去省称。（2）告身标题后中括号中数字代表与本道受告人相同的告身，为免烦琐，仅于首件注出。（3）部分告身流传甚广，刊载较多，仅列出较原始或较易获得的来源。（4）宋人文集及宋以后方志、族谱中保存的宋代告身节文还有许多，制词更不胜枚举。此外，还有许多告身文本通过观者跋文等其他形式存留下来。此处所列仅为本文主要参考者。

一　制授告身

1.［原件］《元祐元年（1086）闰二月　日司马光拜左仆射告身》［敕2］

现藏台北故宫博物院。王竞雄《〈司马光拜左仆射告身〉书法述介》（《故宫文物月刊》第284期，2006，第14~15页），邓小南、张祎《书法作品与政令文书：宋人传世墨迹举例》（《故宫学术季刊》2011年第1期，第97页）均有图版。另可见《台北故宫历代法书全集·三》（台北："国立"故宫博物院，1982）等书。制词文字可参《宋大诏令集》卷五七《门下侍郎司马光拜左相制》、《宋宰辅编年录》卷九《司马光左仆射制》。录文可参（清）胡敬《西清札记》卷二《宋司马光拜左仆射告身》，清嘉庆刻本《胡氏书画考三种》，页八至九。

本件告身装裱中误将门下省签署截断，将"制可"插入门下侍郎与给事中之间（参见王竞雄《〈书司马光拜左仆射告身〉研究》，《中国书法》2008年第1期，第89页）。

2.［原件］《元祐三年（1088）四月六日范纯仁拜右相告身》。

范纯仁拜相告身在苏州博物馆［图版见中国古代书画鉴定组编《中国古代书画图目（六）》，北京：文物出版社，1988，第12~13页，原题《行书范纯仁告身》］、南京博物院［图版见《中国古代书画图目（七）》，1989，第16~17页，原题《宋范纯仁告身》］及日本京都藤井有邻馆［参见〔日〕近藤一成『長編に収録された蘇東坡の一逸話をめぐって』，载〔日〕长泽和俊编『アジアにおける年代記の研究』，昭和六十年度科学研究费补助金综合的研究（A）研究成果报告书，1986，第73~81页；何忠

礼：《介绍一件现存日本的宋代告身》，《绍兴师专学报》（社会科学版）1988年第1期，第65~68页］皆有馆藏，苏州博物馆所藏基本确定为复制品［参见《中国古代书画图目（六）》，第339页］。

制词参见《宋大诏令集》卷五七《同知枢密院范纯仁拜右相制》，录文参（明）王世贞《古今法书苑》卷四一《范忠宣》［中国书画全书编撰委员会编《中国书画全书（五）》，上海：上海书画出版社，1992，第379页］、（清）吴荣光《辛丑销夏记》卷一《宋元祐三年范纯仁告身》（清道光刻本，页二六b至二九b）。

二　敕授告身

1.《嘉祐四年（1059）六月　日王伯虎守建州右司理参军告》［敕3、敕5］

（明）赵琦美《赵氏铁网珊瑚》卷二《王氏宋敕并诸帖》，文渊阁四库全书本，页二〇a至二一b；另见（清）卞永誉《式古堂书画汇考》卷九《宋敕王氏诸帖》。

2.［原件］《熙宁二年（1069）八月　日司马光充史馆修撰告》

藏日本熊本县立美术馆，该馆网页提供图版，http：//www. museum. pref. kumamoto. jp/artifact/pub/detail. aspx？c_id=15&id=483&pg=1&bk=1&bunrui_ck=22，23，24，28。另可参〔日〕下中邦彦编《书道全集》第十五卷（中国10，宋Ⅰ，东京：平凡社，1954，第163~164页）；〔日〕久保田和男：『宋代に于ける制敕の伝达について：元豊改制以前を中心として』，载日本宋代史研究会编《宋代社会のネットワーク》（东京：汲古书院，1998，第201~202页）；张祎：《制诏敕札与北宋的政令颁行》（第31~33页及彩图二）；邓小南、张祎：《书法作品与政令文书：宋人传世墨迹举例》（第83~85、96页）等。

3.《熙宁六年（1073）五月　日王伯虎检详枢密文字告》

同敕授告身1，页二一b至二二b。

4.《熙宁八年（1075）六月　日淄州灵泉庙顺德夫人告》

石刻拓片见北京图书馆金石组编《北京图书馆藏中国历代石刻拓本汇编（39）》，郑州：中州古籍出版社，1989，第93页。录文可参清人孙廷铨《颜山杂记》卷三《颜文姜灵泉庙》及《八琼室金石补正》卷一〇四《灵泉庙顺德夫人敕》，后者见《石刻史料新编》第一辑第八册，台北：新文丰出版公司，1982，第 5693～5694 页。

5.《元祐三年正月二日王伯虎权知饶州告》

同敕授告身 1，页二四 a 至二五 a。张祎《制诏敕札与北宋政令颁行》第 41 页、杨芹《宋代制诰文书研究》页 132～134 有录文，格式稍有调整。

6.《崇宁三年（1104）三月五日静应庙妙应真人告》

拓片见《北京图书馆藏中国历代石刻拓本汇编（41）》第 106 页，题《静应庙敕告》；录文见清人王昶《金石萃编》卷一四三《静应庙敕告》，《石刻史料新编》第一辑第四册第 2658 页。本件行下日期未署年。

7.《大观二年（1108）十月七日刘况授通直郎致仕告》

（元）刘埙：《水云村稿》卷七《宣德郎致仕刘公转通直郎诰跋》，文渊阁四库全书本，页十六至十七；亦见（清）周广业《过夏杂录》卷三。无时尚书省官告院签署。

8.《大观二年十二月七日河中府猗氏县忠勇庙英武王告》

（清）胡聘之：《山右石刻丛编》卷二二《忠勇庙碑》，清光绪二十七年刻本，页三二至三三。本件为二人同制授官，中书省签署阙，无时尚书省官告院签署。

9.《大观四年（1110）十二月八日顺应侯告》

（清）钱以垲：《（康熙）隰州志》卷二三，清康熙四十八年刊本。

10.《政和八年（1118）闰九月十三日浚州丰泽庙康显侯告》

《（嘉庆）濬县金石录》卷上。

11.《绍兴二年（1132）十一月一日孔端朝授左承事郎告》

附于《新安文献志》卷九三《孔右司端木传》后，原题《敕右迪功郎孔端朝》，见文渊阁四库全书本卷九三页三。相关研究参见〔日〕宫纪子『徽州文書にのこる衍聖公の命令書』、〔日〕清水浩一郎『南宋告身の文書形式について』。

12.《绍兴十七年（1147）六月二十四日建康府溧水县正显庙广惠侯告》

《金石萃编》卷一四八，原题《敕封广惠侯诰》，第2727页。又载清人严观《江宁金石记》卷五，题《敕封广济侯诰》。本道告身抽去所有列衔签押，只保留文书程序。

13. ［原件］《乾道二年（1166）八月三十日司马伋尚书户部员外郎，总领淮西、江东军马钱粮，专一报发御前军马文字兼提领措置屯田告》

本件为林朗庵旧藏，有黄葆钺题签，保存完整，字迹、印痕均清晰。本告文献中未见收录，2015年出现于北京匡时2015春季拍卖会始为学界所知。《匡时情报》2015年春季刊第52~53页提供图版，第53页有拍卖方录文，但较多讹误。5月12日上午，拍卖方举办了"南宋吕祖谦、司马伋告身学术研讨会"，会上众多学者对这两份告身进行了解读，本件相关论文有虞云国《品读两份南宋外制告身》（后以《解读两份南宋告身》为题刊于2015年5月22日《文汇报·文汇学人·学林》第11~13版，刊发时删去末尾画敕一段，蒙作者惠赐文稿并提示信息，敬致谢忱）、龚延明《司马伋官告、吕祖谦、徐谓礼官告比较研究》《关于司马伋官告及吕祖谦官告的几点考释》（作者关于两件告身的相关研究以《南宋官员委任状真迹首度露面！——司马伋、吕祖谦官告的解读》为题刊于2015年5月20日《中华读书报》第5版，本文引用均从是文。蒙作者提示，敬致谢忱），二文均有录文，可供参考。

14. ［原件］《乾道六年（1170）王佐权发遣扬州军州（？）主管学事兼管内劝农营田事、主管淮南东路安抚司公事、马步军都总管告》

原件现藏上海博物馆，未见录文，图版可见《历代法书真迹萃编·宋·赵眘法书选——行书敕王佐等三旨》（合肥：黄山书社，2008）。中国古代书画鉴定组编《中国古代书画图目（二）》亦有收录，题为"行书王佐诰身"（北京：文物出版社，1987，第36页），但幅面过小，辨认困难。本道告身起首未见敕字，最末无行下日期，疑流传过程中有裂损，除尾行行下日期外，前端或遗失"敕左朝请郎"等文字。

15. ［残件］《淳熙五年（1178）九月二十八日吕祖谦授朝散郎告》

该残件长期流于海外，［韩］沈永焕《南宋淳熙五年（1178）吕祖谦敕授告身》一文率先刊布相关信息并展开研究｛载《사림(성대사림)》[《史林（成大史林）》]第36期，2010，第301~330页｝。2013年，本件

转由中国台湾何创时书法艺术基金会收藏，并在基金会网页提供图版。本件虽称残件，但主要残损均为制词，可据《东莱集》附录卷一添补，文书后半段较为完好。2015年，该告与司马伋告身一起，出现在匡时2015春季拍卖现场。据拍卖方提供信息，本告由长尾甲题盒，叶恭绰题跋"庚申三月叶恭绰敬观时客沈阳"，图版见《匡时情报》2015年春季刊第58~59页，第59页有录文。"南宋吕祖谦、司马伋告身学术研讨会"中，龚延明《南宋吕祖谦官告真迹文书解读》一文对其进行了专门探讨，同时龚延明《司马伋官告、吕祖谦、徐谓礼官告比较研究》、虞云国《品读两份南宋外制告身》等文也均以该文为讨论对象。

16.《庆元二年（1196）八月 日湖州德清县新市镇永灵庙显佑通应侯告》[24（1）]

（清）阮元：《两浙金石志》卷十一《宋永灵庙加封敕牒碑》，道光四年李檗刻本，页一八b至一九b；（清）陆心源：《吴兴金石记》卷十《永灵庙加封敕牒碑》，光绪刻潜园总集本，页一七。"告具官某云云"紧跟敕文，且无官告院签押，应是镌刻上石或传抄过程中产生的混误。无行下日期。

17.《庆元二年七月 日孔璘授迪功郎告》

同敕授告身11，页三b至四a，原题《录用孔璘敕牒》，无行下时间，七月二十一日付省。

18.《嘉定九年（1216）三月二十一日嘉兴府嘉兴县顺济庙灵泽侯告》

（清）吴荣光：《辛丑销夏记》卷一《宋封灵泽敕》，道光刻本，页三一a至三三a；（清）方浚颐：《梦园书画录》卷四《宋封灵泽侯墨敕卷》，光绪刻本，页一a至三a。

19.[录白]《嘉定十五年（1222）五月二十三日徐谓礼授承奉郎告》[敕20、22、25、28，奏6、7、8、9、10、11]

《武义南宋徐谓礼文书》告身一，录白告身第一卷图一至三，录文见页一八五。

20.[录白]《嘉定十七年（1224）十月二十八日徐谓礼授承事郎告》

同敕授19，告身二，录白告身第一卷图四至六，录文见页一八六至一八七。

21.《宝庆元年（1225）十二月二十八日连州阳山县灵济庙显佑侯告》

见《（民国）阳山县志》卷一七。

22.［录白］《绍定四年（1231）六月二十六日徐谓礼授宣教郎告》

同敕授告身19，告身六，录白告身第一卷图一八至二一，录文见页一九一至一九二。

23.《端平三年（1236）正月十四日太学灵通庙正显侯告》［27、31］

《金石萃编》卷一五二《太学灵通庙牒》，《石刻史料新编》第一辑第四册，第2827~2828页。亦见《两浙金石志》卷一一，页三二b，阙字较多。

24.（1）《端平三年十二月二十六日安吉州新市镇永灵庙显佑通应惠利侯告》

《两浙金石志》卷一一《宋永灵庙加封显佑通应侯敕牒碑》，页三三a至三四a；亦见《吴兴金石记》卷十一《敕封显佑通应惠利侯告》，页十八至十九a。

（2）《端平三年十二月二十六日安吉州新市镇永灵庙协惠昭庆夫人告》

《吴兴金石记》卷一一《永灵庙协惠夫人加封昭庆敕牒碑》，页十九b至二〇b。这两道告身中"告具官某云云"都紧跟敕文，其后才是三省签署，不合体式。前文出现同样问题的《庆元二年显佑通应侯告身》恰好与此是对同一神祇的敕封。

25.［录白］《淳祐五年（1245）十二月二十六日徐谓礼授朝奉郎告》

同敕授告身19，告身五，录白告身第一卷图一四至一七，录文见页一八九至一九〇。

26.《淳祐六年（1246）正月初二日宣教郎郭嘉卿授继一处士告》

《台州金石录》卷十《敕赐继一处士告词》，民国五年嘉业堂刘氏刊本，页二b。另见《（光绪）仙居志》卷三二。

27.《淳祐六年五月二十一日封太学土地正显昭德文忠侯告》

《两浙金石志》卷一二《宋淳祐宝祐加封敕牒碑》，页九。

28.［录白］《淳祐七年（1247）十月　日徐谓礼授太府寺丞告》

同敕授告身19，告身十一，录白告身第二卷图七，录文见页一九六。仅存四行制词。

29.《淳祐十一年（1251）封武冈军武冈县管渠渡灵济庙崇福公告》[34]

（清）陆增祥：《八琼室金石补正》卷一一九《梁渡庙封崇福公告》，《石刻史料新编》第一辑第八册，第5945页。亦见《（光绪）湖南通志》卷二八二《宋渠渡庙敕封神牒碑》。"告具官某云云"不完整，下阙。

30. 宝祐元年（1253）八月六日封邵武军邵武县惠应庙神长子、次子、妻子、长媳、次媳等三告。

此三告并见《闽中金石略》卷十，因原书难得，所用为《全宋文》卷七九七五所录文本。三告均无官吏签署。其特别价值在于，它们是同时授予惠应庙神长子、次子、妻子、长媳、次媳的告身，但采取了两子同制、两媳同制而非子媳同制的方式。前文所列敕授告身21，也是庙神与夫人同时敕封但采取分制的方式，一定程度上反映了宋人的男女观念。

31.《宝祐四年（1256）九月十二日封太学土地灵通庙神正显昭德文忠英济侯告》

《两浙金石志》卷一二《宋淳祐宝祐加封敕牒碑》，页十至十一a。本件题为敕牒碑，且无"告具官某云云"，但有郎中、令史、主管院签署，应为告身无误。

32.《宝祐五年（1257）三月十六日世忠庙忠烈显惠公告》[36]

见《（弘治）休宁志》卷三一《忠烈显惠公诰》，该告在付部后的签署顺序以后列为重，不合常规。

33.《景定二年（1261）二月 日太学忠显庙忠文王告及忠显庙佐神告》

《金石萃编》卷一五二《太学忠显庙敕牒》，《石刻史料新编》第一辑第四册，第2832~2834页。另见《两浙金石志》卷一二《宋封忠文王及佐神烈文侯等敕残碑》，页四三a至四四b。此处实为两道告身，但可看作一道。忠文王告敕文略阙。

34.《咸淳五年（1269）七月 日武冈军灵济庙崇福昭贶益灵公告》

《八琼室金石补正》卷一二一《梁渡庙封益灵公告》，《石刻史料新编》第一辑第八册，第5968~5969页。亦见《（光绪）湖南通志》卷二八二《宋渠渡庙封益灵公告》。行下日期下半段阙。

35. ［原件］《咸淳五年七月五日赵孟圣授承信郎告》

原件现藏北京故宫博物院，照片可见中国古代书画鉴定组编《中国古代书画图目（十九）》，题《行书咸淳五年敕书》（北京：文物出版社，1999，第 139 页）。录文见（清）陆时化《吴越所见书画录》卷四《宋度宗手敕赵子固卷》，清乾隆四十二年陆氏怀烟阁刻本，页一至二，略有阙误，可参徐邦达《古书画过眼要录》，长沙：湖南美术出版社，1987，第 614~615 页。

36. 《德祐元年（1275）四月二十三日世忠庙忠佑公告》

同敕授告身 32，题《忠壮公远祖元谭追封（忽）［忠］佑公诰》。本告付部后的签署顺序也以后列为重，暂仅见此两例。

三　奏授告身

1. 《元符二年（1099）闰九月十一日孔若谷授澶州清丰县尉告》

同敕授告身 11，页二 b 至三 a，原题《宣圣子孙若谷授官录黄》。

2. 《宣和三年（1121）十一月十三日陈康伯授迪功郎、平江府长州县主簿、管勾河塘沟洫告》［奏 3、4］

《陈文正公文集》卷四《尚书吏部拟授迪功郎札》，无列署。

3. 《绍兴元年（1131）九月二十四日陈康伯因两经进书转承奉郎告》

《陈文正公文集》卷四《尚书吏部拟转承奉郎札》，无列署。

4. 《绍兴十一年三月十七日陈康伯转左朝散郎告》

《陈文正公文集》卷四《尚书吏部拟转左朝散札》，无列署。

5. ［抄件残片］《乾道七年（1171）正月　日潘慈明妻高氏告身》

本件出土于浙江兰溪密山南宋潘慈明妻高氏墓，原有八卷，出土后散佚，残片现藏浙江省博物院。图版及录文见王宣艳主编、浙江省博物馆编《中兴纪胜：南宋风物观止》，北京：中国书店，2015，第 275 页。

6. ［录白］《绍定二年（1229）七月二十六日徐谓礼转宣义郎告》

同敕授 19，告身三、复原文本一，录白告身第一卷图七至一〇，复原文本见页一九七至一九八。

7. ［录白］《绍定六年（1233）十一月八日徐谓礼转通直郎告》

同敕授 19，告身七，录白告身第一卷图二二至二四，录文见页一九二至一九三。

8. ［录白］《嘉熙四年（1240）正月十一日徐谓礼转奉议郎告》

同敕授19，告身八、复原文本二，录白告身第一卷图二五，复原录文见页一九八。本件残缺，可参李全德《从〈武义南宋徐谓礼文书〉看南宋时的给舍封驳——兼论录白告身第八道的复原》（《中国史研究》2015年第1期，第53~70页）。

9. ［录白］《淳祐五年正月十九日徐谓礼转承议郎告》

同敕授19，告身四，录白告身第一卷图一一至一三，录文见页一八八至一八九。

10. ［录白］《淳祐七年四月五日徐谓礼转朝散郎告》

同敕授19，告身九，录白告身第二卷图一至三，录文见页一九四至一九五。

11. ［录白］《淳祐七年十月四日徐谓礼转朝请郎告》

同敕授19，告身十，录白告身第二卷图四至六，录文见页一九五至一九六。张祎《徐谓礼〈淳祐七年转朝请郎告〉释读》（《中国史研究》2015年第1期，第71~81页）详细解析了本件。

The Format of Appointment Certificate Gaoshen in the Middle and Late Southern Song Dynasty Revisited

Wang Yangmei

Abstract：Depending on the methods of official appointments, the appointment certificate Gaoshen（告身）could be categorized into three groups, including Zhishou（制授）Gaoshen, Chishou（敕授）Gaoshen, and Zoushou（奏授）Gaoshen. The third one was also called Zhishou（旨授）Gaoshen. In particular, Zhishou（制授）Gaoshen was mainly used for senior appointments, Chishou Gaoshen was used for special appointments, while Zoushou Gaoshen was used by Shangshu Libu（尚书吏部）.

This paper summarizes the formats of various Gaoshen documents by working on extant Gaoshen, especially newly discovered Xu Weili's official documents. In studying the format of these Gaoshen, the change of central political structure and administrative procedure in the Tang and Song periods became clear. It seems that the textual content of the Gaoshen does not always match the political practice in reality. In the meantime, as an important genre of official documents in the Tang and Song dynasties, the Gaoshen shifted its importance from a certificate of official appointment to a certificate of a symbolic appointment.

Keywords: Gaoshen (告身), Guangao (官告), the format of official documents, Xu Weili's Official Documents

交游酬唱：南宋与元代士人的兰亭雅集

黄宽重

摘要：兰亭雅集是中国士人交游聚会的典范之一，始自东晋王羲之邀集四十二位江南名士在会稽举行雅集；此次活动，参与者众多，有具体的活动内容、场景，有诗文、书法与酒为媒介，与图像化的绘画相结合，形成诗书画融合的景象。江南士人三月初三日的兰亭雅集，将古代被除污秽、男女相会的习俗，转化为文人群聚，以诗酒会友的春游雅集，成为古代士人高雅的群体活动。

这种中古时期以门第高士为主的活动，随着唐宋科举取士、新兴士人阶层崛起，士人集会的类型增多、资源更丰富，活动内容愈趋多元，以兰亭为名的雅集在形式与风格上，对东晋故事既有继承也有创新与变化。特别是南宋到元朝间，由于政治、社会的骤变，士人交流集会会趋于多元、样态复杂。本文探讨南宋到元代士人官僚以兰亭为名的雅集内涵与组织、结构变化，并呈现易代之际士人群体集会的差异现象。

关键词：南宋　元代　士人　交游　兰亭雅集

一　前言

兰亭雅集是中国士人交游聚会的典范之一。士人是中国文化传统的塑造者，也是推动历史文化发展的主要力量；这个群体通过学习拥有知识，并以行动在政治、社会与文化各层面发挥巨大的影响力。他们基于共同兴趣，借由交流、应酬的活动，增进彼此互动，建立人际关系，强化情谊、丰富见识、分享经验，并且通过文字记录与图像的描绘，形塑共同的文化意象；这些酬唱活动与多元的文化内涵，是建构历史文化的重要基础。

文人交游、酬唱的活动，自古有之。像曹操（155～220）、曹丕（187～226）、曹植（192～232）父子与邺下建安七子的宴游集会，即受到后世文人的推扬，而魏晋竹林七贤的肆意酣畅，石崇（249～300）集众人在金谷豪奢的祖道游宴，以及由王羲之（303～361）、谢安（320～385）等四十二位江南名士在会稽举行"曲水流觞，修被禊事"的兰亭雅集，都为后世不同类型文人雅士的集会，留下足为典范的历史记忆。①

在诸多文人聚会的类型中，王羲之等人举行的兰亭会，是具典雅意义的活动。这次聚会参与的人数众多，有具体的活动与场景，有诗文与书法，以及后来被图像化的绘画，形成诗、书、画融合的景象。举行的时间选择在三月初三日，是将祓除污秽、男女相会的传统习俗，转化为文人成群修禊春游，以诗酒会友的群体活动，呈现一个士人聚会的风尚。

唐中叶以后，随着科举实施，举子文人群体的形成，出现以科举及仕宦为主的同僚、同乡、同年，以赏游会友的聚会，其聚会形态，不仅多样，且异于汉、魏、晋以门阀士族为主的活动形态。这些多样的士人雅集，其内涵与方式，多为后世士人所继承，并留下丰富的文献资料，成为吸引研究者探讨的主题。到宋代，文治成为宋廷标准的立国政策，朝廷通过科举考试拔擢大量人才，士人人数不断扩充，形成庞大群体，对政治、社会、文化的影响，愈为强大。

宋代士人基于仕宦与荐举的需要，十分重视人脉的经营。可以说，一个追求仕进的宋代士人，由于身份、职位的转换，除了师长亲友外，尚有同学、同乡、同僚或同年等多重人际网络，他们为排遣时间或增进情谊、寻求共同兴趣或结交朋友，在不同领域组成不同形式的社群，频繁交流接触，成为其生命中重要的历程。

兰亭雅集是宋代士人眼中具有雅意的聚会。诚如上述，宋以前各类士人聚会中，结合诗、绘画与书法，且具游赏酬唱的文人活动中，兰亭之会无疑是兼具优雅与文化深度的。尤其王羲之的《兰亭序》是行书的极品，

---

① 参黎臻《从人生趣味到诗歌精神——以两晋金谷诗会和兰亭诗会为中心》，《中国文学研究》2012年第3期，第52页；熊海英：《北宋文人集会与诗歌》，中华书局，2008，第1～11页。

唐宋以来成为自皇室及官僚、收藏家珍藏、临摹传拓的书法名物，士人除要累积一定的财富外，更要有艺术禀赋或经熏陶训练，才具备鉴赏评析与收藏的能力。因此，标举兰亭雅集，是宋代士人间具特色的文人活动。整理相关资料而观察以兰亭为名的士人聚会，对了解宋代士人的交游与社会人际网络有一定意义。

关于宋以来的文人集会与文化活动，特别对于诗社、乡饮酒礼、真率会、耆老会乃至同年聚会等，学界的研究成果非常丰硕。① 但是，这些研究论著集中在文学史与艺术史领域，研究宋史乃至中国近世社会文化史的学者则未见探讨。

本文旨在了解东晋以来，特别是南宋与元代士人取法兰亭雅集为集会形态的发展与变化。鉴于史学界对兰亭雅集的研究不足，本文试以较长时段的视角，梳理和研究东晋到元代兰亭会文化活动的发展；而特别将研究重点聚焦于南宋与元代，除个人对资料较为熟悉之外，尚拟进一步比较易代之际，以兰亭为名的士人雅集的变化。中国大陆文学史学者，针对元末出现大批士人雅集性的诗会，包括由刘仁本主持的"续兰亭会"② 及顾瑛（1310～1369）的玉山雅集③等个案，有较深入的研究，但缺乏长时段的观察与比较，因此本文着眼于各种以"兰亭"为名的士人聚会，资取艺术与文学界的研究成果，从历史的角度，特别是从人际网络的关系视角，进行综合性的探讨与观察。

二 兰亭雅集的原貌与变异

王羲之、谢安等四十二人于永和九年（353）三月初三日在会稽兰

---

① 包括熊海英的《北宋文人集会与诗歌》，中华书局，2008；欧阳光：《宋元诗社研究丛稿》，广东高等教育出版社，1996；陈元锋：《北宋馆阁翰苑与诗坛研究》，中华书局，2005；衣若芬：《赤壁漫游与西园雅集——苏轼研究论集》，线装书局，2001；等等。此外陈一梅的《宋人关于〈兰亭序〉的收藏与研究》（中国美术学院出版社，2011）尤其值得参考。

② 邱江宁、宋启凤：《论元代"续兰亭会"》，《江苏社会科学》2013年第6期，第185～190页；唐朝晖：《元末续兰亭诗会及其文学史意义》，《兰州学刊》2010年第3期，第173～175页。

③ 展龙：《元末士大夫雅集交游述论》，《甘肃社会科学》2012年第5期，第184～187页；谷侠：《元末玉山雅集研究综述》，《昆明理工大学学报》2007年第4期，第67～72页。

亭举行的修禊集会，是中国传统士人雅集的典范。这个集会是由既有民俗节庆活动转型而成的。三月三日上巳日，是中国古人到水边沐浴以除灾求福和男女相会的民俗节庆活动，葛立方（1138年进士）《韵语阳秋》云："上巳日于流水上洗涤，祓除去宿垢，故谓之祓禊。禊者，洁也。"① 《诗经·郑风·溱洧》描写了民家在这天倾城而出，宴饮游乐的盛况。② 《周礼·春官》也有"女巫：掌岁时祓除、衅浴"的说法。③ 东汉时士人于三月三日成群结队修禊春游，显然士人已选择在民俗节日举行游赏咏唱的集会。④ 魏晋以后，将上巳节正式定于夏历三月初三日，是为春禊，作为岁时节会中的重要节日。⑤ 君臣乃至文人多利用此日为宴饮游赏之举，如魏明帝（206～239）曾于天渊池南设流杯石沟与群臣饮宴，⑥ 晋武帝（236～290）于上巳日曾宴于华林园，命群臣赋诗，⑦《世说新语》也记洛下"诸名士"于上巳日"共至洛水戏"。⑧ 这些都说明魏晋君臣文人将上巳日视为优雅的春游雅集日期。

这种雅聚到王羲之、谢安诸人所处的东晋，有了更具体的情景与活动内容。王羲之在《兰亭集序》中说："暮春之初，会于会稽山阴之兰亭，修禊事也。群贤毕至，少长咸集。此地有崇山峻岭，茂林修竹；又有清流激湍，映带左右，引以为流觞曲水，列坐其次。虽无丝竹管弦之盛，一觞一咏，亦足以畅叙幽情。"这次聚会的四十二人，选择天气晴朗、徐风和畅的三月三日，在有山水亭园之美的会稽兰亭，饮酒赋诗。这一活动承袭

---

① （宋）葛立方：《韵语阳秋》卷一九，上海古籍出版社，1984，据上海图书馆藏宋刻本影印，第2a页。
② （汉）毛亨传、（汉）郑玄笺、（唐）孔颖达疏《毛诗正义》卷四，李学勤主编《十三经注疏》，北京大学出版社，2001，第376～378页。
③ （汉）郑玄注、（唐）贾公彦疏《周礼注疏》卷二六，李学勤主编《十三经注疏》，北京大学出版社，2001，第812页。
④ 熊海英：《北宋文人集会与诗歌》，第4页。
⑤ 林木：《从兰亭修禊到文人雅集——对中国绘画史一个母题的研究》，《中国国家博物馆馆刊》2013年第11期，第80页。
⑥ 《宋书》卷十五，中华书局，1974，第386页。
⑦ （晋）干宝《晋纪》记："泰始四年二月，上幸芳林园，与群臣宴，赋诗观志。"转引自逯钦立辑《先秦汉魏晋南北朝诗》，中华书局，1982，第580页。
⑧ 《世说新语》原作"诸名士共至洛水戏"，据刘孝标注引《竹林七贤论》，其"戏"即为修禊事，此段可视为上巳日出游记载。参见余嘉锡《世说新语笺疏》，中华书局，1983，第85页。

建安十六年（211）曹氏父子与在邺下文人的西园之游，①留下各体诗文，具体呈现生动的活动内容。后世更借着名家之手，将此一山水胜景，名士汇聚、宴集游乐、曲水流觞、吟诗作赋的场景，以绘画的形式展现出来，加上王羲之的《兰亭序》真迹，使得此一内容丰富、时间具体、环境优美而生动的曲水流觞，结合名人饮酒赋诗及书法名品的文化活动——兰亭雅集，成为从古迄今，在士人社群中流传不辍，历世弥丰的雅集典范及绘画的母题。

兰亭雅集在唐以后相继被模仿、复制。唐高宗（628~683）上元二年（675）三月上巳，诗人王勃（649~676）曾在云门主持一次模仿兰亭雅集的修禊活动，并仿王羲之的《兰亭集序》，写下《三月上巳祓禊序》。② 宋仁宗（1010~1063）景祐中（1034~1037），会稽太守蒋堂（980~1054）也"修永和故事"，并留下诗句。③ 而在元祐年间以苏轼（1036~1101）为领袖所形成的文人社群，彼此既有书信往来、游山观水的活动，也有人数不一的文人雅集。如元祐元年（1086）十一月苏轼赠邓润甫（1027~1094）的《武昌西山》诗，和者达三十人。此外士人也经常在王直方（1069~1109）、王巩乃至东坡家雅聚，李公麟（1049~1106）以绘画形式，将此场景以"西园雅集"为题呈现出来。这是融合西园之游与兰亭雅集，所形成的北宋晚期文人雅聚之集会。④ 到元至正二十年（1360），江浙行省左右司郎中刘仁本在三月三日召集瓯越名士四十二人，于余姚州署后山的秘图湖主持的"续兰亭会"，则直接承继一千零八年前王羲之兰亭集会遗绪，是具有历史传承与时代

---

① 马尚玲：《从"西园之游"到"兰亭雅集"》，《语文学刊》2008年第1期，第16~18页。
② （唐）王勃：《王子安集》卷四《三月上巳祓禊序》，《四部丛刊·初编》第102册，上海书店，1989，据上海涵芬楼借景江南图书馆藏明张绍和刊本重印，第10a~11a页。参见林木《从兰亭修禊到文人雅集——对中国绘画史一个母题的研究》，第80页。
③ （宋）葛立方：《韵语阳秋》卷五，第1b页。
④ 关于西园雅集，文学史与艺术史界有许多讨论。见林木《从兰亭修禊到文人雅集——对中国绘画史一个母题的研究》，第80~81页；薛颖、郎窦如：《"西园雅集"的真伪及其文化意蕴》，《内蒙古大学学报》（人文社会科学版）2004年第2期，第25~31页；薛颖：《元祐文人集团文化精神的传播——以〈西园雅集图〉的考察为中心》，《美术观察》2009年第8期，第97~100页；范凡：《雅集与宋代文人生活》，《数字时尚（新视觉艺术）》2009年第1期，第61~62页。

意义的文人聚会。①

唐代士人雅集的形式与内涵逐渐转型，且趋于多元化，超出兰亭会的样态。东晋的兰亭会，旨在体现中古社会高门世族高雅清旷、优游闲适的生活文化，是门第社会文化活动的重要表征。② 及至唐代，通过科举取士，擅长诗赋的新兴士人在仕途上崭露头角，他们集会交流的形态趋向多样。初唐固仍多承袭六朝遗风，以皇室、世族、文学侍从为主体，但中唐以后，随着诗赋取士的科举制度确立，以举业为目标的文人群体不断壮大。为因应此一发展的人际关系与社群活动，产生以同乡、同僚为名的交游联谊，借诗文酬唱，以增进情谊的新集会方式，逐渐成为主流。不仅参与活动者人数增多，形式也更为多元；出现了名为曲江宴、杏园宴等以进士同年聚宴、交游所形成的同年会，还有白居易在洛阳举行的七老会，及至大历年间（766~779）浙东诗人严维（757 年进士）、吕渭（735~800）等人举行的松花坛茶宴等其他主题的聚会。③ 这些都是在科举考试中崛起的新兴士人组成的社群，其集会交流的方式，对东汉、魏晋以来西园之游，金谷祖道钱别，竹林七贤以及兰亭雅集等，固有继承，也有新的发展。

到宋代，士人成为政治、社会的主流，其文化活动与交流方式更为多元。宋朝标举文治，宽容士人并增设中央与地方行政机构，大量拔擢科举新贵进入仕途。官员定期轮调，并有荐举制度构成升迁门槛，使得士人的社会网络增加，且需借交游以活络人脉。而印刷术的发达，书籍刊刻流传，及古文物大量出土，提供了士人求知与学习的便利条件；加上朝廷推广文治，追求复古，广搜典籍文献、器物，并通过画院培育艺术人才，与由馆阁、秘书省珍藏书画文物，明确彰显、提升书画艺术的价值，都使士人得以取得丰富多样的文物为资源，累积知识、培养兴趣，乃至成为与人共赏、交流酬唱的题材。士人群体不断扩大，可资利用的资源多，活动类型较唐代尤为多样，是宋代士人聚会交流的重要特色；像结社为文的诗

---

① 参见前揭邱江宁、宋启凤《论元代"续兰亭会"》、展龙《元末士大夫雅集交游述论》、唐朝晖《元末续兰亭诗会及其文学史意义》等文。关于元末续兰亭诗会的讨论，详第四节。
② 参见黎臻《从人生趣味到诗歌精神》，《中国文学研究》2012 年第 3 期，第 52~60 页。
③ 熊海英：《北宋文人集会与诗歌》，第 12~14 页；贾晋华：《唐代集会总集与诗人群研究》，北京大学出版社，2001。

社、怡老会、真率会、棋会、酒会、乡饮酒礼、同年聚会，乃至曝书会、茶会、中秋聚会等，种类繁多。他们借着题跋、序、记等文体，记录活动内容及其意见、感受。这些文字不仅见证宋代士人精彩多姿的文化活动与营建人际关系的样态，也构成宋代文学与艺术发展的重要成分。熊海英教授对北宋士人相关雅集，有相当简要却突出的论述。[①] 他指出宋代新型的士人集会体现了知识分子在继承传统之余，并不全然接受魏晋士人集会的形态与心态，实则多有创新。对融合山水诗、书、画与酒的兰亭雅集的表现形态与内涵的超越，就是一个好的例子。本文的论述将聚焦于南宋至元代的现象。

三 南宋士人"兰亭雅集"的形态与内涵

南宋士人数量增多，聚会交游的方式与品味雅俗兼具，游赏的形式、时间、地点更趋多元化，其中多取兰亭为喻。

绍兴三年（1133），南宋肇建伊始，就有士人仿王羲之修兰亭禊事。葛立方举仁宗景祐中会稽太守蒋堂修王羲之父子雅集故事，却赋诗表达对献之不成诗的讽意，说"一派西园曲水声，水边终日会冠缨。几多诗笔无停缀，不似当年有罚觥"[②]。葛立方并举自己的父亲葛胜仲（谥文康，1072～1144）晚年卜居宝溪上，在溪滨建观禊堂之事。葛胜仲于绍兴三年，仿效780年前兰亭故事，与客同泛舟游赏，作诗自述他们不似右军"痴生死情缠绵"，而是更为豁达恣意："吾党殆天放，卜夜就管弦。尺六细腰女，舞袖轻向旋。且毕今日欢，不期来者传。"[③]

南宋中期士人仿效兰亭雅集在上巳日聚会时，共同鉴赏王羲之的《兰亭序》帖是一大特色。这是孝宗淳熙年间，一批对兰亭序的书法具有高度兴趣的士人官僚聚会时的主要活动。王羲之《兰亭序》帖是中国书法的极品，又为宋君臣所雅好，但真帖不存，摹临乃至拓本繁多。南渡以后，掀

---

① 熊海英：《北宋文人集会与诗歌》，第131～137页。
② （宋）葛立方：《韵语阳秋》卷五，第1b页。
③ （宋）葛立方：《韵语阳秋》卷一九，第1b～2a页。葛胜仲生平，见（宋）周麟之《海陵集》卷二三《葛文康公神道碑》，《景印文渊阁四库全书》第1142册，台湾商务印书馆，1983，据台北故宫博物院藏本影印，第11b～23a页。

起收藏与鉴赏热潮，不仅出现像尤袤（1124～1193）、沈揆（1160进士）、王厚之（1131～1204）、汪逵等重要的收藏、鉴赏与研究者；① 宋廷更借兴建秘书省馆舍，将北宋时期分储不同殿阁的书画器物，集中储藏管理，并由馆阁之士直接取代北宋画院的画师，实际负责鉴藏整理等工作。丰富的国家典藏，成为国家育才，及官僚艺文陶铸的重要资源。② 在政策激发下，众多雅好书画的同道在聚会中，每以《兰亭序》作为怡情交流的媒介，是在一般游赏、酬唱、赋诗之外，更具雅意的集会。这样的赏玩雅集，超越个人式的鉴赏题跋，是更切合兰亭主题的群体活动。

这类活动，首先见于淳熙九年（1182）上巳日，朱熹（1130～1200）与友人观赏王厚之所藏包括《兰亭序》在内的金石书画。淳熙八年（1181），朱熹奉宋廷之命出任提举两浙东路常平茶盐公事后，于次年三月游历至会稽，与友人在上巳日禊饮于会稽郡治的西园，并共赏王厚之珍藏十二幅《兰亭序》及金石、书画；陈傅良（1137～1203）亦在同行之列。③ 淳熙十一年（1184）十一月，《兰亭序》的收藏名家沈揆升任秘书监，自此迄淳熙十四年（1187）五月出任江东转运副使的三年半的时间里，④ 先后有四次与秘书省同僚或在京友人游赏并鉴赏《兰亭序》的雅集。淳熙十二年（1185）九月，沈揆的同年王信（1137～1194）奉命使金贺正旦，三馆之士共有十四人，在史退傅北园与他饯别。沈揆即出示自己珍藏的定武本《兰亭序》与友人共赏，参与者包括时任敷文阁待制同修国史的洪迈（1123～1202）及尤袤、莫叔光（1163进士）、范仲芸、邓驲（1175进士）、倪思（1147～1220）、罗点（1150～1194）等人。⑤ 李心传（1167～1244）曾在淳祐元年（1241）四月记下这一聚会的佳话，说："实沈贰卿于群玉暨史园，两尝出

---

① 黄宽重：《以艺会友：南宋中期士人对〈兰亭序〉的讨论》，发表于"游于艺：十一至十四世纪士人的文化活动与人际网络"国际学术研讨会，待刊。
② 彭慧萍：《两宋宫廷书画储藏制度之变：以秘阁为核心的鉴藏机制研究》，《故宫博物院院刊》2005年第1期，第13～40页。
③ 束景南：《朱熹年谱长编》，华东师范大学出版社，2014，第729页。陈傅良之参与，见其为王厚之所藏撰写的题跋，收入（宋）桑世昌《兰亭考》卷七，鲍廷博辑、鲍志祖续辑《知不足斋丛书》第10函，台湾艺文印书馆，1966，第15b页。
④ 佚名：《南宋馆阁续录》卷七，《南宋馆阁录·续录》，张富祥点校，中华书局，1998，第244页。
⑤ 凌郁之：《洪迈年谱》，上海古籍出版社，2006，第345～346页。

示坐客者,而尤公遗墨在焉,其为定武真帖不疑矣。前后同观者十有六人,大抵二熙名士,其间盖有出处与隆替对者,自是右军辈人物。"① 这是士人借交流集会,观赏《兰亭序》帖,可以说是在情境上,最贴近王羲之的历史记忆。他们在雅集时共赏个人珍藏的《兰亭序》帖,并以诗文唱和或留下题跋,这当是北宋元祐年间西园雅集在诗词唱和之外,兼有鉴赏古董字画的延续,具较强烈的雅趣追求。② 参与这类雅集的士人通常都具备相似的出身背景或仕历条件,如出身于富贵之家,得以收藏珍贵文物、擅长书画或有相当的学养,具典藏或雅好兰亭帖的鉴识能力,任馆阁秘书省等清要官职等,最是此类士人官僚的典例。这些士人官僚彼此交游,聚会频繁,其活动内容较一般士人官僚的聚会更具雅意。

此后沈揆与诸友的聚会主要在西湖赏景赋诗,未见赏兰亭帖。淳熙十三年(1186)春上巳日,陆游除知严州,赴京受命。馆阁友人杨万里(1127~1206)、沈揆、尤袤、莫叔光,邀他游西湖、张氏北园、天竺寺,赏海棠,题韵赋诗,持杯酌酒,杨万里有诗相和。③ 十四年杨万里又约沈揆、尤袤、王厚之、林宪(字景思)等人于上巳日游西湖,作十绝句呈同社。④

到南宋中晚期,士人官僚仿兰亭雅集选择于上巳日聚会游赏赋诗,有文字可稽的有两次。其一是嘉定六年(1213)陈宓在知安溪县与友人偕子侄出县衙,登山临水,饮酒赋诗的雅集。陈宓(1171~1230),字师复,号复斋,福建莆田人,是孝宗名臣陈俊卿(1113~1186)之子,少登朱熹之门,长从黄榦(1152~1221)游。嘉定三年秋(1210)受知泉州邹应龙

---

① (宋)李心传所记,见其为洪迈藏品所撰写的题跋,收入(宋)俞松《兰亭续考》卷二,《知不足斋丛书》第10函,台湾艺文印书馆,1966,第1b~2b页。案《南宋馆录》引《麟台故事》云:"宋三馆、秘阁官员升迁外补,众必酾会置酒,或集于名园僧舍,饮酒赋诗。"见(宋)陈骙《南宋馆阁录》卷六,《南宋馆阁录·续录》,第69页。
② 范凡:《雅集与宋代文人生活》,《数字时尚(新视觉艺术)》2009年第1期,第61~62页。
③ (宋)杨万里撰、辛更儒笺校《杨万里集笺校》卷一九《上巳日予与沈虞卿尤延之莫仲谦招陆务观沈子寿小集张氏北园赏海棠务观持酒酹花予走笔赋长句》,中华书局,2007,第1002~1004页;系年见于北山《陆游年谱》,上海古籍出版社,1985,第297~298页。
④ (宋)杨万里撰、辛更儒笺校《杨万里集笺校》卷二二《上巳同沈虞卿尤延之王顺伯林景思游春湖上随和韵得十绝句呈同社》,第1110~1112页。

（1172～1244）之召，任属邑安溪知县。① 安溪县是泉州最偏僻的穷乡，"地无重货，商旅不至"，"地逾百里，荒远而民贫"。② 他到任之后，积极改革弊政，设赡学田，惠民局，安养院，建龙津桥。③ 勤力学校教育，刊刻司马光《书仪》，劝谕百姓服药戒巫，劝农谕俗，推动教化。④ 经过两年的努力，到六年上巳日才有心情邀集亲友，寻胜地、赏良辰，"东出龙津桥，步登高山，山上有台，翠巘旁远，下瞰曲湍，如过几席，杯行到手，疾如飞羽，咏《兰亭》之章，如与昔人同此一席"。接着西登凤池桥，挐舟抵流惠亭，酒半各赋诗，假笔旁舍，即景成咏，不烦钩索。"回泊双清阁，五峰屏立，一水镜净，觞一再引，日薄暮，意恋恋犹未足，嗟乎！乐不可极，游不可放。斯集俱同心友，又子侄偕来，向之数美，今兹尽偿，其所得不既充矣乎。"遂以仿王羲之之兰亭修禊事为韵，并书序文。⑤

其二则是理宗宝庆三年（1227）由临安府尹户部尚书袁韶（1187进士）召集幕僚十三人于上巳日修禊事于西湖，拟承继晋永和兰亭禊事的雅集。作记的程珌（1164～1242）时任翰林学士知制诰兼修玉牒官兼侍读；他的记文显然是要借在西湖游赏之乐，与"京尹之仁，都民之和，而太平之观"联结，认为是继晋永和与唐文宗开成三年（838）的洛滨之游后的盛会，而聚焦于在西湖一日的游赏诗歌酬唱："且今日之游，群贤毕至，举觞张圃之池，舣棹苏堤之柳，谒先贤之祠，仰千载之风。羽衣翩跹，抱琴而来，弹有虞《南薰》之歌，弄《空山白云》之操。已而联辔孤山之

---

① （宋）陈宓：《复斋先生龙图陈公文集》卷九《安溪县复赡学田记》，四川大学古籍整理研究所编《宋集珍本丛刊》第73册，线装书局，2004，据清抄本影印，第14a～15a页；（明）阳思谦修，徐敏学、吴维新纂［万历］《泉州府志》卷一〇，《中国史学丛书·三编》第4辑，台湾学生书局，1987，据万历四十年（1612）刊本影印，第7b页。考《泉州府志》，此时的泉州知州为邹应龙，因此，陈宓文中提到的邹某即邹应龙。

② （宋）陈宓：《复斋先生龙图陈公文集》卷九《安溪县安养院记》，第16a～16b页；同卷《安溪县丞厅题名记》，第19b～20b页。

③ 除上引《安溪县复赡学田记》《安溪县安养院记》，见陈宓《复斋先生龙图陈公文集》卷九《安溪县惠民局记》，第15a～15b页；同卷《安溪县龙津桥库记》，第16b～17b页。

④ 见陈宓所撰《安溪县到任谕俗文》《安溪县劝民服药戒约巫师文》《安溪县劝民造砧基簿》《回使府造砧基簿拟事件》《安溪县劝农文》，俱见陈宓《复斋先生龙图陈公文集》卷二二，第1a～5b页。关于刊刻司马光书仪，见《复斋先生龙图陈公文集》卷一〇《跋安溪县刊司马温公书仪》，第9a页。

⑤ （宋）陈宓：《复斋先生龙图陈公文集》卷九《安溪县集右军字续兰亭记》，第27b～28b页。

馆，引满海棠之下。是日也，晓烟空蒙，昼景澄豁，睹物情之咸畅，喜春意之日新，却弦断管，一尘不侵，越嶂吴山，尽入清赏。凡贩夫所粥，毕售于公。左右游楗，不令亦舞……于是乐甚，献酬交举，或哦坡仙之什，或论晚唐之诗，颓然西景，放舟中流。"从程珌描述的西湖一日游可知，其活动的人数虽不多，但留下记录动静兼顾，内容较之晋唐雅集更丰富多样，因此留存"是集也，傥有以纪之，宁能多逊兰亭、洛滨邪"之赞。这时的士人虽处于升平繁荣的年代，也自觉不能仅以兰亭士人逍遥避事自况为己足，而是冀中兴之望，"虽然，吾侪亦岂燕安于是哉！他日舆图尽版，护跸上京，则追洛水之游，寻曲江之胜，未央也，尚当续纪之"。①

南宋士人雅集性的文化活动较之前代更为多样。南宋业儒任官的士人增多，人际往来频繁，聚会绵密，游赏活动增多、类型多样，如各种耆老会、率真会、诗社、棋社、乡饮酒礼。同年同僚之间以节庆如中秋茶酒为名的聚会，普遍流行，各种文物都成为同道、同僚共赏怡情的资源。这些不同形式的聚会或有以上巳兰亭为名，或仅取其名而变其形。如标榜以举业相砥砺的青云课社，于嘉定十二年（1219）由徐鹿卿（1189~1250）召集，其以文会友、以文辅仁，共同以砥砺科举时文为目标；② 又如陈造（1133~1203）所述在高邮贡院举行的乡饮酒礼，活动过程虽也饮酒赋诗，与兰亭雅集类似，但认为兰亭会无诗者罚酒，属于欢饮的性质，而此次乡饮酒礼并未罚酒，属于礼饮，③ 明显与兰亭会诗文交流的目的相异；甚或也有如程珌借机批评东晋兰亭会过于消极，而以中兴自期者。活动的方式，有同僚的聚会，如三十六岁的王十朋（1112~1171），于绍兴二十七年（1157）底任绍兴府签判后，④ 次年十

---

① （宋）程珌：《程端明公洺水集》卷一〇《西湖禊事记》，《宋集珍本丛刊》第71册，线装书局，2004，据嘉靖三十五年（1556）刻本影印，第4a~5a页。
② （宋）徐鹿卿：《清正存稿》卷五《青云课社序》，《景印文渊阁四库全书》第1178册，台湾商务印书馆，1983，据台北故宫博物院藏本影印，第19b~20b页。
③ （宋）陈造：《江湖长翁集》卷二三《高邮贡院落成诗序》，《宋集珍本丛刊》第60册，据万历刻本影印，第20a~20b页。
④ （宋）汪应辰：《汪文定公文集》卷一二《龙图阁学士王公墓志铭》，《宋集珍本丛刊》第46册，据清抄本影印，第3b~4a页；王十朋著、梅溪集重刊委员会编《王十朋全集》卷一一《民事堂》，上海古籍出版社，1998，第176~177页。《宋史·王十朋传》未系年绍兴佥判之任，也没有提到王十朋在绍兴二十七年中第。汪应辰的王十朋墓志则首先提到他在二十七年中第，再提任官绍兴。根据王十朋的诗作《民事堂》，他在绍兴二十七年已受命绍兴佥判。该诗作于十二月，十朋已在绍兴。

一月与八位同僚经镜湖，至会稽县南三十里的天衣寺游历，留下相关诗文，雅会的兴味不逊兰亭。①除同僚游赏外，也有由地方长官召集的聚会，如前述知安溪县陈宓与僚友登山、临安府尹袁韶召幕僚共游西湖。雅集的举行地点中，杭州西湖显然成为会稽之外的重要地方，此外还有泉州安溪，这显示区域性活动增多。由于南宋士人参与的群体活动趋于多元，即便仍以兰亭为名，与东晋原貌相较，亦多变易；这种现象或与士人在仕进过程中，异动频繁，必须不断参与各类聚会以排遣时光、结交同道、经营人脉，而发展出雅俗有别的文化活动，关系密切。

以兰亭为名的交流名目虽多，但职任转徙频繁，多属临时或同僚随意性的聚会，组织较为松散，与南宋晚期以后，有领袖人物、定期聚会、组织较为严密的诗社有别。②南宋晚期，科举竞争激烈，仕进不易，出现众多漫游江湖、行谒权门的士人，及虽获功名，因仕途壅塞，而居家待阙的低层选人。他们所形成的社群日益增多，成为晚宋的特殊景象。周密（1232~1298）《武林旧事》和吴自牧（1161~1237）《梦粱录》提到杭州士人所组成的西湖诗社，都是"行都缙绅之士及四方流寓儒人，寄兴适情赋咏，脍炙人口，流传四方"③，为一般士人组成的江湖诗派、词派的社群。其活动的内容，也从原来较随性、质朴的赋诗、抒情，发展到多数文人借节庆宴会或群聚宴游时，雕琢、推敲、讲究格律的研习，乃至竞赛，其组织性与群体意识增强，与兰亭一类较随意的游赏联谊雅集，明显有别。

四　宋元易代之际的士人雅集

蒙元入主中国，不仅是改朝换代，更是由夏变夷所带来统治体制的极大变革。这一转变对于在两宋既有体制及社会环境下成长的士人而言，有着巨大的冲击，需要在心态上有所调整。不过，蒙元政权的文禁不严，其统治政策颇具包容性，因此，随着局势的缓和，旧朝遗士逐渐由敌视而接纳新政权。这些旧朝士人在新政权下的遭遇及其转变，可从彼此聚会时的心情中显露出来。

---

① （宋）王十朋著、梅溪集重刊委员会编《王十朋全集》卷一二《游天衣寺》，第199页。
② 郭峰：《论南宋江湖词派的词社》，《云南社会科学》2006年第1期，第130~133页。
③ （宋）吴自牧：《梦粱录》，中国商业出版社，1982，第167页。

蒙古征服金宋之后，旧王朝的士人各以不同的态度面对新政权的统治。在北方，元初重要学者兼官员王恽（1227～1304）所记载的北方士人雅集即具代表性。至元十一年（1274）蒙古亡宋之前，王恽曾任平阳路总管府判官。当年三月上巳日，王恽与平阳府同知张明卿、治中忽德辉、前平阳府判官张傪（字行甫，北燕人）在平阳（今山西临汾）晋源乡兰庄刁氏的醒心亭禊饮并赋诗。[1] 到至元二十四年（1287），王恽暂回卫州汲县家居，也于三月上巳日，约二三知友燕集于当地林氏花圃，重修永和兰亭故事，"所有事宜，略具真率。旧例各人备酒一壶，花一握，楮币若干，细柳圈一，春服以色衣为上，其余所需，尽约圃主供具。秉简续咏，辨追洧水欢游；禊饮赋诗，修复兰亭故事"。[2] 这两次参加雅集的人数不多。第一次恰在忽必烈发动大规模南征的前夕，在山水清音、野卉留香的兰庄，虽得"暂脱帕车三日妇，怯怜时序百年心"，但心情未见快慰。第二次则在忽必烈灭亡南宋后，王恽自燕返乡之际，与同乡知己于上巳日相聚。两次聚会方式像一般士人真率之集，但追寻兰亭禊饮，显示兰亭为此时北方士人雅集的通称。

蒙古征服南宋后，北方士人官员也曾参加江南雅集。兹以魏初于至元二十三年（1286）在杭州参加以兰亭为名的雅集为例。魏初（1232～1292）出生于北方弘州顺圣（今河北阳原），于至元二十一年（1284）任职江南行御史台。至元二十三年他与南台御史马煦（字德昌，1244～1316）同巡历至杭州，与杭州士人一起到钱塘门外陈氏山庄的此君亭。"亭在万竹中，轩户足清，杯盘足古。酒数行，谈议蜂起，笑谑间作，觞猛于阵，诗严于律，熏陶浃洽，其气象有大不凡者。明日诸公咸有乐府，以歌咏其事。又令子昂赵君图之，且嘱余序所以意。"[3] 从魏初的序文中可以看到蒙元官员与当地士大夫的聚会场面是热闹欢乐的。此次聚会未必是

---

[1] （元）王恽著，杨亮、钟彦飞点校《王恽全集汇校》卷一五《至元十一年岁在甲戌上巳日会府倅张明卿治中忽英甫前总判张行甫禊饮于晋源乡兰庄刁氏之醒心亭张侯行甫之子思诚息翁孺侍宴》，中华书局，2013，第693～694页。

[2] 《王恽全集汇校》卷七〇《禊约》，第2988页。有关王恽两次修禊的地点与第二次的时间，承洪丽珠博士提供资料与意见，仅此致谢。

[3] （元）魏初：《青崖集》，《山庄雅集图序》卷三，《景印文渊阁四库全书》第1198册，台湾商务印书馆，1983，据台北故宫博物院藏本影印，第18b～19a页。

上巳日,但取法晋唐兰亭或竹林七贤、洛下九老会以"托物兴怀,自得天地之妙"的用意十分清楚;而时年三十三岁、已展露诗画才艺的赵孟頫(1254~1322),受命以图像记录这次集会,更通过此次雅集见证北方士人面对新政权的心情。

相对于北方士人,江南士人对新旧政权递嬗的冲击感受颇深,而其则需要时间来抚平。蒙元征服江南,不仅改变了士人的政治地位,且使其生存于相对险恶的环境中。虽然基层的官员与士人所受冲击较小,其社会关系与地位相对稳定,但面对新环境的急骤变化与挑战,他们同样借与友人聚会,宣泄、抒发忧闷的心情。

士人处于政权交替的处境与遭遇,可由四明人戴表元(1244~1310)所撰二篇比附、对照兰亭的聚会之序文得知。戴表元是四明奉化人,字帅初,一字曾伯,号剡源先生,曾受业于王应麟(1223~1296)、舒岳祥(1217~1301),并与降元的袁洪(1245~1298)友善。他是著名元代四明士人袁桷(1266~1327)的老师。宋恭帝(1271~1323)德祐二年(1276),元兵进逼宁海、奉化,曾任建康府教授的戴表元早在前一年(1275)归乡。为避兵乱,他与舒岳祥等人辗转流徙,生活困顿,对兵乱导致的离乱感慨至深。这种遗民心情使他对陶渊明的诗文有更深的理解。[①]等到局势稳定,戴表元返回四明。此时的文士多借诗会抒发对易代的感伤与故国之思,像陈著(1214~1297)即于至元十四年(1277)丁丑九月九日借赏菊之名,组织以诗抒发对时局变迁感怀的诗会。[②]

至元二十三年(1286),久居家乡,馆于袁洪家,教授袁桷的戴表元,以四十三岁之年来到杭州,与由外地游寓士人,如山阴徐天祐(1262进士)、会稽王沂孙、台州陈芳、番禺洪师中及受杨大受之邀而移居杭州的周密(1232~1298)等,与杭州士人群体有密切往来。周密于当年三月五日,约集杭州及游寓士人共十四人至杨大受所营建的流觞曲水游赏,修兰亭故事。当天适逢大雨,六人缺席,遂移至临池的堂背宴集,共同观赏周密所收藏珍贵古器物。他们以抚琴观书、吟歌饮酒为乐,"各不知人世之

---

① 杨亮:《宋末元初四明文士及其诗文研究》附录"四明文士活动年表",中华书局,2009,第300~302页。

② 杨亮:《宋末元初四明文士及其诗文研究》,第309~310页。

有盛衰今古，而穷达壮老之历乎其身也"，并感慨"晋之既迁，名士大夫侨居而露宿，愁苦而嗟咨，有愿为盛时故都之氓不可得矣。故且驾言出游，以写我忧，而何择于禊之有？"既以古况今，致"壮者茫然以思，长者愀然以悲。向之叹者欲幡然以辞。既而谨曰：'事适有所寄也。今日之事，知饮酒而已，非叹所也。'"周密责各人赋古体诗，编成《杨氏池堂宴集诗》，请戴表元撰序。① 从戴表元序文，可以看到易代之初，江南士人对时局的变易仍不能适应，借由诗文抒发他们内心的悲怆，吐露遗民情怀。

至元甲午（1294），戴表元到会稽，参加官方色彩浓厚的兰亭会。在他所撰《游兰亭诗序》中，述及至元三十一年部使者王公与继任者狄公曾分别修建右军祠塾及右军肖像，于三月三日由王氏子孙祭拜外，更行永和修禊故事，并由书塾诸生诵永和诸贤兰亭诗。旁观者"缝衣峨冠，弥巷满谷。山翁野叟，奔走出睹"，与会者"音容谐同，情礼清邕，凡在饮者无不欢惬"，戴表元赞叹"美哉游乎！自吾具耳目以来所未始睹识也"。时人虽比于永和诸贤，但戴表元认为"人苦不自知，当永和诸贤，徘徊几席间，取快一时，岂暇豫期后世。事若然者，徒败人意耳"。遂取右军诗为韵，每人探一韵成若干篇，由表元为序。② 从序文的内容看来，当时官府似颇重视兰亭会，士人也想借修禊故事，进一步自比、思索永和诸贤的想法与态度。此时宋亡已十五年，士人多走出亡国阴影，认同新政权，因此认为古今无法相比，希望会友抛弃纠结，"今日之事，且极饮为乐"。

而入元后不仕的邓牧（1247～1306）与友人举行修禊故事则是江南士人另一种心情。邓牧，字牧心，钱塘人，自号三教外人。自幼读书悟文法，下笔追古作者。宋亡后，绝意仕进，游方外名山；元贞二年（1296）至绍兴山阴，被延至陶山书院。离开杭州到绍兴的邓牧错过了杭州友人在西湖的修禊聚会，而兰亭右军祠在这年的三月三日亦有活动，邓牧虽然受邀却没有参加，反与少数友人在镜湖举修禊故事。此事见于他留下来的两份修禊的序文。他与陈观国（字用宾）、刘邦瑞、胡侨（字汲古）三人会

---

① （元）戴表元著，李军、辛梦霞校点《戴表元集》卷一〇《杨氏池堂宴集诗序》，吉林文史出版社，2008，第135～136页。《剡源文集》卷一〇《戴表元集》，吉林文史出版社，2008，第7下～9下页。另参杨亮《宋末元初四明文士及其诗文研究》，第321页。

② （元）戴表元著，李军、辛梦霞校点《戴表元集》卷一〇《游兰亭诗序》，第141～142页。

于镜湖佛寺,遥望兰亭,举行禊礼。礼毕,游春波桥、禹庙,场景欢乐,"有浩歌者,有瞠目视太虚者。有连举大白不置者……间有起复坐喧笑,亦不暇恤"①。但众人也感伤自晋迄今景物虽无大变化,天运却是无情,因而相顾叹息。邓牧则以豁达的心情看待:"千万世,一日之积也。千万人,一气之分也。死死生生于天地间,如阅传舍……以死生为大者,前此盖未悟尔。"② 事后,杭州友人告知邓牧西湖之会有十四人举行修禊并赋诗,以他未参与为憾,请他作序。他提到,"余追思醉越时,坐念西州故人,其乐其悲,弗得知也。西州故人念我,独得知其乐其悲乎哉"③。从序文来看,邓牧婉辞右军祠之会,可能与其官方色彩有关。邓牧选择与少数不仕的士人朋友私下在镜湖举行禊会,而其杭州友人的修禊故事也可能是不仕士人。他们似乎都借着雅集以豁达相勉,抒发苦闷心情,回避对现实的不满,这与入元之初南人的心态已有相当差异。

　　从上述士人以兰亭修禊为名的聚会,可以看到易代之际南北士人的聚会模式与心境有别,南方士人更随着时间的推移产生微妙变化。王恽在平阳的修禊会是官员之间的活动,而在汲县则是王恽与乡友的聚会,其场景实与永和兰亭会有别,真率会的倾向较明显。魏初仕宦南台,与同是北士的御史马煦参加在杭州的江南士人的雅聚,则颇有兰亭兴味。不同于北士官员出席的场合,四明戴表元入元后的两份参与兰亭会的序文,则突出了遗民心态的转变。至元二十三年戴表元在杭州以遗民之姿参与周密等十四人的雅集时,虽游赏美景,观赏珍贵文物,但仍表露出江南士人在新政权统治初期的苦闷与困顿。到至元三十一年,戴表元参与北来官员因会稽兰亭右军肖像落成所举行的雅集,所撰序文则不见遗民之忧愤。然而,钱塘邓牧则婉拒此一官方色彩浓厚的禊会,选择友人举行的私人活动。邓牧在相关序文中虽示豁达,却可能反映了江南士人面对新统治环境犹心怀忧惧,不敢于诗文中坦然表达他们对新朝的态度。

---

① (元)邓牧:《伯牙琴·鉴湖修禊序》,《知不足斋丛书》第11函,台湾艺文印书馆,1966,第31a~31b页。
② (元)邓牧:《伯牙琴·鉴湖修禊序》,第31b~32a页。
③ (元)邓牧:《伯牙琴·西湖修禊序》,第32a~33a页。

五　元末士人雅集与续兰亭会

宋金治下的士人面对蒙元侵犯及政权转变，在适应与认同上颇有转折。初期由于政治利益与社会身份的冲击，士人对新政权产生敌视、无奈悲怆的心情，出现继金末、宋末以后士人多元的集会形态。随着元政权趋于稳定，士人的文化活动形态也有明显的变化。他们以诗词酬唱为名的雅集活动增多。造成此一现象的原因值得探讨。

首先是士人延续宋末以来群体性的结社活动。江南士人在政权递嬗时所受到的冲击，主要有二：一是原有官职的士人若不顺服新政权，身份地位无法保障或因战乱漂泊居住，生活困顿，对新政权不免怨怼、疏离；这些不得意者聚会时，多借诗文抒发心中的愤懑。随着政权统治稳定，社会秩序渐趋恢复，返乡者仍须建立人际网络，谋求长久性的生存与发展。而且蒙元朝廷在经历一段压制征服之后，从中央到地方，相继采取相对温和的手段，弭平创伤，化解对立，甚至须拉拢在地有名望的士人，维持秩序或兴学校推动教化，如宁海人舒岳祥为宝祐四年（1256）进士，曾知定海县，宋亡不仕，以诗文自遣。景炎元年（1276，元至元十三年）元兵进逼宁海、奉化等地，舒岳祥为避兵祸，辗转流徙，生活十分困顿，对乱离多有感慨，对新政权多有抗拒之心。但到至元二十九年（1292），舒岳祥在七十四岁高龄撰写《宁海县学记》时，已强调"一统天下之主，未有不尊孔氏、隆儒术者也"，[1] 此可以反映元廷统一全国后，江南士人对新政权态度的转变。[2] 同样在宋亡后受战乱波及的戴表元也曾有诗劝袁桷之父袁洪任职元廷。[3] 此外，像四明人陈著在蒙军进入浙东后，遭受极大痛苦，故国之思与仇蒙之意甚明。他于景炎二年（1277）九月重阳节时，组织以

---

[1] （元）舒岳祥：《阆风集》卷一一《宁海县学记》，《景印文渊阁四库全书》第 1187 册，台湾商务印书馆，1983，据台北故宫博物院藏本影印，第 10b 页。

[2] 关于入元以后，江南士人的遭遇与对新朝态度的转折与变化，及对遗民的讨论，学界已多有修正性的观点，如旅加华裔学者谢慧贤，及萧启庆、陈得芝、包伟民，乃至日本学者森田宪司等，都很具代表性。请参考相关学者论著，兹不赘述。另见杨亮《宋末元初四明文士及其诗文研究》，第 333 页。

[3] 杨亮：《宋末元初四明文士及其诗文研究》，第 311 页。

"菊集"为名的诗会。以赏菊为名,即深怀故国之思。① 但到次年,诗会所表达的已由故国之思,转为人生徒行乐的感受。舒岳祥、戴表元与陈著的例子均说明大部分士人面对政治环境的变化,心态有所转变与调整,② 他们在度过战乱,消除对统治者信任危机之后,逐步对新政权有所认同,与地方长官之间的互动趋于活络。不论是丧失旧政治舞台的士人官僚或寻找新出路的新锐士人,多借参与诗文酬唱的雅集活动,寻找新契机。

其次是士人仕进途径的改变。通过举业追求入仕,是两宋320年间士人谋求仕官仕进的主要方式。通过科举考试入仕的官员,可以获得政治地位、社会名望与经济利益,驱使众多士人迈向举业;士人仕官与升迁有既定的路径,但彼此的关系多元而复杂,如同乡、同年、同僚,都是建立人际网络的重要渠道,加上可资交流的资源多样,易于形成不同类型的聚会方式。入元以后,科举时废,大部分士人失去进身之阶,对仕途无望的士人多留在乡里营生或传扬儒学。③

科举废罢,担任学官与投入吏职成为元朝入仕的重要途径。众多为谋生而追求仕进的士人,即因地方长官拔擢,出任教授、山长或幕职,转变身份。如至元二十七年(1290)陈恕可(1258～1339)出仕西湖书院山长,④邓文原(1259～1328)应征为杭州路儒学正,⑤ 二十九年(1292)刘铉为徽州路紫阳书院山长,⑥ 成宗元贞元年(1295)被荐为茂才异等的袁桷(1266～1327)出仕金华丽泽书院山长,⑦ 二年(1296)王英孙延聘邓牧至陶山书院,⑧ 大德四年(1300)盛彪得吉水州学教授,后为镇江路学正。⑨前述戴表元即曾记录数位友人同时担任各地学官,他在大德五年有诗题云:"钱塘数友,皆不免以学正之禄糊口;邓善之(文原)得杭,屠存博

---

① 杨亮:《宋末元初四明文士及其诗文研究》,第309～310页。
② 杨亮:《宋末元初四明文士及其诗文研究》,第312～313页。
③ 杨亮:《宋末元初四明文士及其诗文研究》,第212页。
④ 牛海荣:《元初宋金遗民词人研究》附录"元初宋金遗民词人活动年表",中国社会科学出版社,2007,第412页。
⑤ 杨亮:《宋末元初四明文士及其诗文研究》,第329页。
⑥ 牛海荣:《元初宋金遗民词人研究》,第413页。
⑦ 杨亮:《宋末元初四明文士及其诗文研究》,第336～337页。
⑧ 牛海荣:《元初宋金遗民词人研究》,第414页。
⑨ 杨亮:《宋末元初四明文士及其诗文研究》,第348页。

(约)得婺，白湛困（珽，1248～1328）得太平，仇山村（远，1247～?）得镇江，张仲宾得江阴，一时皆有远别。"① 到大德六年（1302），五十九岁的戴表元也被荐出任信州路教授。② 士人无论投入学官还是吏职，多借集会抒发情怀，增进情谊，并觅求仕进机会，形成游走各方的交友论道之风。于是以诗社雅集为名的群体文化活动，蓬勃发展。

在这两种因素的激荡下，入元以后雅集性的群体活动层出不穷，成为士人的主要文化活动，杭州即有西湖诗社、杭清吟社、白云社、孤山社、武林社、武林九友会等诗会，浙东有越中诗社、山阴诗社，浙西浦江有月泉诗社，江西有明远诗社、香林诗社，以及由文人组成的各种书会。③ 这些集会都在世祖、成宗期间兴起，为活跃于各地的士人提供交流的机会。

到元末，士人、士大夫交游讲学之风更盛。以诗文会友，题咏唱和的雅集诗社，更成为士人文化活动及建立人际网络的主要途径。关于这方面的研究，文学史学者有较丰硕的研究成果，而关注元代文学的展龙之论可为代表。依展龙所列，元末江南至少有二十四个雅集，尤其是苏州、松江、昆山、无锡、长洲、杭州、嘉兴、绍兴等经济文化中心，参加者主要是民间艺人、科场及仕途失意人士、宗教人士及官员。这些集会的次数多，规模大，如玉山雅集，前后举行诗会达五十次，参与者达一百四十余人。不少诗社组织严密，有召集人，诗题、评语及赏罚，并编汇成集。结社活动除了使士人得以文墨相尚，以道艺、文字相切磋，进行文化层面的交流以外，更是在仕途壅滞的环境中，士人借以建立人

---

① （元）戴表元：《剡源佚诗》卷四，收入李军、辛梦霞校点《戴表元集》，第532页；牛海荣：《元初宋金遗民词人研究》，第415页。关于白珽任学官之处，缪氏藕香簃抄本《剡源佚诗》作"白湛困得太山"，与他本不同。考（宋）张伯淳《养蒙文集》之《送白湛渊赴太平》，可知"得太平"无误。见张伯淳《养蒙文集》卷九《送白湛渊赴太平》，《景印文渊阁四库全书》第1194册，台湾商务印书馆，1983，据台北故宫博物院藏本影印，第8b～9a页。此条数据承洪丽珠博士提供。原注比对某一版本之《佚诗》与《养蒙文集》，得出"太山"应为"太平"之误。然而，此实涉及《佚诗》之版本问题。
② 袁桷所作戴表元墓志铭记表元六十一岁为信州教授，然《宋元戴剡源先生表元年谱》所引戴表元自述，明言表元出任信州路教授时为五十九岁。见孙菿侯《宋元戴剡源先生表元年谱》，载《新编中国名人年谱集成》第6辑，台湾商务印书馆，1978，第75～76页。此条数据承洪丽珠博士提供。又见管正平《戴表元任信州路儒学教授时间考证》，《陕西师范大学学报》2014年第3期，第113～117页。多谢邱逸凡先生提供论文。
③ 展龙：《元末士大夫雅集交游述论》，《甘肃社会科学》2012年第5期，第184页。

际关系而成就功名的重要渠道。正如刘诜（1268～1350）在《送欧阳可玉》中所说："自宋科废而游士多，自延祐科复而游士少，数年科暂废而游士复起矣，盖士负其才气，必欲见用于世，不用于科则欲用于游，此人情之所同。"①

在元末众多的诗社雅集聚会中，也出现自比修禊故事的雅集。其一是至正十六年（1356）宋濂（1310～1381）与浦江友人郑铉（1295～1364）于三月上巳日到浦江县东桃花涧仿古修禊。参加这次雅集的士人仍然赋诗，并由郑铉结集成编，宋濂撰序。宋濂在序中，强调此次修禊是追寻《韩诗外传》所记上巳日"桃花水下之持"的郑国旧俗，持论"追浴沂之风，舞雩之咏叹，庶几情与境通，乐与道俱，而无愧于孔氏之徒"，与"晋人兰亭之集多尚清虚"明显有别。② 而曾参与此次集会的同乡人戴良（1317～1383）在后记中更批评晋人永和雅集"其雅好游谈，耽嗜华藻，亦不免于君子之所讥，原其故，右军岂得辞其责哉！"与此相对，宋濂与友人之仿古修禊则具正面积极意义："今景濂则不然，惧斯道之不闻，而末俗之益偷也。既以舞雩之咏勖之，复以山阴之集戒之，终篇数语，凛乎其可畏。呜呼，使晋诸人而闻此，咸以惜时叹老之心，而为汲汲求道之举，则当时士习宁有不振者乎。"③ 此例显示，在乱象已征的元末，部分士人并不像东晋士人那样清虚消极、随波逐流，反而积极向道。

其二则是由刘仁本（？～1368）于至正二十年（1360）主持，以承续兰亭会为名的"续兰亭会"。此次雅集不仅留下较丰富的史料，而且已有若干论著。文史学界针对元明政权更迭之际江南士人的心态进行研究，让我们对此次诗会有更清楚的了解。④ 不过，若将此次诗会置于元末雅集盛行的社会文化环境中，当能凸显刘仁本传承永和修禊的用心与

---

① （元）刘诜：《桂隐文集》卷二《送欧阳可玉》，《景印文渊阁四库全书》第1195册，台湾商务印书馆，1983，据台北故宫博物院藏本影印，第8b页。本文所举之例多参用展龙《元末士大夫雅集交游述论》，第184～187页。
② （明）宋濂：《桃花涧修禊诗序》，收入陶宗仪《游志续编》卷下，阮元辑《宛委别藏》第50册，江苏古籍出版社，1988，第23b～25b页。
③ （元）戴良著，李军、施贤明校点《戴良集·山居稿》卷五《修禊集后记》，第51～52页。
④ 参见唐朝晖《元末续兰亭诗会及其文学史意义》，《兰州学刊》2010年第3期，第173～175页；邱江宁、宋启凤：《论元代"续兰亭会"》，《江苏社会科学》2013年第6期，第185～189页。

努力。

刘仁本，字德玄，号羽庭，天台黄岩县人，历官江浙行省左右司郎中。至正十四年（1354）任方国珍幕僚，在庆元、奉化、定海、上虞、黄岩等地积极兴儒学，推动建设，并广泛结交浙东知名士人，乃至佛、道、山野之人，包括朱右（1314～1376）、贡师泰（1298～1362）、如阜、赵俶、徐昭文等，使浙东特别是绍兴一带，成为元末社会秩序稳定的地区与文人聚集的文化中心。① 刘仁本除推动建设，稳定社会秩序外，对文化振兴尤为关心。他通晓诸史、百家、阴阳、卜技、名法诸学，尤其雅好玄学，崇尚晋人自然之趣。不仅慕东晋玄学名家孙绰"羽人丹丘，福庭不死"之句而自号羽庭，亦将其诗文集名为《羽庭集》。② 他到会稽后，感受到山阴兵乱之余，既有的兰亭古迹不存，于是在他驻节余姚州署后山的秘图湖上建雩咏亭，作为与士友聚会之所。雩咏亭虽不在会稽，但其环境与王羲之的兰亭相似。刘仁本认为晋人尚自然玄妙之风，至唐宋已失，"东晋山阴兰亭之会，蔚然文物衣冠之盛，仪表后世，使人景慕不忘也。……唐宋虽为会于曲江，率皆矜丽务为游观，曾不足以语此"。③ 为了追寻永和修禊的轨迹，直接师法王羲之兰亭会的做法，刘仁本在与永和八年（352）相距一千零八年的至正二十年（1360）三月三日，召集四十二人举行大规模的诗人雅集。出席者除官员与士大夫外，尚有军官与方外之士等绍兴名流。为接续兰亭诗会的精神，刘仁本要求与会者"仍按图取晋人所咏诗"，并接兰亭会上未完成的诗，而其内容则体现兰亭雅集的精神、气质与文采。④ 此次诗会之后，刘仁本集成《续兰亭诗》，他及朱右撰序并刻石。⑤ 至正二十二年（1362），刘仁本更将定武本兰亭帖刻石。⑥

---

① 唐朝晖：《元末续兰亭诗会及其文学史意义》，第173页。
② （元）贡师泰著，邱居里、赵文友校点《贡师泰集》卷六《羽庭诗集序》，第284页。
③ （元）刘仁本：《续兰亭诗序》，收入陶宗仪《游志续编》卷下，阮元辑《宛委别藏》第50册，江苏古籍出版社，1988，第21b～22b页。
④ 邱江宁、宋启凤：《论元代"续兰亭会"》，《江苏社会科学》2013年第6期，第185～187页。
⑤ （元）朱右之序见朱右《白云稿》卷五《上巳燕集补兰亭诗序》，《续修四库全书》第1326册，上海古籍出版社，1995，据北京图书馆藏明初刻本影印，第17a～18a页。
⑥ （元）刘仁本：《羽庭集》卷六《跋家刊定武兰亭帖后》，《景印文渊阁四库全书》第1216册，台湾商务印书馆，1983，据台北故宫博物院藏本影印，第42a～42b页。

六　结语

　　东晋永和年间王羲之聚集士人而举行的兰亭修禊，是在中国古代史上与曹氏西园雅集、石崇金谷宴集并称的典范性士人雅集，且独具特殊意义。它是东晋门第士人将传统民间于三月上巳日在水上招魂续魄，执兰草以祓除不祥的习俗，转化为士人在春天万物新生之时，聚集于山水优胜处，酌酒赋诗的聚会。此会在崇尚自然玄学之风甚盛的东晋举行，因此诗文弥漫着清虚的气息，贴近时代的氛围。更特别的是，此次雅集留下王羲之典雅的书法，显现士人与景色、诗酒、书法交融的文化盛会，成为后世所追法、继承的典范。

　　随着时空的转变，唐宋士人的雅集，在继承旧惯之余尤有新的发展与变化。隋唐的科举取士，让新兴士人得以经由考试任官，形成政治社会上的优势群体；由于士人群体的扩大，人际关系更趋复杂，像同乡、同学、同年乃至同僚所建立的朋友之伦，既有相同文化背景，又有聚散离合情境，需要透过集会以交流情谊，相互唱和，经营人脉。因此新形态的聚会如耆老会、同年会因应而生。及北宋以后，更有诗社、曝书会、真率会，乃至乡饮酒礼、茶会等不一而足，士人交流频繁，内容增多。南宋以来，以繁盛的江南文化为背景，士人仕途壅塞，需广建人脉，获取荐举，以图升迁；更有众多不仕或低阶官员，为争取奥援或行谒求职，诸多功能与目的有别的诗社雅集等文化团体遂相继出现。出身富盛之家的士人，因收藏或鉴识《兰亭序》等书画文物成为名家，亦多借雅集性的聚会，共赏兰亭帖，书写题跋，鉴别真赝优劣，增进情谊。这些士人的雅集即使标榜兰亭，却不尽然在上巳日举行，其形式、内容更不全然与永和修禊切合，甚或多有歧异，而且多随性地联结或比较兰亭会，亦有新的诠释。因此，在日趋多元的士人交流活动中，兰亭仅成为象征性的雅集符号，未必为真实的模仿或继承。

　　宋元交替之际，由于南北环境不同，士人以兰亭为名的聚会在方式和气氛上也有显著差异。江南士人在既有诗社的基础上进一步强化组织。部分江南士人在政权交替之际，因曾经历战事蹂躏或心怀亡国之念，其集会弥漫悲怆，而南下任官的北方士人所参与的雅集则显得轻松愉悦。及蒙元统治稳定，江南士人渐渐认同新朝之后，因科举举罢不时，规模狭小，士人需以吏入仕或任职学校以求晋升之阶，多借雅集结交同道并争取仕进，这使当时雅集的发展较之南宋不仅毫不逊色，且有较强的功利取向。

宋元士人以不同名目进行交流的修禊雅集，其形式及精神已与东晋讲求质朴的原貌相违，甚至出现追求儒者精神的例子。元末，宋濂在家乡与友人尝试融合古代习俗与儒家积极致道传统的桃花涧修禊，正是一个有趣的案例。刘仁本在余姚试图恢复东晋追求自然质朴的续兰亭诗会，则是士人在长期形式化的聚会方式之后，欲返璞归真，追求雅集原貌的一项努力。

后记：本文初稿承陈雯怡、洪丽珠两位博士及邱逸凡先生提供修订意见，谨此致谢。

Exchanging Writings in the Polite Arts: The Lanting Gatherings among Official Literati in the Southern Song and Yuan Dynasties

Huang Kuanchung

Abstract: The Lanting Gathering（兰亭雅集）represents one of the ideal literary gatherings of ancient Chinese literati, which began in the Eastern Jin Dynasty. While the well-known calligrapher, Wang Xizhi（王羲之）, invited 42 Southern celebrities and held a classically elegant gathering on March 3 of Lunar calendar in Huiji（会稽）, the Literati Group had altered an ancient custom of expelling filth and congregating unmarried men and women into pure cultural and artistic activities. According to the description of specific activities, many participants were engaged in writing poetry, producing aesthetic penmanship and simultaneously enjoying the delightful feast with wine. Some ancient records preserved the imagined scenes of the combination of poetry and paintings, which became an imitable model of literati gathering with elegant cultural activities in spring.

Moreover, as a result of imperial examinations in Tang-Song period and the rising of emerging educated class, the elegant cultural activities such as the

Lanting Gathering had plenty variety of art forms and styles. The story of the Lanting Gathering based on well – bred literati from prominent families in the Middle Ages, were be inherited and then also be changed and innovated later, especially during the Southern Song and Yuan Dynasties. Due to sudden changes in politics and Socio – economic status, the types of literati assembly with abundant resources increased, and the cultural activities became ever more pluralistic and diversified. This paper aims to explore the associations of literati bureaucrats who named Lanting Gathering as joined organizations in the Southern Song to the Yuan Dynasty. The article is concerning the implication of the Lanting Gathering, organizational changes of the associations, and the mentality of literati in the subjugation occasion during the Southern Song and Yuan Dynasties.

Keywords: The Southern Song, Yuan Dynasty, Official Literati, Literary Gatherings, The Lanting Gatherings

札 记

大中宰相魏扶史事杂考五题

梁太济

两《唐书》不为立传的宰相

魏扶曾任宰相。一位宰相，两《唐书》竟然不为立传，这在唐人中是极其罕见的。何况这位宰相又系正途出身，历任清资，升迁亡故，皆无异常，其为相又恰在曾一度被认为是小太宗的宣宗朝，实在令人不解。今不揣浅陋，拟将散见诸书的零星材料略加汇聚，对其一生行实的大致轮廓，试作勾勒如下。

身世微不足道。《新唐书·宰相世系表·魏氏表》载其家世极其简单，仅只四代，且皆单传。父"昌"祖"盈"，皆无官位，本人"扶字相之，相宣宗"。子"笃字守之，刑部侍郎"。[1]

进士及第出身。《唐诗纪事》卷五一《魏扶》："扶登太和四年（830）进士第。"[2]《旧唐书·郑余庆附孙从谠传》："故相令狐绹、魏扶，皆父贡举门生。"[3]

为郎官，充翰林学士。郎官石柱题名司封员外郎第十一行、考功郎中第十二行，有魏扶题名。丁居晦《重修承旨学士壁记》："魏扶：会昌二年（842）八月八日，自起居郎充。三年四月二十五日，赐绯，五月二十九日，加知制诰。四年四月十五日，转考功郎中。九月四日，拜中书舍人。并依前充。"[4] 漏载何时出院。按，当在知举时，见下。

---

[1] 《新唐书》卷七二中《宰相世系表·魏氏表》，中华书局，1974，第 2660 页。
[2] （宋）计有功：《唐诗纪事》卷五一《魏扶》，上海古籍出版社，1965，第 770 页。
[3] 《旧唐书》卷一五八《郑余庆附孙从谠传》，中华书局，1974，第 4169 页。
[4] 丁居晦：《重修承旨学士壁记》，（宋）洪遵辑《翰苑群书》，中华书局，1991，第 29 页。

知举,放大中元年榜。《南部新书》所载即此期间事。李商隐《喜舍弟羲叟及第上礼部魏公》:"国以斯文重,公仍内署来。"①严耕望谓:"扶知是年春贡举,其始事必在会昌六年冬,盖即由中舍翰学出院知贡举也。"李商隐此诗,"尤为的证"。②

拜相。《新唐书·宰相表》:(大中三年,849)"四月乙酉,御史大夫崔铉守中书侍郎、同中书门下平章事。……兵部侍郎、判户部事魏扶守本官同中书门下平章事。"③《唐大诏令集》卷四九、《文苑英华》卷四五〇载沈询《崔铉魏扶拜相制》,其中对魏扶的评价是:"天与全德,性惟中庸,有致远之宏谋,负王佐之盛业。……爰委纲宪,仗名节而立朝,亦总地卿,尝会计而经国。纪纲式叙,征税益饶。"④《新唐书·李德裕传》:"(大中二年)吴汝纳讼李绅杀吴湘事,而大理卿卢言、刑部侍郎马植、御史中丞魏扶言绅杀无罪,德裕徇成其冤……"⑤ 按:《旧唐书·宣宗纪》大中二年十一月,已见"兵部侍郎、判户部事魏扶"⑥奏事,此后直至拜相,其本官迄无变动,其为御史大夫,乃大中二年十一月前之事。李商隐《(为弟作)谢座主魏相公启》:"羲叟启:伏奉前月二十八日敕旨,授秘书省校书郎、知宗正表疏,续奉今月五日敕,改换河南府参军,依前充职者。小宗伯之取士,早辱搜扬;大宗正之荐贤,又蒙抽擢。未淹旬日,再授班资,任重本枝,职齐载笔。"⑦拜相不久,其本官又曾迁宗正卿也。惜郁贤皓、胡可先《唐九卿考》失考。

大中四年六月戊申薨。是日之下,《新唐书·宰相表》仅书"扶薨"⑧,《资治通鉴》卷二四九作"兵部侍郎、同平章事魏扶薨"。⑨结衔有

---

① (唐)李商隐著、(清)冯浩笺注《玉溪生诗集笺注》卷二,上海古籍出版社,1979,第273页。
② 严耕望:《唐仆尚丞郎表》卷一六《辑考五下 礼侍》,中华书局,1986,第881页。
③ 《新唐书》卷六三《宰相下》,第1730页。
④ 《唐大诏令集》卷四九《大臣宰相》,商务印书馆,1959,第251页;《文苑英华》卷四五〇载沈询《崔铉魏扶拜相制》,中华书局,1966,第2279页。
⑤ 《新唐书》卷一八〇《李德裕传》,第5341页。
⑥ 《旧唐书》卷一八下《宣宗纪》,第621页。
⑦ (唐)李商隐著,(清)冯浩详注,(清)钱振伦、钱振常笺注《樊南文集》卷三《启》,上海古籍出版社,1988,第197页。
⑧ 《新唐书》卷六三《宰相下》,第1731页。
⑨ 《资治通鉴》卷二四九,中华书局,1956,第8043页。

误。另,《旧唐书·宣宗纪》于大中四年载:"十月,中书侍郎、平章事魏扶罢知政事。"① 其误更甚。

傅璇琮《魏扶传论》的三点商榷

傅璇琮《唐翰林学士传论》是一部高品位的学术著作。然而其中的《魏扶传论》②的撰写,作者似乎并未怎样用力,在资料上,于劳格、赵钺《唐尚书省郎官石柱题名考》③、岑仲勉《翰林学士壁记注补》④之外,稍作补充;于见解上,亦未见有何新的突破。读后有三点商榷意见,如下。

一、丁居晦《重修承旨学士壁记》:"魏扶:会昌二年八月八日,自起居郎充。三年四月二十五日,赐绯,五月二十九日,加知制诰。四年四月十五日,转考功郎中。九月四日,拜中书舍人。并依前充。"⑤ 岑仲勉谓:"《郎官柱》封外有名,员外郎与起居郎同为从六品上,扶官封外,或在三年五月。"⑥ 当即指与"五月二十九日,加知制诰"同时。《传论》谓:"司封员外郎与起居郎同为从六品上,当为会昌二年八月八日以起居郎入院前,曾任司封员外郎。"⑦ 似是有意对岑说做出的更正。敝人孤陋寡闻,既未能把握岑氏作彼推断的缘由,更不了解《传论》作此更正的依据,今特存疑,识此求教。唯据孙国栋的研究,整个唐代,见于两《唐书》的自员外郎徙起居郎者,初唐无,中唐1人,晚唐1人;而从起居郎徙员外郎者,初唐6人,中唐19人,晚唐7人。他的结论是:"起居郎由补阙迁入,迁出以入员外郎为常途。""员外郎品阶与起居郎虽相同,但员外郎负责实际行政,为中央政务的总汇,较起居郎为重要,所以起居郎多迁员外郎。"⑧《传论》改岑说似未必有何确据。

二、《传论》引《新唐书·李德裕传》大中二年"吴汝纳讼李绅杀吴

---

① 《旧唐书》卷一八下《宣宗纪》,第627页。
② 傅璇琮:《唐翰林学士传论·晚唐卷》,辽海出版社,2007,第162页。
③ (清)劳格、赵钺:《唐尚书省郎官石柱题名考》,中华书局,1992,第337、461页。
④ 岑仲勉:《翰林学士壁记注补》,中华书局,2004,第319页。
⑤ 丁居晦:《重修承旨学士壁记》,第29页。
⑥ 岑仲勉:《翰林学士壁记注补》,第319页。
⑦ 傅璇琮:《唐翰林学士传论·晚唐卷》,第162页。
⑧ 孙国栋:《唐代中央重要文官迁转途径研究》,上海古籍出版社,2009,第19、324~327页。

湘事，而大理卿卢言、刑部侍郎马植、御史中丞魏扶言绅杀无罪，德裕徇成其冤。"其中只指出魏扶"积极配合白敏中，参与诬害李德裕"，① 未指出此时曾迁官御史中丞。当日虽有中丞、侍郎相兼事例，如长庆四年十月壬寅，"以户部侍郎韦顗为御史中丞，兼户部侍郎"。② 然于魏扶，却是徙官，而非兼官。其《拜相制》特别指出："爰委纲宪，仗名节而立朝，亦总地卿，尝会计而经国。"③ 表明在任"兵部侍郎、判户部事"前曾"委宪纲"，即官御史中丞。李商隐《为荥阳公与魏中丞状》中，魏中丞即魏扶，荥阳公为郑亚④。《旧唐书·宣宗纪》：（大中元年二月）"以给事中郑亚为桂州刺史、御史中丞、桂管防御观察等使。"二年二月，"桂州刺史、御史中丞、桂管防御观察使郑亚贬循州刺史"。⑤《启》系赴桂管任后所上，开首说："某以九月九日到任上讫。"⑥ 又表明大中元年魏扶以礼部侍郎知贡举，放榜后，于年内即迁官御史中丞。

魏扶是以"兵部侍郎、判度支"拜相的，拜相后，其本官曾由兵部侍郎迁宗正卿，《传论》也未揭出。据永泰二年官品令，宗正卿正三品，与户、礼、兵、刑、工五部尚书同，而诸司侍郎为正四品下，两者相差四阶。李商隐为弟作《谢座主魏相公启》："羲叟启：伏奉前月二十八日敕旨，授秘书省校书郎、知宗正表疏，续奉今月五日敕，改换河南府参军，依前充职者。小宗伯之取士，早辱搜扬；大宗正之荐贤，又蒙抽擢。未淹旬日，再授班资，任重本枝，职齐载笔。"⑦ 小宗伯，礼部侍郎；大宗正，宗正卿。羲叟自谓既蒙拔擢及第，又蒙征辟为"知宗正表疏"差遣，而其释褐之官又蒙自秘书省校书郎改换为河南府参军。表明魏扶拜相不久，其本官确曾迁至宗正卿。惜郁贤皓、胡可先《唐九卿考》失考。然《九卿

---

① 傅璇琮：《唐翰林学士传论·晚唐卷》，第 163 页。
② 《旧唐书》卷一七上《敬宗纪》，第 512 页。
③ 《唐大诏令集》卷四九《大臣宰相》，第 251 页；《文苑英华》卷四五〇载沈询《崔铉魏扶拜相制》，第 2279 页。
④ （唐）李商隐撰、（清）钱振伦笺、（清）钱振常注《樊南文集补编》卷四，中华书局聚珍仿宋版影印，第 15 页。
⑤ 《旧唐书》卷一八下《宣宗纪》，第 617、618 页。
⑥ （唐）李商隐撰、（清）钱振伦笺、（清）钱振常注《樊南文集补编》卷四，第 15 页。
⑦ （唐）李商隐著，（清）冯浩详注，（清）钱振伦、钱振常笺注《樊南文集》卷三《启》，上海古籍出版社，1988，第 197 页。

考》并未列出在此期间另有何人曾任此职，这又从侧面证明魏扶迁宗正卿一事可信。不过这一疏失，不自《传论》始，也不自《九卿考》始，而是在司马光《通鉴》中即已这样。《通鉴》卷一四九载魏扶薨，于其结衔仍书"兵部侍郎、同平章事"，同样忽视了拜相后业已迁官宗正卿的事实。

三、《传论》末谓："《全唐诗》卷五一六载诗三首，《全唐文》则未有载。"① 谓《全唐文》未辑载魏扶文，与实际不符。《全唐文》卷七五七魏扶名下曾辑载文二首：一为《请委录事参军专判钱物斛斗疏》，二为《对毒药供医登高临宫判》。② 后者又见《文苑英华》卷五五〇，署魏牧③。按：《英华》所录判文，绝少晚唐人之作，魏牧绝非魏扶之误，《全唐文》误辑。魏牧或即魏牧谦误脱"谦"字致误。前者辑自《唐会要》卷五八《尚书省诸司》。其小传："扶字相之。大中四年进士。宣宗朝官司封员外郎、考功郎中，累迁御史中丞、兵部侍郎、同中书门下平章事。"④ 并未漏列其曾官御史中丞。

魏扶的相业

魏扶大中三年四月乙酉拜相，四年六月戊申薨，为相一年另三个月。对他在这一期间的作为，两《唐书》、《资治通鉴》都没有哪怕是片言只字的记载，难道还有什么"相业"可言？钩稽旧籍，起码有以下两点可以谈一谈。

一、中晚唐计相的代表者之一：南宋洪迈为了追溯北宋前期准中枢机构三司的渊源，对中晚唐计臣入相的历程有过相当精彩的概括论述。其中即提到魏扶，认为是宣宗朝以判户部入相的第一人。《容斋随笔》卷一四《用计臣为相》："唐自贞观定制，以省台寺监理天下之务，官修其方，未之或改。明皇因时极盛，好大喜功，于财利之事尤切，故宇文融、韦坚、杨慎矜、王𫓧皆以聚敛刻剥进，然其职不出户部也。杨国忠得志，乃以御

---

① 傅璇琮：《唐翰林学士传论·晚唐卷》，第164页。
② （清）董诰等编《全唐文》卷七五七，中华书局影印，1983，第7859、7860页。
③ 《文苑英华》卷五五〇，第2814页。
④ （清）董诰等编《全唐文》卷七五七，第7859页。

史大夫判度支，权知太府卿及两京司农太府出纳，是时犹未立判使之名也。肃宗以后，兵兴费广，第五琦、刘晏始以户部侍郎判诸使，因之拜相，于是盐铁有使，度支有判。元琇、班宏、裴延龄、李巽之徒踵相蹑，遂浸浸以它官主之，权任益重。宪宗季年，皇甫镈由判度支，程异由卫尉卿盐铁使，并命为相，公论沸腾，不恤也。逮于宣宗，率由此涂大用，马植、裴休、夏侯孜以盐铁，卢商、崔元式、周墀、崔龟从、萧邺、刘瑑以度支，魏扶、魏謩、崔慎由、蒋伸以户部，自是计相不可胜书矣。"① 魏扶以兵部侍郎判户部事，当始于大中二年五月。此前，周墀以兵部侍郎判度支户部事，二年五月一日拜相，罢判。接替者，崔龟从以户部侍郎判度支，而魏扶则以兵部侍郎判户部。至三年四月，扶遂以兵部侍郎判户部拜相。其《拜相制》中特别提到，扶此前"亦总地卿，当会计而经国。纪纲式叙，征税益饶"。② 值得注意的是，他拜相后仍然兼判户部，罢判当在他本官迁宗正卿时，接任者为令狐绹。《旧唐书》绹本传："（大中）四年，转户部侍郎、判本司事。"③ 其时约四年初。可见魏扶的"相业"，是与"会计而经国""征税益饶"紧密相连的。

二、复河隍土宇中的作用：康骈《剧谈录》卷上《李朱崖知白令公》："大中初，边鄙不宁，土蕃尤甚，恣其倔强。宣宗欲致讨伐，遂于延英殿先问宰臣，公（按：指白敏中）首奏兴师，请为统帅……先是河湟关郡界内在匈奴，自此悉为内地。……白公凯旋，与同列宰相进诗云：'一诏皇城四海颁，丑戎无数束身还。戍楼吹笛人休战，牧野嘶风马遽闲。河水九盘收数曲，陇山千里锁诸关。西边北塞今无事，为报东南夷与蛮。'马相植诗云：……魏相扶诗云：'萧关新复万山川，古戍秦原象纬鲜。戎虏乞降归惠化，皇威渐被慑腥膻。穹庐远戍烟尘灭，神武光扬竹帛传。左衽尽知歌帝泽，从兹不更备三边。'崔相铉诗云……"④ 魏扶诗，《全唐诗》卷

---

① （宋）洪迈：《容斋随笔》卷一四《用计臣为相》，孔凡礼点校，中华书局，2005，第388页。
② 《唐大诏令集》卷四九《大臣宰相》，第251页；《文苑英华》卷四五〇载沈询《崔铉魏扶拜相制》，第2279页。
③ 《旧唐书》卷一七二《令狐楚传附绹本传》，第4466页。
④ （唐）康骈：《剧谈录》卷上《李朱崖知白令公》，古典文学出版社，1958，第29、30页。

五一六所录，诗题作《和白敏中圣德和平致兹休运岁终功就合咏盛明呈上》①。《新唐书·宣宗纪》："三年二月，吐蕃以秦、原、安乐三州，石门、驿藏、木峡、制胜、六盘、石峡、萧七关，归于有司。……（十月），吐蕃以维州归于有司。……十二月，吐蕃以扶州归于有司。"② 诚如陈寅恪所言："吐蕃之破败由于天灾及内乱"，非唐"自身武力所能致"。③ 然而唐朝廷一度积极争取，也是事实。上揭《剧谈录》即提到："宣宗欲致讨伐，遂于延英殿先问宰臣。"④ 魏扶《拜相制》中也有："朕欲宣明号令，宏济生灵，致寰海之乂安，复河湟之土宇。尔从容奏议，朝夕揣摩，副华夏之具瞻，展舟航之大用。"⑤ 三州七关之复在魏扶入相前，诗则作于入相后。足见魏扶之入相，实与在这一问题上的明确表态有关，且又曾以其财政为后盾也。而维州、扶州之复，已是魏扶为相期间的事了。

魏扶的诗作和诗友

《全唐诗》卷五一六魏扶名下共辑诗三首。

其一《和白敏中圣德和平致兹休运岁终功就合咏盛明呈上》："萧关新复旧山川，古戍秦原景象鲜。戎虏乞降归惠化，皇威渐被慑腥膻。穹庐远戍烟尘灭，神武光扬竹帛传。左衽尽知歌帝泽，从兹不更备三边。"⑥ 白敏中原诗，魏扶、崔铉、马植三相和诗，以及杜牧的《奉和白相公圣德和平致兹休运岁终功就合咏盛明呈上三相公长句四韵》，《全唐诗》分载于卷五〇八、五一六、五四七、四七九、五二一，除杜牧诗外，当皆辑自《唐诗纪事》卷五一《白敏中》。其原始出处，见康骈《剧谈录》卷上"李朱崖知白令公"条⑦。诗作的背景，以及魏扶在其中的作用，已详前"魏扶的相业"节。

---

① 《全唐诗》卷五一六，中华书局，1980，第5898页。
② 《新唐书》卷八《宣宗纪》，第47页。
③ 陈寅恪：《唐代政治史述论稿》，上海古籍出版社，1982，第134页。
④ （唐）康骈：《剧谈录》卷上《李朱崖知白令公》，第29、30页。
⑤ 《唐大诏令集》卷四九《大臣宰相》，第251页；《文苑英华》卷四五〇载沈询《崔铉魏扶拜相制》，第2279页。
⑥ 《全唐诗》卷五一六，第5898页。
⑦ （唐）康骈：《剧谈录》卷上《李朱崖知白令公》，第29、30页。

其二《贡院题》。当直接辑自《万首唐人绝句》卷六九,今又见《唐诗纪事》卷五一《魏扶》。其原始出处,则能追溯至《南部新书》戊卷:"大中元年,魏扶知礼闱。入贡院,题诗曰:'梧桐叶落满庭阴,锁闭朱门试院深。曾是昔年辛苦地,不将今日负前心。'及榜出,为无名子削为五言以讥之。"① 榜出以后,据李商隐《献侍郎巨鹿公启》,魏扶又有《春闱于榜后寄在朝同年兼简新及第诸先辈》五言四韵诗。② 李商隐也曾奉诗致贺:"国以斯文重,公仍内署来。风标森太华,星象逼中台。朝满迁莺侣,门多吐凤才。宁同鲁司寇,惟铸一颜回。"③ 与之相先后,又有无名子将《贡院题》诗"削为五言",即将每句头二字削去,成一五言绝句:"叶落满庭阴,朱门试院深。昔年辛苦地,今日负前心。"将它变成了一首攻击举试不公的"揭帖"。此前会昌三年(843),王起再主文柄,取士二十二人,周墀寄诗致贺,王起和之,同榜门生亦一一奉和,盛况空前,一时成为举坛佳话。看来魏扶、李商隐本欲模仿,也想来个复制的克隆版,可是经无名子这么一搅局,全都泡汤了。

其三《赋愁(并序)》:"愁。迥野,深秋。生枕上,起眉头。闺阁危坐,风尘远游。巴猿啼不住,谷水咽还流。送客泊舟入浦,思乡望月登楼。烟波早晚长羁旅,弦管终年乐五侯。"④ 当辑自《唐诗纪事》卷三九《韦式》:"乐天分司东洛,朝贤悉会兴化亭送别。酒酣,各请一字至七字诗,以题为韵。"⑤ 下载王起《赋花》诗,李绅《赋月》诗,令狐楚《赋山》诗,元微之《赋茶》诗,魏扶《赋愁》诗,韦式郎中《赋竹》诗,张籍司业《赋花》诗,范尧佐道士《赋书字》诗,白居易《赋诗字》诗。共九人之诗,其中即有魏扶此《赋愁》诗。白居易诗,以及其他八人之诗,皆被汪立名以《一字至七字诗》为题,作为补遗,辑入《白香山诗集》卷四○。按:白居易大和三年三月底以太子宾客分司东都,裴度等曾于兴化里第置酒饯行。诗当作于此时。然据朱金城、王仲镛所考,李绅、

---

① (宋)钱易:《南部新书》戊卷,黄寿成点校,中华书局,2002,第72页。
② (唐)李商隐著,(清)冯浩详注,(清)钱振伦、钱振常笺注《樊南文集》卷三《启》,第187页。
③ (唐)李商隐著,(清)冯浩笺注《玉溪生诗集笺注》卷二,第273页。
④ 《全唐诗》卷五一六,第5899页。
⑤ (宋)计有功:《唐诗纪事》卷三九《韦式范尧佐》,第590页。

元稹、张籍、白居易诗俱不载本集,大和三年春末王起、李绅、令狐楚、元稹皆不在长安,九诗所咏内容又悉与送别无关,两位皆谓"恐俱属伪撰"。① 甚当。此处可以略加补充的,是魏扶大和四年进士才及第,大和三年春竟与政坛、诗坛耆宿有如此亲密交往,也令人颇难索解。

至于魏扶的诗友,从以上的叙述可知,虽然有记载说魏扶曾参与王起、李绅、令狐楚、元稹、张籍、韦式、范尧佐等"朝贤"为白居易分司东洛举行的送别诗会,既然诗会、诗作"俱属伪撰",那么这个诗人圈子,魏扶与圈中诗友的交往,亦全属子虚乌有。李商隐、杜牧这两位晚唐诗坛的璀璨明星,虽然都有诗作奉上或奉献给魏扶,但在当日,一方是沉沦下寮的从事,一方是高高在上的相国或主司,地位悬隔,彼此之间也很难说存在什么严格意义上的诗友关系。与魏扶确实存在着真正诗友关系的诗人,今日得以考见的,只有一人,那就是许浑。许浑在晚唐也是一位才华出众的诗人,他的一些诗作曾被混入杜牧集中,足见两人的水平乃在伯仲之间。魏扶致许浑的诗作今已无一首存者,只能从许浑的诗作中来反观。

许浑《山居冬夜喜魏扶见访因赠》:"霜风露叶下,远思独裴回。夜久草堂静,月明山客来。遣贫相劝酒,忆字共书灰。何事清平世,干名待有媒。"② 表明两人都还处于"干名待有媒"期间,亦即进士及第以前,即已深有交往。两人之交乃布衣之交。

许浑《夜行次东关(一作行次潼关驿),逢魏扶东归》:"南北断蓬飘,长亭酒一瓢。残云归太华,疏雨过中条。树色随关迥,河声入塞(一作海)遥。劳歌此分首(一作手),风急马萧萧。"③ 诗下有刊刻者按语:"此诗二百九十八卷重出,今已削去,异同注为'一作'。"诗题未书魏扶官衔,也未见有"先辈"等字样,同样是布衣之交的交往诗。

许浑《东陵赴京道病东归寓居开元寺寄卢员外宋魏二先辈》:"西风吹雨雁初时,病寄僧斋罢献书。万里咸秦劳我马,四邻松桂忆吾庐。沧洲有

---

① (唐)白居易:《白居易集笺校》外集卷上《一字至七字诗》,朱金城笺校,上海古籍出版社,1988,第3862页;(宋)计有功著、王仲镛校笺《唐诗纪事校笺》第三十九卷《白居易》,巴蜀书社,1989,第1049页。
② 《全唐诗》卷五二二,第6078页。
③ 《文苑英华》卷二一八,第1090页。

约心还静,青汉无媒迹自疏。不是醉眠愁不散,莫言琴酒学相如。"① 据陶敏考证,诗中宋、魏二先辈即指宋祁、魏扶,同是大和四年(830)的及第进士。卢员外为卢弘止,大和八年已见自兵部郎中为昭应令,其历员外郎一职当在此前。许浑大和六年已进士及第,今诗中有"病寄僧斋罢献书""万里咸秦劳我马"之句,当是业已赴举,复因卧病而罢考也。时间不外大和五年或四年,诗则作于该年"西风吹雨雁初时",即秋末冬初。

可见魏扶与许浑确是诗友,是真正的诗友。两人间布衣之交的友谊是深厚的,而且维持了相当长的一段时间。

大中元年这一科或这一榜

围绕魏扶,叟已连发四帖,仍然觉得意犹未尽。兹特返回引起这一话题的出发点,重新捡起魏扶的贡院题诗和无名子的删诗这个话头,谈一谈大中元年这一科、这一榜。

李肇《国史补》,以及王定保《唐摭言》转录《国史补》,谈到唐代科场习气,提到:"匿名造谤,谓之'无名子'。"② 无名子的揭帖,可以说是当日对举场的一种特殊形式的舆论监督。表面上打着公正的旗号,实际上则维护着官僚集团或举子团伙中部分人群的切身利益和愿望。魏扶的贡院题诗:"梧桐叶落满庭阴,锁闭朱门试院深。曾是昔年辛苦地,不将今日负前心。"回顾自己孤寒及第的经历,表达了定将公正主司的决心。无名子则通过删诗制造舆论,将诗删改成:"叶落满庭阴,朱门试院深。昔年辛苦地,今日负前心。"攻击此科取人不公。彼此都有些什么背景呢?

杜牧《上宣州高大夫书》作于会昌六年(846)或大中元年(847)。书中强调指出他心中"窃惑之"的自会昌元年或二年以来形成的举场"坚如金石"的现状:"自去岁前五年,执事者上言,云科第之选,宜与寒士,凡为子弟,议不可进。熟于上耳,固于上心,上持下执,坚如金石,为子弟者鱼

---

① 《全唐诗》卷六三六,第6122页。
② (唐)李肇:《唐国史补》,载《中国文学参考资料小丛书》第一辑,古典文学出版社,1957,第56页。王定保:《唐摭言》转录《国史补》卷一《述进士下篇》,中华书局,1960,第4页。

潜鼠逋，无入仕路。某窃惑之。"① 看来，魏扶以为使公卿子弟为孤寒让路即是公正的体现，并无改变现状的意愿。无名子的举动显然是在为"无入仕路"的子弟们鸣冤叫屈。于是在发榜以后，魏扶接着又有如下的行动：

（大中元年）"二月丁酉，礼部侍郎魏扶奏：'臣今年所放进士（三）［二］十三人。其封彦卿、崔琢、郑延休等三人，实有词艺，为时所称，皆以父兄见居重位，不令中选。'诏令翰林学士承旨、户部侍郎韦琮重考覆，敕曰：'彦卿等所试文字，并合度程，可放及第。有司考试，只在至公，如涉请托，自有朝典。今后但依常例发榜，不得别有奏闻。'"②

朝廷强调只凭词艺，不问是否子弟、孤寒，态度似乎更其公正。但是由于既无相应的具体措施予以保障，子弟、孤寒的公关等社会能量复相悬殊，彼此之间又怎能展开真正公平的竞争？于是在李德裕被再贬为崖州司户的大中二年或稍后，复有相当于无名子揭帖的诗句流传。《唐摭言》卷七《好放孤寒》："李太尉德裕颇为寒畯开路，及谪官南去，或有诗曰：'八百孤寒齐下泪，一时南望李崖州。'"③ 毕竟孤寒占举子的绝大多数。孙棨《北里志》序言中谓宣宗朝进士科"尤盛，旷古无俦，然率多膏粱子弟，平进岁不及三数人"。④ 当是当日实情，非虚说也。魏扶之子魏筜，由于父系故相，大中末年也被人与故户部尚书郑浣之孙郑羲、故相裴休之子裴弘余、故相令狐绹之子令狐滈归于"子弟"一类，深遭诟病。⑤ 足见在大中元年这一科或这一榜之前和之后，举场的情况有了截然相反的变化。而在这其中最关键的人物，即是魏扶。

---

① （唐）杜牧：《樊川文集》第一二，上海古籍出版社，1978，第178、179页。
② 《旧唐书》卷一八下《宣宗纪》，第617页。
③ （五代）王定保：《唐摭言》卷七《好放孤寒》，中华书局，1959，第74页。
④ （唐）孙棨：《北里志》，收入《中国文学参考资料小丛书》第一辑，古典文学出版社，1957，第22页。
⑤ 《旧唐书》卷一七二《令狐楚传》，第4468页。

唐代的科技、外贸与绘画
——唐史漫笔三题

吴宗国

一 科学技术对造就盛唐的意义

科学技术在唐朝的发展,这是大家都已经注意到的课题。但是科学技术在唐朝历史发展中到底起什么作用,科学技术与盛唐到底有什么关系,这却是一个唐史研究中大家似乎已经意识到,但没有充分展开的问题。唐代科学技术的各个领域,专门史的学者已经取得了许多成果,得出了相应的结论,并且提出了许多新的见解。在几部中国通史、中华文明史、唐史的专著中,科学技术也都是不可或缺的章节,但是大多停留在孤立的学科内容的介绍上,科学技术在唐朝历史发展中所起的作用,还远远没有引起足够的注意[1]。对于唐代的科学技术,人们经常注意的是天文、历法、数学等理论性较强的学科,而往往忽视技术领域学者所取得的成果,事实上,技术的进步对于社会进步和发展,具有举足轻重的意义,对于天文、历法、数学等理论性学科的发展,也具有决定性的意义。

科学技术进步对经济社会发展意义最大的,在古代首先是冶铁技术的提高和以耕犁为中心的农具的革新。在以农耕为主要生产方式的古代社会,耕作工具集中代表一个时期的生产力,决定一个时期的生产面貌和生产结构。进入铁器时代以后最先进的耕作工具就是耕犁,而耕犁的改进和

---

[1] 近年来有些青年学者已开始关注这方面的研究,如周尚兵《唐代的技术进步与社会变化》,首都师范大学博士学位论文,2005;《对唐代科学技术水平的再认识》,《北京理工大学学报》(社会科学版)2009 年第 6 期。

普遍使用则取决于当时冶铁的技术水平和冶铁业普及的程度。

从历史的发展来看,一个新的技术和工具,从发明到应用到普及,是一个反复的、漫长的过程。欧洲曾经在 12 世纪前后经历了一次农业革命,其标志就是重犁的使用和三田制的推广①。正是在农业革命的基础上,欧洲逐步完成了从中世纪到近代的转型。

中国从秦始皇统一全国进入帝国时期以后,农业也经历了两次重大变革。第一次是从西汉中叶开始大犁的使用和深耕的推进。汉武帝以后经济社会的进一步发展,东汉时期崔寔在《四民月令》中所记载的农业生产方式的展开,都是在这个基础上进行的。第二次则是随着南北朝时期灌钢技术的改进、完善,炼钢技术从官府向民间转移和铁产量的提高,带来了北方耕犁轻便化、南方江东犁即曲辕犁的发明和使用。到唐代,犁耕作为一种生产方式,包括传统的大犁耕作,逐渐在各地推广。成书于唐代的《夏侯阳算经》中有这样一段内容②。

> 今有生铁六千二百八十一斤,欲炼为黄铁,每斤耗五两。问为黄铁几何?
> 答曰:黄铁四千三百一十八斤三两。
> 术曰:置生铁数,以一十一两乘,以一十六两除之,即得。
> 今有黄铁四千三百一十八斤三两,欲炼为钢铁,每斤耗三两。问钢铁几何?
> 答曰:钢铁三千五百八斤八两一十铢五汇。
> 术曰:置黄铁数,以一十一两乘之,一十六两除之,即得。

这虽然只是一道唐代的应用数学题,但包含了丰富的历史内容,涉及生铁炼为黄铁,黄铁炼为钢铁。首先,这不是简单的生产过程,而是反映了从南北朝到隋唐钢铁冶炼技术取得的空前的具有伟大历史意义的成就。东汉末年出现了灌钢技术。《北史·艺术列传》记载北齐綦毋怀文"造宿

---

① 参见〔美〕朱迪斯·M. 本内特、C. 沃伦·霍利《欧洲中世纪史》,上海社会科学出版社,2007,第 167~170 页。
② 夏侯阳:《夏侯阳算经》卷中《秤轻重》,中华书局,1985,第 19~20 页。

铁刀，其法烧生铁精，以重柔铤，数宿则成钢"。灌钢技术经过綦毋怀文的重大改进和完善[①]，使钢的品质大大提高，产量大幅度的增长成为可能。其次，《夏侯阳算经》作为应用数学题库收录了生铁炼为黄铁、黄铁炼为钢铁用料的计算方法，说明这种计算方法反映了普遍性的社会需求，也从侧面说明唐代已经广泛利用灌钢技术冶炼钢铁。

钢铁冶炼技术的发展为以耕犁为中心的农具改革提供了物质基础，使犁铧变得轻巧和锐利有了可能。犁的改进和犁耕的推广，不仅为单位面积产量的提高、耕地面积的扩大和南方广大地区的开发创造了条件，而且使得农民在生产上更加具有个体性和独立性，从而激发了他们在生产上的积极性。不论是向国家登记户口、田产的自耕农民，还是从地主那里租种土地的租佃农民，他们都力图在种子、口粮、生产生活的各种必要开支以及国税或地租所需之外，多生产出一些粮食和其他产品，包括经济作物和作为家庭副业的手工业产品。这样，农民就可以借此扩大生产规模，改善生活，而且为社会提供大量的剩余生产物，尤其是粮食。地主也可以因此而增加地租的收入，并且把作为地租收入的粮食以及其他产品投入市场，以换取货币和各种产品。只有粮食多了，社会财富的积累才能够扩大，社会分工才能扩大，手工业、商业和文化才能发展，城市才能够繁荣。唐朝前期经济社会的发展，盛唐经济的繁荣和文化的辉煌，就是这样形成的。取得长足进步的农业生产，支撑了整个唐朝的全面繁荣。

唐朝以后，耕犁没有大的发展。直到近代乃至19世纪80年代，我们仍可看到唐代耕犁的影子：江南水田耕犁与陆龟蒙在《耒耜经》中所述的江东犁（曲辕犁）是一脉相承的，北方使用的步犁与唐代使用的比较轻便的犁也很相像。特别有意思的是，在20世纪80年代，我们在甘肃河西走廊不仅看到了出土的重达八九公斤的唐代大犁，而且看到田间几台二牛抬杠曳引的大犁同时进行耕作的壮阔场景[②]。

[①] 卢嘉锡总主编《中国科学技术史·矿冶卷》，科学出版社，2007，第 627～629 页；李众：《中国封建社会前期钢铁冶炼技术发展的探讨》，载《中国冶金史论文集》，1986，第 65～66 页；华觉明：《中国古代金属技术：铜和铁造就的文明》，大象出版社，1999，第 319～320 页。

[②] 傅玫：《河西的犁》，载《丝路访古》，甘肃人民出版社，1982，第 124～134 页。

钢铁冶炼技术的重大进步，也为重大土木工程和水利工程提供了有力的工具保障。隋朝大兴城和东都洛阳的修建，大运河的开凿，能在短期完成，除了可以调集大量人力，科学技术的提高和比较好的工具也是必要的条件。这些工程都对计算提出了要求，而这又推动了建筑学、水利学和机械学的发展。

《夏侯阳算经》《辑古算经》就是为了满足当时工程计算需要产生的。正如王孝通在《上辑古算经表》中所说，"《九章·商功篇》有平地役功受袤之术，至于上宽下狭、前高后卑，正经之内，阙而不论，致使今代之人不达深理，就平正之门，同欹邪之用"①，故作《辑古算经》。《辑古算经》全书二十题中，第二题至第十四题是关于修筑台、堤、河道以及修筑各种粮仓、粮窑等问题②。为了解决这些问题，在学习和总结前人成果的基础上，王孝通用几何方法而不是代数方法导出了三次方程式解法这样的新成果。在当时看来，数学不是一门理论学科，而是一门应用学科。建筑、水利、冶炼等，都要运用数学。

数学在生产中的广泛应用，进一步推动了数学的发展。

二 海上丝绸之路与唐代的对外交往

关于唐代海上丝绸之路，研究中西交通史的学者已经做了大量的工作，对当时的航线、来往的船只、往来的商品，都有深入的研究，但杨良瑶碑、长沙窑、"黑石"号等几个和唐代海上丝绸之路有着密切关系的问题，似乎还没有引起唐史研究者和广大学界的关注。

1. 杨良瑶神道碑

杨良瑶，事迹不见于传世文献。1984年在陕西省泾阳县云阳镇小户杨村附近发现的《唐故杨府君神道之碑》即杨良瑶的神道碑，才让我们知道了这位唐代宗、德宗时期的宦官，并且呈现了一段不为人知的重要史实。《唐故杨府君神道之碑》记载：

> 贞元初，既清寇难，天下乂安，四海无波，九译入觐。昔使绝

---

① （唐）王孝通：《辑古算经》，中华书局，1983。

② （唐）王孝通：《辑古算经》。

域，西汉难其选；今通区外，皇上思其人。比才类能，非公莫可。以贞元元年四月，赐绯鱼袋，充聘国使于黑衣大食，备判官、内傔，受国信、诏书。奉命遂行，不畏厥远。届乎南海，舍陆登舟。邈尔无惮险之容，懔然有必济之色。义激左右，忠感鬼神。公于是剪发祭波，指日誓众，遂得阳侯敛浪，屏翳调风，挂帆凌汗漫之空，举棹乘颢森之气，黑夜则神灯表路，白昼乃仙兽前驱。星霜再周，经过万国，播皇风于异俗，被声教于无垠。往返如期，成命不坠，斯又我公杖忠信之明效也。①

这段记载说明，贞元元年（785）四月，杨良瑶充聘国使，受命出使黑衣大食（西亚一带）。"备判官、内傔，受国信、诏书"，是一个正式的完整的国家使团。他从广州出发，通过海路，"星霜再周，经过万国"，往返如期，完成了出使的任务。这是见于记载的我国第一位航海到达阿拉伯地区的外交使节。也就是说，早在8世纪，中国的使团就已经通过海路，跨越印度洋到达阿拉伯地区。这比明代郑和下西洋早了6个多世纪。

1998年，咸阳市地方志办公室张世民先生发表了《中国古代最早下西洋的外交使节杨良瑶》②，介绍了杨良瑶出使黑衣大食的情况。2005年，他在《杨良瑶：中国最早航海下西洋的外交使节》③一文中发表了《杨良瑶神道碑》碑文的全部录文。2012年，荣新江据张文并通过实地考察发表了《唐朝与黑衣大食关系史新证——记贞元初年杨良瑶的聘使大食》④，对杨良瑶的聘使大食史事进行了全面的考订。从广州通往南海和阿拉伯地区的航线，在《新唐书》卷四三下《地理志七下》记贞元宰相贾耽所述"广州通海夷道"中有明确的记载，但是在中国文献中我们一直还没有看到在这条航线上活动的具体的人物、事件和实物，因此杨良瑶的聘使大食就为我们提供了一个生动的事例。荣文具体论述了这件发生在海上丝绸之路上，在中西交通史和世界航海史上都值得大书特书的大事，但是没有能

---

① 录文见荣新江《唐朝与黑衣大食关系史新证——记贞元初年杨良瑶的聘使大食》，《文史》2012年第3期。
② 《唐史论丛》第7辑，陕西师范大学出版社，1998，第351~356页。
③ 《咸阳师范学院学报》2005年第3期。
④ 《文史》2012年第3期。

在唐史学界引起广泛的重视。

2. 长沙窑和"黑石"号

关于长沙窑，20世纪50年代就已经有所认识，知道它是中国瓷器首先使用釉下彩的。20世纪七八十年代以后，随着世界各地长沙窑瓷器的发现以及长沙窑的挖掘，对长沙窑的认识有了飞跃的进展。[①]"黑石"号的发现更使得我们对长沙窑有了更新的认识。经过许多考古和陶瓷学者的研究，对于长沙窑的特点，已经揭示得很清楚了。

"黑石"号是1998年在印度尼西亚勿里洞岛海域发现的一艘中国唐代时期沉没的阿拉伯船只。船上打捞出大量唐代的瓷器和金银器。在6.7万件瓷器中，长沙窑的瓷器就有5万多件[②]，向人们形象地展示了长沙窑瓷器作为外贸瓷器的特征，并且向我们提供了唐代海上丝绸之路生动的实物证据，由此也引发了下面几个问题。

首先是长沙窑本身的生产与销售问题。作为唐朝后期第一大出口瓷器的窑口，它的生产流程、生产规模、销售渠道、订货渠道、瓷器上外国纹样的来源，等等，这些都有相关学者进行了专门的研究，但也还有不少问题需要进一步探究。

其次是长沙窑瓷器运往阿拉伯国家的运输通道。是从长沙直接运往广州，还是通过长江运到扬州？运到扬州后是先运到广州，还是直接装上去往阿拉伯的货船运往阿拉伯国家？这些都是需要进一步研究的问题。

第三是"黑石"号上的瓷器问题。瓷器作为通过海上丝绸之路出口量最大的商品，长沙窑的产品占了很大的比重。全面系统地研究这艘船上作为对外贸易商品的瓷器，可以揭开唐代对外贸易产品和国内瓷器生产中隐藏了一千多年的秘密。

一个很有意思的现象是，"黑石"号上5万多件长沙窑的瓷器，在考古学界和历史学界远远没有引起像古瓷研究者和一些热爱古代美术的青年

[①] 长沙市文化局文物组：《唐代长沙铜官窑址调查》，《考古学报》1980年第1期；长沙窑课题组编《长沙窑》，紫禁城出版社，1996；李辉柄主编《长沙窑》，湖南美术出版社，2004；刘美观：《解读长沙窑》，文物出版社，2006。

[②] 李辉柄主编《长沙窑·综述卷》，第24~26页。参见《国宝档案·海外寻宝——黑石号遗珍》，央视网，2008年6月14日；《国宝档案·海外遗珍——解密黑石号之旅》，央视网，2013年10月28日。

学子那么大的热情。在中国知网所收的有关长沙窑的23篇硕士论文中，没有一篇是历史系的学生所写。

尽管古瓷研究者怀着巨大的热情，倾注了全部心血，关注和研究长沙窑的瓷器，企盼着"黑石"号上数万件瓷器和其他文物回归故土，但是由于各种原因，特别是能对此起到一些作用的人员当时还没有意识到这批文物巨大的历史意义，因而没有大力支持并想方设法采取恰当的措施把这批文物赎买回来。

第四是"黑石"号上的金银器和铜镜等高等级物品的性质问题。其中八棱胡人伎乐金杯比何家村出土的两件八棱胡人金杯尺寸还大。铜镜中有十分珍贵的江心镜。这些皇家亲贵才能使用的器物出现在黑石号上，到底蕴含着怎样的历史信息呢？是与杨良瑶出使大食这类海上使臣往来有关，还是为阿拉伯王室进行的特殊采购？还是其他什么？这也只能通过研究来揭开谜底，目前各种各样的猜测只能丰富人们茶余饭后的谈资。

3. 唐代海上丝绸之路值得关注的几个问题

第一个问题是关于唐代海上丝绸之路的走向，尤其是起点问题。关于这个问题，学术界已经进行了很多的研究。一般认为广州和扬州是两个主要的起点。广州，是通往南海和阿拉伯国家的主要港口，这在《新唐书》卷四三下《地理志七下》"广州通海夷道"和《中国印度见闻录》中早有记载。中外学者已有许多研究成果。问题是扬州。扬州除了横跨东海直接通往日本，是否还直接通往南海和阿拉伯国家？扬州聚集了众多的波斯和阿拉伯商人，可以说扬州是陆上丝绸之路和海上丝绸之路的交汇点。但是这种交汇到底是什么意义上的交汇？波斯和阿拉伯商人是通过什么路线来到扬州的？是从广州通过陆路和内陆水道来到扬州，还是从广州换乘来往于广州、扬州的海船来到扬州，还是从阿拉伯直航扬州？这些都还缺少文献材料和考古材料的证明。而"黑石"号上发现的扬州铜镜，特别是江心镜等扬州产品，似乎为解决这个问题提供了一些重要的线索。有的学者据此认为，"黑石"号就是从扬州起航的。

第二个问题是随着通往南海、阿拉伯乃至非洲西海岸航线的开通，唐代中国与东南亚、南亚、阿拉伯国家、日本、高丽的贸易，在中国历史和世界历史发展上具有什么样的意义。成书于9世纪的阿拉伯文抄本《中国印度见闻录》载：

> 至于船舶的来处，他们提到货物从巴士拉（Bassorah）、阿曼以及其他地方运到尸罗夫（Siraf），大部分中国船在此装货：因为这里巨浪滔滔，在许多地方淡水稀少。（原注：由于幼发拉底河和底格里斯河两河冲积泥沙所形成的浅滩阻碍所造成的问题，使庞大的中国船无法在波斯湾内通航无阻，为了解决这一问题，便促使了尸罗夫的发展。海船到达尸罗夫后，货物用吃水浅的小船转运到巴士拉）

同书又载：

> 故临有一个军事哨所，归故临国管辖。那里有水井，供应淡水，并对中国船只征收关税，每艘中国船交税一千个迪尔汗（原注五十个迪纳尔），其他船只仅交税十到二十个迪纳尔。[1]

法文译者索瓦杰指出，中国人也曾航抵波斯湾，中国大船排水量特别大。他还指出："应该承认中国人在开导阿拉伯人远东航行中的贡献。波斯湾的商人乘坐中国人的大船才完成他们头几次越过中国南海的航行。"[2] 英国学者思鉴在《公元九到十世纪唐与黑衣大食间的印度洋贸易：需求、距离与收益》一文中提出："这种贸易在公元九到十世纪间是全球化的吗？在最简单的程度上，它确实是全球化的，因为它确实影响了现今位于世界不同角落的遗址——从最宽泛的地理角度上的印度洋海域——它的西部边界到达地中海南部和东部，向东则达中国和日本。来自于高度专业化的长沙窑和越窑的制陶群体内的数据已经勾绘出了发生于公元九世纪的工业变革和大规模生产的图景。"他还认为："从很多方面来看，长沙窑群是作为那个时期的经济发展试金石而兴起的。它的鼎盛时间很短，它的制造技术如此发达，它相对独立于帝国的管理和控制如此引人深思，它在中国之外波及的范围又是如此

---

[1] 穆根来、汶江、黄倬汉译：《中国印度见闻录》卷一，北京，中华书局，1983，第7~8页。

[2] 穆根来、汶江、黄倬汉译：《中国印度见闻录》法译本序言，第25页。

的令人叹为观止。它不仅同某一时期印度洋上的贸易紧密相连，而且有助于我们了解这个特定时期的贸易。在这个框架内，它具有了一些早熟的全球化工业的特征。"[①]

《中国印度见闻录》中的几段话告诉我们，在唐朝后期中国商船已经到达阿拉伯的许多口岸，阿拉伯商船也从这些口岸直接开往中国。中国船体庞大，无法在遍布浅滩的波斯湾内通航无阻，因此尸罗夫成为中国商船停靠的主要港口。索瓦杰则指出了中国人在开导阿拉伯人远东航行中的贡献。思鉴则是以一位现代学者的眼光根据"勿里洞"号（即"黑石"号）等水下沉船的考古材料，从全球贸易的角度做出的论断。这对我们研究唐代海上丝绸之路在中国历史和世界历史发展上的意义是很有启发的。

第三个问题是当时进出口贸易的规模，以及对外贸易对当时国内生产的影响。唐代前期输出的主要是丝绸。到了唐朝中后期，陶瓷成为主要的出口商品。而香料和珠宝，则始终是波斯、阿拉伯和南海各国输入中国的主要商品。于是有了海上丝绸之路、陶瓷之路、香料之路等不同的名称，从不同的角度来反映当时中外海上贸易。

关于唐代进出口贸易的情况，唐代文献中特别是笔记小说中有不少相关的记载，提供了不少关于到达广州的外国船舶，在广州、扬州、长安等城市的外国商人活动的情况。

瓷器和丝绸是唐代最大宗的出口商品。由于保存下来的丝绸实物材料非常稀少，文字材料也很缺乏，研究起来困难是很大的。而瓷器的材料相对来说还是比较丰富的。从亚非各地的考古发现来看，唐代南北各窑口都有瓷器出口，而从"黑石"号沉船所载瓷器和阿拉伯地区考古发现的唐代长沙窑瓷器碎片来看，唐朝后期出口到阿拉伯地区的瓷器出自浙江越窑、河北邢窑和广东等地窑口，而长沙窑的瓷器占绝对多数。"黑石"号沉船上大量的瓷器以及长沙窑遗址中发现的瓷窑等遗迹和遗物，为我们研究唐代对外贸易的规模，以及外贸对国内生产的影响提供了具体的实物材料，但要完成从定量到定性的研究，材料还是远远不足的。

[①]〔英〕思鉴：《公元九到十世纪唐与黑衣大食间的印度洋贸易：需求、距离与收益》，刘歆益、庄奕杰译，《国家航海》2014年第3期。

三 唐代绘画在绘画史上的地位

唐代绘画题材走向世俗化、生活化,即使是宗教题材的绘画,也充满了生活的气息,世俗的内容。各种绘画形式,在唐朝发展成熟,山水画、人物画和花鸟画,在唐朝都已经成为主要的绘画形式。而随着文人画的兴起,绘画已经不仅仅是适应宫廷和宗教的需要,不仅仅是对客体的反映,而且还用来表现人们的思想感情,抒发自己的情怀。这也推动了唐代的绘画从古代向近代的转变。

与此同时,绘画的艺术表现形式和技巧在唐代也发生了质的飞跃。不论是构图、线条和色彩,还是透视方法的运用,都使唐朝的绘画和过去的绘画有很大的不同。

唐朝初年的绘画,仍然以人物画为主,并且与当时的政治生活和社会生活紧密相关。唐太宗曾命阎立本画《秦府十八学士图》《凌烟阁功臣图》,都没有流传下来。流传下来的唐初人物画,有现存于美国波士顿美术馆的《历代帝王图》图卷和现藏于北京故宫博物院的阎立本《步辇图》(宋人摹写?)。《历代帝王图》中的帝王,尽管一个个神态各异,极具个性,但大部分是孤立的、静止的一个人站在那里。阎立本《步辇图》中的唐太宗、宫女、吐蕃使臣禄东赞和官员的群像,则更加具有动感。《步辇图》在构图上突出人物的主次、相互关系,在表现手法上突出人物的神态、动作,通过线条的描画,特别是透视的运用,把这些都立体地、动态地表现出来。看似简单的一幅人物群像,却包含了丰富的历史内容,表明中国古代的人物画已经达到了一个前所未有的水平。透视的巧妙运用,不仅把人物立体地表现出来,而且把人物的神态和关系通过形体,特别是通过眼神,惟妙惟肖地呈现在观者的面前。

唐代卷轴画流传到今天的屈指可数。而作为初唐到盛唐绘画主要形式的壁画则全景式地向我们展现了唐代人物画以及山水画的面貌,及其所达到的高度。虽然殿堂和寺庙的壁画我们已经基本看不到了,但是敦煌莫高窟和一些石窟寺,西安、洛阳等地的唐墓,都保存了唐代大量的壁画。特别是昭陵和乾陵的陪葬墓,由于墓主人是皇家成员和高级官员等亲贵之人,其中的壁画不仅形式多样,而且通过对人物形象的准确捕捉,线条的灵活运用，特别是透视的巧妙运用，在艺术表现上出现了令人意想不到的惊人效果。例如，当我们走进懿德太子墓的墓道时，在《阙楼图》和《仪仗图》前，突然发现前面的阙楼巍峨壮丽，仪仗队伍气势庄严，两边人物迎面站立，狭窄的墓道向两边扩展了很多，就像置身于阙楼前的广场一样。其实，这都是两边墙上壁画中的人物和场景。透视法的运用，达到了使狭窄墓道两壁上的绘画展示出宏大场景的艺术效果。

通过这一组两壁对称的《阙楼图》和《仪仗图》，可知唐朝前期画家对于透视的认识已经达到的广度和深度，对于透视原则的运用已经是如此的巧妙和得心应手。在欧洲，到14世纪文艺复兴时期，透视理论和焦点透视的运用已经达到很高的水平，但也没有出现这种类型的作品。尽管如此，许多艺术史家在谈到唐代绘画时，对唐代壁画都没有给予足够的重视和应有的评价，更没有谈到这些以人物为主要对象的壁画对于透视的巧妙运用，及其所达到的高度和惊人的艺术效果。一些西方艺术史家在他们的著作中更是对唐代的人物画只字未提。

艺术史家漠视唐代壁画，这是不奇怪的。

第一，对于绘画的样式，人们总是把卷轴看作中国画的正宗。而现在流传下来的卷轴画，唐以前的不仅数量很少，有的还是长卷。而唐以前对于透视的认识和运用还不是很充分。如顾恺之的《洛神赋》，其中的山水还是人大于山，水不容泛。流传下来的卷轴画大部分是唐中叶以后甚至是宋以后的，中国画由此进入了一个新的时期，具有许多新的特点。一是由于透视法运用的成熟，山水画从唐朝前期开始，有了飞速的发展，散点透视成为山水画经常使用的透视方法。这就让一些对中国绘画发展历史缺乏了解、没有深入研究的人们产生误解，误认为散点透视是山水画专用的。二是随着文人画的发展，绘画的目的不仅是客观地表现人物、山花的神韵，同时还要抒发画家个人的情怀。表现在画面上，对客体有了更多的提炼和升华。在表现方式上，如同欧洲19世纪、20世纪前后出现的各个流派，包括抽象派一样，也有新的突破。

第二，从人们的欣赏习惯来说，总是按照焦点透视的理论，从正面去欣赏画面上的内容。而唐墓壁画是20世纪六七十年代才陆续出土的，很多人没有机会近距离接触到这些壁画。而有些画只有在类似现场的环境中，按照一定的角度，才能看出作者的真正意图。《阙楼图》和《仪仗图》就是画家根据创作壁画的目的和现场的具体情况，按照人们行进时不断变化的视角来确定一系列的透视点，再通过构图、线条和色彩，完成整个画作。因此，只有在行进的过程中通过不断变换的特定的角度欣赏，才能充分领略这些壁画的神韵。而通过以印刷品形式发表的壁画，仅仅从正面去看，是很难看出这些奥妙的，甚至还会感到画面有些呆板。更何况现在发表的壁画，包括较早的1974年文物出版社出版的《唐李贤墓壁画》《唐李重润墓壁画》和2011年河北教育出版社出版的《中国墓室壁画全集·隋唐五代》，由于版面大小和当时印刷水平的限制，大多是特写或局部的画面，让人很难一窥墓室壁画的全貌。

第三，缺少对中西绘画史的全面了解和比较。大多数艺术史家不是从中西绘画发展的历史中去探讨绘画发展规律，而是把西方绘画发展某个阶段的特点和观点，特别是把文艺复兴时期的绘画和理论，看作绘画发展的普遍规律。这是不符合绘画发展的实际情况的。以透视为例，不论是中国洛阳玻璃厂东汉墓壁画《夫妇宴饮图》[1]，还是在意大利庞贝附近罗马时期"帕布里厄斯·法尼厄斯·西尼斯特别墅"卧室中的一幅壁画[2]，都已经在二维画面中展现出了立体效果。

---

[1] 韦娜：《略论汉代壁画在中国绘画史中的地位》，《考古与文物》2005年第4期，第62~65页。
[2] 〔美〕克雷纳·马米亚：《加德纳艺术通史》，湖南美术出版社，2013，第196~197页。

中古佛教与隋唐政治关系研究随札

孙英刚

笔者尝论中古知识、信仰与政治世界的关联性[①]，但并未讨论佛教。原因在于佛教本身在中古时期就是一个庞大的知识和信仰体系，从方方面面影响到中古时代的政治起伏、社会生活，乃至人们的心灵世界，因此值得单独提出来重点探讨。以往有关中古政治史的研究，或多或少地视佛教（以及其他宗教）为一种宗教信仰，而忽略了其作为政治学说和社会理论的一面，从而将其置于研究的视野之外。虽然从政治集团学说角度，将佛教势力作为一种投机角色进行分析研究的成果很多，但是并未从根本上揭示佛教僧团与政治的关系。下文从三个方面讨论佛教文献在中古政治史研究中的价值和意义：佛教文献与世俗文献对政治史的不同书写；教派与僧团划分的政治背景；宗教信仰的意识形态属性。虽然所用具体例证多为隋唐史的材料，但对整个中古时代的情况，有总体上的参考意义。

一 佛教文献与世俗文献对政治史的不同书写

在通常情况下，历史记载和历史记忆，并不是对过去真相的重现，而更多的是对讲述过程和形式的反映。这种反映不是简单地组织和讲述过去发生的事，而是一个讲述者有意或者无意地重组画面、灌输特定认识和意识的过程。看似客观的历史书写，一旦形诸文字，仍然要借助文学的手法，谋篇布局、遣词造句、起承转合，不可避免地渗入了书写者自身的知识、意识和立场。从这个意义上说，所有的历史记载，都是某种程度上的

[①] 孙英刚：《神文时代：中古知识、信仰与政治世界之关联性》，《学术月刊》2013 年第 10 期，第 133~147 页。

重新讲述（representation）。这种重新讲述是一个再造（reproduction）的过程，一般通过裁剪、扭曲、隐藏、突出等方法，构建出自己想要的历史画面。有时候不需要"说谎"，只需讲述想让观众知道的片段——即便这些片段都是真实的——隐藏不想让他们知道的情节，整个画面的效果就截然相反。不同的书写者，因其立场、观念的不同，呈现出的画面就会有很大差异[1]。对于古代佛教与政治关系的历史来说，持官方立场的历史记载，难免会受到当时政治倾向、局势、权力结构和正当性的影响；而宗教精英在重现同一历史画面时，其取材、剪裁、突出的重点更加体现出宗教立场的考虑，因此他们呈现出的画面就与官方记载有显著的差异。从文本生成的过程和学术价值来说，两种文献并无优劣高低之别。在一个佛教昌盛的时代，只使用世俗文献甚至只使用官修史书来推断历史情景——哪怕是只研究政治史——都可能造成严重的缺陷。

直到 8 世纪，佛教高僧们的重要关怀，不仅仅在于现实世界之外，而且也期望用佛法作为一种意识形态工具将自己的信仰推到社会的各个角落去。他们讨论佛法和王权之间的关系，强调佛教和转轮王之间的彼此护持，憧憬弥勒下生带来的美好世界。很多高僧投身相关政治理论和实践之中，持续对政治的起伏和走向产生影响。玄奘翻译的《十一面神咒心经》，经过窥基的弟子，也就是玄奘再传弟子慧沼（648～714）的注疏（《十一面神咒心经义疏》）[2]，获得推广。十一面观音和护国思想紧密相连，这一带有强烈密教色彩的信仰和理念，不只停留在理论的层次，甚至被用以解决实际面临的政治军事危机。万岁通天二年（697），为讨伐契丹，武则天

---

[1] 所有的历史作品，最后都用文学写作的技巧和手法表现出来，这正是后现代主义者对历史客观性质疑的重要依据。虽然后现代主义者试图将史学化为文学，但是文学创造也都是在特定的历史语境中完成，自然会反映特定的社会和文化脉络，从而为历史学提供那个时代的历史世界和思维世界的信息，从这个意义上说，所有的文字写作，又都是史学。在这样认识的基础上，则不论官方记载，还是宗教书写，或是笔记小说，对历史研究都具有同样的学术价值，关键是如何解读。有关方法论的讨论，参看艾尔曼《中国文化史的新方向：一些有待讨论的意见》，《台湾社会研究季刊》1992 年第 12 期，第 1～25 页。

[2] 慧沼的《十一面神咒心经义疏》是有关十一面观音信仰的重要著作。他同时还是这一时期佛教界的重要僧人，如薛怀义一样，担任过武周时期白马寺的寺主。参看赞宁《宋高僧传》卷四《唐淄州慧沼传》，《大正藏》第 50 册，第 728 页下；李邕（678～747）：《唐故白马寺主翻译惠沼神塔碑并序》，佐伯定胤、中野达慧共编《玄奘三藏师资传丛书》卷下，《卍字续藏经》第 88 册，第 383 页下。

诏高僧法藏（643～712）依经教请法，建十一面观音道场，摧伏怨敌。因为军事的胜利，这次十一面观音强大的护持威力给武周君臣留下了深刻的印象，武则天为此甚至改年号为神功①。慧沼除了给玄奘的《十一面神咒心经》进行注疏，还配合义净译《金光明最胜王经》，并著《金光明最胜王经疏》，两者的共同之处，都是强调佛法和王权之间的关系。《金光明最胜王经疏》的核心理念，是讲述佛法和转轮王之间彼此护持的关系；而《十一面神咒心经义疏》具体地将修持十一面观音的功德与转轮王思想以及国家的利益联结在一起，这代表着当时主流佛教僧团对十一面观音信仰的看法②。

　　毫无疑问，佛教不但强烈地影响着中古时代的精神世界，也渗透到日常生活的各个角落（比如佛教信仰的普及甚至让素食成为隋唐长安都市男女追捧的一种饮食习惯，蜂蜜的生产销售成为重要的商业内容）。在政治起伏上，佛教也是一个关键的影响因素。其关键之处，除了提供系统的政治解释（比如有关王权的"新"理论），还在于佛教对宇宙秩序和超自然力量的"驾驭"为军国命运提供了"保障"，甚至这些积极参与政治军事运作的高僧，比如上文提及的玄奘、慧沼、法藏、义净们，若揭去其僧人的身份，其本身就是当时重要的政治人物。他们在政治理论、宣传造势、朝廷礼仪，乃至政治斗争中都是不可忽视的重要力量。在很长的历史时期，佛教僧人与僧团，本身就是当时政治势力结构中的一极。

　　信仰世界与政治世界本处在同一场域中，但是目前中古政治史的研究，往往无意识地将宗教信仰的板块，排除在整个历史画面的拼图之外。如果我们去读两《唐书》，除了几个邪恶的政治和尚以及玄奘、一行等少数僧人之外，完全找不到任何的有关佛教强烈影响了政治史的痕迹。可以说，佛教在隋唐政治史上的痕迹被几乎完全抹去了。很多重大的历

---

① 崔致远：《唐大荐福寺故寺主翻经大德法藏和尚传》，《大正藏》第 50 册，第 283 页下。有关法藏神功年以十一面观音像击退契丹事，陈金华有详细讨论，参看 Jinhua Chen, Philosopher, Practitioner, Politician: The Many Lives of Fazang (643–712), Series Sinica Leidensia 75, Leiden: Brill Academic Publisher, pp. 244–251。

② 参看颜娟英《唐代十一面观音图像与信仰》，《佛学研究中心学报》2006 年第 11 期，第 87～116 页。

史事件都跟佛教有关，但是在以两《唐书》为代表的官修史书中，佛教几乎踪迹难寻。这跟中古时代佛教昌盛甚至在儒释道三教中占据上风的历史图景完全不符。这种情况的产生，一方面是源于佛教自唐中后期至两宋从官方意识形态舞台和主流学术体系的退出，道学的兴起带来的对宗教信仰成分的摒弃；另一方面也源于现代学术不断重复早已形成的论述模式。历史记忆往往经过后世文本的不断重构，加上近代以来学者的反复申说，形成了许多固定的逻辑和表述[1]。然而，历史的吊诡之处在于，如果我们抛开这些"常识"，深究某些细节，可能会发现不一样的图景。

魏晋南北朝隋唐时期的许多政治事件，甚至军国运数，都不可避免地跟特定僧人、僧团或者寺院存在密切的关联。从佛图澄、昙无谶，到昙延、玄奘、慧范、德感；从同泰寺、永宁寺，到大兴善寺、普光寺、大安国寺，佛教对政治的影响无处不在。隋唐长安城的天际线被佛塔装点着，俯视着在城中发生的、兴衰起落的政治活剧。许多看似和佛教无关的画面，其实背后也隐藏着佛教的因素。笔者尝用最"老套"的一个话题说明佛教文献对政治史研究的重要性，即发生在贞观十七年（643）的李承乾被废事件。储位之争，本就是贞观朝后期的一条政治主线。官修史书（相当于对若干历史重大问题的决议）有关李承乾的记载，一个主要基调，是"承乾之愚，圣父不能移也"[2]。在这些经过政治操弄的文献中，李承乾被描述成一个漫游无度、性格乖戾、精神紊乱、道德败坏的人物。《旧唐书》花了很大的篇幅描述他跟太常乐人称心的关系，暗示其同性恋倾向，并将李承乾跟太宗关系的破裂归结于此[3]。从官方记载的李承乾的诸多细节上，我们可以读出历史被书写时书写者有意无意地灌输某种倾向的痕迹。但是在道宣等高僧的笔下——基于宗教的热情而非政治的考虑，他们对官方的政治结论似乎并不完全买账——李承乾却完全呈现出不一样的面

---

[1] 比如就武周政权与佛教僧团之关系而言，以薛怀义、惠范为代表的"邪恶"政治和尚，以菩提流志、实叉难陀为代表的外国翻经僧等，成为众所瞩目的研究对象。
[2] 《旧唐书》卷三《太宗本纪》，中华书局，1975，第63页。于是有很多研究讨论为什么唐太宗对李承乾的教育失败了。
[3] 《旧唐书》卷七六《恒山王承乾传》，第2648页。

貌。这一点也再次说明，宗教书写，往往并不完全屈服于世俗政治的压力[①]。

道宣使用大量的笔墨记载了李承乾对佛教尤其是长安普光寺的资助与干预。李承乾和普光寺的关系，反映了当时的基本政治权力格局和佛教僧团的一些特点。权势熏天的太子、亲王势力在隋代及唐代前期左右着政治的走向，使几乎每一次的权力传承都伴随着党派斗争乃至流血政变。这种政治权力结构反映到佛教世界，就产生了特定的僧团或者寺院跟某一个政治人物存在特殊关系的情形。普光寺作为李承乾在宗教领域权力的延伸，在贞观朝前期崛起为重要的佛教中心，但是其兴也因政治，衰也因政治，李承乾在政治上倒台之后，迅速走向衰落，彰显了隋唐时代佛教与政治的紧密关系。寺院地位的升降，与其供养者的政治起伏，紧密相连[②]。

其实对佛教的忽略，并不只是政治史研究中存在的问题，其他领域的研究同样如此。比如目前有关唐宋思想转型的主要研究著作中，我们完全看不到佛教的影子。在这些研究中，佛教似乎不是唐宋思想世界的一部分，佛教知识人完全是无声的[③]。如果把最为辉煌的佛教知识、信仰体系及其成就排除在历史画面之外，就会拼出一个平庸的盛世。思想世界的高度，往往被后世的学者截取少数几个精英的喃喃自语和痛苦呻吟加以界定。即便如此，佛教知识人在宇宙观、哲学、逻辑、政治理论乃至相关的艺术等领域，都取得了骄人的成就。而唐宋的思想转型，缺了都市佛教的衰落与佛教网络破碎这一重要源头，很可能只是真实历史画面的部分轮廓

[①] 即便对于已经倒台的李建成，道宣也仍用"皇储"称呼他，并记载他对佛教的护佑和支持。参看道宣《集古今佛道论衡》，《大正藏》第52册，第381页中至下；西京弘福寺沙门彦琮撰《唐护法沙门法琳别传》，《大正藏》第50册，第200页下~201页中。

[②] 孙英刚：《李承乾与普光寺僧团》，日本《唐代史研究》第18号，2015，第107~129页。

[③] 这类的研究非常丰富，比如 Peter Bol, *This Culture of Ours: Intellectual Transitions in T'ang and Sung China*, Stanford: Stanford University Press, 1992（包弼德：《斯文：唐宋思想的转型》，刘宁译，江苏人民出版社，2001）；陈弱水：《唐代文士与中国思想的转型》，广西师范大学出版社，2009。艾尔曼（B. Elman）认为思想史的研究不能忽略当时的社会存在和社会环境，主张把思想史的研究跟当时的社会史结合起来，从某种意义上讲，思想史即为社会文化史（social cultural history）。当然，艾尔曼并没有明确指出佛教等宗教因素在唐宋思想转型中的角色，但是其强调社会存在和社会环境的意见和笔者相合。参看艾尔曼给 *This Culture of Ours* 所写的书评 [*Harvard Journal of Asiatic Studies*, Vol. 55, No. 2. (Dec., 1995), pp. 519 - 535]。

而已。同样，如果忽略了佛教与商业网络的关系，中古时代的经济史也就显得不那么完整。发生在同一场域的事情，人为地将世俗的部分和宗教的部分割裂开，从逻辑和方法论上都存在无法解释之处，这很可能也是中古政治史研究需要解决的一个重要问题。

二 教派与僧团划分的政治背景

中古时代佛教僧侣在政治中扮演着重要的角色，但他们的这些角色因为受到自身佛教僧侣身份的影响，反而遮蔽了他们在政治理论和实践中的重要性。一方面，因为佛教僧侣强烈的宗教信仰属性，其往往将政治运作置于信仰的舞台，用灵验、感通、仪式、咒术、宇宙观等包装，有别于传统政治运作模式。研究者也往往将佛教僧侣的政治活动，跟传统的政治运作划分开，似乎两者并不是发生在同一个场域。另一方面，后世的史料再造也遮蔽了佛教僧侣在政治起伏中的形象和角色。比如义净，在武则天倒台之后，其在武则天政治宣传中扮演的重要角色逐渐被抹去，直至宋代的赵明诚读到唐碑《大唐龙兴三藏圣教序》的碑侧内容，才发现武则天"天册金轮圣神皇帝"尊号，正是由义净所奠定的，不由得感叹："余尝谓义净方外之人，而区区为武后称述符命，可笑也。"[1]

若摒去其僧侣的身份，其实在中古时代的许多高僧，本身就是重要的知识人。他们中间有的精通阴阳术数，有的精通诗词歌赋，有的擅长商业组织，有的在各个政治集团之间纵横捭阖，有的甚至本身就是当时重要的历史记录者。道宣（596～667）[2]、道世（？～682）等佛教高僧，撰写了大量记录南北朝后期到唐代前期历史事件的文字，比如《续高僧传》《广弘明集》，等等，内容丰富。这些历史书写，有的时候带有较强的宗教色彩，用现代理性主义的观念看，属于荒诞不经的内容。正因如此，此类文献反而有别于经过政治审查的官修史书，保存了大量的被传统政治史研究所忽略的信息。他们在进行书写的时候，并不认为自己从事的是"文学创作"，"文学"的帽子是我们后来用现代学科追加上去的，只不过他们对故

---

[1] 赵明诚：《宋本金石录》，中华书局，1991，第592页。
[2] 关于道宣的研究，可参考陈怀宇著 The Revival of Buddhist Monasticism in Medieval China，Peter Lang Publishing Inc，2007。

事情节的再现不可避免地受到了本身知识背景和社会角色的影响。

中古时代，佛教僧侣不但是宗教徒，而且还是知识分子、政治人物。佛教寺院是社会构成中的重要部分，佛教知识分子应该被视为知识精英的一部分。将中古政治史与信仰世界分开的做法，实际上割裂了本属同一历史语境的两个重要层面。中古时代政治文化和社会生活的一大特色，是思想世界和知识世界依然深受宗教意识的影响①，物质文明和思想世界都在佛光的照耀之下。宗教知识分子在政治生活，尤其是政治宣传中，扮演着举足轻重的角色。现实政治中的权力结构在佛教信仰世界的反映，产生了佛教寺院、特定学派、特定僧团与特定政治集团存在密切关联性的情况，寺院和僧团地位的升降，与政治人物的命运起伏紧密相关，组成了当时信仰与政治世界复杂图景的一部分②。

大多数研究者认为，隋唐之际中国佛教从学派佛教转变为宗派佛教。尽管对于宗派的数量或者定性略有差异，但这些研究大多坚信中国佛教宗派林立的图景发端于隋唐之际。但是不得不指出的是，这种宗派林立、佛教界被分割得支离破碎的画面，实际上是后来的想象和构建。以往的研究可能夸大了宗派在真实历史图景中的意义。隋代涅槃学最为发达，但是细究史料，并不能找到有一个强烈群体认同的"涅槃宗"存在。若抛开哲学、义理的层面，深究其历史细节，则可发现，其实维系一个僧团在政治上的特殊地位，或者说呈现出较为强烈凝聚力的，并不是排他性的学理，而是基于师承、地域、政治赞助等形成的综合认同基础。在隋文帝政治宣传中扮演国师角色的昙延，弟子众多，影响深远，乃至大兴城的城门都以"延兴""延平"命名，其僧团的维系更是延续长达80年之久，到了道宣

---

① 参看陈弱水《唐代文士与中国的思想转型》的相关论述。陈弱水认为唐人心灵世界为二元结构，深受宗教思想的影响，这是当时思想世界的主要特点。

② 比如荣新江对大安国寺的研究，指出大安国寺由睿宗舍宅而立，在开元时期（713～741）汇集了各种学派的僧侣，成为长安最为重要的皇家寺院。俄藏《开元廿九年（741）授戒牒》表明，开元二十九年二月，大安国寺僧人释道建曾经受命去沙州主持授戒仪式，并宣讲唐玄宗刚刚编纂完毕的《御注金刚经》以及《法华经》《梵网经》。参看荣新江《盛唐长安与敦煌——从俄藏〈开元廿九年（741）授戒牒〉谈起》，《浙江大学学报》（人文社会科学版）2007年第3期，第15～25页。笔者也曾专文讨论了长安大荐福寺与中宗政治生命之关系。参看孙英刚《长安与荆州之间：唐中宗与佛教》，载荣新江主编《唐代宗教信仰与社会》，上海辞书出版社，2003，第125～150页。

撰写《续高僧传》时，仍未断绝。就昙延僧团而言，地域认同、师承关系在维系僧团的认同和凝集中扮演了重要的角色。僧人唯学是承，甚至可以投学他师。即便昙延是隋文帝国师，也并不垄断寺院或者寺产；就算在专注涅槃学的僧人内部，昙延僧团之外，还有慧远等其他僧团，但是其地域背景、学术流派并不相同，也并无竞争关系[1]。

在既有的有关佛教与政治关系的研究中，宗派的兴衰和政治起伏的关系是一个热点话题。不过这种将佛教宗派与政治集团相比附的讨论，往往脱离了历史的真实背景。比如学者们经常讨论的天台宗和隋代政治的关系，其实所谓天台宗在整个历史图景中的地位被放大了，就隋代和唐初的情形看，所谓天台僧人并不能在首都也就是佛教的中心占据任何主导或者权威的地位，从一开始，它就与特定的地域联系在一起。根据成书于664年的道宣《续高僧传》记载，太宗所委任的"十大德"，有信息记载的有七位，这七位中，六位是解经师而不是禅师。而天台宗的僧人，并不包括在内，净土信仰和三阶教的僧人也都不在其中。很多学者认为，是因为天台宗和隋朝皇室交往密切，所以唐初的帝王才不支持天台宗[2]。其实，天台宗的道统是后来才逐渐构建出来的。灌顶（561~632）后来在《摩诃止观》序论里，引用《付法藏传》编造自释迦牟尼以降的传法谱系，交代智𫖮的师承关系，从而构造了自命为佛法正统的天台宗道统。但是"天台宗"的字眼，在湛然撰写的《法华经大义》中才第一次出现。其实即便在隋代，天台僧团，至少在智𫖮去世以后，已经不再为隋炀帝重视。灌顶甚至曾被其他僧侣诬陷为巫，押送到对高句丽作战前线接受隋炀帝的处罚。所以并不存在天台宗因为支持隋朝而在唐初遭到政治打压而衰落的问题[3]。在隋代和唐前期的佛教中心，慧远和昙延的僧团，远远比智𫖮的僧团获得了更多的关注和更高的权威。历史的研究，并不能因为后来天台宗的兴起

---

[1] 详细讨论参看孙英刚《何以认同——昙延（516~588）及其涅槃学僧团》，载洪修平主编《佛教文化研究》创刊号（第1辑），江苏人民出版社，2014，第120~166页。

[2] 有代表性的比如 Stanley Weinstein, "Imperial Patronage in the Formation of T'ang Buddhism," in *Perspectives on the T'ang* (New Haven: Yale University Press, 1973), pp. 289-298.

[3] 天台宗伪造历史的相关讨论，详见 Chen Jinhua, *Making and Remaking History: a Study of Tiantai Sectarian Historiography*, Tokyo: The International Institute for Buddhist Studies of ICABS, 1999.

而做倒放电影式的改写。

　　与宗派的讨论模式相似，目前对佛教僧团和中古政治关系的研究，还有按照人群划分的研究模式，比如简单地讨论皇族或者世家大族跟佛教的关系。有一种观点认为，隋朝推崇佛教，唐朝推翻隋朝，所以轻视佛教，武则天上台，又在信仰世界反唐朝之道而行之，再度推崇佛教。此类研究甚多，蔚为壮观，如陈寅恪讨论武周政权与政治的关系，就从家世信仰和政治需要两方面说明了武则天信仰佛教的必然性[①]。以个人因缘和信仰背景来解释政治动机，并非全无根据。至少，武则天在太宗驾崩之后出家感业寺为尼的经历，以及其家族的佛教背景，应该培养了武则天一定的佛教修养，为其借重佛教进行政治宣传奠定了一定的知识基础。但是从根本上说，按照家族信仰切割，和按照佛教宗派切割的研究模式，其性质是一样的，都是希望通过整齐划一地将信仰世界分解成不同的集团，来对应政治集团互相倾轧的"历史图景"。这种研究模式最根本的弱点，是从根本上忽略了历史的复杂性，采取的是一种历史机会主义的解释方法。不要说信仰世界是否能够完美切割，跟世俗世界完美对应，即便是在世俗政治世界里，是否某一家族的成员一出生就奠定了他的政治立场和观点，并且一生都不会更改，都值得商榷。正如陈寅恪自己所言，框架和叙述越完美，离事实反而越远。

　　历史的复杂性往往超出研究者的想象。政治的敏感性，更增加了拨开迷雾的难度。依靠有限的信息雾里看花，透过阴谋论者主张的人性特征对史料进行切割、排比、推测，得出一个看似完美的结论，有时候却不过是自娱自乐的猜谜游戏。有时候稍稍增加上去一块遗失的拼图，就会让整个政治史的画面产生动摇，乃至面目全非。佛光照耀下的中古时代，政治风云变幻中，又增加了宗教信仰和宗教势力的冲突融合，使我们每一步的推理，都不得不同时在世俗空间和神圣空间，通过研读世俗文献和宗教文献同时进行。比如刘淑芬曾论玄奘的最后十年，一改我们之前有关玄奘获得帝王恩宠的印象，揭示了玄奘生命最后一段政治上失意、精神上困顿的另一面。如其所论，由于陷入了高宗从辅政旧臣系夺回政治主导权的政治风

[①] 陈寅恪：《武曌与佛教》，载《中央研究院历史语言研究所集刊》第5本，1935，第137~147页；又收入《金明馆丛稿二编》，上海古籍出版社，1980，第137~155页。

暴之中，他也被高宗和武则天归入需要剪除的辅政旧臣系。永徽六年（655）发生了尚药奉御吕才攻击玄奘系僧人的事件，之后遂有六臣监共译经的掣肘，玄奘更被监视居住，无亲近弟子伴从。其弟子慧立在生前不敢以《慈恩传》示人，彦悰在承接续成此书时的犹豫，主要原因就是玄奘晚年活动和初唐政治关联的秘辛[1]。这样的结论，几乎完全颠覆了我们之前关于玄奘和高宗形同鱼水的欢愉印象，从喜剧一举转变为悲剧。

但是事情还没结束。相关历史记忆往往经过后世文本的不断重构，加上近代以来学者的反复申说，形成了许多固定的逻辑和表述。就武周政权与佛教僧团之关系而言，以薛怀义、惠范为代表的"邪恶"政治和尚，和以菩提流志、实叉难陀为代表的外国翻经僧等成为众所瞩目的研究对象。然而，历史的吊诡之处在于，如果我们抛开这些"常识"，深究某些细节，可能会发现不一样的图景。笔者最近尝论一位被历史记忆"遗忘"的高僧——德感。这位被君主誉为"式亚龙树，爰齐马鸣"的高僧，很可能才是武周时期宗教政治事务的主要运营者。他在武周政权酝酿和肇造阶段，就扮演着重要的角色。他跟薛怀义一样，是洛阳内道场的大德之一；他的名字出现在《大云经疏》和菩提流志新译《宝雨经》的译场列位中；他长期担任洛阳佛授记寺的寺主，并且在武则天重返长安后被调回长安担任清禅寺主，主管京国僧尼事务；他在武周政权晚期，代表武则天赴五台山巡礼；他主持修建武周政权晚期最为重要的宗教纪念碑性建筑光宅寺七宝台，并且"敬造"十一面观音像为武周政权祈福[2]。然而，尽管他在武周政权的佛教事务中扮演着领袖的角色，他的名字却几乎在相关的文献记载和现代研究中消失了。经过对佛教文献和石刻史料的追索，德感的师承赫然呈现——他是窥基的弟子，也就是玄奘的再传弟子。这也就补充了富安敦（A. Forte）的一个推断：持法相之学的僧人在武周政权中扮演着

---

[1] 刘淑芬：《玄奘的最后十年（655～664）——兼论总章二年（669）改葬事》，《中华文史论丛》2009年第3期，第1~97页。

[2] 现藏日本东京国立博物馆的一件十一面观音像，题记云："检校造七宝台、清禅寺主、昌平县开国公、翻经僧德感奉为国敬造十一面观音像一区，伏愿皇基永固，圣寿暇长。长安三年九月十□（日）。"〔日〕大村西崖：《支那美术史雕塑篇》，佛书刊行会图部，1917，第571页；〔日〕关野贞、常盘大定编《支那佛教史迹》（一）图版28，佛教史迹研究会，1925；金申编《佛教雕塑名品图录》，北京工艺美术出版社，1995，第320、321页。

重要的角色①。薛怀义被文献描述为出身于洛阳的市井小贩，并非佛教领袖。但德感的情况则证明，武则天所任用的佛教高僧，其实就是名实相符的佛教领袖，她确实得到了当时主流佛教僧团的支持。如果说刘淑芬的研究揭示了遮蔽的历史真相，还原了玄奘晚年在政治上的失意的话，那么德感在政治上的崛起，却又给这瑰丽的历史画面增加了色彩斑斓的一页。作为 7 世纪末 8 世纪初跟王权关系最为密切的高僧（之一），德感可谓玄奘在政治上的继承人。在玄奘政治上落魄之后，其法相一脉并未彻底退出政治舞台，其中的佼佼者德感，在武则天时期，尤其是武周晚期，重新站到了历史的前台，演绎了一出信仰与政治、佛法与王权交织互动的丰富多彩的历史剧②。

三　宗教信仰的意识形态属性

中古时代，从亚洲内陆，到东海扶桑，搅动人类历史的一大事件乃是佛教的兴起与传播。佛法东传，不唯是信仰与宗教的输出输入，也是意识形态的融合与激荡。不但置中古时代人的心灵世界于佛光的照耀之下，而且重塑政治内涵，改造政治话语，为统治者论证自己统治的合法性提供了新的理论依据，使中国、日本等亚洲诸国政治面貌与思想面貌焕然一新，在中古时代的政治史上留下了深刻的印迹。与中土植根于天人感应、阴阳五行思想，强调统治者须"顺乎天而应乎人"的君主观念相比③，佛教对

---

① 相关论述参看 Antonino Forte, *Political Propaganda and Ideology in China at the End of the Seventh Century*, Italian School of East Asian Studies, 2005。
② 详细讨论参看孙英刚《从五台山到七宝台：高僧德感与武周时期的政治宣传》，《唐研究》第 21 卷，北京大学出版社，2015。
③ 在佛教传入中国之前，中国传统政治合法性的论述，主要在天人感应、五德终始学说的框架下进行。统治人民的君主是"天子"，天授符命（mandate）于天子，天子顺天命统治人民。君主是否拥有统治人民的符命，有赖于图谶和祥瑞的解释；君主受命于天，统治有方，达到天下太平，则可以封禅泰山（或中岳嵩山等），向上天报告。在这一体系之中，"天命"可以转移，若君主所作所为违背天道，则有灾异出示警。若君主不思反省，则天命会被上天剥夺，转入异姓。阐明统治合法性更需要政治修辞和理论渲染，在中古时期，在没有现代政治学说可以凭借的背景下，"太平""祥瑞""灾异""天命"等，是主要的政治语言；而"龙图""凤纪""景云""河清"等，则是主要的政治符号。有关论述，参看孙英刚《神文时代：谶纬、术数与中古政治研究》，上海古籍出版社，2015。

未来美好世界的描述，以及对理想的世俗君主的界定，都有其自身的信仰和思想背景。尽管佛教王权（Buddhist Monarchy）的传统并没有在中国历史上形成长期的、占据主导地位的影响，但是大乘佛教有关救世主弥勒（Maitreya）和理想君主转轮王（Cakravartin）的观念，从魏晋南北朝到唐代数百年间，曾经对当时中土政治的理论和实践都产生了重要的影响。这些影响包括政治术语、帝国仪式、君主头衔、礼仪革新、建筑空间等各个方面。

唐朝之后的佛教，逐渐从政治舞台退出。虽然有少数僧人在政治中扮演重要的角色，但是佛教作为系统的信仰体系，对政治理论和实践不再产生重要的影响。加上佛教一直被赋予跳脱现实世界、追求精神境界的形象，所以我们在研究佛教与中古政治起伏的关系时，仅仅强调了佛教作为宗教信仰的一面，而忽略了其作为意识形态的一面。在讨论佛教与政治的关系时，君主的实用主义和在宗教信仰上的投机，以及佛教在政治资助下的发展成为关注的焦点，也就是所谓的"不依国主，则法事不立"和"国家立寺，本欲安宁社稷"。这样的讨论，忽略了佛教自身的主动性。任何宗教信仰体系，都不可避免地跟世俗世界发生关联，也对世俗王权抱持自己的看法。正如基督教的理论家阿奎那讨论什么样的君主才是一个合格的基督教君主那样，佛教也对什么是理想的社会、什么是理想的君主、什么是理想的政教关系等问题有系统的观念和标准。陈寅恪在《冯友兰中国哲学史下册审查报告》中论道："窃疑中国自今日以后，即使能忠实输入北美或东欧之思想，其结局当亦等于玄奘唯识之学，在吾国思想史上，既不能居最高之地位，且亦终归于歇绝者。"[1] 这段论述，可能表明，陈寅恪潜意识里不但视佛教为一种宗教信仰，而且也视为一种政治思想或者意识形态。

任何社会制度、政治秩序都是自我证明其存在的合法性。这种合法性不仅依靠强大的武力来维持，还依靠宗教这一历史上最广泛、最为有效的工具。宗教信仰和意识形态两者从来都是交织在一起的。政治合法性（po-

---

[1] 《金明馆丛稿二编》，第251页。有关讨论参看桑兵《"了解之同情"与陈寅恪的治史方法》，《社会科学战线》2008年第10期，第98~109页。

litical legitimacy）往往植根于人们对历史发展规律的认识、对宇宙空间的理解、对信仰世界和生命价值的观念。任何一种试图占据主导地位的意识形态体系，都不可避免地要将其植根的信仰植入大众的脑海中，并且在政治、思想、文化，乃至艺术形式等各个社会角落刻下自己的痕迹。宗教通过赋予社会制度终极有效的本体论地位，即通过把它们置于一个神圣而又和谐的参照系之内，证明它们的合理性。政治的结构就是把神圣的宇宙之力量扩展到了人的领域。政治权力被认为是神的代理者，或者是被理想化为神的具体体现。于是人间的权力、政府和惩罚，都成了神圣的现象，从而使国家制度被赋予一种类似必然性、确定性和永久性的东西①。

许多政治的宣传，也植根于与信仰有关的原典中。政治上的纷争，有时候体现在对教义的理解。有的打着原教旨主义的旗号，号召回到原典，但是实际上是一种"托古改制"式的改革或革命。就中古政治与佛教的关系来看，回到佛教原典，在很多情况下，却是理解光怪陆离的政治现象的重要途径。仅凭阴谋论、集团论等逻辑来推断政治人物的举动或者政治宣传的形式，都存在简单化的风险。比如武则天支持菩提流志重译的《宝雨经》，该经最大的贡献在于：第一，它明确说明此女将在南瞻部洲东北方摩诃支那国为帝；第二，它并非注疏（《大云经疏》不是佛经，只是注疏），而是佛经，从而解决了武周政权于经无征的问题。可以说，《宝雨经》才是武则天为女主的直接理论来源②。但是关于为什么要重译此经，除了《宝雨经》支持武则天以女身当皇帝这一观点之外，汤用彤认为菩提流志等人在新译时增加了"菩萨杀害父母"的语句，从而为武则天杀害李唐宗室提供了理论依据③。但是，如果我们回到原典，就会明白其实新译《宝雨经》并无"菩萨杀害父母"之文，相反，《宝雨经》谈到最多的，还是孝顺父母的内容。菩提流志译《宝雨经》之前，已经存在两种译本，一种是梁扶南三藏曼陀罗仙译《宝云经》8卷，另外一种是梁扶南三藏曼陀罗仙共僧伽婆罗译《大乘宝云经》（俱在《大正藏》第16册）。对比三

---

① Peter Berger：《神圣的帷幕》，高师宁、何光沪译，上海人民出版社，1991，第37~41页。
② 有学者指出，《宝雨经》有关武则天女身为中国主的内容，比《大云经》要清楚得多。参看郭朋《中国佛教思想史》，福建人民出版社，1994，第209页。
③ 汤用彤：《隋唐佛教史稿》，武汉大学出版社，2008，第22、244页。

种译本，可知菩提流志新译《宝雨经》关于菩萨"杀害父母"的内容并非是菩提流志等人窜入的，更不是捏造的，在之前译本中就有同样的内容。从内容可以判断，这段内容是在说犯下杀害父母等罪业的人，因为担心陷入无尽报应而对前途绝望，菩萨为劝导此类有情，幻化出父母进行杀害，达到说服他们打起精神、遵从佛法的目的。从逻辑上说，武则天杀害的是李唐宗室，而非自己的父母；而且屠杀李唐宗室早在垂拱年已经基本完成，何必在数年之后再为此费劲寻找依据？就逻辑而言这中间还有一定距离。回到佛教原典，避免任意解释，可能是理解佛教政治宣传的必经之路，这也正说明政治和信仰世界的紧密关联性。

构建政治合法性的关键一环，在于说明人类社会发展的方向，描绘美好的前景。几乎每个宗教都包括所谓的"弥赛亚信仰"（Messianism），即相信在未来的某个时期，会有受神派遣的救世主降临凡世，拯救一切人类和生灵，进入美好的时代。佛教的特殊之处，在于其救世主往往指弥勒，而非释迦牟尼佛本身。"弥勒"，乃梵文 Maitreya、巴利文 Metteya 的音译名；其他异译名尚有梅呾利耶、末怛唎耶、迷底屦、弥帝礼等。意译则称"慈氏"，盖其意为慈悲。弥勒下生信仰在中国的兴起，大致在南北朝时期，典型的标志是弥勒诸经的出现。竺法护在太安二年（303）译成《弥勒下生经》《弥勒菩萨所问本愿经》。此后，鸠摩罗什在姚秦弘始四年（402）译成《弥勒大成佛经》《弥勒下生成佛经》；东晋时，有译者不详的《弥勒来时经》；北魏时则有菩提流支所译《弥勒菩萨所问经》；一直到武周大足元年（701），义净还译出《弥勒下生成佛经》。根据这些经典，弥勒菩萨将在56亿万年后，继释迦而在此土成佛，仍然号"弥勒"，这即是所谓的"未来佛"或者"新佛"。根据这些佛经的描述，弥勒下生时，"阎浮提"世界会变得十分美好，人民康乐，没有灾难，"弥勒下世间作佛，天下太平，毒气消除，雨润和适，五谷滋茂，树木长大。人长八丈，皆寿八万四千岁，众生得度，不可称计"①。

南北朝战乱频仍的环境下，对未来美好时代的期盼，给弥勒信仰的迅

---

① 僧祐录中失译经人名，今附宋录的《佛说法灭尽经》，《大正藏》第12册，第119页中。

速普及和繁盛提供了条件。到了 5 世纪六七十年代，北方全部佛教造像中，30% 以上为弥勒像；北魏末至北齐、北周的 40 年间，北方弥勒造像共 88 尊，其中仅洛阳龙门石窟就有弥勒像 35 尊，占总数的近 40%[1]。就山东而言，北朝弥勒造像数量最多，其主要出发点是把对未来的美好憧憬同弥勒所在的佛国乐园联系起来[2]。这跟当时信仰世界的发展，以及政治发展的趋势是相契合的。弥勒信仰跟小乘自力解脱的思想大相径庭，从关注自身修炼，转变为对公共利益的关心，实际上是转向了政治学说。弥勒信仰在新疆以及后来在中国内地能够广泛传布、历久不衰，是与救世主思想分不开的[3]。壁画和雕塑中的交脚弥勒菩萨像，摆出的就是古代波斯萨珊王朝国王们的坐姿。到了 6 世纪上半叶，身着佛装的倚坐像取代交脚像而成为弥勒的主要形象特征。从根本上说，南北朝到隋唐时代的弥勒下生信仰，是一种带有强烈政治理想、关注并试图干预社会发展方向的知识和信仰系统[4]。

对未来美好时代的崇敬，和对当下黑暗时代的唾弃是一体两面。只有摧毁当下糟糕的世界，才能进入一个新世界。所以跟弥勒信仰紧密相关的即佛教的"末法"思想。这是一种带有颠覆性、革命性的学说，在南北朝和隋唐的政治起伏中扮演了重要的角色。君主如梁武帝、隋文帝、武则天都竭力把自己打扮成迎接弥勒下生的转轮王[5]；而对现实不满的造反者则把当下的社会描述为弥勒下生前的末法时代，号召大家起来砸碎它。植根于这种信仰和学说的伪经从 5 世纪开始大量流行，推销自己的政治观点。在北魏时代从 402 到 517 年间，仅官方正史记载的打着佛教救世主旗号造

---

[1] 侯旭东：《五、六世纪北方民众佛教信仰》，中国社会科学出版社，1998，第 109 页。
[2] 刘凤君：《山东省北朝观世音和弥勒造像考》，《文史哲》1994 年第 2 期，第 48 页。
[3] 季羡林：《弥勒信仰在新疆的传布》，《文史哲》2001 年第 1 期，第 5~15 页。
[4] 上原和甚至认为，弥勒菩萨像左手所持的小容器，可能并不是我们所通常认为的水瓶，而是代表弥赛亚或者救世主身份的油膏壶。"messiah"这个词本意就是"受膏者"，因此推测弥勒作为救世主身份，是否受到了古代东方宗教传统的影响。参看〔日〕上原和《犍陀罗弥勒菩萨像的几个问题》，蔡伟堂译，《敦煌研究》1994 年第 3 期，第 62~70 页。尽管没有确凿的证据证明上述观点，但弥勒信仰作为一种带有强烈救世主精神的宗教政治学说，从南北朝到隋唐时代的历史中可以找到明证。
[5] 殷光明极其准确地指出了隋文帝、武则天都宣称自己是转轮王下生，在境内实行正法。参看《关于北凉石塔的几个问题——与古正美先生商榷》，《敦煌学辑刊》1993 年第 1 期，第 64~76 页。

反的事件就有十次之多①。1947年7月敦煌艺术研究所从中寺（地庙）佛像肚中发现的117件文书中的一件是《大慈如来告疏》，署"兴安三年（454）五月十日谭胜写"，也是带有强烈现实政治关怀的佛教文本。而这种"疏"（不是经）的形式，也让我们想到7世纪下半叶的《大云经疏》。而《大慈如来告疏》带有强烈的末法思想和对未来弥勒下生的期待，极可能跟当时的政治形势有关②。

从根本上说，弥勒信仰及其政治学说，是一种否定现实社会、期盼未来世界的思想体系，用现代政治术语说，就是一种"革命思想"。许理和（Erik Zürcher）在《月光王子：中国中古早期佛教的弥赛亚主义和终末论》中，详细剖析了魏晋南北朝时期道教和佛教有关弥赛亚主义（或"救世主主义"）的历史和文献，认为4世纪中叶之后月光童子信仰的兴起，和道教救世主论和末世论的思想紧密相关。有关佛教文本如《法尽灭经》《佛钵记》《首罗比丘经》《普贤菩萨说证明经》等，也带有强烈的末世信仰和弥赛亚主义的色彩。这些色彩包括：第一，世界陷入浩劫，比如洪水、瘟疫、妖怪等；第二，善恶决战；第三，审判，区分罪人、"种民"等；第四，救世主来到世间，甚至其在人世间的助手们也被列在这些文献中，比如《首陀比丘经》列举了十九贤者的名字；第五，美好的未来世界③。虽然他的观点并不全面，后来学者又有更多的研究和讨论，但从开拓研究领域的学术脉络来说，这篇文章极其重要。其重要性在于把我们的目光引向了宗教信仰和政治学说的双重性，而这种双重性是我们理解魏晋南北朝隋唐，乃至任何历史时代信仰世界和政治世界、精神世界和现实世界紧密关系的关键。

信仰和政治的关系，也反映在艺术造型和信仰符号上，比如佛钵。魏

---

① D. L. Overmyer, "Messenger, Savior, and Revolutionary," in Alan Sponberg ed., *Maitreya, The Future Buddha*, Cambridge: Cambridge University Press, 1988, pp. 110 – 115.

② 王惠民认为这是对稍前北魏太武帝于太平真君七年（446）灭佛的抗议或者反动。参看王惠民《北魏佛教传帖原件〈大慈如来告疏〉研究》，《敦煌研究》1998年第1期，第43~45页。不过它也有可能是自上而下颁布的、利用弥勒信仰进行政治宣传、加强统治的官方文献。

③ Erik Zürcher, "'Prince Moonlight': Messianism and Eschatology in Early Medieval Chinese Buddhism", *T'oung Pao* LXVIII, 1 – 3 (1982), pp. 1 – 75.

晋南北朝时期的伪经《佛钵经》或者《首罗比丘经》均为汉地伪造的佛经，但是它们宣扬的佛钵东来、月光出世的政治预言，却有着深厚的思想和宗教背景。佛钵作为弥勒下生的传法圣物或者符号，早在犍陀罗的雕像中就表现得淋漓尽致。佛钵东迁和月光童子出世成为互相关联的宗教政治预言。其理论前提是月光童子在弥勒信仰中的地位——他转世为转轮王，为弥勒下生做准备。

意识形态在很多情况下构成政治冲突的基础，并往往成为人类社会疾患的源泉。由一套系统的理念、口号、目标构成的意识形态，往往使个人的命运裹挟其间而无法挣脱。佛教的一些理念也被改造成为政治信念，掀起政治纷争的波涛。这一点在中古政治史的长河里展现得尤其明显。弥勒信仰的兴起，伴随着对未来弥勒下生，终结末法时代，进入美好时代的期盼，从南北朝到隋唐，都是造反者常用的舆论工具和理论指导。极端者希望能够彻底摧毁旧的社会秩序，建立起依照自己理想而想象出来的乌托邦。比如北魏延昌四年（515）的冀州沙门法庆起事，"所在屠灭寺舍，斩戮僧尼，焚烧经像，云新佛出世，除去旧魔"[①]。隋唐之际曾流行的三阶教被统治者所不容，也正在于信行宣扬的末法学说，直接将当时的统治界定为末法时代，甚至君主追求"作转轮圣王"都被他描述为声闻之人四恶欲之一。这种政治上的不正确，导致了三阶教这一佛教教派成为异端，在政治上屡屡受到压制[②]。同样，反对佛教的政治势力，也往往试图将佛教或者它的某个"异端"教派、某种特殊信仰逐出信仰和政治的舞台。中古时代历次的灭佛，原因纷繁复杂，其中意识形态的冲突也扮演了重要的角色。在这里面，我们看到本土主义对外来文化的驱逐，也看到道教等其他宗教力量跟佛教抢夺信仰和政治主导权的企图。不同意识形态的竞争，反映在信仰世界的角力上，这不但是中古时代政治图景重要的组成部分，也是人类社会自古以来政治起伏的重要源头。

如果要真切体会古人的思想与行动，必须去除现代知识的傲慢，"与

[①] 《魏书》卷一九《元遥传》，中华书局，1974，第445页。
[②] 相关讨论，参看〔日〕矢吹庆辉《三阶教の研究》，岩波书店，1927，第27页。

立说之古人,处于同一境界,而对于其持论所以不得不如是之苦心孤诣,表一种之同情"①。中古时代,佛教在知识、信仰、政治体系中都扮演着重要的角色,佛塔的光芒照耀着都市生活,影响到人们的心灵和行动。若要研究中古政治史相关的问题,不得不将信仰世界纳入视野。本文仅仅从三个方面进行了讨论,仅涉及知识、信仰与政治关系诸面相中的一小部分。佛教的理想君主观念、域外传统与佛教政治意识形态之关联、佛教与阴阳五行之关系、空间与宇宙观、商业和经济、政治建筑与符号、日常生活与物质文化等诸多层面,仍值得我们深入探讨。

---

① 陈寅恪:《冯友兰中国哲学史上册审查报告》,收入《金明馆丛稿二编》,第247页。

述 论

从"关陇集团"到"李武韦杨"
——陈寅恪对唐代政治史解释的转变

张耐冬

在北朝隋唐政治史研究领域，陈寅恪提出过两个具有整体性意义的假说，其一为"关陇集团"学说，其二则是"李武韦杨婚姻集团"（以下简称"婚姻集团"）说。然而，这两个概念在学术界产生的反响截然不同。"关陇集团"学说迄今仍具有极强的影响力，凡研治北朝隋唐政治史者，无论赞同与否，都无法绕过"关陇集团"这一概念。学者们在对西魏至唐初的政治走势进行描述时，实际上都是以"关陇集团"说为基础进行具体的论证与考辨，且在使用时虽对其外延界定各有不同，但对"关陇集团"的存在基本都持肯定态度，并通过不同形式对这一概念的适用范围与内涵特征进行反思。相比之下，"婚姻集团"说则没有受到充分的重视。在探讨唐高宗至玄宗时期的政治事件、政治结构与政局变迁时，多数学者没有将"婚姻集团"视为一个具有框架性意义的解释，而只将其视为"关陇集团"说在实证层面的具体展开，对这一概念的探讨也相对缺乏，关于"婚姻集团"概念的提出与"关陇集团"学说的关系更是无人进行细致探讨。

基于这一研究现状，本文拟立足于"婚姻集团"对"关陇集团"学说的修正这一角度，对二者的关系做一解释，并对"婚姻集团"说在唐前期政治史研究中的意义、陈氏对隋唐政治史解释的转变略作分析。

陈氏对北朝隋唐政治史的解释属理论性假说，所涉具体事实不断被后来者修正，为免枝叶蔓芜，本文只对陈氏观点与论证加以探讨，如无必要，将不涉及具体史事之考订。

一 "关陇集团"学说的论说方式及其内在不足

"关陇集团"这一概念的提出与界定,是陈寅恪在《唐代政治史述论稿》(以下简称《述论稿》)中完成的。此前,在《隋唐制度渊源略论稿》(以下简称《略论稿》)中,他即已提出"关中本位政策"的说法①,在《述论稿》中,他将这一涵盖观念与制度等诸方面的概念带入其中,从政治角度描述了在"关中本位政策"作用下,自西魏起形成的"关陇集团"在隋唐时代的持续性影响,及其瓦解给唐代历史带来的结构性变化。

值得注意的是,在阐述"关陇集团"的来龙去脉时,陈氏的论说方式对这一假说的解释力起到了决定性作用。②

他的论说由两组问题构成,其一为对"关陇集团"形成的论证,其二为对"关陇集团"在唐代的瓦解,及其瓦解后政治权力的分化重组状况的分析。

1. 关于"关陇集团"形成之论说

陈氏从李唐氏族问题的记载疑点出发,得出了李氏郡望应在赵郡而非陇西的结论,由此揭出西魏时期宇文泰令汉人大族改易郡望之事,认为正是此政策影响了李氏郡望的记载;而后,他对改易郡望政策的出台背景进行分析,导出"关中本位政策"之说,认为这是宇文泰制定的整体性国策,进而认为宇文泰在"关中本位政策"施行之下锻造出了"关陇集团"。

这一论说过程如剥笋般层层深入,形成了一个完整的递进式结构。在此结构中,李唐氏族问题仅是"关中本位政策"影响下的具体现象,处于最外层;宇文泰改易汉人郡望这一事件则属中层,联结着表层现象与尘封在史籍中的"关中本位政策";位处最核心的"关中本位政策"中还包裹着"关陇集团"这一由其孕育且与之共生的果实。而这颗果实,才是《述论稿》上篇的重点。

---

① "关中本位政策"概念最初的提出,见陈寅恪《隋唐制度渊源略论稿》"职官"篇(生活·读书·新知三联书店,2009,第101页)。按:此概念在《略论稿》中使用时,在论述不同重点时有几种不同称谓。详见李万生《说"关中本位政策"》一文之统计,《清华大学学报》(哲学社会科学版)2010年第4期,第20页。

② 有关陈氏阐述"关陇集团"时的论说过程,唐振常《〈唐代政治史述论稿〉学习笔记》已有详细介绍。见《中国文化》1997年第15、16期,第20~31页。

不过，在讲说的过程中，他给予更多篇幅的则是"关中本位政策"而非"关陇集团"。而对于前者的铺陈，正是为说明后者的特性。在分析时，他提出"关中本位政策"施行之原因在于"宇文泰率领少数西迁之胡人及胡化汉族割据关陇一隅之地，欲与财富兵强之山东高氏及神州正朔所在之江左萧氏共成一鼎峙之局，而其物质及精神二者力量之凭借，俱远不如其东南二敌，故必别觅一途径"，而这一"途径"，便是"融合其所割据关陇区域内之鲜卑六镇民族，及其他胡汉土著之人为一不可分离之集团，匪独物质上应处同一利害之环境，即精神上亦必具同出一渊源之信仰，同受一文化之薰习"，即推行文化、制度等一系列措施，将其麾下胡汉文武人士熔于一炉，使其结成牢不可破之联盟，"始能内安反侧，外御强邻"。因为宇文泰当时只能以关陇地区为依托，"就其割据之土依附古昔，称为汉化发源之地，不复以山东江左为汉化之中心"，故陈氏称"此宇文泰之新途径今姑假名之为'关中本位政策'"[①]。

在这一段分析中，陈氏非常强调"关中本位政策"对宇文泰治下胡汉力量所产生的强大聚合效应，而其称关陇区内胡汉民族在该政策作用下凝成"不可分离之集团"，正是对"关陇集团"的首次描述。所谓"不可分离"，即指此集团中人士除现实政治利益之外，还受"关中本位政策"所营造的观念影响，摒弃原有的地域观念与出身观念，在文化上产生认同感，而这一状况，正是"关陇集团"的重要特性。

只要对照陈氏在《略论稿》中对"关中本位政策"影响下产生之政治集团的描述，就可发现《述论稿》对"关陇集团"特性的描述意义之所在。

在《略论稿》中，陈氏认为宇文泰所以与山东、江左成鼎峙之势，除

---

① 陈寅恪：《唐代政治史述论稿》上篇"统治阶级之氏族及其升降"，第198页。按：除此通行本外，尚有陈氏手写清稿，题为《唐代政治史略稿》（以下简称《略稿》），后为蒋天枢所得。据蒋氏所述，通行本"系经邵循正用不完整之最初草稿拼凑成书"，而"清写稿系定稿"。见氏撰《〈唐代政治史略稿〉（手写本）序》，载陈寅恪《唐代政治史略稿（手写本）》，上海古籍出版社，1988，第2页。按：《略稿》文字与通行本略有不同，虽为陈氏手定，亦并非尽善尽美，偶有脱字，但亦可见陈氏之思路与观点。本文所引《述论稿》之内容皆出自通行本，《略稿》本文字与之相差无几，为简洁起见，暂不列其具体差异。

去具体之经济、军事举措外，还通过文化措施"维系其关陇辖境以内之胡汉诸族人心，使其融合成为一家，以关陇地域为本位之坚强团体"。① 这一论断中"融合"及"坚强"二语，对"关陇集团"所具牢固稳定特征之描述，较之《述论稿》中"不可分离"之定性相去甚远。当然，《略论稿》此段仅就政治文化方面加以阐述，而且该书主要论隋唐制度之南北朝源头问题，政治组织与地域性集团并非重点，故而不独此篇，该书论兵制、财政等篇亦未强调这些具体政策与"关陇集团"之关系。唯其如此，《述论稿》所言"关陇集团"所具有之"不可分离"之特性才值得特别重视。这一状态描述，正是陈氏对此集团形成后所具有的"超稳定"特性的认定，在陈氏看来，"不可分离"的"关陇集团"是"关中本位政策"落实的结果，西魏北周至唐初，若无这一整体性政策统摄一切，便无法形成"不可分离"之强大政治实体，亦不可能在权力几次易手时仍保证此集团掌控全局；李唐天下底定之后，一旦该本位政策遭破坏，"关陇集团"自然亦被削弱。反之，如"关陇集团"之地位先被撼动，本位政策亦无法继续支撑，变局亦随之出现。这一有关二者一荣俱荣、一损俱损之看法，正是《述论稿》上篇的基本思路与论说线索。

陈氏如此强调"关陇集团"这一概念及其特性，但恰如孟彦弘所言，他"对这两个概念（即'关中本位政策'与'关陇集团'——笔者注）的内涵并没有展开进行讨论"②，给这一论题留下了极大的缺口。正因其未

---

① 陈寅恪：《隋唐制度渊源略论稿》"职官"篇，第101页。
② 孟彦弘：《木屑下的河流》，《东方早报》2014年9月21日第5版"书评"。其他学者在此之前也有过类似的表述，如贾海燕《陈寅恪先生"关陇集团理论"解析》"前言"中指出"关陇集团"学说"并不是一个非常严谨的理论"，"有许多不明确和不清晰的地方"（首都师范大学硕士学位论文，2005，第1页）；"这一理论的框架性和模糊性的特点使得学者们对这一理论都可以有自己的理解"（同前，第2页）。曹印双《试析陈寅恪先生的关陇集团概念》指出"对此概念，陈先生并没有专门的界定，只是在他的作品中或隐或现地暗含其间"（《陕西师范大学继续教育学报》2005年第2期，第45页）。李万生《说"关中本位政策"》提到陈氏关于"关中本位政策"的描述"其说虽能自圆，但有表述上之可议处"[《清华大学学报》（哲学社会科学版）2010年第4期，第19页]。苏小华《"内先协和"与关中本位政策》也认为"陈寅恪先生对'关中本位政策'没有明确的界定"（《青岛大学师范学院学报》2012年第2期，第58页）。以上各说都表达了"关陇集团"概念并未被明确界定的观念，但后来者似大多未对之前已有之意见进行引述。孟彦弘注意到陈寅恪没有界定这两个概念的内涵，较之以前的各种说法表达更为清晰准确。

对此概念内涵加以说明，若干与此相关的具体问题，如"关陇集团"除"不可分离"之超稳定特性外还有何其他特征、其在西魏北周以后又有怎样的发展等，陈氏本未详述，后来者往往据己意揣度，人人取舍不同，遂使此概念的接受与传播过程显得颇为杂乱，逐渐形成了"一个关陇，各自表述"的状况。

除去概念阐述与相关问题解释方面的不足，"关陇集团"形成这一论说过程本身亦有可商榷处。此论说过程层层递进，但每个环节的结论并非完全成立，这种由具体结论的可信度带来的对论证结构的完整性与最终结论的真实性的影响，也导致了整段论说各环节之间的联系并非致密无间。比如，李唐皇室是否出自赵郡，陈氏的论证其实并不充分①，这便影响到这一结论与下一环节中宇文泰令汉人改郡望之事的关系；而令汉人改易郡望之事若确为事实，除此项举措外，是否还存在其他可视为宇文泰整合治下胡汉文武人群之"新途径"，亦语焉不详，故而是否存在具有整体意义之"本位政策"亦存疑问；设若确存在统摄全局之"本位政策"，"关陇集团"人士又如何在观念中协调这一本位观念与原有之家族、地域意识与传统，《述论稿》中亦未明言。

对"关陇集团"的模糊界说，以及在事实层面的论证不足，是"关陇集团"学说本身的第一重困境。

2. 对"关陇集团"瓦解及此后权力重组的论说

在提出"关中本位政策"造就"关陇集团"之后，陈氏做了更为宏观的描述："隋唐两朝继承宇文周之遗业，仍旧施行'关中本位政策'，其统治阶级自不改其歧视山东人之观念。故隋唐皇室亦依旧自称弘农杨震、陇

---

① 在《述论稿》问世之前，其论证这一问题的几篇文章，当时就受到了其他学者的批评与驳议，这些与陈氏意见相左的相关论著，可参看汪荣祖《史家陈寅恪传》第七章中的相关综述（北京大学出版社，2005，第106～113页）。按：汪荣祖对20世纪30～40年代有关李唐氏族问题的论证归纳并不完全，又将岑仲勉后来的观点一并纳入讨论范畴，不易使人了解当时针对此问题的论争实况。关于这一问题，刘后滨、张耐冬《陈寅恪的士大夫情结与学术取向》中略有涉及（"中央研究院"《中国文哲研究集刊》第23期，第362页），可对汪氏之说略作补充。另外，胡戟在《陈寅恪与中国中古史研究》一文中对陈寅恪论证李唐氏族问题的不足也做过探讨（《历史研究》2001年第4期，第155～156页）。

西李暠之嫡裔，伪冒相传。"①

在陈氏看来，关陇集团自西魏形成之后，虽历经北周、隋、唐号令三嬗，但控制政局之地位一直未受动摇，这是陈氏与他之后的多数学者不同的地方。后人多认为北朝隋唐之际"关陇集团"的成分与地位可能发生了变化，并从各种角度对变化的具体表现与原因进行解说，而陈氏则认为此时期"关中本位政策"一直得以继续，故"关陇集团"亦未发生变化。这种认识恐怕并无史料的直接支持，而值得注意的是赵翼在《廿二史札记》中提出的"周隋唐皆出自武川"之说。

> 两间王气，流转不常，有时厚集其力于一处，则帝王出焉。如南北朝分裂，其气亦各有所聚。晋之亡，则刘裕生于京口，萧道成、萧衍生于武进之南兰陵，陈霸先生于吴兴，其地皆在数百里内。魏之亡，则周、隋、唐三代之祖皆出于武川。宇文泰四世祖陵，由鲜卑迁武川，陵生系，系生韬，韬生肱，肱生泰，是为周文帝。杨坚五世祖元寿，家于武川，元寿生惠嘏，惠嘏生烈，烈生祯，祯生忠，忠生坚，是为隋文帝。李渊四世祖熙，家于武川，熙生天锡，天锡生虎，虎生昞，昞生渊，是为唐高祖。区区一弹丸之地，出三代帝王，周幅员尚小，隋、唐则大一统者，共三百余年，岂非王气所聚，硕大繁滋也哉。②

从陈氏的相关研究来看，他并不同意杨隋李唐出自武川之说，但周、隋、唐出于同一地域集团，则是陈氏与赵翼共有之看法，只不过赵翼归之于"王气"，陈氏名之曰"关陇集团"，皆是将其视为超越政权的存在。

赵翼的思路，在陈氏对唐代政治史的解释上起到的启发作用并不仅此一处。在论述"关陇集团"瓦解后的权力重组时，陈氏同样从《廿二史札记》中获得灵感，借鉴了赵氏提出的"唐宦官多闽广人"之说，并同样视之为地域政治集团。可以说，赵翼所概括的地域宗派现象，是陈寅恪在对唐代政治史进行解释时的重要素材。恐怕正是受赵翼思路的影响，陈氏便

---

① 陈寅恪：《唐代政治史述论稿》，第200页。
② 赵翼著、王树民校证《廿二史札记校证》（订补本），中华书局，1984，第319页。

未对"关陇集团"为何至唐代仍为统治核心进行论证。

陈氏用寥寥数语描述了"关陇集团"的跨时代政治影响,而后便开始论述该集团在唐代被破坏、破坏后的权力格局重组问题。论及"关陇集团"的瓦解时,陈氏再次强调"李唐皇室者,唐代三百年统治之中心也,自高祖、太宗创业至高宗统御之前期,其将相文武大臣大抵承西魏、北周及隋代以来之世业,即宇文泰'关中本位政策'下所结集团体之后裔也"。随后便提出"自武曌主持中央政权之后,逐渐破坏传统之'关中本位政策',以遂其创业垂统之野心",并认为破坏府兵制、崇重进士科皆是破坏"关中本位政策"的代表性行为,特别是后一项举措,使得"关陇集团"逐渐被进士科所产生之文臣所取代,"故武周之代李唐,不仅为政治之变迁,实亦社会之革命"①。

这一段论述之后,陈氏运用其最得意之"种族-文化"理论,佐以若干例证,分析"关陇集团"瓦解后的政治格局。在其理论框架下,安史之乱后唐代政权分化为两大系统:一为以长安为中心的朝廷;二为以河北地区为代表之部分藩镇。前者由两大人群主宰其政治,即拥有科举出身之"受高深文化之汉族,且多为武则天专政以后所提拔之新兴阶级,所谓外廷之士大夫",与身居内廷但控制皇帝与禁军之"受汉化不深之蛮夷,或蛮夷化之汉人"②;后者"渐染胡化深而汉化浅","其政治、军事、财政等与长安中央政府实际上固无隶属之关系"③,实为一"胡化集团"。

陈氏的这一组分析非常宏观,但亦有轨迹可寻。在《述论稿》上篇的最末,他明白地勾描了这一线索:"有唐一代三百年间,其统治阶级之变迁升降,即是宇文泰'关中本位政策'所鸠合集团之兴衰及其分化。盖宇文泰当日融冶关陇胡汉民族之有武力才智者,以创霸业;而隋唐继其遗产,又扩充之。其皇室及佐命功臣大都西魏以来此关陇集团中人物,所谓八大柱国家即其代表也。当李唐初期此集团之力量犹未衰损,皇室与其将相大臣几全出于同一之系统及阶级,故李氏据帝位,主其轴心,其他诸族入则为相,出则为将,自无文武分途之事,而将相大臣与皇室亦为同类之

---

① 陈寅恪:《唐代政治史述论稿》,第 202 页。
② 陈寅恪:《唐代政治史述论稿》,第 204 页。
③ 陈寅恪:《唐代政治史述论稿》,第 209~210 页。

人，其间更不容别一统治阶级之存在也。"①

在此段俯瞰历史大势的概说中，陈氏明确了其对"关陇集团"瓦解与权力重组问题的论说结构：在"关中本位政策"作用下，"关陇集团"作为一个整体，是西魏至唐前期皇室与大臣共同之出处，且"本融合胡汉文武为一体，故文武不殊途，而将相可兼任"，故能将朝廷决策、行政与国家军事权力等牢牢控制；而"自西魏迄武曌历时既经一百五十年之久"，此集团业已衰朽，故在武后至玄宗时期的破坏下，"关中本位政策"不存，"关陇集团"失去其政治优势，由此带来的社会变革，使原来由其垄断的各种权力亦分由不同集团所掌控，"皇室始与外朝之将相大臣即士大夫及将帅属于不同之阶级"，"同时阉寺党类亦因是变为一统治阶级"②，安史之乱后终于一分为三：行政权由科举制下脱颖而出之词臣掌握，皇帝与决策权由出身边地之宦官控制，地方军权则由胡化风气下之武人把持。在这一格局下，三类权力的拥有者皆非"关陇集团"之后裔，皇室遂独享关陇之出身，君臣间之社会属性截然不同。由此观之，一分为三后的权力格局，更像是"关陇集团"掌权期的倒影，处处与"关陇集团"表现有异，所以如此，皆因"关中本位政策"遭破坏，高度集中之权力不复存在。

前文已对"关陇集团"本身特点等问题之论说略作分析，因这一集团瓦解后之状况与前文所论内容形成一本相与倒影相对之结构，有关此段论说之过程自不必一一质证。又，陈氏在论述关陇集团瓦解后之权力分化情况时，牵涉头绪繁多，事实层面可商榷者亦较多，其论证时作为前提之假设也颇多，此点与上节之情况相近，此处不拟详加考索。而可特别指出之问题，有以下两条。

第一，此段论说中对"关陇集团"瓦解后权力重新分配之状况有较细致之说明，而对此集团瓦解与"关中本位政策"破坏之过程则言之过简。且武后至玄宗时究竟倚赖何人完成此社会变革与政治革命合一之事业？"关陇集团"面对此二重变革又有何反应？该集团瓦解过程中，此集团人士及其家族升降沉浮状况如何？武后至玄宗为破坏"关中本位政策"而所

---

① 陈寅恪：《唐代政治史述论稿》，第234~235页。
② 陈寅恪：《唐代政治史述论稿》，第235页。

倚重之群体，又是否能与当时之皇室结成近似"关陇集团"之联盟关系？如联盟结成，陈氏所言安史乱后皇室与大臣分属不同社会阶层之说是否仍能成立？若并无联盟，又如何能瓦解诸种权力合一之强大集团？此为"关陇集团"学说的第二重困境。

第二，陈氏在论述"关陇集团"瓦解与权力整合时，其选择之参照系为"关陇集团"掌权期之状况。职此之故，其将宦官群体、外朝士大夫与边地武将分为"种族－文化"不同之集团，且以此为《述论稿》中篇论说之纲领。而考之历代史事，决策权、行政权与军事权集中于某一地域集团者实少，相离者反为常态，故陈氏所描述之权力三分局面，究竟为唐代政治之特征，还是历代政治之通例？由此反观"关陇集团"掌权时期，其是否如陈氏所言掌控所有权力？此点为"关陇集团"学说的根本困境。

此两条之外，陈氏之表述亦有可思量之处。如前引其综述文字中，称唐代"统治阶级之变迁升降，即是宇文泰'关中本位政策'所鸠合集团之兴衰及其分化"。观《述论稿》上篇，所言尽是"关陇集团"之兴衰，而并无论其"分化"之内容，故前文将"分化"解释为权力分由不同集团控制。然而"关陇集团"在唐代是否确有分化之情形？如有分化，则此时该集团已失去"不可分离"之特性，故分化是否即可视为其已从内部瓦解？因陈氏对此未有进一步之解说，故实难判断《述论稿》中所言之"分化"具体应为何事。

陈氏使用"关中本位政策"与"关陇集团"这一对概念，将西魏至唐前期政坛的核心支配者做了集团化界说，并以此为基点，将此后的政治状况描述成一个与之相反的结构，勾勒出了北朝隋唐政治史的基本线索，即关陇集团成型、瓦解与此后建立权力新结构的过程。这种历史解释，在史事中建立了秩序，至今为止都是极具理论性的假说。而这一假说在论说结构与论说特点上的不足，既影响了该学说本身的解释力，又在其被学界接受与传播过程中产生种种歧见。

二 "婚姻集团"：陈寅恪唐代政治史解释的新途

曾有一段逸事令人注意到陈寅恪风趣的一面：陈氏的学生罗香林娶了朱希祖之女，而朱希祖在李唐氏族问题上与陈氏针锋相对，力驳陈氏"李氏出自赵郡"之说。后来，陈氏推荐罗香林撰写《唐太宗传》，在一次演讲中，他开起了罗氏的玩笑，认为他在写到李唐皇室氏族问题时会难以下笔，"到底依照老师的说法好呢？还是依照岳丈的说法呢？"①

陈氏拿罗香林打趣，是在《述论稿》完成前后，且其与朱希祖相交甚好，故此语不过是一时兴起之笑谈。不过，陈氏暮年对其论李唐氏族的几篇文章似有悔意，故自编《金明馆丛稿》时将其摒去②。若陈氏不收这几篇文章是因自己并不满意，那么其晚岁对《述论稿》中关于"关陇集团"形成的论证是否依旧坚持，对《述论稿》中的其他观点又是否有所修正，也就成了可以进一步讨论的问题。

1. "婚姻集团"说之问世及此时期陈氏政治史解释之转向

据《陈寅恪先生编年事辑》与《陈寅恪先生年谱长编》，自《述论稿》问世至1951年，陈氏都未公开发表任何对"关陇集团"和"关中本位政策"问题做进一步论说的文字。

余英时论述陈寅恪史学发展的大致脉络时，提出"殊族之文，塞外之史""中古以降民族文化之史""心史"三个阶段，而第二、三阶段的分界点正是1949年③。余氏对陈氏学术三阶段的判断应该大致不错，但也应看到，从1949年至1953年，陈寅恪还是继续着中古史相关问题的探索，对之前的相关论述进行展开或补正。其论述魏晋南北朝隋唐史上重要政治集团的一系列文章均完成于这一时期，这些文章与《述论稿》共同构成了陈寅恪中古政治集团研究的体系。在这一系列的工作完成之后，陈氏才开始"聊作无益之事，以遣有涯之生"，考释《再生缘》、笺释钱柳因缘诗。

学界在对陈氏"关陇集团"学说进行回顾时，都注意到其在1949年后发表的两篇重要文章：《论隋末唐初所谓"山东豪杰"》（以下简称《山东豪杰》）与《记唐代之李武韦杨婚姻集团》（以下简称《婚姻集团》），且基本认为这两篇文章是《述论稿》相关论题的进一步展开。其中，《婚

---

① 罗香林：《回忆陈寅恪师》，载《传记文学》第17卷第4期。此处引自钱文忠编《陈寅恪印象》，学林出版社，1997，第65页。
② 《金明馆丛稿二编》由上海古籍出版社出版时即已收入这些文章，据汪荣祖说是由蒋天枢所补收，并非出自陈氏原意。见汪荣祖《史家陈寅恪传》，北京大学出版社，2005，第112页。
③ 余英时：《陈寅恪史学三变》，载《中国文化》1997年第15、16期，第1~19页。

姻集团》往往被视为"关陇集团"学说的附属品,而学界亦无对"婚姻集团"概念的讨论。以笔者之陋,仅见黄永年对此文所涉史实问题所做的全面商榷①,此外,毛汉光《关陇集团婚姻圈之研究——以王室婚姻关系为中心》一文通过实证表示了对《婚姻集团》结论的支持②。除去此类从实证角度的回应之外,并无对"婚姻集团"问题的整体研究。孟宪实《陈寅恪先生〈记唐代李武韦杨婚姻集团〉引论》一文,对"婚姻集团"与"关陇集团"学说的关系进行了详细的论述,是目前对《婚姻集团》一文较全面的论说,不过依然认为《婚姻集团》是对《述论稿》中内容的补充,仍是"关陇集团"学说的一部分③。本文将在孟文对《婚姻集团》所做解说的基础上,就其未论者及其已论而可修正之处略作叙说,并对"婚姻集团"说所具之解释性意义略作阐发。

1951年8月,陈寅恪作《山东豪杰》一文,并于1952年刊于《岭南学报》;1952年夏,陈氏完成《婚姻集团》一文,发表于1954年《历史研究》创刊号④。这两篇文章与《述论稿》中涉及的"关陇集团"问题皆有关联。而检陈氏《唐史讲义》,其中"隋末群雄""太宗与建成之关系""魏徵与太宗之关系"及"李武韦杨集团"几个专题,前三个与《山东豪杰》一文内容有关,最后一个则基本是《婚姻集团》一文所涉史料的摘编。据陈美延、陈流求《"唐史讲义""备课笔记"整理后记》介绍,《唐史讲义》为陈氏1951年前后在岭南大学授课时所用,系从陈氏所编之《(隋)唐史材料》中抄出⑤。这几个专题内材料与《山东豪杰》《婚姻集团》所引史料之内容与次序大致无差,可知在二文问世之前,陈氏就已对

---

① 黄永年关于"婚姻集团"的商榷文章共两篇:《说永徽六年废立皇后事真相》,《陕西师范大学学报》(哲学社会科学版)1981年第3期;《说武政权》,《人文杂志》1982年第1期。后二文均收入氏著《文史探微》,中华书局,2000;也可参看据此增补改写而成的《六至九世纪中国政治史》第五、六章,上海书店出版社,2004,第158~220页。
② 毛氏之文载"中央研究院"《历史语言研究所集刊》第六十一册第一分,1990,第119~192页。
③ 该文收入蔡鸿生、荣新江、孟宪实读解《中西学术名篇精读:陈寅恪卷》,中西书局,2014,第102~132页。
④ 蒋天枢:《陈寅恪先生论著编年目录》,收入氏著《陈寅恪先生编年事辑》(增订本),上海古籍出版社,1997,第201~202页。
⑤ 《唐史讲义》见陈寅恪《讲义及杂稿》,生活·读书·新知三联书店,2009。陈氏姐妹之文,见该书第497~498页。

这两个题目有了较成熟的想法，但因未见《（隋）唐史材料》，又不知《唐史讲义》具体之编订年份，仅可言至迟在1951年，《婚姻集团》的大体思路即已成形①。

这一时间，距《述论稿》完成已有十年左右，而《婚姻集团》与同时期问世之《山东豪杰》在论域、思路与分析方法上皆同《述论稿》有所交叉，且讲述之重点皆在唐前期。此二文对陈氏旧说有所修正，对"山东豪杰"之特性及其在隋唐之际政治上之影响、"婚姻集团"垄断政权及其社会政策之意义等问题则颇为关注。《山东豪杰》中更有"当时中国武力集团最重要者，为关陇六镇及山东豪杰两系统""太宗为身后之计欲平衡关陇、山东两大武力集团之力量，以巩固其皇祚"②之语，显见陈氏认为"山东豪杰"在当时为可与"关陇集团"分庭抗礼之力量。此判断与《述论稿》中对唐初政局之描述出入较大，似已不再坚持"关陇集团"为西魏至唐初之绝对统治力量之说。

更为重要的问题是，在《略论稿》与《述论稿》中，陈氏特别强调"关中本位政策"与"关陇集团"这一对概念，而其在十年之后的文章中，不特对"关陇集团"在唐初的地位有了相较之前略显保守的估计，对"关中本位政策"这一说法亦三缄其口。这一变化颇值得注意。

《述论稿》完成后的十年间，陈氏似乎对"关中本位政策"这一概念所具有的解释力有所反思，故在新作中自觉回避了这一说法。而一旦回避这一概念，其与"关陇集团"之间互相支撑的关系——《述论稿》中最重要的命题之一——作为"关陇集团"主宰唐前期政局的基本前提是否成立，便也成了疑问。

之所以回避自己提出的"关中本位政策"概念，实因陈氏对"关陇集团"学说的适用范围产生了新的思考。他将西魏北周与隋代视为该政策与"关陇集团"二位一体的时期，而唐前期则为一新阶段，故所谓"本位"

---

① 陈氏姐妹在介绍《唐史讲义》整理情况时，提及该讲义授课大纲由唐筼抄录。据《陈寅恪先生编年事辑》，1951年因助教程曦离职，唐筼开始担任陈氏助手，至1952年11月方由黄萱正式接手助教一职，故此大纲应抄录于此时期，而陈氏对"山东豪杰"与"婚姻集团"之思考成熟或在此之前，惜文献无征，难以推知其具体时间。

② 陈寅恪：《论隋末唐初所谓"山东豪杰"》，载《金明馆丛稿初编》，生活·读书·新知三联书店，2009，第254页。

问题亦需重新考虑,此点详见下节。

在避谈"关中本位政策"的同时,陈氏在《山东豪杰》与《婚姻集团》二文中对唐前期政治史建立了新的解释。他认为"山东豪杰"在隋唐之际成为可与"关陇集团"一争高下的政治存在,并对该集团的历史渊源进行了分析。在论断具体政治事件时,他认为"山东豪杰"在武德时期储位之争与唐高宗初年废王立武事件中皆有扭转局势之作用。而后一事件中作为高宗最强大助力之李勣,正为该集团之领袖,其所以赞成此事,皆因其与武氏同出山东,与"关陇集团"在政治上互不相容。在李勣相助下,武氏得以立为皇后,李唐皇室婚姻关系随之一变。借由此关系,遂形成一新政治核心,将政权经营重心转向中原,"关陇集团"亦因此失势。如此种种,皆是将唐前期这一原属"关陇集团"学说解释范畴内的时段,纳入新的考察视野,不仅较二稿之旧说更为细致,且给此时期政治史设定了几条新线索,而不再囿于"关陇"旧说之一途。

以上诸般表现正可说明陈氏对隋唐政治史的关注重点在发生变化,而变化的原因,应该是来自陈氏对己之旧说的不满。前文所述"关陇集团"学说的三重困境固为后来者之见,而身为作者,陈氏至少会对其中前两重困境有所留意,特别是有关"关陇集团"在唐代的境况及其瓦解过程,《述论稿》中的论说确实略显薄弱,亦有再行论证之必要。另,《述论稿》问世于"二战"中之流离岁月,而构思《山东豪杰》与《婚姻集团》时,无论其身在北平还是广州,时势较之当年可称太平,正可徐徐成文,以补旧日之憾。

陈氏检讨旧说而成新文,其中最关键的部分,正是《婚姻集团》。

2. "婚姻集团"说之解释力——与"关陇集团"说的比较

《述论稿》上篇最末综论"关陇集团"时,曾提到唐代"统治阶级之变迁升降"乃是"关陇集团"的"兴衰及其分化"之历程[①]。但正如前文所述,从《述论稿》上篇所涉主要问题来看,"关陇集团"的兴衰确是其中主要线索,但并无一言提及此集团的"分化",至于其为何分化、如何分化、分化后又对政局有何作用,更未置一词。这虚悬的一笔顿在空中,

---

① 陈寅恪:《唐代政治史述论稿》,第234页。

令读者极易忘却，同时也留给作者重新阐释的空间——这样一个"不可分离"的集团，一旦进入"分化"状态，也许就意味着作为一个整体的"关陇集团"开始瓦解，唐代政治新局面亦将随之形成。

在《山东豪杰》一文中，陈氏考察了《述论稿》中未曾提及的"山东豪杰"，认为此集团出于北魏屯营户，在种族上胡汉杂糅，故善耕战且具有较强组织性，遂在唐初政治中能与"关陇集团"并驾齐驱。《婚姻集团》接续此说，将"山东豪杰"作为对"关陇集团"分化产生重要作用之变量。谈及此"分化"问题时，陈氏又上承《述论稿》之说，将新义与旧说连成一体。

《婚姻集团》开篇即称"唐代之史可分为前、后二期，而以玄宗时安史之乱为其分界线（详见拙著《唐代政治史述论稿》上篇）。前期之最高统治集团表面上虽为李氏或武氏，然自高宗之初年至玄宗之末世，历百年有余，实际之最高统治者递嬗轮转，分歧混合，固有先后成败之不同，若一时详察其内容，则要可视为一牢固之复合团体，李、武为其核心，韦、杨助之黏合，宰制百年之世局，几占唐史前期最大半时间，其政治社会变迁得失莫不与此集团有重要关系"[①]。在这段陈说中，陈氏重提《述论稿》中以安史之乱为分界之说，是就唐代权力从高度集中转向分散这一趋势而言。其中明言高宗至玄宗之世政坛主导力量为"一牢固之复合团体"，即"婚姻集团"，填补了《述论稿》中"关陇集团"独霸朝局与安史乱后权力三分之间的空当，且对"婚姻集团"统治时期之界说，与《述论稿》中所说"关中本位政策"未遭破坏的时间下限"至高宗统御之前期"大致可以相接。由此观之，"婚姻集团"概念的提出，似乎是对"关陇集团"学说的延续和补充。

在这段论述中，值得注意的是对"牢固之复合团体"的描述。文中称这一团体"宰制百年之世局"，可见在陈氏心目中，"婚姻集团"政治地位与昔年之"关陇集团"相似，独掌枢机之权，手握王朝命脉，显是将此集团作为取代"关陇集团"之胜利者。二者前后相继，而权力仍保持高度集

---

① 陈寅恪：《记唐代之李武韦杨婚姻集团》，载《金明馆丛稿初编》，第266页。以下所引本文论说皆同此篇，不一一出注。

中之状态,直至渔阳鼙鼓起。

陈氏称"婚姻集团"具有"牢固"的"复合"性特征,此特征与《述论稿》中对"关陇集团"所具有的"不可分离"的状态描述十分相近——前文已提出"不可分离"为陈氏赋予"关陇集团"之重要特征,《婚姻集团》中再次出现类似判词,正与《述论稿》中逻辑相通。所不同者,"关陇集团"的"不可分离",源自"关中本位政策",而"婚姻集团"之所以"牢固",在于"自武后以山东寒族加入李唐皇室系统后","李唐皇室之婚姻关系经武氏之牵混组织",导致"唐皇室之婚姻观念实自武曌后而一变也"。在这种观念变化下,"武曌以己身所生之李氏之子孙与武氏近亲混合为一体",遂能令其政治势力长盛不衰。

在陈氏的论证中,李唐皇室婚姻观念的变化是基本前提,由此缔造了以李武联姻为基础的权力核心,在此基础上建立内部关系牢固的、由李武韦杨四家组成的"婚姻集团"。"婚姻集团"在保证权力稳固的同时又调整国策,放弃"关中本位","久居洛阳,转移全国重心于山东,重进士词科之选举,拔取人材,遂破坏南北朝之贵族阶级,运输东南之财赋,以充实各方之力量"。

这番论述与《述论稿》中"关中本位政策"造就"关陇集团"的线索如出一辙:高宗武后凭借其经济与人事政策,将政权之根本从关陇转至中原,这类政策又令其政治基础得以扩大,"婚姻集团"的"复合"结构最终成型,而社会流动之新趋势亦随之出现,使世局为之一变。如此,便重新建立了一个具有整体性意义的解释系统,将氏族、政治、政策与社会皆包容其中,而这几个要素也是"关陇集团"学说的基本点。

陈氏的解释并未止步于此。自神龙政变起频繁发生的宫廷政变与权力争夺是当时政治中的常态,如何在"婚姻集团"的框架下对此做出解释?朝臣之不同政见及由此产生之不同政策,又当如何理解?陈氏未对具体之人物与事件做一一剖析,而是采用化约式处理,认为武后至玄宗时期的宫廷政变与政治纷争,除李重俊事件外皆是"婚姻集团"内部派系之争,虽内乱不休,但政权始终控制在"婚姻集团"手中;而外朝大臣如姚崇、宋璟、张说与张九龄等,"此诸人皆为武曌所拔用,故亦皆是武氏之党",依附"婚姻集团"之内廷宦官如高力士"实为武氏政治势力之维持者"。在这一解释中，陈氏认可"婚姻集团"内部有不同派系之争斗，但作为一个整体，该集团始终主导着李唐政局的走向；其将"婚姻集团"执政时期所见用者皆视作该集团之成员或外围人士，实是将外朝内廷亦置于"婚姻集团"权力系统之下，意在为玄宗朝政治寻求单一解释框架。

这一解释再次展现了陈寅恪超乎常人的洞察力，通过上述分析，他在具体的政治事件之上建立起通观解释，对长时段的政治史进行概括性解说，将"婚姻集团"界定为自永徽六年（655）武氏被立为皇后起直至天宝末年"肃宗回马杨妃死"之时驾驭政局长达百年的重要存在。同时，通过这些解释，"婚姻集团"说也具有了与"关陇集团"学说一样的理论高度，后来者从实证角度对此解释的反驳亦极难冲破该假说的基本框架。

陈氏赋予"婚姻集团"如此强的解释力，恐怕意在对《述论稿》中的"关陇集团"学说进行修正。

论及"婚姻集团"的建立，陈氏对其奠基之事件"废王立武"给予了充分关注，将此事件作为"关陇集团"衰亡的起点，并将《立武昭仪为皇后诏》作为最直接之标志，"此诏之发布在吾国中古史上为一转捩点，盖西魏宇文泰所创立之系统至此而改易，宇文氏当日之狭隘局面已不适应唐代大帝国之情势"，在陈氏的解释系统中，非"关陇集团"的武氏得立，正与一统天下后扩大统治基础的时势相符合，作为原"关陇集团"一分子的唐高宗发布诏令，对武氏表示认可，正可作为打破"关陇集团"在政治上独霸局面的最好证明。

在分析"废王立武"事件时，陈氏认为"赞成与反对立武氏为后两方出身之籍贯"，正为二者持论不同之根由，而两派之对立，正反映出"当时政治社会及地域集团之竞争"，"详察两派之主张，则知此事非仅宫闱后妃之争，实为政治上社会上关陇集团与山东集团决胜负之一大关键"。此说对《述论稿》中的相关说法有所补充。《述论稿》中仅交代了武后掌权后开始破坏"关中本位政策"这一历史线索，但并未解释"既非出自山东士族，其家又不属关陇集团"的武氏何以能登上后位并进而执掌大政，《婚姻集团》提出山东集团在"废王立武"事件中与"关陇集团"的对立，特别是"决定于世勣之一言，而世勣所以不附和关陇集团者，则以武氏与己身同属山东系统"，不但解答了武氏何以被立的问题，还引入了

"山东豪杰"这一重要变量。在陈氏的思路中,若无强大之外援,武氏终难与"关陇集团"这样的庞然大物对抗,而能与这一政治恐龙相抗衡的,非"山东豪杰"莫属,而李勣以出身籍贯之原因相助武氏,方使"关陇集团"阻挠易后之行为宣告失败。

如单从"山东豪杰"与"关陇集团"的纷争对易后事件进行解释,此事件后政坛的新霸主应是"山东豪杰"而非"婚姻集团",然而陈氏意在揭出皇后废立之争对"婚姻集团"之催生作用。为此,他专门使用"山东集团"这一概念,来弥合论证中的漏洞。

据仇鹿鸣统计,陈氏在解析唐代政治史时,"山东集团"这一说法仅出现于《婚姻集团》,他处则使用所指对象较为明确的"山东豪杰"或"山东士族"等词语。仇氏认为,"山东集团"将山东旧族与"山东豪杰"归入同一系统,违反了陈氏本人的"种族—文化"分析法①。若求诸史事,"山东集团"之说自然极难成立,但若从《婚姻集团》对废王立武事件之意义的考察这一角度立论,其正可视为与"关陇集团"对立之存在。

就唐初情势而言,有如下之可能性:山东人士,虽文化背景不同,社会出身各异,但在"关陇集团"处于强势地位之时,若不以共同之出身地域为纽带结成所谓"山东集团",断无与之决一胜负之机会。而山东人士在"废王立武"事件中力抗"关陇集团"之威压、助武氏上位,现象上亦可归纳为武氏与山东豪杰等形成"山东集团",此群体不但一举结束"关陇集团"独掌朝局之势,且创造了绝佳机会,使"婚姻集团"得以在卧榻之侧无他人酣眠之环境下诞生并安全成长。

尽管这不过是一种可能性,但在陈氏的论证中却十分重要。凭此若隐若现之线索,他为"关陇集团"寻找到了作为他者的"山东集团",为论证"婚姻集团"之建立补全了逻辑中缺少的一环。

对"废王立武"事件的描述,从细节上改动了陈氏在《述论稿》中写就的唐代政治史,"关陇集团"的"分化"亦由此得以实现:一方面是作为皇室代表的高宗皇帝与山东微族武氏联姻,并引"山东豪杰"之代表作为声援;另一方面是坚持"宇文氏当日之狭隘局面"的"关陇集团"代表

---

① 仇鹿鸣:《陈寅恪"山东集团"辨析》,《史林》2004年第5期,第70~76页。

长孙无忌等力谏武氏不可为后。此事件之结果为山东人士取胜，故皇室得与武、韦、杨氏结合，形成"婚姻集团"，而长孙无忌等则日渐失势，"宇文泰所创立之系统"最终分崩离析，"宇文氏当日之狭隘局面"也被以洛阳为中心之新格局取代。

需要说明的是，"宇文泰所创立之系统""宇文氏当日之狭隘局面"即是对"关中本位政策"的另一种称谓。《婚姻集团》中数次使用"关陇集团"一词，却不言"关中本位政策"之名，颇可注意。陈氏于此处舍已有之成说，而代之以相对较为烦冗之辞，应是他觉得世异则事异，"关中本位政策"已不可用来解释唐统一之后的局面，仅为部分"关陇集团"人士抱残守缺观念下仍需坚持之国策，即颜之推所谓"关中旧意"耳。

唯有对《述论稿》中提出的"关陇集团""分化"问题做如此理解，陈氏修正"关陇集团"学说之努力方可得见，而其弃用"关中本位政策"之用意亦在于此。陈氏强调《立武昭仪为皇后诏》为中古史上的"转捩点"，正是欲以"婚姻集团"之新说解释统一之后的唐代政治，而这正是陈氏旧说的弱点所在。

"关中本位政策"也好，"关陇集团"也罢，都是立足于后三国时期分裂局面所提出的概念，这一对概念能否解释隋唐一统局面下的政治现象，颇可怀疑。学界后来对"关陇集团"掌政的起止时间做出的不同解释，其实正体现了这一对概念在使用中的尴尬。正如前文所言，陈氏应该意识到了问题之所在，故而从1951年起陆续发表《山东豪杰》《婚姻集团》《论李栖筠自赵徙卫事》《论唐代之蕃将与府兵》，关注的基本都是唐代建立一统政权后的社会力量与政治、制度的关系，应该并非偶然。与这些文章问世的时间相近，《崔浩与寇谦之》《述东晋王导之功业》《书〈世说新语〉"文学"类"钟会四本论始毕"条后》又形成了其对魏晋至北朝政治史解释的序列。这两个系列的文章，在《述论稿》之上，搭建起了陈寅恪中古政治史解释的总体框架。若加上《论唐高祖称臣突厥事》，则可发现《略论稿》与《述论稿》中提到的若干问题均得到了进一步的解释，这些文章都从具体事件入手，又在宏观的历史解释上对二稿的原有观点多有突破①。

在这些文章中,《婚姻集团》通过其解释框架,使"关陇集团—婚姻集团—安史乱后权力三分"成为一根完整的链条,由此重构了陈氏的北朝隋唐政治史解释体系。在此文最末,陈氏提出"唐代自高宗至玄宗为文治武功极盛之世,即此集团居最高统治地位之时,安禄山乱起,李唐中央政府已失统治全国之能力,而此集团之势力亦衰竭矣"。这一结论,亦是对《述论稿》上篇最末综论中"关陇集团"瓦解说的正式替代。

三 发现"婚姻集团":重新解释陈寅恪的可能

所谓"从'关陇集团'到'李武韦杨'",只是对陈氏本人的北朝隋唐政治史解释所做的梳理。然而这一工作完成后,更大的疑惑涌上心头:既然"婚姻集团"说在陈寅恪的学术体系中如此重要,为何其未像"关陇集团"学说那样对相关研究产生持续影响?

必须承认的是,陈氏本人对"婚姻集团"说与"关陇集团"说之间的关系,一直采用较为隐晦的表达方式,他甚至从未正式表明此说是对"关陇集团"说的修正,且具体的修正内容也需读者将《婚姻集团》与《述论稿》对读方能发现。这种表述特点,非常符合陈氏晚年的写作风格。另外一个不可忽视的因素是,作为单篇文章,《婚姻集团》所具有的理论性不像《述论稿》那样容易被重视。故"婚姻集团"说虽为陈氏新义,仍不如"关陇"旧说一般被充分关注。事实上,陈氏在20世纪50年代发表的一组文章都颇具理论性,值得重视。

除去上述两点,固守"关陇集团"学说更重要的原因,在于学界对陈氏学说的阐释思路。作为对长时段历史的解释,"关陇集团"说将北朝隋唐政治纳入一个解释框架,自有其优越之处。其虽有诸般不尽如人意之处,但这些问题也多多少少存在于"婚姻集团"说中(本文受篇幅所限,未能对"婚姻集团"说存在的问题展开说明),而"婚姻集团"说只是对唐高宗至玄宗时期历史的解释,与"关陇集团"学说的体量相比,稍显局

---

① 上述文章的写作时间,可参看蒋天枢《陈寅恪先生论著编年目录》,载《陈寅恪先生编年事辑》(增订本),第201~202页。

促。因此，学者们在考释北朝隋唐政治史时，仍选择用发挥空间较大的"关陇集团"说作为自己具体研究的解释框架，并对内涵不明的"关陇集团"重做界定，"一个关陇，各自表述"的局面就此长期维持。

然而，在具体的实证研究纷纷以"关陇"旧说为解释工具的背景下，各种解释之间存在的分歧亦日渐明显。今日，"各自表述"的转圜空间还有多大？"一个关陇"是否可以继续对其理论自身存在的困境避而不谈？就学界的反应而言，我们看到的是该学说被各自表述多年后，理论反思和理论应用批判逐渐成为重要话题。

就笔者所见，目前对"关陇集团"学说的批评与反思，及对学界使用此概念时各自界定情况进行系统梳理者，有宋德熹、吕春盛、贾海燕、李万生和伍伯常等。其中，宋德熹对陈氏之说和陈氏以后学界的新阐释做了简单归纳，而后提出了"西魏北周系"这一概念，并对"关陇集团"的政治境遇做了具体分期，成为对此学说的新诠释①；吕春盛对20世纪有关"关陇集团"及相关问题的讨论进行了较为全面的回顾②；贾海燕则以《二十世纪唐研究》中提供的相关论著目录为依据，从"关陇集团"概念产生后对断代史写作与学术研究的影响做了综述③；李万生主要对岑仲勉、汪篯、黄永年等学者对"关中本位政策"的理解进行了分析④；伍伯常对学界关于"关陇集团"的相关讨论，特别是近年来的最新观点进行了简评⑤。

这些综述性研究较完整地反映了"关陇集团"学说在应用中的流变情

---

① 宋德熹：《陈寅恪"关陇集团"学说的新诠释——"西魏北周系"说》，载《严耕望先生纪念论文集》，台北稻乡出版社，1998，第239~260页。此概念提出之前，宋氏在《唐武士彠事迹辨证——兼论家世对武则天册立为后的影响》一文中概括性地对"关陇集团"的构成进行了界定，可以作为"西魏北周系"说的简要版。此文刊于《食货月刊》第11卷第11、12期及第12卷第1期，后收入氏著《唐史识小——社会与文化的探索》，台北稻乡出版社，2009，第1~73页。
② 吕春盛：《关陇集团的权力结构演变——西魏北周政治史研究》第一章"绪论"，稻乡出版社，2002，第8~11页。
③ 贾海燕：《陈寅恪先生"关陇集团"解析》，第3~11页。该文中所提到的相关研究与断代史撰述，也可参看胡戟、张弓、葛承雍、李斌城主编《二十世纪唐研究》，中国社会科学出版社，2002，第25~27页。
④ 李万生：《说"关中本位政策"》，《清华大学学报》（哲学社会科学版）2010年第4期，第22~24页。
⑤ 伍伯常：《李渊太原起兵的元从功臣》，《台大文史哲学报》2012年第76期，第109~110页。

况，对相关研究的评述也较为公允，故本文不拟重述他们已提及的内容，仅就其中对"关陇"旧说在被阐释时出现的关键问题略作讨论。

其一是对该学说进行阐释时所涉论域问题。学者们各自阐发这一概念时，相关论域基本可分为"'关陇集团'的性质与构成""'关陇集团'左右中枢政局的起止时间""'关陇集团'与其他地域性政治集团或阶层的政治关系"等。其中，第二个问题是"各自表述"的重点，学者们各有断限，但在界定中都不同程度地缩短了"关陇集团"掌政的时间。在《木屑下的河流》一文中，孟彦弘认为这些做法其实取消了"关陇集团"概念存在的意义，或是"削弱了它的解释力度和深度"。这种状况的出现，与"关陇集团"概念界定不明有直接关系，此即前文所论"关陇集团"学说的第一重困境。在此困境下，与这一概念的内涵关系更为密切的第一个问题，讨论得并不充分。受此限制，第三个问题也很难说清。在孟彦弘看来，"无论是对他的解释进行批评，还是修正、补充和完善，其前提必须是对他所提出的核心概念的内涵以及具体的运用，有较为准确的理解和把握"[1]。此言确实切中要害，目前学界未将探求此概念之内涵作为要务，虽有对"关陇集团"概念所在著作的介绍与疏解[2]，但对此概念在陈氏论述中所具有之内涵的讨论则极为缺乏[3]。

其二是在检讨"关陇集团"学说时，对陈氏的相关表述常有误读。对于陈氏的表述习惯和表述特点，缺少较为细致的分析，是一个明显的表现。[4] 另一个表现是对陈氏学术观点变化的考察也稍显粗糙，或是认为陈氏在各时期之说并无本质变化，仅是表述较为随意、混乱，或是对陈氏观

---

[1] 孟彦弘：《木屑下的河流》，《东方早报》2014年9月21日第5版"书评"。
[2] 如唐振常《〈唐代政治史述论稿〉学习笔记》；又如王永兴《〈唐代政治史述论稿〉主旨述要》，载氏著《陈寅恪先生史学述略稿》，北京大学出版社，1998，第154~172页。
[3] 雷艳红《陈寅恪"关陇集团"说评析》曾对"关陇集团"学说的基本内涵进行探讨，但基本是依照陈氏论著中的相关内容进行描述性概括，而未揭示其内在性质［《厦门大学学报》（哲学社会科学版）2002年第1期，第72~73页］。
[4] 如上文所述"关陇集团"主宰政局的时间断限问题，很多阐释者都未注意到陈氏自己的论述特点。孟彦弘在《木屑下的河流》中根据陈氏所使用的材料具有的时段特征，提出"'关中本位政策'的解释效力，主要发挥于分裂时期；而'关陇集团'的解释效力，则主要发挥于统一之后"，"他用'关中本位政策'来解说何以关中能统一天下，用'关陇集团'来解说统一初期的政治史"。这个解释比较接近陈氏本意，是目前为止对"关陇集团"学说适用时段最为细致的分析。

点在不同文本中体现出的差别过于敏感,特别表现在陈氏著作与他人转述的陈氏观点的差别上①。学界长期将此学说视为陈氏在政治史解释上的唯一定论,这两种误读正是其中最重要的原因。

这两方面的问题,说明学界的阐释其实并未解决陈氏学说自身具有的不足,对陈氏之说的内在特点也并非十分了解。这些状况,也影响了在陈氏学说基础上的进一步理论阐发。

在陈氏基础上的理论阐发,最有代表性也最具解释力的,当首推毛汉光在《中国中古政治史论》中提出的"核心集团与核心区"说。此说最明显的标志就是以《述论稿》中的"关陇"旧说为出发点,佐以《略论稿》

---

① 这一情况集中反映在对万绳楠所整理的《陈寅恪魏晋南北朝史讲演录》的态度上。毛汉光在论证西魏北周至唐初的"关中本位政策"与"关陇集团"问题时,主要即以《讲演录》为据谈陈寅恪的学说(见氏著《中国中古政治史论》第一篇"绪论:中古核心区核心集团之转移",上海书店出版社,2002,第11、12页)。《讲演录》中的这些文字,大多已在《略论稿》与《述论稿》中出现,仅有极少部分为其独有。毛氏据《讲演录》中"宇文泰的关陇文化本位政策,要言之,即阳傅《周礼》经典制度之文,阴适关陇胡汉现状之实。内容是上拟周官的古制,但终是出于一时的权宜之计,以故创制未久,子孙已不能奉行"[万绳楠整理《陈寅恪魏晋南北朝史讲演录》第十九篇"宇文氏之府兵及关陇集团(附乡兵)",黄山书社,1987,第317页]之语,提出"关陇文化本位政策仅仅是一朝政制;关陇理论中的关陇集团、关中核心区以及整合此二者之府兵制则影响较长远,尤其涵盖一统南北朝之隋朝及百余年盛世的唐初"(见《中国中古政治史论》,第12页)。按:《讲演录》中此段文字,与《略论稿》第三章"职官"中论宇文泰依《周礼》创新制及其后续情况如出一辙(《略论稿》中相关论说,见该书第100~103页),可知毛氏所引《讲演录》中文字并非为《略论稿》之外之新说,故其不引二稿而引《讲演录》,实非必要。此处毛氏引《讲演录》之事,对陈氏说法的理解虽未出现偏差,但也并非仅仅是引书不当,这应该反映了毛氏视《讲演录》为陈氏定论的观念。这一取向也出现在李万生身上。万绳楠在《讲演录》"前言"中介绍此书除去其当年听课笔记之外,还"参考了五十年代高教部代印、陈老师在中山大学历史系讲述两晋南北朝史时所编的引文资料,及1980年上海人民出版社出版的《金明馆丛稿初编》《二编》等有关的论文"。他所提及的参考资料中并未涉及《略论稿》与《述论稿》。李万生在《说"关中本位政策"》一文中即注意到这一点,他将二稿完成时间与作为《讲演录》蓝本的听课笔记产生时间对照,认为《讲演录》中言"关陇本位政策"是陈氏"成熟意见"。见该文注释①。李万生的这个判断,建立在《讲演录》所据笔记底本与《述论稿》均为陈氏严谨成说这一假设的基础上,再依据二者时间先后,推测《讲演录》中使用的"关陇本位政策"为最后定论。但《讲演录》既非笔记原貌,故此推论较为危险。而即便此处笔记内容与《讲演录》一致,也未必就是陈寅恪授课时所使用的语句原貌,韩昇就曾怀疑过《讲演录》是否反映了陈氏的真实观点。可参韩昇《隋史考证九则》[《厦门大学学报》(哲学社会科学版)1999年第1期,注②]。李万生选择《讲演录》中对"关中本位政策"内容的解释并目之为陈氏最后定论,是缺乏足够证据的;而其在此基础上对"关中本位政策"进行分析,得出的结论可信性恐怕亦不高。

中的相关内容，对陈氏学说所涉领域进一步加以研究，并在概念上将"关陇"旧说扩大化，作为考察北朝至五代政治整体走向的工具。卢建荣批评这种扩大化的做法实际是在神化陈氏观点，且陈氏观点中的地域政治集团认识本身亦待商榷，毛氏承袭陈氏之说而不改，并将之进一步泛化，导致错误也越来越大①。

卢氏的批评说中了毛氏著作的明显特点，即将陈氏观点作为权威学说并推向极致。需要特别强调的是，毛氏的"核心集团与核心区"说，由于建立在"关陇集团"学说的基本命题——"关中本位政策"和"关陇集团"作为贯穿西魏至唐前期政治史的线索——基础之上，且对"婚姻集团"说未给予重视，使其对唐代政治史的解说也陷入与陈氏旧说一样的困境。对此，卢建荣做出了非常直接的批评："从政权建立来源看，政权分篡位型政权和革命型政权。大凡篡位型政权人事稳定，不大受政权鼎革影响；相反地，革命型政权多半会带来人事大地震，这又会因为革命过程愈长，收编游杂个人、团体的次数愈多，如此易造成革命政权内部各路人马均有的情况。……陈寅恪说关陇人物要在武则天开科取士后才沦没，是违反了革命是个收编游杂的过程此一常识。"②

卢氏对毛氏概念及其来源——"关陇"旧说的批评较为中肯，不过需要特别说明的是，在此批评问世前五十余年，陈寅恪已通过"山东豪杰"和"婚姻集团"等概念自行解决了这一问题，但毛、卢均未发现。

同样的情况也出现在以"关陇"旧说为立论出发点的实证研究上。

在史事考索层面对陈氏学说检讨最多的，就是黄永年在系列文章基础上修改而成的《六至九世纪中国政治史》。该书主要是对陈氏的具体观点进行细节上的修正与纠谬，概念基本沿用陈氏成说，蒋爱花评价其著作仍在陈氏思路引领下沿着陈氏的逻辑前行，故而其著作中永远有"绕不过的陈寅恪"③。黄永年对"关陇集团"的界定、"关陇集团"存在的时间区间

---

① 卢建荣对毛氏《中国中古政治史论》的评价，详见氏著《陈寅恪学术遗产再评价》第五章"一朝春尽红颜老"第二节"政治史大家的出现"（时英出版社，2010，第194~201页）。
② 卢建荣：《陈寅恪学术遗产再评价》，第198页。
③ 蒋爱花：《绕不过的陈寅恪——评黄永年〈六至九世纪中国政治史〉》，《学术界》2006年第3期，第110~113页。

做了专门讨论，均立足于"关陇"旧说，而未注意到"婚姻集团"说对此学说的修正。值得深思的是，他也以《婚姻集团》一文作为商榷对象，经过详细考察，认为唐代只存在"李武政权"而不存在"婚姻集团"，从陈氏具有通观解释力的理论退回到了具体事实的推定①。

汪篯在"废王立武"问题上的研究，正可作为用"关陇"旧说解释唐代政治史的经典案例，而此文恰与"婚姻集团"说展现出了明显的区别。

作为陈寅恪的学生，汪篯对"关陇集团"及相关问题的讨论，有几篇极具影响力的文章，如《唐太宗之拔擢山东微族与各集团人士之并进》《唐太宗树立新门阀的意图》《唐高宗王武二后废立之争》，被视为"关陇集团"学说的继承与发展②。

就论题和文章内容而言，《唐高宗王武二后废立之争》与《婚姻集团》处于同一论域，而对"废王立武"事件中相关诸人所做的派系分析，也与《婚姻集团》大致相似。但此文的具体观点与《婚姻集团》相比表现出很大的差异性。在文中，汪篯分析长孙无忌倒台后"关陇集团"失势的状况时，认为"在长孙氏、于氏都被破坏，柳氏、韩氏也全行倒塌以后，李唐皇室失去了强有力的支撑，大权就全落在武后的手里，更没有其他力量足以和她对垒了"③。这一说法与《婚姻集团》中所言李武家族通过联姻结成牢固集团的说法截然不同。另外，此文也未对李勣"山东豪杰"的身份及其政治地位做进一步分析，这也是与《婚姻集团》不同的。

如将汪文与《婚姻集团》相比较，可见《婚姻集团》阐释了"关陇集团"与"婚姻集团"的嬗代关系及其背后的地域之争与国策变化，汪文则只为"关陇集团"划定了终点，并将此集团的覆灭与武周代唐联系起来。因而，汪文可视为在《述论稿》的基础上对乃师"关陇"旧说的修正

---

① 蒋爱花在《绕不过的陈寅恪——评黄永年〈六至九世纪中国政治史〉》中已提及此点，并认为相对于陈寅恪的研究，黄氏的考证其实是一种退步。最近仇鹿鸣也表达了类似的说法，详见本文"补记"。
② 孟宪实对此有不同的看法，他认为《废立之争》一文"非常明显是对陈寅恪《李武集团》一文的全面发展"，并从二人文章论证要点的不同，指出"'废王立武'事件在陈先生的《李武集团》一文中属于部分内容，很多内容点到即止。汪篯先生此文，完全可以看作《李武集团》一文在'废王立武'这一点上的全面展开"。见孟宪实《陈寅恪先生〈记唐代李武韦杨婚姻集团〉引论》。
③ 汪篯著、唐长孺等编《汪篯隋唐史论稿》，中国社会科学出版社，1981，第183页。

和发展，而并未受《婚姻集团》一文的影响①。当然，学生未必要对老师的理论和观点亦步亦趋，汪篯也并不存在"不重视""婚姻集团"说的情况②。我们看到的情形是，《唐高宗王武二后废立之争》一文在"关陇"旧说下进行个案研究，从实证层面几臻极致，而未对"关陇集团"覆灭后之政治新局面进行概观式解说。陈寅恪则以"婚姻集团"说勾勒出了这一新局面的轮廓，为唐代政治史解释开辟了新途，将《废立之争》一文的观点包纳于其解释系统之中。此文如是，其他有关唐高宗至玄宗时期的政治史研究题目亦大致如是。

综上可知，无论是对陈氏学说的再阐发，还是从实证角度对陈氏学说的验证与修正，若无视代表陈氏新义之"婚姻集团"说，质疑者将失其准的，补正者与学说阐发者亦将瞠乎其后。

或许可以略微夸张地说，如不重视"婚姻集团"说，恐怕就不会真正理解陈氏晚年的学术以及他后半生建立的中古政治史解释体系。而若仅固守"关陇"旧说，若干已由"婚姻集团"说提供解释思路的问题恐怕要退回到陈氏旧说的基础上，重新在史事考索层面缓慢前行，且很难抽象为概念或提升为理论。

"婚姻集团"说对"关陇"旧说的修正，及其具有的解释力，除上节已述数点外，仅就阐发陈氏学说而言，亦有若干可留意之处。

其一，在概念界定上，较"关陇"旧说更为细致。

---

① 李万生也注意到汪篯此文"对陈先生'关中本位政策''关陇集团'说之理解甚为全面，即对其不足亦能注意"（见前引《说"关中本位政策"》，第23页）。

② 《汪篯隋唐史论稿》中的很多文章在汪篯去世前并未发表，其成文时间据吴宗国《〈汪篯隋唐史论稿〉后记》可知大概情况。《唐高宗王武二后废立之争》属于《论稿》中所收第二部分，经询问吴宗国先生，知此文写作时间与同一组中《唐玄宗安定皇位的政策与姚崇的关系》一文大体同时，后文发表在《申报》1948年3月27日（见《汪篯隋唐史论稿》，第195页）。而据陈寅恪1948年5月17日致郑天挺信函可知，彼时汪篯"借住"清华大学陈宅协助整理《元白诗笺证稿》"行将一载"，"致行搁置"了其在北大文科研究所的毕业论文（郑克晟：《陈寅恪与郑天挺》，载封越健、孙卫国编《郑天挺先生学行录》，中华书局，2009，第256~257页）。据以上情况可以推知，汪篯此文成文时间要早于《婚姻集团》完成或发表时间，该文写作前后其与陈寅恪的讨论话题也主要是元白诗而非关陇集团，故可视为对陈寅恪原有学说的独立发展，不存在对《婚姻集团》的承继。（关于此文完成时间之证据，幸赖吴宗国先生提供第一手信息，家师刘后滨先生又补充了《陈寅恪与郑天挺》一文中的信件内容为证，特此致谢）

"关陇"旧说中,对"关中本位政策"与"关陇集团"内容的解说并不详细,而"婚姻集团"说中,陈氏明确提出"李、武为其核心,韦、杨助之黏合",作为该集团的核心与中坚力量,而外朝内廷人士"皆为武曌所拔用,故亦皆是武氏之党""为武氏政治势力之维持者",作为该集团之重要力量。通过这番界说,陈氏建立了"婚姻集团"的大致结构,即通过婚姻关系构建的核心与中坚阶层,以及通过人才选拔与人事任命培育出的、为武周-李唐政权驱驰的政治共同体。

同时,他对该集团的核心统治措施也进行了详细说明,即"久居洛阳,转移全国重心于山东,重进士词科之选举,拔取人材,遂破坏南北朝之贵族阶级,运输东南之财赋,以充实各方之力量"。在陈氏的思路中,这些政策是以洛阳为中心的新策略,是唐代经营中原的全盘计划,是在天下一统的局面建立后顺应时势的新国策。由此,建立了"婚姻集团"与新国策二位一体的关系,正可视为对"关陇集团"与"关中本位政策"关系的取代。

其二,在论说层次上,"婚姻集团"说也更为精简、合理。

具体而言,《婚姻集团》从婚姻观念和婚姻关系入手,分析了唐高宗至玄宗时期政坛的主导力量及其形成。探讨该权力集团的形成过程时,他从历史上存在的李武韦杨几个家族间的婚姻关系入手,构建"婚姻集团"的政治概念,这与《述论稿》中立足于"关中本位政策"而创设"关陇集团"概念的思路相比更为简约,也免去了再对集团存在基础与集团政治影响力间的关系做过多的解说,避免了《述论稿》中存在的对核心问题论证不足的缺憾。在论证"婚姻集团"奠基过程时,他引入新发明的"山东豪杰"说,同时对"关陇集团"和"关中本位政策"概念进行了修正,将"关中本位政策"定义为西魏北周遗留给唐朝的问题,"关陇集团"也不再是仍能对唐代政治发挥强力作用的统治核心。由此,其对南北朝隋唐政治史的解释被一分为二,前半期由修正后的新"关陇集团"说支持,后半期则由"婚姻集团"说统摄。

另外,"婚姻集团"说与新"关陇集团"说彼此独立后,对"关陇集团"说在时间上适用于何时也给出了新的限定,这一限定部分地解决了原有"关陇集团"说下对唐前期政治史的解释缺陷(即前述卢氏对陈氏旧说的批评)。两个学说各自的适用时间均为一个世纪左右,就此形成了两个体量相当的解释框架,陈氏的政治史解释走出了单一模式,且前后相连,更具体系性。

概言之,重新认识《婚姻集团》与"婚姻集团"说,而不是在"关陇"旧说的基础上继续对相关概念进行各自表述,为重新解释陈寅恪学术提供了另一种可能。由于"婚姻集团"说向来未受重视,其中的一些关键话题,如强调"废王立武"事件为中古史上的"转捩点"对陈氏学说有何特殊意义、如何在"婚姻集团"说下认识"山东集团"概念的特殊作用、武氏所拔擢之外朝内廷人士是否可视为"婚姻集团"下之政治共同体、"婚姻集团"是否操控唐周政权之全部权力等,均有进一步考察与重新诠释的空间。"婚姻集团"说与陈氏《论唐代之蕃将与府兵》《论李栖筠自赵徙卫事》等文章的关系,亦有可论之处。也许以"婚姻集团"为线索,将这些问题一一探明,会对陈氏学说与陈氏晚年学术产生另外之解释。

附记:2015年12月5日,仇鹿鸣在首都师范大学"经典学说的回顾与反思"史学沙龙上发表《唐隆政变与玄宗时代的登场——重审"李武韦杨"婚姻集团》一文,其中提到"婚姻集团"这一概念是陈氏为了接续"关陇集团"瓦解后的历史而提出,并对陈氏之说与黄永年论李武政权的研究加以比较,对孙英刚、蒙曼、唐雯等的相关研究也进行了较为全面的综述。其中对黄永年论"李武政权"的看法与本文相近。至于该文其他部分,与本文略有同异,且其文与本文立意略有不同。因仇氏之意见尚未正式发表,姑暂记其与本文相关者于此。

另,仇氏文章内容与主要观点,承李淑同学记录并转述,特此致谢。

2015年12月24日夜 改定

新世纪南宋史研究回顾与展望

包伟民

进入21世纪以来,在宋代史研究领域中,一个相当引人注目的现象就是关于南宋时期历史的研究有了显著的进展。

经常回顾、归纳一个学术领域的状况,冷静客观地分析其成绩与不足,思考其学术成长的动因,讨论其今后可能深化的着力点,是推动它进一步发展的有效方法。有鉴于此,本文首先大致归纳近十余年来南宋史研究的学术动态,并在此基础之上,对这一学术领域今后可能深化拓展的方向略述己见,以求教于方正。

一

近十余年来南宋史研究的显著进展,主要表现在正式刊布的论著数量大增。由于讨论南宋历史,很多情况下是被包括在关于整个宋代历史的研究之中,很难以论著是否标明专门讨论"南宋"来显示,所以不容易得出准确的统计数据,只能略作估计。

出版专著数量最为集中的,当数由杭州市社会科学院南宋史研究中心组织各地学者撰写、出版的"南宋史研究丛书",至2014年,已出版70种。2016年又陆续推出几种新书,加上中心与中国社会科学杂志社合作编刊《国际社会科学杂志》"南宋史专辑"3期,总量可近80种。此外,海内外陆续出版的以南宋史为重点或者相当一部分内容讨论南宋历史的学术专著也不少,本人初步统计在200种以上。合计起来,近十余年来关于南宋历史研究的学术专著或者可近300种。

论文的数量当然更多,也更难估计。在"中国期刊全文数据库"以"南宋"为主题词进行检索,从2001年至今,数量达9000余篇。不过在这一数据中具有学术研究意味的论文可能不到十分之一，或者更少；同时未标出"南宋"主题词，实际却有相当一部分内容讨论南宋历史的论文，肯定也不少。我们似乎不必勉强给出一个数量估计。一个相对清晰的统计数据是：据"中国博士学位论文数据库"，自2001年至今，明确以南宋史事为研究主题的中国大陆博士学位论文达213篇。十余年间每年的论文数量呈上升趋势。其中前几年每年都不到10篇，近七八年来，则每年都有20余篇。2010年最多，达34篇。这些博士论文有一些经修改已作为专著整体正式出版，未整体出版的，也有一部分拆分为单篇论文刊出了。硕士学位论文学术含量低一些，数量更多，无法统计。

数量激增之外，比较有意义的是关于南宋史某些专题的探讨有了明显的深入。

首先，一些领军性学者的开创性研究，既解决了某些重大议题，更对整个学术领域发挥着引领性的作用。其中最典型的，自然非余英时于2003年出版的《朱熹的历史世界》一书莫属。[①] 余著所提出的"宋代士阶层不但是文化主体，而且也是一定程度的政治主体"这一结论，虽仍或有进一步讨论的余地，不过他试图"重建十二世纪最后二三十年的文化史与政治史"的努力，无疑是相当成功的。这一巨著的影响所及，在议题与方法两方面，都引导着越来越多学者的研究工作。此外，例如黄宽重关于南宋基层社会、梁庚尧关于南宋盐法等方面的研究，[②] 虽然大部分完成于20世纪，但均在近年集结出版，应该被视为本领域具有代表性的学术成果。又有柳立言的《宋代的家庭和法律》一书，[③] 其讨论南宋的部分也比北宋部分分量为重。

其次，也正是随着论著数量的激增，研究者用心寻找有深入研究空间的研究对象，一些相对冷门的议题也开始被人关注。就研究领域的整体而言，似乎正呈现出一种讨论议题全面铺开的趋势。除全国性议题外，一些

[①] 余英时：《朱熹的历史世界》（上下册），允晨文化实业股份有限公司，2003。

[②] 参见黄宽重《南宋地方武力：地方军与民间自卫武力的探讨》（东大图书公司，2002），同氏《宋代的家族与社会》（东大图书公司，2006），又同氏《政策、对策：宋代政治史探索》（联经出版事业公司，2012），梁庚尧《南宋盐榷：食盐产销与政府控制》（台湾大学出版中心，2010）等。

[③] 柳立言：《宋代的家庭和法律》，上海古籍出版社，2008。

地方性的史事、人物与都城建置等都有了专著讨论。例如仅仅关于明州，与日本学界推动的"明州计划"相呼应，① 就有范立舟等讨论明州"甬上四先生"，郑丞良讨论明州的先贤祠，陈晓兰讨论四明的教育和学术等。② 关于南宋行都临安城的研究专著更多。仅收入"南宋史研究丛书"中的，就有先后由何忠礼、辛薇主编的《南宋史及南宋都城临安研究》论文集之初编与续编，③ 以及其他10种由不同作者撰写的专著问世。④ 研究南宋历史人物的专著数量也不少。除各领域名人外，一些相对次要的历史人物或者他们的群体也开始进入学者关注的视野。例如丁式贤讨论南宋初年的宰相吕颐浩，⑤ 沈如泉讨论鄱阳洪氏，⑥ 王三毛讨论南宋文学家与经学家王质，⑦ 方勇关注南宋遗民诗人群体，⑧ 丁楹关注南宋遗民词人群体，⑨ 陈书良则关注南宋的平民诗人群体，⑩ 等等。制度史领域如刘馨珺研究南宋县衙的狱讼，在梳理制度的同时，兼具一种社会史的视野，使得讨论更有意义。⑪

再次，可能是因为比北宋相对晚近，南宋历史文物的遗存略多，同时也是因为近年各地大兴土木，作为它的"副产品"，近十余年来所发现的南宋时期历史文物相当丰富，这也在很大程度上刺激了学术研究的深入，

---

① 关于"明州计划"，参见郭万平《东亚的海域交流与日本传统文化的形成——日本正在开展以宁波为中心的跨国界、跨学科研究》，《中国史研究动态》2006年第8期，第24~28页。
② 参见范立舟、於剑山《南宋"甬上四先生"研究》，人民出版社，2014；郑丞良：《南宋明州先贤祠研究》，上海古籍出版社，2013；陈晓兰：《南宋四明地区教育和学术研究》，凤凰出版社，2008。
③ 何忠礼主编《南宋史及南宋都城临安研究》，人民出版社，2009；辛薇主编《南宋史及南宋都城临安研究》（续编），人民出版社，2013。
④ "南宋史研究丛书"所收入的这10种专著是：顾志兴《南宋临安典籍文化》，唐俊杰、杜正贤《南宋临安考古》，徐吉军《南宋都城临安》，王勇、郭万平《南宋临安对外交流》，方建新《南宋临安大事记》（以上均由杭州出版社2008年出版）；林正秋《南宋临安文化》，鲍志成《南宋临安宗教》，何兆泉《南宋名人与临安》，徐吉军《南宋临安社会生活》（以上均由杭州出版社2010年出版）；徐吉军《南宋临安工商业》（人民出版社，2009）。
⑤ 丁式贤：《南宋贤相吕颐浩研究》，浙江古籍出版社，2011。
⑥ 沈如泉：《传统与个人才能：南宋鄱阳洪氏家学与文学》，巴蜀书社，2009。
⑦ 王三毛：《南宋王质研究》，凤凰出版社，2012。
⑧ 方勇：《南宋遗民诗人群体研究》，人民出版社，2011。
⑨ 丁楹：《南宋遗民词人研究》，凤凰出版社，2011。
⑩ 陈书良：《江湖：南宋"体制外"平民诗人研究》，中国国际广播电视出版社，2013。
⑪ 刘馨珺：《明镜高悬：南宋县衙的狱讼》，五南图书出版股份有限公司，2005。

其中尤以城市考古领域为突出。例如由杭州市文物考古研究所主持的南宋临安城考古，其中临安府治府学、恭圣仁烈皇后宅、修内司窑等遗址的发掘，均被列入当年全国年度十大考古新发现，近年来整理出版有《南宋太庙遗址：临安城遗址考古发掘报告》等考古报告四种，都是关于南宋历史重要的考古资料。① 此外还有由唐俊杰、杜正贤编著，全面介绍临安城考古成果的《南宋临安考古》一书，② 以及马亦超对修内司窑瓷器的专题讨论，③ 姜青青依据宋版刻本对《咸淳临安志》所附"京城四图"所做的复原工作等。④ 其他一些地区的宋代城市考古也成绩斐然，例如扬州宋大城北门水门遗址、⑤ 成都江南馆街唐宋街坊遗址、⑥ 广州宋代城墙遗址、⑦ 以及重庆白帝城宋城遗址、江苏泰州城南宋代水关遗址、四川南充青居城遗址等的发掘工作，⑧ 都极有学术价值。此外，近年由蔡东洲教授领衔的西华师范大学四川古城堡文化研究中心大范围调查四川地区南宋时期堡寨遗址，已发现不少新资料。⑨

---

① 参见杭州市文物考古研究所《南宋太庙遗址：临安城遗址考古发掘报告》，文物出版社，2007；杭州市文物考古研究所：《临安城遗址考古发掘报告：南宋恭圣仁烈皇后宅遗址》，文物出版社，2008；杭州市文物考古研究所：《临安城遗址考古发掘报告：南宋临安府治与府学遗址》，文物出版社，2013；杭州市文物考古研究所：《南宋御街遗址——临安城遗址考古发掘报告》，文物出版社，2013。

② 唐俊杰、杜正贤：《南宋临安考古》，杭州出版社，2008。

③ 马亦超：《南宋杭州修内司官窑研究》，中国美术学院出版社，2006。

④ 姜青青：《〈咸淳临安志〉宋版"京城四图"复原研究》，上海古籍出版社，2015。

⑤ 汪勃等：《江苏扬州宋大城北门水门遗址发掘简报》，《考古》2005年第12期，第24~40页。

⑥ 严文明、李伯谦、徐苹芳：《浓墨重彩2008年度全国十大考古新发现》，《中国文化遗产》2009年第2期，第76~87页。

⑦ 参见陈鸿钧《广州宋代修城铭文砖数种考》，《岭南文史》2012年第3期，第23~28页；《广州发现保存最好的宋代城墙 墙砖有"番禺"字样》，《广州日报》2015年6月8日A6版；《广州市一大道下发现宋代明代城墙遗址》，搜狐新闻2015年6月9日，http://news.sohu.com/20150609/n414657903.shtml。

⑧ 参见黄豁、陈敏《白帝城宋城遗址大规模发掘》，《瞭望新闻周刊》2002年第13期，第50页；南京博物院、泰州市博物馆：《江苏泰州城南水关遗址发掘简报》，《东南文化》2014年第1期，第43~52页；符永利等：《四川南充青居城遗址调查与初步研究》，《西华师范大学学报》（社会科学版）2015年第2期，第18~27页。

⑨ 参见蔡东洲提交"'宋代的巴蜀'学术论坛"（重庆大学，2015年10月24~25日）会议论文《大良城与虎啸城》，以及蒋晓春提交同一学术论坛的论文《巴蜀地区宋蒙城寨田野考古工作述要》。

新材料发现对学术研究的刺激有时相当直接。例如关于1990年由上海古籍出版社影印南宋龙舒本《王文公文集》纸背文书出版的《宋人佚简》研究，学界至今已见有数十篇相关研究论文，其中多数是近十余年发表的。2011年，孙继民、魏琳还出版有《南宋舒州公牍佚简整理与研究》研究专著一部。① 2012年由包伟民、郑嘉励编集出版的《武义南宋徐谓礼文书》，② 更引起学界广泛重视，两三年间已有不少学者利用这一新资料，就官制、地方政治、书法等，发表了十余篇论文。学界最为关注的考古信息，则非于1987年在广东阳江海域被发现、2007年被整体打捞出海的"南海一号"莫属。关于这艘南宋外贸沉船的考古报告虽然尚未问世，但由于其可能提供的关于南宋经济史、海外贸易史等方面的海量信息，已经使人可以明显感受到它对相关研究的影响。③

总之，以"渐成气象"一词来归纳近十余年南宋史研究的基本状况，可能是比较贴切的。

二

早在20世纪80年代，刘子健曾指出："普通谈宋史，难免头重脚轻。详于北宋，略于南宋。"④ 及至目前，虽然就整个宋代历史研究而言，仍不免存在"重前期轻后期"的现象，⑤ 但南宋史研究毕竟已经有了明显的进展，"渐成气象"。个中原因，值得探究。

李华瑞曾敏锐地观察到这一变化，并指出："促成这种转变的原因，大致与经济重心南移到南宋完成的观点普遍被接受、朱熹及程朱理学的地位重新得到认可并形成研究热点等新的研究进展分不开；而刘子健先生

---

① 孙继民、魏琳：《南宋舒州公牍佚简整理与研究》，上海古籍出版社，2011。
② 包伟民、郑嘉励编《武义南宋徐谓礼文书》，中华书局，2012。
③ 参见张澜《"南海一号"的时空之旅——访广东省文物考古研究所水下考古研究中心主任魏峻、水下考古队队长张威》，《中国科技奖励》2007年第12期，第22~26页；佚名：《"南海一号"科考成果展 珍贵宋瓷首度亮相》，《国学》2008年第7期，第4页。
④ 刘子健：《背海立国与半壁山河的长期稳定》，第38页，载氏著《两宋史研究汇编》，联经出版事业公司，1987，第21~40页。
⑤ 黄宽重：《"嘉定现象"的研究议题与资料》，《中国史研究》2013年第2期，第191~205页。

《略论南宋地位的重要性》则直接推动了这一转变。"[1] 这一分析是很到位的。本文略作补充。

　　史家观察历史，不免常受其生活时代的影响，南宋史研究学术史的演进也不能例外。进入新世纪后，南宋历史地位认识的变化，与随着我国国力提升，国人对民族历史的自豪感增强直接相关。正如学者分析关于宋朝"积贫积弱"一说的源起，认为是自近代以来，国人痛感国力不强，备受外族欺凌，并且到民族历史中去寻找例证，才使关于宋朝"积贫积弱"的看法逐渐定型。[2] 只不过如果说"积贫积弱"是国人对于宋朝的一般性看法的话，那么相比较而言，长期以来，国人对于南宋历史的看法则更为不堪。所谓"偏安小朝廷"就是一个完全贬义的概念。这种否定的看法，在曾经作为南宋行都的杭州地区就一度占据主流，乃至以地方政府为代表，人们将南宋的历史地位与前期的地方政权吴越国对立起来，有所谓的"腐朽"与"先进"的文化对立。进入新世纪以后，南宋历史的这种负面形象发生了令人称奇的变化，地方政府开始将其视为难得的文化资源，设立机构，投入巨资，推动南宋历史的研究。从某种角度讲，至今已经出版的包括近80种著作的"南宋史研究丛书"，正是这种行政力量推动的成果。事实上，对待民族历史这种立场的变化并非仅仅发生在杭州一地，而是近年各地的一种普遍现象。各地政府为"发扬地方文化"而大规模推动编纂、出版的地方历史——当然包括南宋历史成果，也正在丰富着关于南宋历史研究的论著目录。[3] 究其原因，正来自国人对民族历史立场的变化。近年来的"国学热"，也在某种程度上（绝非全部）映衬着这种立场的变化。

---

[1] 李华瑞：《改革开放以来宋史研究若干热点问题述评》，《史学月刊》2010年第3期，第5~27页。

[2] 参见李裕民《宋代"积贫积弱"说商榷》，《陕西师范大学学报》2004年第5期，第75~78页；李裕民：《破除偏见，还宋代历史以本来面目》，《求是学刊》2009年第5期，第123~126页；葛金芳：《两宋历史地位的重新审视（笔谈）》，《求是学刊》2009年第5期，第122~123页；曾瑞龙：《经略幽燕——宋辽战争军事灾难的战略分析》，香港中文大学出版社，2003，第36页；邓小南：《宋朝历史再认识》，《河北学刊》2008年第4期，第98~104页。不过近来李华瑞另有新说，认为"宋朝'积弱'之说本宋人，也是元明清乃至民国和改革开放以前较为一致的看法，并非因20世纪初中国受帝国主义国家欺凌才被特别提出"。见李华瑞《宋朝"积弱"说再认识》，《文史哲》2013年第6期，第33~42页。

[3] 如许怀林《江西通史》第六卷"南宋卷"，江西人民出版社，2009。

与前面所论时代变迁约略相近的另外一个原因,是从20世纪末开始的高教大发展。从1999年起,中国高校进入以远超国民经济增长速度比例的大规模扩招的十年,研究生招生也相应大幅度增加。作为人文学科的历史学的扩招规模,虽然未像其他能够"经世致用"的理工等学科那样大,但也远远超过了学科发展所能承受的速度。这就推动着指导教师与硕博士研究生们不得不全力寻找那些可能拓展的学术空间,此前相对被忽视的南宋历史的许多议题,就这样得到了他们的关注。除掉相当比例的不尽符合学术规范的选题外,这种外部因素对南宋史研究的正面推动作用仍然是相当明显的。近年来一些经修改出版的关于南宋史研究的博士学位论文,其中就不乏优秀学术成果。杭州市社会科学院南宋史研究中心在其编纂出版的"南宋史研究丛书"中单列一项"博士文库",经严格审稿出版的几部博士学位论文,就是显例。①

　　因时代所形成的史家对南宋历史的态度也体现了这种影响。李华瑞曾征引了一些学者正面强调南宋历史地位的看法,其中尤以何忠礼为典型。他的《略论南宋的历史地位》一文,集中阐发关于南宋历史贡献的看法,从经济繁荣及经济赋税制度对后世的影响、文化发展、在抗击金和蒙元军事进攻的战争中表现的民族独立精神等六个方面,来评述南宋的历史地位。他认为:"南宋立国153年,以往人们对它的历史地位评价颇低。实际上,这种评价缺乏对南宋国内外环境的总体认识,忽视了南宋在政治经济、思想文化、科学技术等方面所取得的巨大成就,忽视了南宋人民在抗击金和蒙元的战争中所表现出来的崇高民族气节和不屈的斗争精神,更忽视了南宋在传承中华文明中所作出的巨大贡献。"② 这些看法得到了许多史学界同行的认同。只不过,如果我们只是停留在简单否定批评南宋历史地位的意见的立场,从"其实南宋有着许多历史贡献,不能简单地批评它为偏安的小朝廷"的理由出发来说明它的重要性,那么,似乎仍未超越批评

---

① 迄今为止,"南宋史研究丛书"的"博士文库"已出版五部专著,均由上海古籍出版社出版,即何玉红《南宋川陕边行政运行体制研究》(2012);郑丞良:《南宋明州先贤祠研究》(2013);熊鸣琴:《金人"中国"观研究》(2014);李辉:《宋金交聘制度研究》(2014);朱文慧:《南宋社会民间纠纷及其解决途径研究》(2014)。

② 何忠礼:《略论南宋的历史地位》,《浙江社会科学》2008年第9期,第72~79页。

者的那种以成败论英雄的立论层面。

人类历史现象纷杂万千,史家自然不可能全都关心。讨论民族历史,立意于阐发其文化精神遗产,当然极为重要,不过它的一个重要前提是必须对民族历史发展的全过程有充分的理解,而无论其"强大"与否。历史上的"盛世"因其强大,可能在社会生活各个方面富有创造力,对后世产生了重大影响,因而有着被史家关注的充分理由,其他的一些历史时期,例如像南宋这样国力不强、疆域局促的朝代,却是民族历史演进过程中不可或缺的一环,史家同样必须给予充分的关注。这就是本文试图对前人的意见略作补充之处。

这样一来,我们观察的眼光就不能仅仅局限于南宋时期,而应该从历史发展更长的时段着眼,来作分析。李治安、李新峰两位学者关于宋元明时期国家制度的历史继承问题的讨论,对我们有启发意义。

近年来李治安刊发多文,讨论宋元明时期国家制度的历史继承问题。他于2009年刊发的《两个南北朝与中古以来的历史发展线索》一文,梳理从宋元到明清我国历史的"南朝化"问题。他认为"南北朝、隋朝及唐前期的历史的确存在'南朝''北朝'两条并行的发展线索或迥然有异的两种制度状况。隋朝及唐前期基本实行的是'北朝'制度,但同时存在'在野'地位的南朝因素(主要在江南)"。及至唐代中期,均田制、租庸调制和府兵制这三大作为"北朝"制度核心、隋唐王朝依以立国的支柱性制度相继瓦解,取而代之的则是与南朝相近的租佃制大土地占有、两税法和募兵制,"于是,国家整体上向'南朝化'过渡"。从另一视角观察,所谓唐宋变革,"实际上也是以上述整合及'南朝化'起步的"[1]。经过北宋时期的进一步发展,最终由"南宋承袭唐宋变革成果",所以南宋所代表的南朝线索是当时历史的"主流",尽管"辽夏金元反映的北朝线索也作用显赫"。这就是他所说的中国历史进入第二个南北朝时期的论点之所指。[2] 他凭借对元代历史的深入观察,进一步归纳了"元朝与唐宋变革有明显异常的若干条",认为具体表现在职业户籍制与全民服役、贵族分封

---

[1] 李治安:《两个南北朝与中古以来的历史发展线索》,《文史哲》2009年第6期,第5~19页。

[2] 李治安:《两个南北朝与中古以来的历史发展线索》,第19页。

制与驱口制、官营手工业的重新繁荣、农业经济财税的南北差异、儒士的边缘倾向与君臣关系主奴化、由军事征服派生的行省制和直接治理边疆政策这个六个方面。至朱元璋起兵反元,虽然在政治上打着"驱除鞑虏,恢复中华"的旗号,"事实上,由于元统一及后来朱元璋父子的个性政策,北朝线索或北方体制在 13~16 世纪三百年间扮演的角色非常重要,有时甚至是主导性的。16 世纪中叶,才最终完成了它与江南体制的复合、交融与整合,最终建构起经济上江南因素为主、政治上北方因素为主的混合体"①。他所说的"江南体制",就是指前文所说由南宋代表的"唐宋变革成果"。后来,他又另有专文,分别强调明代前期的北方体制,以及明中叶以后的南北整合与最终走向江南体制。②

李新峰对李治安关于朱元璋父子奉行北方本位、继承北制的结论提出质疑,认为明初政治制度的来源相当复杂,汉唐、宋与元三个来源都存在,需要辨明的是孰轻孰重。"综合而言,明初的君主专制既有独特性,又有对各代大趋势的继承,对元朝的继承性则并不突出。"③ 不过他对于明代中叶以后制度的转向,即走向"南朝化"并无异议。

这一学术讨论对我们的启发,正在于它从历史长时段发展的视角,点明了南宋历史的价值,将其对后世历史影响的观察落到了实处。以往学者们虽然也常常谈宋朝的历史影响,喜欢引用近代严复等前贤关于近代中国"为宋人之所造就"等评论,但囿于断代史研究的旧习,并未能真正深入去观察南宋对后世的历史影响究竟表现在哪些方面,实际上,也就是未能在更高的层面上来认识"承袭唐宋变革成果"并作为明代中期以后走向"江南体制"出发点的南宋历史的意义。所以说,只有超越以成败论英雄的认识水平,以一种无论在纵向与横向都更为深邃全面的观察视野,以及持有一种更为平静通达的文化心态,才可能进一步推动南宋史研究的真正深入。

---

① 李治安:《两个南北朝与中古以来的历史发展线索》,第 14 页。
② 分别参见李治安《元和明前期南北差异的博弈与整合发展》,《历史研究》2011 年第 5 期,第 59~77 页;《中古以来南北差异的整合发展与江南的角色功用》,《文史哲》2015 年第 1 期,第 27~34 页。
③ 李新峰:《论元明之间的变革》,《古代文明》2010 年第 4 期,第 83~102 页。

三

近年来南宋史研究的进展，虽然"渐成气象"，但与学界的期望还是存在一定的差距。

所谓差距，无非表现在数量与质量两个方面。在近年来出版的论著数量明显增加的同时，观察南宋历史的水平是否与之成正比例地提高，就成了问题的关键。分析以"南宋史研究丛书"为代表的论著，可以发现，平面的史实铺述占了大多数。其中占最大比例的是各种专史，共有22册，如《南宋交通史》《南宋人口史》《南宋思想史》等。此外还有《南宋全史》8册，如《南宋全史：政治、军事和民族关系》等；南宋名人传记系列10册，如《陆游研究》《朱熹研究》等；临安研究系列10册，如《南宋临安文化》《南宋临安宗教》等；再加上前文提到的博士文库，各种论文集、《国际社会科学杂志》等。尽管这些论著大多有所创见，有一些比较优秀，但总体而论，多数以史实铺叙为主，当前学界常见的以综合归纳为主要手法的简单重复式文字，仍占不小的比例。"南宋史研究丛书"之外的一些论著，情况与之相近。

因此，归纳起来看，可谓在史实复原与现象解释两个方面都留有相当的深入研究余地。就史实复原方面看，一些相对清晰、凸显的历史现象比较受人们的关注，而且一再被复述，例如关于一些名人的生平事迹等就是如此，另一些相对隐匿不显的历史现象，则由于资料有限与认识不足等多方面的原因，未能得到充分梳理。例如黄宽重指出的南宋中晚期的政治与文化变化，就长期以来未能得到充分的重视。[1] 就现象解释方面看，可以说关于南宋历史的许多重要问题，目前仍然停留在一些空洞的概念与说法上面。二十多年前，黄宽重讨论大陆与台湾两岸宋史研究走向，指出四个共同的不足之处，其中所谓"大观念尚待形成"[2]，虽然是针对整个宋史研究状况而言，但南宋史领域无疑尤为突出。及至今日，研究领域整体状况的改善不能不说仍然比较有限。

---

[1] 参见黄宽重《"嘉定现象"的研究议题与资料》，《中国史研究》2013年第2期，第191~205页。

[2] 黄宽重：《海峡两岸宋史研究动向》，《历史研究》1993年第3期，第137~152页。

在实际研究中，所谓史实复原与现象解释两个方面当然是相互牵制的。一些关键性史实的隐匿不显，必然会妨碍史家对历史现象的正确解释；同样，如果未能相对准确地解释历史现象——亦即未能合理地梳理各种不同历史现象之间的联系，也会导致史家忽视某些重要的史实，无法推动他们去发现那些虽然隐匿但实系核心的史实。所以，研究水平的提高必然同时体现在史实复原与现象解释两个方面。

不过，所谓知易行难，从对研究领域的点滴认识到将它落实在具体的研究工作中，两者是有距离的。在这里，如何发现一些切合实际的研究取径是学人们应该努力的方向。笔者粗浅的体会是，改变观察史事的角度，争取从平面走向立体，从铺叙孤立现象走向分析现象间的联系，也许是一个有效的途径。下文略举几例。

如前文所述，相比于简单、孤立地强调南宋对后代的历史影响，不如将这种影响落实到具体论证明代中叶以后的南北整合与最终走向"江南体制"——由南宋代表的"唐宋变革成果"。这不仅使我们可能在关于南宋史意义方面跨越旧认识，同时也是一个不应被忽视的重要研究取径：从历史的前后联系之中来观察它。如果说近二三十年来，关于讨论宋代历史应该首先了解唐代历史的看法，已经被越来越多的学者所认识，并且程度不等地落实在他们的研究工作之中，那么，如何通过观察历史后续的发展，也就是元明清各代的历史，再反过来验证自己对宋代历史的分析，或者在对其后续发展的观察之中，就当时彰显未明的史事及其走向，获得一些启发，或者激活一些原本局限于一时一事无法获得真切认识的史料，从中得到更加深入的理解，这方面的研究取向，似仍未能得到应有的重视。

笔者近来观察乡村基层组织问题，略有体会。存世地方志所载南宋时期乡村基层组织的情况，纷杂无比，不同时期、不同地区的记载，似乎了无规律可寻。如元人张铉所纂《至正金陵新志》称当地"盖初以乡统里，宋末易里之名曰保，或曰管，曰都"[①]，与常识完全不符，如果不纵向地从南宋中后期乡都组织的地域化过程，尤其是联系元代初年的一些建置来做

---

① 张铉：《至正金陵新志》卷四下《疆域志二·坊里》，《宋元方志丛刊》第六册影印《四库全书》本，中华书局，1990，第5518页。

观察，就无法读懂这种看起来了无章法的记述文本。同时，如果不联系明代初年江南地区乡村基层组织的建置，站在"里以编户……图以领圩""图与里亦有不同"的基点之上，① 也就是认识不到乡村基层管理组织从中古时期单一的联户制走向了近古时期户籍与地籍分头管理的双轨制的史实，我们也是说不清楚以经界法为代表的一系列行政措施的时代意义，更无法理解南宋时期乡村基层组织新旧叠加式的演化过程。②

类似的例子尚多，已经大致梳理清楚的却相当有限。典型的如关于后代以族权、绅权为核心的乡村社会的权力结构，是如何从南宋一步一步演进的，就是一个迄今为止未能讲清楚的大题目，实际上也就意味着我们对南宋时期乡村社会的权力结构仍然只有含混的认识而已。因为这是一个相互联系着的一个问题的两端，不能将它们割裂开来孤立地去观察。

这样前后联系的观察方法，当然并非仅仅在讨论南宋对后代历史影响相关问题时才有意义，对于它与前期历史的联系，同样也有意义。落实到关于国家制度建设问题，也就是不能孤立地观察王朝初期的一些制度设计，视其为静止之物，而应该充分地认识到：国家制度常常会随着历史的演进而调整，王朝初期所构建起来的制度框架虽然重要，后续的调整同样有意义。北宋是如此，南宋也当如此。譬如国家财政，南宋初年的种种建置，征榷制度的更张，征调项目的创设，赋役征敛的扩张，中枢财政管理机构的调整，乃至经界法的推行等，如果不充分了解北宋后期的财政史，与之相联系，恐难以厘清。特别是宋徽宗（1100~1125在位）年间的制度创设，实为南宋初年许多制度的溯源所在，是理解南宋初年建置的起点。另外，炎兴（1127~1162）以下，若以为南宋国家财政就依其初年建置的格局而一成不变，当然也有违史实。实际上每一个重要历史阶段，随着政治经济以及内外军事形势的变化，赋税与财政

---

① 沈彤等：《乾隆震泽县志》卷三《疆土志三·乡都图圩》，《中国方志集成·江苏府县志辑》第 23 册影印乾隆刻本，江苏古籍出版社，1991，第 33 页。
② 参见拙文《中国近古时期"里"制的演变》，《中国社会科学》2015 年第 1 期，第 183~201 页；《新旧迭加：中国近古乡都制度的继承与演化》，《中国经济史研究》2016 年第 2 期，第 5~15 页。

管理层面都会出台一些调整措施。简单举例，宝祐（1253～1258）以后，地理格局上西川残破，广西从大后方变成了战略前线，军政体系上兵力的重新布局与新军的组建，从中央到地方财政管理体系的更张，都必然会使得从南宋初年形成的户部——总领所体制以及与之相适应的中央与地方财赋调拨系统做出必要的调整，可惜迄今未见学界有具体深入的讨论。即如郑兴裔（1126～1199）所言"自军兴以来，计司常患不给，凡郡邑皆以定额寘名予之，加赋增员，悉所不问"[1]，实际的状况，在炎兴、乾淳（1167～1189）及其之后各不同时期，演变过程也很复杂，存在着相当的讨论余地。

与此相类似，即便就南宋初年的建国过程而言，目前在许多方面我们仍停留在想当然的认识之上。相对而言，学界对南宋中枢行政演变的讨论略多，例如三省制度，等等，其他方面则多语焉不详，认为是北宋制度的自然延续而已，实际上当然不可能如此简单。例如关于北宋的漕司路到南宋的帅司路的变化，就值得深入分析，其他各方面大多类此。

这样从"关系"出发来观察南宋时期的史事，值得引起史家关注的内容是极为广泛的，绝非仅限于前面举例所及的范围。李华瑞讨论淳祐四年（1244）阳枋（1187～1267）《广安旱代赵守榜文》，提出了一个极有意义的话题。他认为这篇榜文提示了南宋广安军地方社会的四个问题，其中之一就是"这篇榜文把朱熹感召和气以救荒的思想运用到广安救荒活动中，昭示着朱熹的理学思想在理宗时代已深入基层社会，成为下层民众普遍接受的一种行为准则，或认识问题的方法原则"[2]。坦率说，仅仅因为某位道学家在其为郡守撰写的谕民榜文中提到了朱熹"感召和气以救荒"的说法，是否足以证明朱熹的道学（理学）思想已经深入基层社会，成为下层民众普遍接受的一种行为准则，笔者有所保留。但是，他从这篇榜文所观察到的关于道学思想如何渗透基层社会的问题，的确是关乎南宋乃至整个

---

[1] （宋）郑兴裔：《郑忠肃奏议遗集》卷上《请宽民力疏》，影印文渊阁《四库全书》本，台湾商务印书馆，1969，第19B页。
[2] 李华瑞：《南宋地方社会管窥——以阳枋〈广安旱代赵守榜文〉为中心》，《西北师范大学学报》（社会科学版）2013年第3期，第18～25页。

帝制后期中国社会的不可忽视的重要议题。在文化史与政治史相关联的领域，此前学界已就道学何以在党禁打击之下仍能保持其影响力问题，有过不少讨论，但是在文化史与社会史相关联的领域，类似的关注与讨论则付诸阙如。

南宋史领域一些相对传统的议题，例如权相政治、宋金宋蒙关系、经济发展与区域开发、科考与社会文化等，如果能够调整视角，更多地从不同历史现象相互之间的联系而不是孤立地去观察，都可能有新的收获。就拿权相政治来说，将各不同历史阶段分别孤立起来讨论，还是重在相互比较与联系，有时就可能会有不同的观察结果。①

最后不得不提一下历史资料与研究现状的关系问题。论者无不意识到南宋——尤其是其后期——存世资料过少，对学术研究有不利影响，这当然是不容忽视的客观现实。不过需要指出的是，首先，不同历史时期存世资料各有特点，一般所谓南宋后期存世资料过少，是与北宋或者南宋前期的情况相比较而言的。如果与明清时期相比较，那么即便是北宋或者南宋前期仍难称充沛，但如果拿南宋后期的情况与隋唐五代或更早的历史时期相比较，则应该可算是相当丰富了。因此所谓资料少影响了研究的展开，从某种程度上讲，主要也是指对南宋中后期文献的处理方法类同于北宋或南宋前期那种类型而言的。实际上，学界对于处理隋唐以前印刷术未普及时期的历史资料的方法，已经积累了相当丰富的经验，我们如果能够认真参照、借鉴，更精心、深入地研读存世文本，南宋史研究状况会有所改观，这是不用怀疑的。其次，与北宋及南宋前期相比较，所谓南宋后期资料过少，主要指诸如《续资治通鉴长编》、《建炎以来系年要录》与《宋会要辑稿》那样一些基础文献的阙如，影响所及，主要关乎国家上层政治层面，但在另一些方面，例如文集、地志、笔记、考古材料，等等，则并不见得少，有些还明显多于北宋与南宋前期。所以，在社会、经济、文化等方面，研究拓展的余地并不比北宋或南宋前期为少。学术史上也已经有

---

① 参见韩冠群《史弥远与南宋中后期中枢政治运作（1194~1260）》，中国人民大学博士学位论文，2015。此文讨论是否深入，结论是否得当，容或再议，不过它将不同时期"权相"现象作联系与对比的努力，是明确的。

学者为我们做出了明确的示范。① 当然，相比于资料更为丰富的那些时期，讨论南宋中后期历史，要求研究者更多智力与毅力的投入，是可以肯定的。

从传统的中原大一统帝国的立场来看，赵氏南宋王朝疆域局促，国势萎靡，似不值得后人更多的关注。可是如果我们能够从纵向与横向两个方面都拓宽视野，就可以发现无论从它"承袭唐宋变革成果"并深刻地影响了帝制后期的中国历史，还是在社会、经济、文化乃至政治、军事各方面的璀璨成就来看，都向我们展示着其突出的历史地位，与非同一般的文化吸引力。如果我们在观察立场与研究取径上也尽可能地拓展视野，潜心投入，更重要的是，时刻保持不断反思观察视野与研究方法的自觉意识，南宋历史研究这一学术领域从"渐成气象"最终走向"气象万千"，是可以预期的。

---

① 例如，梁庚尧利用明清时期地方志资料讨论南宋的社会经济史，取得显著成果，就是明证。参见梁庚尧《南宋的农村经济》，联经出版事业公司，1977。又黄宽重强调文集资料对南宋中后期历史研究的重要意义，他的一些研究工作也在这方面为我们提供了示范。参见黄宽重《"嘉定现象"的研究议题与资料》，《中国史研究》2013 年第 2 期。

书 评

薛爱华与《朱雀》的写作背景

李丹婕

1995 年吴玉贵先生将薛爱华教授（Edward H. Schafer, 1913~1991）的 *The Golden Peaches of Samarkand: A Study of T'ang Exotics*（University of California Press, 1963）一书译成中文，以《唐代的外来文明》之名出版。此后，这本研究唐代舶来品的专著和劳费尔（Berthold Laufer, 1874~1934）的《中国伊朗编》（*Sino-Iranica: Chinese Contributions to the History of Civilization in Ancient Iran*, 1919；林筠因中译本，商务印书馆，1964）一道，成为了解中古中国社会史与物质文明的重要参考著作，薛爱华也由此为中国中古史学界和广大读者所熟知。身为汉学家的薛爱华，其学术生涯开始于 20 世纪 50 年代，以《闽帝国》（*The Empire of Min*, Charles E. Tuttle Company, 1954）一书的出版正式发轫，直到去世前六年出版最后一本书《时间之海上的幻境：曹唐的道教诗歌》（*Mirages on the Sea of Time: The Taoist Poetry of Ts'ao T'ang*, University of California Press, 1985）。薛爱华绵延三十余年的学术生涯可说硕果累累，相比而言，自《唐代的外来文明》中译本出版以来的二十年间，我们对这位学识渊博、思维敏锐的汉学家的认识与其地位是完全难以匹配的。

近日在程章灿教授的大力推荐和努力之下，我们又得以看到薛爱华两本著作的中译本，分别是《朱雀：唐代的南方意象》（*The Vermilion Bird: T'ang Images of the South*, University of California Press, 1967）和《神女：唐代文学中的龙女和雨女》（*The Divine Woman: Dragon Ladies and Rain Maidens in T'ang Literature*, University of California Press, 1973），皆由生活·读书·新知三联书店出版。这两本书的出版，带给我们再一次领略唐代文学与历史丰富内涵的宝贵契机，同时更重要的是，让我们借以重新窥得薛爱华令人钦佩的博识、洞见与才情。薛爱华去世后，其私淑弟子、中国古典文学家柯睿教授（Paul W. Kroll）在回忆其生平的文章中称，薛爱华是"过去四十年美国中古中国研究的同义词"①，这句话也被印在《朱雀》《神女》两册中文本的封底，一方面反映了薛爱华对二十世纪后半叶美国中古中国研究的贡献，另一方面则意味着，薛爱华在中古中国几近于百科全书式的研究规模，成为后人仰之弥高的一座学术丰碑。

《唐代的外来文明》一书所反映的研究风格，吴玉贵先生已经在译者前言中有翔实的介绍；关于薛爱华教授的教育背景和学术生涯，程章灿先生也已撰写专文②。本文在先贤论见的基础上，着重围绕《朱雀》一书的内容、特色和写作背景，来进一步反思薛爱华的学术风格及其带给我们的启示。

《朱雀》一书初版于1967年，副题"唐代的南方意象"，主要考察的是中国唐代（七世纪末到九世纪末）各种文献中所反映的时人对南方的态度和认识。"南方"具体而言指的是包括岭南四管（广、桂、容、邕）和安南之地，即今天广东、广西以及越南北部等地，尤其是红河三角洲。"意象"则是指唐代人在诗文创作、生活习俗以及历史文献中，所体现出来的对于南方的人（尤其是土著）、宗教、风土、名物等的认识和观念。全书第九、十、十一章分别介绍了南方的矿物、植物和动物及唐人所知的面貌，占据全书十三章篇幅总量的三分之一强，足见是作者格外用力倾心的部分。但是我们必须注意的是，作者留心于"物"，除了"物"本身的面目、属性和功能外，他更关心唐人审视的眼光以及看待这些"物"的心理和态度；一方面丰富了我们对唐代地理环境和自然生态的认知，另一方面也加深了我们对唐代意识形态和文化偏见的了解。

正是基于由物及人与以人观物两条线索的复调式书写，《朱雀》可以说是两个南方的叠加。一方面是中古时代南方的自然面貌和客观现实。作者采用了大量现代天文、地理、气候、动物、植物、矿物学等知识，力图将这一面相特殊化与具体化，对于这种极具特色的重构，作者提醒读者，

---

① Paul Kroll, Edward H. Schafer, 1913 – 1991, *T'ang Studies*, 8 – 9, 1990 – 1991, p. 3.
② 《四裔、名物、宗教与历史想象：美国汉学家薛爱华及其唐研究》，《陕西师范大学学报》（哲学社会科学版）2013年第1期，第86~92页；作为代译序收入《朱雀》《神女》二书。

薛爱华与《朱雀》的写作背景

这种再创造并非让过去"概念化",而是以一种生动活泼而且感性的方式,去了解过去,同时不必牺牲其精确性(2~3页)。另一方面则是当时唐人对南方的描述与书写。作者意在考察中古时代南方对唐人知识构成的贡献及其对唐人的感受、情感以及想象力的影响,同时这些观念变化如何改变着这片土地(2页)。因此,本书所有章节中,两个"南方"都以并存、套叠的形式出现。值得注意的是,两者皆非铁板一块、固定不变,彼此之间、各自内部都充满分歧和差异。薛爱华的书写本身具有极强的视觉性,这使得《朱雀》一书就整体而言产生了彩绘镶嵌玻璃的效果,斑斓炫目。

本书包括绪论在内共有十三章,十二章分别名为"南越:前景与背景""华人""蛮人""女人""神灵与信神者""世界""天与气""陆地与海洋""矿物质""植物""动物""朱雀"。就整体来看可分为三大部分。绪论和第一章《南越:前景与背景》作为序曲,引出主题,概略铺陈南越地区古与今复杂的种族、语言构成,提示自公元前中原政权强势崛起以来对当地不绝如缕的征服,以及这一地区处于多元文明中间地带的特殊属性和主体意识。第十二章"朱雀"作为总结,从气、味、音、色等多方面感知中古时代的岭南地区,成为整部中古南方感官交响曲的终结篇。

中间十章是本书主体,概而言之,又可分为四个部分。第二、三章"华人""蛮人"可归于一组,关于唐代南方复杂的人群构成。七世纪初唐朝大一统局面再次建立,中原政权再次确立对南越的支配权,这样的政治遭遇对南越人群结构造成巨大冲击,外来者(所谓华人)和土著(所谓蛮人)之间存在巨大的文化鸿沟,更重要的在于,外来者和土著内部也有着语言、风俗、观念和认知等方面极大的差异,成为马赛克拼图般的存在。第四、五章"女人""神灵与信神者"可以看作一组,展陈南越斑驳的神灵世界,作者强调,越女、丹家、道士、僧人以及其他神祇和百魅精灵共同构成在地南越人斑驳的信仰世界,也成为唐朝文化精英南方意象中的重要角色。唐代士人对南方既排斥又好奇、既鄙夷又不得不接纳的态度既激发了他们的想象,也拓展了时人对这片土地的认识。"世界""天与气""陆地与海洋"三章就展现了对南方的经验认识如何在唐人根深蒂固的成见中逐步发展,进而化未知为已知,化陌生为熟悉。接下来就是前已提及本书分量最重的"矿物质""植物""动物"三章。作者在这部分中大量采用了现代人类学调查报告，同时又谨慎地辅以唐人诗文。作者也不免遗憾地经常提到，一些原本应该极为常见的热带植物，却大多数在古代文献中难以识别，乃至一片空白。这或许就在于身处南越的中古士人更关心那里所缺乏的，而不是已经存在的，他们会以熟悉的象征物（鹦鹉、鹧鸪、孔雀）来描述南方，而对种类繁多的南方鸟类无动于衷，南方对于他们而言，不过是一个"北鸟飞不到"的蛮荒之地。看得出来，"南方意象"这种非经验认知及相关的陈词滥调顽固地阻碍着唐人去发展关于南方的客观知识。

《朱雀》一书的写作有其特定的时代背景。二十世纪中叶以来，由东方学传统出发，西方学界对于热带地区的研究蔚为大观。1952年，美国著名的动物学家Marston Bates出版《那里从无冬天》（Where Winter Never Comes: A Study of Man and Nature in the Tropics）一书，指出包括南部亚洲在内的热带地区曾经创造过繁盛的文明，是古代人类精神和物质能量的重要源泉。两年后，1954年，美国学者何伟恩（Herold. J. Wiens）《中国向热带进军》（China's March Toward the Tropics）一书，从地理和历史角度，考察中原文化、政治和人口向南方的迁徙和渗透，以及与南方非汉文化之间的相遇与碰撞，梳理了中国历史上民族南迁的几次大趋势，并将之视为汉民族移民、同化边地以及非汉族群受汉族先进文化的影响，逐步走上了与内地同质的过程，中心-边缘、文明-野蛮、先进-落后的二元对立观在该书中体现得非常明显。与此同时，对热带地区以及古代中国南方地带的研究一时间大量出现，这一点可以从《朱雀》一书的参考文献中看出。

薛爱华介入这一领域的视角和成果又有其鲜明的个性，我们只需注意《朱雀》一书在其整个学术著作版图中的位置就能看出这一点。1947年薛爱华博士学位论文是关于五代十国的南汉国史研究，其地域与《朱雀》所论基本一致。延续对中古中国岭南地区的兴趣，作者1954年出版第一本专著是对五代十国中的闽国研究。1963年，作者完成他关于唐代中国舶来品的巨秩《唐代的外来文明》，充分了解唐朝社会、文化史的同时，作者实践了自身独特的透过物质文化了解时代观念和社会生活的方法。作者将这种方法再次施用于自己已然熟知的中古岭南地区时，便顺理成章地成就了1967年出版的《朱雀》一书。此后作者的一系列专著、论文、札记或随笔，几乎都可以从这本书中看到源头或因由。

和《唐代的外来文明》一样，《朱雀》一书也淋漓尽致地体现了作者的渊博与敏锐，这是与薛爱华的教育背景和个人经历分不开的，其中有几点尤其值得我们注意。

首先是人类学的眼光。薛爱华20世纪30年代中叶进入洛杉矶加州大学读本科时，主修物理学和哲学，之后很快对人类学感兴趣，转学至伯克利加州大学，师从克虏伯（Alfred L. Kroeber，1876～1960）和罗维（Robert Lowie，1883～1957）。两人都是美国人类学之父博厄斯（Franz Boas，1858～1942）早年的学生，是当时美国人类学界的号角人物，其中克虏伯还是伯克利加州大学人类学系的创办者之一。博厄斯通过对印第安人部落的深入研究，提出历史独特论和文化相对论的主张，强调每一种文明独特的发展面貌和历史价值，反对任何将多元的人类文明化约为单一法则的做法，提倡研究者只有从自身所在的种种价值标准中解脱出来，才能真正深入另一种文化和思想，进而发展出客观的、严格科学的研究。博厄斯对美国人类学甚至整个人文学研究的贡献是巨大的，以至于晚出半个世纪却以博厄斯为精神教父的结构主义大师列维－施特劳斯（Claude Lévi－Strauss，1908～2009）曾这样说："博厄斯去世之后的美国，百科全书式的人物没有了。"事实上，身为弟子的克虏伯和罗维二位，不仅继承了博厄斯的学术精神，更在具体实践中有所拓展。克虏伯是用比较研究民族志的办法分析复杂的现代文明社会高级文化的首批人类学家之一，将人类学和文化两个概念联系在一起，长年在拉丁美洲做田野调查，在当地搜集了大量方方面面的文化数据。薛爱华在伯克利求学时，克虏伯撰写的人类学教材正风靡全美人类学界。薛爱华的另一位导师罗维，则熟悉各种历史民族学理论，明确反对进化主义理论，中国语言学家吕叔湘曾经翻译过一本有名的大家小书《文明与野蛮》，正是出自罗维之手。

正是在克虏伯和罗维指导下，进入中国研究之前，薛爱华已经具有一重坚实的人类学基础，这一定程度上影响了他以后观察中国的视角、解读文献的方法和搜集材料的能力。因此，《朱雀》第二章"华人"开篇不久，薛爱华以张籍《送南迁客》一诗"去去远迁客，瘴中衰病身。青山无限路，白首不归人"点题，切入李翱的《来南录》，接着以长镜头式的表述语言，呈现由长安一路南下的景观与闻见。这种视文献如田野的眼光，必定来自人类学的训练。

薛爱华与博厄斯之间除了学术师承之间的渊源外，还有一层间接的联系。德国著名的东方历史语言学家劳费尔拿到博士学位后不久便前往美国，就是听从博厄斯的建议，进入美国自然历史博物馆（American Museum of Natural History）工作。此后劳费尔得以多次前往中国及其他亚洲地区实地考察，并购置大量的古代物品。从具体物品出发，劳费尔发现了亚洲不同文化区域之间丰富而复杂的相互影响和渗透，贡献了大量的学术成果，《中国伊朗编》是其中最重要的一部。劳费尔的研究无疑带给薛爱华甚多启发，《唐代的外来文明》一书可以说就是基于《中国伊朗编》的进一步开拓和深入。劳费尔独树一帜的研究正源于他早年奠定的比较语言学基础。对于亚洲各地语言的了解，使得他能够更好地利用在这些地区所发现的文献、碑铭等记载，加上考古学的成果和人类学的视角，他往往能见微知著，以小见大，触类旁通。很可能正是受到劳费尔研究风格的吸引，在赵元任等语言学家指导下具备中文初步基础，后又经过"二战"中断，薛爱华回归学术界时，选择了追随伯克利加州大学东方历史语言专家卜弼德（Peter A. Boodberg，1903~1972）攻读博士学位。

人类学之外，薛爱华另一层知识装备就是历史语言学，这正是在卜弼德教授指导下实现的。卜弼德出生于海参崴，20世纪20年代移居美国，入伯克利求学并最终任教于此，他极其娴熟于印欧语系的各种语言，并在此基础上进入汉语和中国历史文化领域。他的主要研究基本围绕古代中国－阿尔泰历史文化、早期中国史和古代中国写本展开。据伯克利加州大学的讣告我们可以得知，卜弼德生前的古代汉语经典导读课在伯克利风靡一时，他上课从不照本宣科，总是旁征博引，深入浅出，既能吸引学生的学术兴趣，又能激发大家的知识想象。在卜弼德的主导下，伯克利大学在20世纪四五十年代曾一度出现东方研究论坛（Colloquium Orientologicum）这样的非正式学术交流平台，使得研究亚洲不同地区，乃至欧洲历史文化的学者得以深入交流，取长补短，激发灵感。卜弼德强大的学术研究、组织能力，除了源于他深厚的专业修养外，还和他广泛的兴趣爱好有关，特别是对音乐和诗歌的爱好。卜弼德不仅因阅读诗人Gerard Manley Hopkins作品时受到启发开始翻译杜甫的诗歌,还从当时正在伯克利大学筹办比较文学系的同事陈世骧那里学到很多解读中国古典诗歌的技巧。

薛爱华也亲自撰文回忆卜弼德教授,那是一篇充满深情又不失理性的文章[①],其中两点尤其有助于我们理解薛爱华研究风格的形成。一是卜弼德本人的学术理念,再加上受到伯希和(Paul Pelliot, 1878~1945)等法国汉学家的影响,强调从亚洲、来自欧亚世界更广阔的文化版图来考察古代中国的物质文明与历史变迁,他频繁邀请远东、南亚等领域的专家前往伯克利讲演,同时也指导年轻人从事古代中国周边地区历史语言的研究,包括内亚、中东、东南亚等地区;二是卜弼德在历史语言研究方面的不懈探索。他强调中文不仅是表达概念和思想的工具,字、词的形式以及发音也有其意义,他在唐诗翻译中进行了大量的尝试性工作。就此而言,中文之于卜弼德就不仅仅是理解中国历史的手段,其本身也成为需要理解的目标。因此,卜弼德才会近乎执着地只认可"语言文献学家"(Philologist)这一个头衔,在他看来,这是一个至高无上的荣耀,意味着对渊博与敏锐的兼而有之。

成为一名"语言文献学家"无疑也是薛爱华的自我要求,《朱雀》一书便正是题献给卜弼德教授的。他1982年10月14日在美国科罗拉多大学东方语言及文学系做了一场题为《何为汉学》"What and How Is Sinology"的讲演[②],对西方汉学的现状提出了极其严厉的批评,强调历史语言文献学才是理解古代历史的基础和核心,并高度肯定伯希和、马伯乐(Henri Maspero, 1883~1945)一辈主导的汉学传统,称其是人文学科最优秀传统的精确学风、广阔视野和深刻理解。薛爱华毫不留情地批评了后人对这一研究风气的轻视甚至抛弃,再次强调文献的重要性。他尤其指出,文献不只是史料的来源,语言修辞本身也极其重要,古代中国文学的丰富传统,使得很多作品的措辞是经过严格推敲的产物,不经过严格仔细的辨析,往往就无法了解其细腻幽微的内涵。就此而言薛爱华可谓贯通了汉学与中国

---

① Edward H. Schafer and Alvin P. Cohen, Peter A. Boodberg, 1903 - 1972, *Journal of the American Oriental Society*, Vol. 94, No. 1, pp. 1 - 13.

② 原文刊于 *T'ang Studies*, No. 8 - 9, 1990 - 1991;薛爱华:《汉学:历史与现状》,周发祥译,《传统文化与现代化》1993年第6期,第91~98页。

传统训诂学的旨趣,即解释一字就是一部文化史。

这一点在阅读《朱雀》中译本时大概感受还不甚明显。本书除征引正史、方志、笔记、类书等文献,还大量引用文集和唐诗,就笔者粗粗统计,其中唐诗有近两百首,很多是单句或对句的征引。虽然本书不少译注已经指出其中偶有误读之处,但绝大多数运用是切当精确的,按照薛爱华对历史语言文献学的提倡,该书中唐诗英文翻译本身,也是极具价值的研究贡献。薛爱华本人不懈追求精确与诗意的写作实践,正源自他本人明确的学术旨趣。

从世界史的视野、比较历史语言的方法、文献学的立场来考察中古中国史,还使得薛爱华的研究具有一个非常显著的特点,即经常透过比较发现新鲜而生动的文化现象。比如104页提到《太平广记》中"阆州莫徭"条记载阆州樵夫莫徭为大象拔出脚底竹丁而使大象获救的故事,作者由此想到古罗马传说中的类似记载,即为狮子拔去足刺而救活狮子的奴隶安德鲁克里斯(Androcles);163页则提到《酉阳杂俎》中对邕州一位西原蛮姑娘的记载,虽然源出完全不同的文化传统,其故事结构却与西方起源很久的灰姑娘传统存在款曲暗通之趣;再如195页分析马援铜柱时,谈到其具有文明与野蛮分界、防止黑暗势力侵袭的功能,作者由此提到与之极其相似的赫拉克勒斯(Hercules)之柱;371页在考察南越柑橘时,作者引述了这种植物在唐代柳宗元眼中和笔下的模样,所谓"密林耀朱绿",接着提到十七世纪英国诗人安德鲁·马韦尔(Andrew Marvell,1621~1678)阐述过类似的意象,"他将明亮的橘林放在一片树荫中,正如金色的明灯悬于碧绿的特色里",而一个世纪以后,歌德(Johann Wolfgang von Goethe,1749~1832)再次重塑了这一场景,"金橘的光芒闪烁于幽绿的叶子中"。诸如此类的文化比较还有很多,不时的神来之笔让我们在阅读过程中停下片刻玩味其中妙意,这些意象与故事之间的雷同、飘移与影响是另外一个重要的话题,但薛爱华信手拈来点到一笔,已然提醒我们注意中国历史文化细节中的幽微曲折与妙趣深意,这些论断的趣味每每让人想起钱锺书先生的《管锥编》。

薛爱华第三个常被忽略却十分重要的学术背景,那就是他对西欧文化,特别是对英国盎格鲁-撒克逊文学与艺术的无限热爱,这使得他醉心于野生动植物，喜欢漂亮的石头、花朵、美食与美酒。他钟爱热带，无数个假期，他都与妻子一道，徒步穿越热带雨林，寻找那些罕见的鸟类和哺乳动物，罹患顽疾之前的一个月，他刚刚结束对拉丁美洲伯利兹（Belize）的考察。如此我们便可以理解何以《朱雀》会以三分之一强的篇幅巨细靡遗地讲述中古中国南方的矿物、植物与动物，这正源于作者发自内心深处的无限深情。

我们还必须在此强调的是，薛爱华对于自然万物的热爱除了受益格鲁－撒克逊文学艺术的影响外，恐怕无形中还受到了英国长久以来丰沛的博物学（natural history）传统的影响。博物学虽然是一门非常古老的学问，但它在近代以来受人瞩目却与西方文艺复兴有关，其与物理学和神学有着千丝万缕的复杂联系，但就其主要形式，在于强调从经验考察出发，对兽类、鱼类、鸟类、昆虫、植物、矿物、地形、天体等各方面知识进行收集、整理和认识[1]。实际上，中国自《诗经》《山海经》以来也有不绝如缕的博物学传统，这一文类到魏晋南北朝更是得到长足发展，出现《博物志》这一集大成的著述，此外，中国历史典籍中不乏风土志、地方志、异域志、草木志等规模不等的笔记、杂章，皆具有博物学的意味，但与西方近代以来的博物学有着截然不同的文化语境和发展脉络[2]。薛爱华本书中频繁引述的《酉阳杂俎》《北户录》《岭表录异》《南方异物志》《本草纲目》等无疑都具有中国传统博物学笔记、类书的属性，但就《朱雀》一书的写作结构而言，作者身处其间的，是英国为代表的西方博物学传统。西方20世纪70年代随着福柯（Michel Foucault，1926～1984）、德塞杜（Michel de Certeau，1925～1986）、格尔兹（Clifford Geertz，1926～2006）、布迪厄（Pierre Bourdieu，1930～2002）等人的著作陆续问世，历史学由此发生了影响深远的"文化转向"，出现所谓的"新文化史"范式，其中"物质文化史"是重要内容之一。这里无法展开但需强调一笔的是，同样是对物的关注与重视，薛爱华的研究与近二三十年以来被热议的"物质文化

---

[1] 可参看有"现代博物学之父"之称的英国博物学家约翰·雷（John Ray，1627～1705）晚年的一部著作《造物中展现的神的智慧》，熊娇译，商务印书馆，2013。

[2] 可参〔美〕范发迪《清代在华的英国博物学家——科学、帝国与文化遭遇》，袁剑译，中国人民大学出版社，2011。

史"是大异其趣的，即便其著作带给我们类似甚至更为深刻的启发。

我们只有将薛爱华放置在特定的学术研究时空坐标当中，才能更深入地了解《朱雀》的写作背景和薛爱华独特的研究风格。人类学的视角、历史语言文献学的基础、博物学的趣味都深深影响着薛爱华的选题和取径，而这些知识结构的形成，有一个不容忽视的历史背景，那就是20世纪中叶以降伯克利加州大学汉学乃至相关人文学科的蓬勃发展。人类学家克虏伯、罗维，东方历史语言文献学家卜弼德，中国古典文学、比较文学专家陈世骧等人因缘际会于伯克利，为这所向以开放著称的大学奠定了深厚、多元且具有创造性的中国历史与文化研究基础，薛爱华在伯克利接受教育，又长期在这里教书育人。伯克利丰沛的汉学研究土壤滋养了他，而他又回过头来反哺了这所大学，包括《唐代的外来文明》在内的系列专著，无一例外出自加州大学出版社，就是例证。

还有一个细节值得我们注意，1948年，也就是薛爱华拿到博士学位后的次年，著名的历史学家艾博华（Wolfram Eberhard, 1909~1989）来到伯克利加州大学访问讲学，并很快受聘于该校社会学系，得到长期教授职位，直到1976年退休。艾博华研究有夙，视野广阔，授课对象不限于本系，还吸引了大量东方语言系、历史学系和人类学系的听众。艾博华也以历史语言文献学为基础，对东亚、中亚和西亚的社会与文化探研有夙，贡献卓著，罕有其匹，甚至被视为研究全亚洲的"启蒙者"[①]。艾博华研究范围极为广泛，但终其一生都对亚洲地理、民族和各地民俗文化、民间故事兴趣不减，有关于此的创见蔚为大观。《朱雀》一书除大量采用诗歌材料外，另外一个极其鲜明的特色就是对笔记、小说、逸闻与志怪等文类的运用与分析，此中独到的眼光或也与艾博华影响下的伯克利人文学风分不开。

正如柯睿教授提到的，薛爱华发表关于中国茉莉的札记后，关于这一话题的研究条目已逾百条；这一不甚起眼的例子提醒我们，时隔半个世纪各个研究专题和细节都积累了丰厚学术史的今天，回过头来盲目批评薛爱

---

① 张广达：《魏特夫与艾博华教授》，载《史家、史学与现代学术》，广西师范大学出版社，2008，第210~213页；原载《汉学研究通讯》第10卷第1期，1991，第30~33页。

华著作的不足是欠公允的，但这并不表示我们不能以批判的眼光重读经典。和优点一样，《朱雀》的缺点也非常明显。

本书虽然从族群、语言、地理、习俗和物种等多个方面强调南越并非铁板一块，是驳杂、多元的存在，但就全书论述来看，作者却将唐代，特别是八九世纪的南越视作一个整体的历史时空来考察，共时性观察是其亮点，但遗憾却在于缺乏具体的历时性分析，由此在《朱雀》中，我们只能看到唐代南越纷繁异常的面貌和意象，却看不到种种意象之间的嬗变与联系，尤其是时间线索上的联系。南选制、科举制、市舶司、岭南节度使等种种制度的建立与推行都对中央与南越之间的关系造成了复杂的影响，这种影响势必也改变了南越在唐朝权力结构、政治版图和知识系统中的位置，进而造成人们对当地印象的改变。只有结合唐朝政治史、制度史的背景，这一历时性的线索才能出现，但本书基本上没有观照这一背景。征引文献虽然不乏正史、通鉴、方志、典章等传世文献，但所引内容基本偏重于地志、土贡类，涉及史事者很少，至于《唐大诏令集》《唐会要》《册府元龟》等和唐朝政治制度演变关系密切的重要文献，本书则鲜有使用。

说到本书的谋篇布局，作者在最后一章指出，中古南越的景色和生物，从天空到海洋，岩石到河流，野兽与鸟类，"遵循了上帝造物及从诺亚方舟登岸时的顺序"（501页），但这样的安排其实也不过是权宜之计，作者坦承，其实"尚无一个统一的视界"。确实如此，本书篇幅庞大、内容丰富，很少有读者的知识体量可与作者相匹，而即便有相应的知识体量，恐怕也很难抓到本书结构的线索。本书结构看不到清晰的呼应关系，而且篇幅存在明显的失当，第四章"女人"17页，第十章"植物"却达87页。当然凡是《朱雀》一书中没有展开的篇章，比如第四章"女人"、第五章"神灵与信神者"、第六章"世界"、第七章"天与气"等在此后都被不同程度地发展成了专书，但这并不能成为《朱雀》篇章间明显详略失当的理由。这与作者的关注点有关，进而又影响了他的文献采集，"神灵与信神者"一章的佛道部分基本依靠当时的二手研究，几乎没有采用任何僧传、道藏类文献，这不能不说是一大遗憾。

本书还有一个明显的缺憾在于完全没有地图和插图，而图像类资料对于本书研究与论证的意义却又是无比重要的。南越的地理构成和行政区划、南越在当时唐朝版图中的位置以及内部、内外的交通路线等，如果能辅之以地图，论述效果必会大为提升。另外，本书重点着墨的形形色色之"物"，如若适当插图，也将大为增色。还有一些具体论述，比如147页谈及占婆神像、建筑和碑铭风格的变化，182页讲到唐代桂林摩崖佛教石刻与敦煌、云岗及龙门大不相类的独特造型等有考古材料依据的论述，最好能提供相应的图像信息。

从史学立场看来，这本书谈到的很多话题和细节都有进一步探讨和分析的空间，兹举几例。第四章"女人"对"越女"意象的分析，其中很大一部分文献中"越女"的形象是与江南联系在一起的。当然，"江南"在中国历史上并非一个固定不变的区域，甚至本身也成为一个文化意象，但其地理位置大体而言与长江关系密切。那么，"越女"这一意象由江南向岭南的漂移，就成为一个有趣的现象。传统观念和书写中对江南的恶感和审美在中古不同程度地向岭南延伸（比如对当地石头、园林鉴赏态度以及南越风景题材绘画的出现等，298~301页），除了文学意象或典故自身的发展与变迁，这背后是否与中古中原政权向南渗透的程度有关也值得考虑。第五章"神灵与信神者"中"鬼神"部分，除了海神、雷神等与地方自然环境密切相关的地方信仰，书中提到了很多华人英雄被神化的现象，比如上古帝王舜（190页）、南越王（192页）、东汉伏波将军马援（194页），以至于唐朝的地方官柳宗元（199页），这些历史现象显然都是特定的权力机制运作和文化接触交流后的产物，值得深入具体分析，包括祭祀盘瓠这一举动（215~217页），什么时候开始的，为什么这样做，都是类似的问题①。作者在书中提到多部关于南方风土、物产的中古笔记，其中有一部多次引用，即唐代莫休符（活跃于九世纪末）所撰《桂林风土记》。这是现存较早的桂林方志，也是一部有关桂林历史地理和风俗人情最早的风物志。该书176页提到岭南北部张天师宅、191页祭祀舜庙、197页桂州的马援祠等，都出自这本书。作者已经注意到，莫休符应该出自岭南桂州一带的莫族（297页），莫人是当地颇为古老的土著族群（104~106页），

---

① 这很可能反映了南越地区华夏化的历程，关于江苏一带吴人早期华夏化的过程，可参王明珂《边缘人群华夏化历程：吴太伯的故事》，载《华夏边缘——历史记忆与族群认同》（增订本），浙江人民出版社，2013，第171~193页。该书初版于1993年。

但有趣的是,莫休符笔下的桂林方志,却多是与外来汉人统治者有关的建筑、庙宇、遗迹或逸事,显然这位莫氏族人已经很大程度上接受了中原政权大一统的意识形态和价值观,那么这一政治支配和文化传播过程是如何实现的,莫休符身上所反映的"主流文化"有何特点,他是否有"本土意识",又是如何表现的,两者之间是否存在冲突,等等,都是值得进一步反思的议题①。

即便有诸如上述的不足和缺憾,《朱雀》一书超越时代的价值依然不容置疑。薛爱华对字词精确性超乎寻常的严苛态度,警醒我们阅读文献时要追求层层深入、仔细辨析;他对修辞与表述的反复强调和格外重视,也提示我们,研究方法和视角固然重要,但学术表达和写作也有同样重要的价值,如他反复劝诫同行与后辈的八个字,即"准确地读,审慎地写"。和薛爱华几乎同时代的西方唐史大家杜希德(Denis Crispin Twitchett,1925~2006)曾经说道,真正理解一段历史,必须对那个时代的全部有所感知。如果说杜希德是从政治、经济、制度等多方面考察唐代历史,那么薛爱华就是从气味、滋味、声音、色彩等感官系统进入唐朝的,正如《朱雀》最后一章所写的那样。然而,薛爱华这种打通文学、历史和宗教的取径,虽然对此后研究中古中国文化的西方学者影响深远,但诸如《唐代的外来文明》《朱雀》此类的研究却近乎绝迹,这不能不说是一个重大遗憾②。抱憾之余,我们必须对这一现象所反映的西方汉学发展的多重面向及其背后复杂的历史动因进行仔细辨析和深入反思,如此才能真正了解一位史家对一个时代的洞见与不见。

优秀的史家总是能够"究天人之际,通古今之变",而后"成一家之言",薛爱华在绪论里说,"无可否认的是,在某种意义上,这项研究呈现的是我自己心目中的过去,也就是说,在某种程度上,是我个人所特有的"。《朱雀》确实可谓集理性、精确与诗意于一身的独一无二之作,是薛

---

① 对方志文类背后权力机制的分析,参王明珂《王崧的方志世界:明清时期云南方志的本文与情境》,载孙江主编《新史学:概念、文本与方法》第2卷,中华书局,2008,第97~118页。
② 陆扬:《西方唐史研究概观》,载张海惠主编《北美中国学——研究概述与文献资源》,中华书局,2010,第86~87页。

爱华关于中古中国南越之地的思与诗。著名爱尔兰诗人叶芝（William Butler Yeats，1865~1939）曾著有《凯尔特的薄暮》一书，饱含爱意、下笔深情地记录古代蛮族凯尔特人的民间传说与神话故事。在这本书的自序里，叶芝写道："我忠实、公正地记录下我所听到、看到的东西，除了发些感慨之外，并不妄添自己的想象。我的信仰其实与农人们相差无几，所以我所做的，无非只是容许我的这些男人和女人、鬼魂和仙人们各行其道，既不用我的任何观点挑剔他们，也不为他们辩解。人所听到、看到的事情，均为生命之线，倘能小心将之从混乱的记忆线轴上拉出，谁都可以用它来任意编织自己想要的信仰之袍。我和别人一样，也编织了我的袍子。"这一旨趣，与薛爱华的学术追求，我想是不谋而合的。

2015/9/5

（薛爱华：《朱雀：唐代的南方意象》，程章灿、叶蕾蕾译，生活·读书·新知三联书店，2014，580页，59元）

李全德《唐宋变革期枢密院研究》

闫建飞

一

唐宋时期中枢体制的变化一直是学界关注的重要问题，枢密院作为五代、两宋、金、元时期中枢体制的一部分，也持续受到学界的关注。就唐宋时期枢密院的研究来说，大多数成果产生于20世纪80年代以后，其中除了梁天锡《宋枢密院制度》之外，主要集中在唐五代，对作为中枢体制存在最重要时期的宋代的枢密院关注反而较少。唐前期的三省制确立之后，很快就随着使职差遣的发展发生变化。开元十一年（723）张说奏改政事堂为中书门下，确立了中书门下体制[①]。宋初又形成了中书门下、枢密院对掌文武大政的二府体制。从中书门下体制向二府制转变的过程中，影响最大的因素无疑是枢密院。因此，讨论唐宋时期的中枢体制，枢密院自是关键。

李全德《唐宋变革期枢密院研究》（以下简称《枢密院》）一书正是从枢密院这一角度观察唐宋时期中枢体制变迁的，讨论的核心问题为宋代二府制如何形成，时段上自中唐至宋初，空间上包括五代和十国。选择中唐至宋初作为研究时间段，既与所研究的问题本身相关，也受到了学界流行的唐宋变革说的影响。

晚唐至宋初作为一个完整的研究时段，日渐受到学界的重视。邓小南指出："如果我们更多地着眼于历史发展运行的实际情况，而不是朝代的兴废，那么，很明显，自唐朝末年经五代至北宋初年，在政治、军事、文

[①] 刘后滨：《唐代中书门下体制研究》，齐鲁书社，2004年。

化等方面面临的社会矛盾性质类似，统治者在挣扎摸索中致力于解决的问题也类似，从这一意义上说，这段时间事实上属于同一单元。"[1] 因此，是否构成一个完整的研究单元，是由所研究的问题决定的。唐宋时期的枢密院，以朱温诛杀宦官为界可以分为两个阶段，前一阶段枢密院主要作为内诸司机构存在，后一阶段枢密院成为中枢机构的一部分。晚唐至宋初，正是枢密院从内廷机关向外朝军政机构转变的关键时期。这一转变的完成，也意味着宋初二府体制的形成。以二府制的形成为旨归，自然须以晚唐至宋初作为研究单元。这一转变发生之前，唐朝枢密使的产生、发展、对中枢体制的影响等问题，作为"转变前史"，将其纳入讨论范畴，也是题中应有之义。作者的研究起点也就从晚唐进一步上溯到枢密使产生的中唐。

以中晚唐至宋初作为研究时段，又恰好与学界流行的唐宋变革说的变革期重合。唐宋变革说由日本学者内藤湖南提出，他认为唐和宋有本质的差别，唐是中世的结束，宋是近世的开始，中间包含了唐末至五代的一段过渡期[2]。唐宋变革说提出之后，围绕着变革内容、变革程度、近世特征、过渡期等一直有不同争议。就过渡期来说，内藤湖南设定的过渡期为唐末五代，现在一般以8世纪中叶的安史之乱或两税法为变革起点，终点则有宋初、北宋中期、两宋之际等多种意见[3]。诸多说法之中，中晚唐至宋初均属于变革的基本期，作者以"唐宋变革期"冠诸书名，从研究时段上来说，自是合适。

《枢密院》一书的研究时段与唐宋变革期重合，作者讨论的问题却并未纳入唐宋变革的脉络之下。柳立言总结内藤湖南、宫崎市定对比的中古与近世差异，认为其中涉及中国历史根本问题的有六个方面：政治体制；统治阶级的构成，权力的取得与分配；社会组织和阶级的构成和流动；经

---

[1] 邓小南：《祖宗之法：北宋前期政治述略》，生活·读书·新知三联书店，2006，第78页。
[2] 〔日〕内藤湖南《概括的唐宋时代观》，〔日〕宫崎市定《东洋的近世》，黄约瑟译，载刘俊文主编《日本学者中国史论著选译》第一卷《通论》，中华书局，1992，第153～242页。内藤之文原载『歷史と地理』第9卷第5号，1922，译文误为1910年。
[3] 对起讫点认识的差异，与研究领域的不同有关，比如"政治变革"终点为宋初，"儒学变革"则是在北宋中期。参看柳立言《何谓"唐宋变革"？》，载《中华文史论丛》第81辑，2006，第144～146页。

济的自由化、商业化，新的生产关系和交换方式；文化特性和价值观念；国际关系①。这些差异所揭示的唐宋变革之核心是中古贵族政治和贵族社会的崩解、近世君主独裁和平民社会的到来。枢密院的发展变化、枢密使的人选与唐宋政治体制变化、宋代君主独裁体制的建立等问题密切相关，作者在论述中，对这些问题并未作积极回应。如果仅仅从强调长时段研究、打通唐宋区隔、将中晚唐至宋初作为一个研究单元的角度考虑，使用"唐宋变革期"这一名称似乎并不十分恰当。

二

《枢密院》一书基本按照时间顺序来谋篇布局，作者分上、中、下三篇分别探讨了唐后期、五代十国、宋初枢密院的发展情况。就枢密院来说，唐五代史料较少，但研究比较丰富；宋代史料丰富，虽研究不多，但有梁天锡《宋枢密院制度》存在。因此，如何从前人的研究中"突围"，写出新意，是作者面临的重要难题。难能可贵的是，面对前贤的丰厚积累，作者在重新解读材料的基础上，对不少学界的"老问题"做出了令人信服的新解读。

枢密使与枢密院的产生时间是枢密院研究中讨论众多而又难有定论的问题。作者之前，学界的研究归结起来大致有五种说法，即永泰二年（766）、元和元年（806）、元和五年、宝历二年（826）、咸通七年（866）以后。产生差异的原因在于学者们对史料的理解不同。《册府元龟·内臣部·总序》有言：

> 永泰二年，始以中人掌枢密用事（代宗用董秀专掌枢密）……宪宗元和中，始置枢密使二人（刘光琦、梁守谦皆为之）。②

这段材料中，董秀掌枢密是否等同于枢密使，是学者对枢密使出现时间认识歧义的主要原因。作者通过排比材料，以《旧唐书》中对杨复恭的

---

① 〔日〕内藤湖南：《概括的唐宋时代观》；宫崎市定：《东洋的近世》；柳立言：《何谓"唐宋变革"?》，第130~134页。
② （宋）王钦若等：《册府元龟》卷六六五《内臣部·总序》，中华书局，1960，第7955页。括号中为原书注释，下同。

记载为例，认为"史籍中对枢密使的记载，如是强调其职务，通常是'枢密使'或'内枢密使'；如是强调其职任，则往往是用'掌枢密''掌枢机''知枢密''知内枢密'等用语"（50页），成功解决了这一难题，确认董秀为史料所见首任枢密使，将枢密使的设立时间上溯至代宗时期。此外，作者依据《旧唐书》《西川青羊宫碑铭》以及前蜀"内枢密使"设置等材料，判断唐代枢密使的正式名称应该是"内枢密使"。与此相应，枢密院出现时的正式称呼应是"内枢密院"，其证据来自《师全介墓志》中师全介"充内枢密院孔目"的记载。

枢密使产生的问题厘清后，作者讨论了两枢密制度与枢密院的产生。以往学者多根据《册府元龟·内臣部·总序》"宪宗元和中，始置枢密使二人（刘光琦、梁守谦皆为之）"的记载，认为两枢密制度的出现是在元和年间，具体时间却并无定论。作者根据对梁守谦仕履的考证，证明刘光琦、梁守谦并非同时为枢密使，而是先后为之；根据《刘弘规神道碑》等的记载，将各种或明或暗的线索整合起来，确定元和十四年（819）刘弘规和魏弘简同为枢密使，此后两枢密使的设置作为一项制度而长久存在（64页）。枢密院的产生时间，以往的研究者多根据裴廷裕《东观奏记》中唐宣宗任命宰相一事判定宣宗时期枢密院才得以建立。作者利用《师全介墓志》中师全介元和（806~820）初曾任内枢密院孔目的记载指出枢密院至少在元和年间就已经存在。之后作者又通过重新解读史料中关于枢密使"初不置司局，但有屋三楹，贮文书而已"[①]的记载，认为枢密使"自其始便是有使有院，不曾有使无院，也不存在由使到院的发展"（68页）。

唐宋时期枢密使的研究，基本是沿着内诸司使和中枢体制两条脉络进行的。《枢密院》一书以二府制的形成为核心，所关注的自然是中枢体制变迁的脉络。枢密使对中枢体制的影响，也是学界比较关注的问题。吴枫、关大虹认为枢密使的崛起是中唐时期三省制削弱的原因之一[②]。俞鹿年认为枢密使、神策中尉、翰林学士均成为中晚唐中枢决策系统的一部

---

① （元）马端临：《文献通考》卷五八《职官考十二》，中华书局，1986，考523。
② 吴枫、关大虹：《中唐时期三省制度的削弱与变化》，《东北师范大学学报》（哲学社会科学版）1982年第2期。

分①。贾宪保突破三省制框架，认为枢密使、神策中尉、翰林学士成为新的中枢成员，新中枢体制形成②。袁刚比附三省制，将中书门下、枢密、翰林称为"新三头"，赋予枢密使和翰林学士二职更大的意义③。如果说强调枢密使的影响是"加法"的话，作者的工作与上述学者们不同，更多是在做"减法"，即在重新解读史料的基础上，剥离对枢密使影响的不恰当"夸大"。这一点受到了刘后滨中书门下体制研究的启发。刘后滨指出，中书门下体制之下，中书门下为中枢主体，翰林学士和枢密使"在体制上只是作为中书门下与皇帝两个权力点之间的补充或沟通环节"④。作者在对枢密使进行定位时，基本采用了刘后滨的观点，认为枢密使的出现是为了适应、配合这种新体制（中书门下体制）的发展。"专掌君主、宰相之间的信息沟通自始至终都是唐代枢密使在制度允许内的最基本也是最主要的职掌"（91页）。在这一认识之下，作者重新解读了相关史料。比如讨论晚唐枢密使职权时，学者们多引"内外之臣，事犹一体，宰相、枢密共参国政"⑤来证明晚唐枢密使之权重。他指出，此条材料本身就有问题，洪迈《容斋随笔》早已辨析⑥，多为研究者忽视。即使这条材料是真，也不能证明枢密使已拥有与宰相同等的权力。"内外之臣，事犹一体"之言与"宫中府中，俱为一体"意思基本相同；"宰相、枢密共参国政"在"中书门下体制"概念下也完全能够解释得通，枢密使本来就是沟通皇帝与宰相的渠道，"共参国政"之说于理无碍。

五代十国在作者的论述中占有重要地位，使用"唐宋变革期"这一名称的原因之一，也是为了强调五代十国在变革中的重要性⑦。关于后梁的崇政院，学人多不甚措意，且多以为崇政院是由枢密院改名而来。作者首先指出，崇政院与枢密院在后梁初曾并置，后来崇政院兼并了枢密院，而

---

① 俞鹿年：《中国政治制度通史·隋唐五代》，人民出版社，1996，第126~136页。
② 贾宪保：《论中晚唐的中枢体制》，《陕西师范大学学报》1985年第4期。
③ 袁刚：《隋唐中枢体制的发展演变》，文津出版社，1994，第140页。
④ 刘后滨：《唐代中书门下体制研究》，齐鲁书社，2004，第261页。
⑤ （宋）司马光：《资治通鉴》卷二五〇，咸通二年二月，中华书局，1956，第8093页。
⑥ （宋）洪迈：《容斋随笔》卷六"杜悰"条，孔凡礼点校，中华书局，2005，第82~83页。
⑦ 与"唐宋变革期"相比，"唐宋之际"或"唐宋之间"并不能体现五代十国在唐宋转变中的地位，反而容易因为夹在唐、宋两个辉煌王朝之间被忽略。

非由枢密院改名而来。崇政院的职能与唐宋枢密院皆有不同，除了承宣诏命、保存文书之外，崇政使还获得了参决谋议之权，但与宋代枢密院之专掌军政差距甚大，由此引出宋代枢密院的渊源问题。作者结合前人研究，根据后唐枢密使基本出身于中门使的情况，认为中门使才是后唐枢密使的前身，后唐的枢密使沿袭了中门使的职权，即掌军政。李存勖之所以设置中门使一职，并职掌军政，是为了加强军事领导。后唐初的枢密院从一开始就表现出了与之前枢密院不同的发展趋向，成为与中书门下对掌武、文的军政机构。

以上枢密使（院）的设置时间、职能、对唐后期五代政治的影响，宋代枢密使的渊源等问题，都是学界讨论较多的"老问题"。面对这些老问题，作者积极寻找新材料：利用《师全介墓志》发现至少在元和初枢密院就有使，有院，有印，有文书管理机构；利用《梁守谦墓志》《刘弘规神道碑》等材料，确定元和十四年（819）才是两枢密使制度确定下来的时间。但新材料的获得可遇而不可求，在文献相对缺乏的情况下，对原有材料的重新解读就变得更为迫切。邓小南指出："走出困境的努力，一是寻求新的材料，二是重读再解原有的历史材料。"[①] 作者在讨论枢密使起源时就发现，学者们所使用的材料并无太大差异，造成结论差异的主要原因是对材料的理解不同。对郭崇韬身份的认定，"侍中兼枢密使"与"枢密使兼侍中"看起来差别不大，之前不少学者也是将郭崇韬官衔中的侍中认定为使相加衔。作者通过列表对比发现五代实际上有不少以侍中、中书令为宰相的，如冯道、赵莹、桑维翰、李崧、窦贞固；而以枢密使兼侍中、中书令者则必为使相，如安重海、范延光、赵延寿、郑仁海等，因此郭崇韬官衔中的侍中兼枢密使乃是以真宰相兼枢密使，一身二任，故权力极大，从而打破了学界陈说。就全书来说，作者在搜讨新材料方面所获并不多，但在重新解读材料方面，则下足了功夫，展现了作者扎实的学术功底。

三

为何选择二府制形成这一问题，作者在自序中作了交代："最初的设

[①] 邓小南：《永远的挑战：略谈历史研究中的材料与议题》，《史学月刊》2009 年第 1 期。

李全德 《唐宋变革期枢密院研究》

想是从二府制出发,从文书运行、政务运作等层面入手观察宋代枢密院的特性及其在二府体制下的运作。写作过程中则深感二府制的形成本身才是应该首先研究清楚的问题。"(3页)以二府体制的形成为归结,实际上是从宋代出发,进行制度溯源。在作者笔下,二府制的形成涉及三个方面的问题:一是枢密院掌军政的确立;二是枢密使人选从内廷向外朝的转变;三是与中书门下关系的调整。枢密院掌军政自后唐时期便基本确立,但所掌军政事务范围到了宋真宗朝才大致定型;枢密使外朝化以及与中书门下关系调整也是到了宋真宗朝才确定下来。因此,作者以真宗朝为二府制形成的节点。

枢密使由内廷向外朝的转变,是作者关注的重点,曾以《从宦官到文臣:唐宋时期枢密院的职能演变与长官人选》专文刊布[①]。该文受到了邓小南《近臣与外官:试析北宋初期的枢密院及其长官人选》一文的诸多启发。邓文揭示出宋初枢密院长官选用上文与武、亲与疏、能与庸等多种原则在不同阶段交错互用的史实,探讨了枢密院从逐步摆脱其近密性质向外朝转变的过程[②]。借鉴邓文,作者对枢密使的考察也是多维度的,既有枢密使群体身份转变的维度,包括宦官、武人、文吏、文臣的转变,以及从帝王元从亲信向外廷臣僚的转变,也有帝王对枢密使的选任原则变迁的维度,即从唐代选择"君主亲信、谨密慎重之人"(88页),到五代重视军政才能,宋太祖时期也发生了从重视军政才能、敢作敢为到恭谨中立的转变。相比邓文,作者将枢密使的人选考察置于更长的时段,讨论的角度也更加多样。难能可贵的是,多维度的分析,并未给人造成混乱的感觉。比如在对宋太宗朝枢密院的考察中,作者发现,太宗提拔的枢密使除石熙载外均为武臣,且均出身于晋王藩邸,能力普遍平庸;枢密副使中有11人为文臣,其中10人进士出身。这种武正文副的任用格局表现了"太宗不愿意使对枢密院的掌控离诸亲随以行其私欲,又不得不任用外廷朝臣以济其能力上的缺陷"(278页)。对这一时期枢密使的考察中,文武、亲随与外

---

① 李全德:《从宦官到文臣:唐宋时期枢密院的职能演变与长官人选》,载《唐研究》第11卷,2005。
② 邓小南:《近臣与外官:试析北宋初期的枢密院及其长官人选》,载漆侠主编《宋史研究论文集》,河北大学出版社,2002。

347

臣、个人能力、帝王用意等各方面都结合在一起，考察维度虽多却不杂乱，彼此之间又相互关联，作者的思路甚为清晰。

自后唐枢密院确立职掌军政的职能后，与中书门下的关系就成为重要问题。作者关于二者的关系主要是通过宰相是否兼枢密使、枢密院与中书门下事务是否隔绝来观察二府体制的形成。以宰相是否兼枢密使为标准，作者认为广顺三年（953）郭威罢免宰相兼枢密使王峻，在整个五代至北宋前期枢密院制度发展上都具有转折性的意义（324页）。自后晋恢复枢密院以来，一方面中书、枢密对掌文武，另一方面，宰相兼枢密使成为常态，易造成权相，也可以理解为二府职责的区分尚不那么清晰。广顺三年以后，枢密使单独置官，此后再也没有产生过强力的枢密使，由此形成二府对掌文武而宰相稍尊的格局。五代枢密使权重的问题基本得到解决。

宰相兼枢密使基本上是五代的问题，到了宋初，枢密院与中书门下的关系主要表现在宰相是否与闻枢密院事务上。学者们注意到乾德二年（964）宋太祖罢周三相而以赵普为相、李崇矩为枢密使的事件，认为这标志着中书、枢密对掌文武格局的形成。作者指出，虽然中书、枢密长官不再兼任，但中书、枢密对掌文武的格局并没有马上形成，并结合具体史实指出，乾德二年以后，身为宰相的赵普实际上参与着众多军政事务。宋太祖时期二府体制发展中，真正具有标志意义的是开宝五年（972）中书、枢密分幕，此后宋太祖对枢密院的定位从效率向制衡中书门下转变，枢密使的选任也从重视军政才能、敢作敢为向恭谨中立转变。宋太宗时期的中书与枢密院，学者多认为处于二者并立、两不相知状态。作者通过考察太平兴国四年（979）灭北汉和雍熙三年（986）北伐后史实认为，太平兴国年间，宰相并没有被排挤出军政大事之外，只有雍熙北伐才可以确定没有宰相参与，淳化以后，逐渐形成了"遇有常务二府各司其职，军国大事则二府同议的惯例"（287页）。

真宗即位后，太宗朝政策大体得到继承，二府关系上，宰相、枢密同议军国大政的做法却并未得到延续，咸平四年（1001）以后，中书门下才重新参与军政事务。景德四年（1007）以后，二府的沟通协作已经有三种方式："在皇帝的许可之下，同议军国大事；事关军机民政，二府关报；宰、枢聚厅，接待宾客，询访公事。在这些情况下，中书门下和枢密院看起来更像是一个处于不断协调过程之中的、整体的决策机构和最高行政部门。"（320页）至此，二府格局才算正式形成。

宋代二府体制的形成是本书的核心议题。在这一脉络下，十国的作用似乎并不突出。但历史的有趣之处在于，南方诸国枢密制度的发展却表现出与五代北宋相似的发展趋向，即枢密院职掌军政和以文臣掌枢密院，这在前蜀、南唐中表现得尤其明显，且出现时间远早于北方。在消除藩镇割据、结束武人政治、开创士大夫政治方面，南唐也远远走在五代北宋前面。这似乎暗示了中国历史上的另一段"南朝化"[①]。陈寅恪20世纪30年代就曾指出："有宋一代文化，乃南唐（包括吴越）文化之扩充……宋代文化发达地域，即人才产地有二：其一即汴梁附近，如司马光、二程、吕夷简等。其二为南唐故地，如范仲淹、欧阳修、王安石等。"[②] 明确肯定了南唐吴越对于宋代历史文化的影响。学界对于通判的研究也表明，这一制衡藩镇跋扈的重要措施，最早也源于南唐[③]，而为宋太祖借鉴以削藩。就知州制来说，南方也比北方更早朝着取代刺史的方向发展[④]。因此，尽管作者谨慎地表示"我们没有理由和必要为南唐和北宋处在不同时空条件下所显示的一些共同现象建立起渊源关系"（234页），我们仍然相信，五代宋初枢密院的发展很可能受到了十国尤其是南唐枢密院制度的启迪。由此出发，进一步探讨北宋历史上的"南朝化"（主要指南唐吴越），未必不是一个有意义的问题。

四

阅读本书的过程中，笔者有几点体悟颇深。

第一，作者虽以研究枢密院制度为主，所完成的却并非一部"死"的

[①] "南朝化"系唐长孺提出，意在说明唐代历史的发展更多受到东晋南朝的影响。参看氏著《魏晋南北朝隋唐史三论》，武汉大学出版社，1992，第486~491页；牟发松：《略论唐代的南朝化倾向》，《中国史研究》1996年第2期。
[②] 卞僧慧：《陈寅恪先生年谱长编》附录《陈寅恪先生欧阳修课笔记》，中华书局，2010，第368页。
[③] 严耕望：《通判不始于宋说》，载氏著《严耕望史学论文集》（下），上海古籍出版社，2009，第805~807页。
[④] 陈志坚：《唐代州郡制度研究》，上海古籍出版社，2005，第57~65页。

制度史作品。近年来宋代制度史研究中，"活"的制度史成为新的研究趋向。"活"的制度史强调问题意识，是"一种从现实出发，注重发展变迁、注重相互关系的研究范式"，既注重制度规定，也关心制度的运作①。作者研究枢密院，有着明确的问题意识，整部著作较少静态描述，而多"变化"，关注枢密院职能的变化、枢密使人选身份标准的变化、与中书门下关系的变化等，使得本来比较枯燥的制度史"鲜活"许多。本书制度史与政治史结合的取径也使得本书的研究视角更加多元。枢密院作为中枢机构的一部分，与高层政治的关系十分密切，观察其运作最好的方式无疑是从政治史出发。这一点尤其体现在作者对宋初两朝的研究中。

第二是材料与史学研究。就议题来说，如果材料比较丰富而研究成果较少的话，相关研究容易着手，但流于平淡者多；如果材料相对匮乏而研究成果较多的话，相关研究起点较高，反而会有高水平作品出现。《枢密院》一书就属于后一种情况。从材料上来说，唐后期枢密院的相关材料并不多，《旧唐书·职官志》和《新唐书·百官志》中甚至没有枢密使（院）条目。正因为材料少，片言只语都值得重视，对材料的解读就比较充分，新材料发现的意义也比较明显。作者利用《师全介墓志》，将学界争论纷纭的枢密院产生时间一下子提到元和时期，正是明证。

既有研究成果比较丰富，有时候也会使一些观点逐渐层累，成为"成说"，进行相关研究时，将史实从"成说"中层层剥离，是一件非常痛快淋漓的事情。《枢密院》一书的很大一部分内容就是剥离"成说"的过程。但"成说"并不意味着错误，很多时候只是视角不同。相对而言，《枢密院》对"成说"剥离较多，对"成说"揭示的一些史实的重视则略有欠缺，这主要体现在五代枢密使权力的相关研究上。

后唐是枢密使掌军政确立的时期，也是枢密使权势最盛的时期，这主要以郭崇韬、安重诲为代表。关于这一时期的研究，作者着力辨明郭崇韬是以宰相兼枢密使集军政大权于一身，故权重是有制度保障的。这一点笔者颇为认同。但作者对郭崇韬宰相身份的强调，给人的感觉是：在宰相和

---

① 邓小南：《走向"活"的制度史——以宋代官僚政治制度史研究为例的点滴思考》，《浙江学刊》2003 年第 3 期。

枢密使中，宰相的身份比枢密使对郭崇韬来说更重要。显然，这种"潜台词"与后唐时期的史实是不符的。只担任枢密使的安重诲可以自由调动节帅，可以影响宰相任免，甚至擅杀宰相任圜。可以想见，即使不兼侍中，郭崇韬的权势也非宰相可比。职亲权重，应是后唐时期枢密使的基本特点。

第三，就唐后期五代宋初来说，所留下的史料大多是宋人编集，宋人的唐史观、五代史观、本朝史观不仅影响着当时的修纂者，也影响到后来的阅读者、现在的研究者。宋人以"防弊之政"立国，"事为之防，曲为之制"成为宋代设法立制的基本原则。宋人以"今"为出发点，在对晚唐至宋初历史的书写中，不免受到此观念的影响。就枢密院来说，枢密院源于中书门下枢机房，崇政院是改枢密院而来，枢密之设是为了分宰相之权等观点均来自宋人，学者们的研究包括《枢密院》一书，在某种程度上就是将史实从宋人观念中剥离出来的过程。故而对研究者来说，既要注重史实本身的"复原"，也要留意史料书写者的历史观念。研究唐宋史，很多时候需要将史实从宋人的唐史观、五代史观、本朝史观中剥离出来，这本身就是学术的进步和认识的深化。

想要从宋人史观中剥离史实，就不能局限于宋人所说，应当在更长时段、更广空间内把握历史。就宋初的设法立制来说，学界已经意识到不能仅仅从宋初谈起，至少要将眼光延伸到唐末五代，甚至中唐，学界前辈邓广铭、王赓武、邓小南、李锦绣等对此已多次呼吁，只是具有如此眼界的优秀作品目前仍然不多。此外，学界在讨论宋初史实时，对于五代影响涉及较多，对于南方诸国的影响则很少涉及。前举陈寅恪之语、知州通判的例子都提示我们，南方诸国尤其是南唐吴越对宋代的历史文化有诸多方面的影响。研究唐宋时期的历史，不能仅仅因为宋承继五代，就将眼光局限于五代，南方政权的影响也应该考虑进去。我们期待着未来唐宋史学界能产生一批时段上跨越中晚唐至宋初，空间上包含五代十国的优秀作品。

（李全德：《唐宋变革期枢密院研究》，国家图书馆出版社，2009，304页，26元）

赵冬梅《文武之间：北宋武选官研究》

丁义珏

宋朝官僚制度素号繁难。邓广铭、宫崎市定等为代表的第一代研究者把官制作为宋史研究的关键领域，不仅为辨名物、考源流，实是因官制演进与变革是当时的时代主题之一，也是通体理解赵宋王朝的钥匙。此后，梅原郁、龚延明、邓小南等学者又将宋代官制研究在深度与广度上大为推进，但总体上看，现有研究仍以文官为主。20 世纪 70 年代，刘子健就批评宋史研究中存在与宋代一样"重文轻武"的现象[①]。而按梅原郁的说法，宋代武官的数量与文官不相上下，甚至还"凌驾"于其上[②]。即便只从所涉群体的庞大基数来看，宋代武官制度、武官群体的研究都有待开拓与深入。

以往涉及武官的研究，以王曾瑜、何冠环、陈峰等为代表，相对偏重武将、军制等议题。然正如王曾瑜所言，宋代"武官"不能依现代观念理解为军人。武将、军职等职业军人，只是武官的一部分，甚至一小部分[③]。而赵冬梅《文武之间：北宋武选官研究》（以下简称《文武之间》）正是择取武官中，主要不是军人的"武选官"群体进行专项研究，更显现出特

---

* 本文系国家社科基金青年项目"北宋宦官制度研究"（项目批准号：15CZS028）、国家社科基金重大项目"《宋会要》的复原、校勘与研究"（项目批准号：14ZDB033）阶段性成果之一。写作过程中，受到李全德、陈文龙、李怡文、胡珂、张亦冰、闫建飞等学友多方面的启发，谨致以诚挚的谢意。

① 刘子健在《略论宋代武官群体在统治阶级中的地位》中说，研究者们注意到宋代"重文轻武"的特点，却也受其影响，对于"受轻视的武官群究竟是怎样的情形"关注不足（刘子健：《两宋史研究汇编》，联经出版事业公司，1987，第 173 页）。

② 〔日〕梅原郁：『宋代官僚制度研究』第二章『宋代の武階』，同朋社，1985，第 100 页。

③ 王曾瑜：《宋朝的文武区分和文臣统兵》，《中州学刊》1984 年第 2 期；又收入氏著《点滴编》，河北大学出版社，2010，第 302 页。

别的学术价值。

全书主体分为两编共八章,另有序论、余论及外一章。序论《"武选官"——在文官与军职之外》提出了"武选官"的概念。这一概念已引起学界不少争议,故本文第一部分着重梳理这一概念,辨析争论的焦点。

一

《文武之间》提出"武选官"的概念,并认为宋代的文武分途其实是文官—武选官—军职的"三途分立"。作为全书的核心,"武选官"的提法、"三途分立"的论断都受到一些质疑。如吴挺志、雷家圣的书评,王曾瑜在给作者的信中都提出不同的看法①。争论的发生,恰说明在宋代官僚制中,存在我们还不能表述清晰的重要特征。争论因《文武之间》而起,故需明确作者本人的概念体系。目前一些质疑,比如吴挺志认为,武选官与军职不能截然两分,故"三途分立"说值得商榷等,在作者的逻辑框架内其实是可以解释的。《文武之间》以身份标识区分了武选官、军职,也承认军职特有的身份认同,但她没有否认两者共同拥有武官的身份认同。这些误解的产生与作者对基本概念的处理方法有关系。作者在《文武之间》序论中着重解释了"武选官"这个新概念,但并未花足够笔墨对过往研究充分批判,阐明扬弃的原因,再加上"武选官"的定义、"第三种官僚"的判断并不单个出现,是由一组概念构成的网络,而相关解释却散在书中,不易聚焦,这都容易让人对新观点产生疑问。故本文重点梳理作者的概念体系,与学界其他的看法进行比较,突出争论的焦点,便于讨论的进一步深入。

首先,作者虽以"武选官"作书名,但逻辑起点是"武官"。本文认

---

① 吴挺志直言"三途分立"的提法值得商榷,认为军职与武选官很难截然两分。参见《评赵冬梅〈文武之间——北宋武选官研究〉》,(台湾)《新史学》第22卷第1期,2011,第170~171页。雷家圣认为武选官似乎并非文官、军职之外的第三种官僚,武选官与军职并非平行并立,而是上下级的关系。参见《评介:赵冬梅〈文武之间:北宋武选官研究〉》,(韩国)《中国史研究》第74辑,2011,第387页。王曾瑜与作者在信中讨论了多个概念,特别是对军职的解释与作者不同。参见《关于宋朝武官、军职、遥郡等的通信》,收入氏著《纤微编》,河北大学出版社,2011,第218~229页。

为，用以标示不同群体的概念，比如文官、武官等，表面上平行并列，实际却有差别。举个现实生活中的例子，我们常在一些学校门口看到"本校人员"与"社会人员"两个并列概念。但前者才是较为主动的界定，后者实际是"非本校"的意思。从"社会"的角度是断然无法理解"社会人员"的内涵，也难以把握其外延范围的。宋代"武官"的概念与此有一点类似，不能仅以"武"理解这个群体。本文认为，作者实际是从"杂"的角度解释宋代武官群体的。她在序论中很细致地将宋人的"武官"概念区分出三种指称范围①，但实际上运用最广泛的显然是最宽泛的第三种，即"与文官相对的官员群体"。作者又在序论中说："太宗骨子里视武官为杂类渊薮。"② 这一认识也得到了王曾瑜的肯定。在给作者的信中，王曾瑜进一步指出："对宋时所谓'武官'，是不能用循名责实的方法予以推敲。"③ 梅原郁在界定"武臣"的概念时也曾说，武臣虽有部分是武将和职业军人，但更多的人是作为文臣官僚的补充，是形成宋代官僚机构的重要成员④。可以说，将武官视为文官之外的杂类，清流之外的浊流，实际上已在学界有了共识。既然是"杂类"，且"武"不能作为该群体的内涵，我们只能去逐一凿实"武官"群体的外延边界。从外延边界入手，即要对处于模糊地带的群体逐个考察和排除，难度大，也容易出现争议。

  划定"武官"边界的方法无非两种，一则以阶，即品位。梅原郁就认为"武阶"的持有者都应归入"武臣"的范畴⑤。这样处理有一点简单化。例如，带武阶的还有相当一部分内侍宦官，他们是否能算"武臣"？二则以阶与差遣（职位）结合来说明。何冠环在讨论宋初三朝"武将"（梅文中的"武将"，实际上接近一般所说的武官、武臣）时，将带相应

---

① 赵冬梅认为武官是指：（1）唐武职事官；（2）武选官；（3）与文官相对的官员群体。作者还特别补充说道：第三种情况下，宋人还会使用"武臣"，"武臣"的内涵变动过大，故不用。参见《文武之间》序论《"武选官"——在文官与军职之外》，北京大学出版社，2010，第 11 页注 1。
② 《文武之间》序论《"武选官"——在文官与军职之外》，第 22 页。
③ 王曾瑜：《关于宋朝武官、军职、遥郡等的通信》，收入氏著《纤微编》，第 220 页。
④ 〔日〕梅原郁：《宋代官僚制度研究》，第 100 页。
⑤ 〔日〕梅原郁：《宋代官僚制度研究》，第 100 页。

"官"和"职"的群体一并纳入讨论①，再剔除宗室、转武阶的文官与宦官、归顺授武官武职的蕃官。

《文武之间》也是以武阶与职位的结合来界定"武官"范围的。书中涉及"武官"群体的论述见于两处。在序论《"武选官"——在文官与军职之外》中，她说：

> 武选官与军职合在一起，就构成了宋代的"武官"群体。②

在外一章《武选官研究的意义》中，她又补充了宋朝武官的结构。

（一）宋代的武官分为高级武官和中下级武官两部分。

（二）高级武官即所谓"正任武官"，其核心品位标志是"正任"，必须由正任武官担任的职位包括：1. 禁军军职中最高级别的"管军"职位；2. 最高级别边防统兵官——都部署、副都部署等。

（三）中下级武官又可以分为武选官和"管军"以外的普通军职两部分；武选官用武阶标志身份。武阶是武选官独占的品位符号。

（四）资深高级武选官与普通军职中最高的厢都指挥使、军都指挥使两级均采用"遥郡"作为辅助性品位符号，带遥郡的武选官与带遥郡的军职都有可能向上升迁，成为正任武官，此后，他们之间的差别体现为出身差异。③

按照她的解释，武官群体包括正任（管军与都部署、副都部署等职）、武选官（武阶标示，或带遥郡）、普通军职（管军以外，或带遥郡）。可以留意三点：第一，正任、遥郡不属于武阶；第二，军职在获得遥郡、正任

---

① 何冠环所谓与"武将"相关的"官"包括七类：（1）枢密院的职事官；（2）宣徽南院、北院使；（3）横班使臣；（4）诸司使臣；（5）三班使臣，包括大使臣、小使臣；（6）节度使、节度观察留后、观察史、团练使、刺史；（7）六军官、环卫官、太子诸率府率等。"职"包括：（1）军职；（2）兵职，包括都部署、都钤辖等；（3）近职，如阁门舍人、阁门祗候等。参见《宋初三朝武将的量化分析》，原载《食货月刊》复刊第十六卷第三、四期合刊（1986），第19~31页，后收入氏著《北宋武将研究》，中华书局（香港），2008，第1~23页。

② 《文武之间》序论《"武选官"——在文官与军职之外》，第11页。

③ 《文武之间》外一章《武选官研究的意义》，第380页。

之前只有职位，不能染指武阶；第三，按外一章中的详细界定，则序论中的"武官"范围漏掉了"正任"中非军职出身的官员，显得前后论述不一。第三点不得不说是本书的微瑕。而第一、第二两点则正是作者与学界通常认识差异较大的部分，也是争论的实际焦点。

首先，关于"武阶"的问题。《文武之间》对"武阶"的定义和核心概念——武选官直接对应。

> 凡用武阶标志身份的非宦官，就是武选官。①

然后，她又用他们所从事差遣、入仕途径等来辅助说明。

> 他们（武选官）是以武阶标志品位的官僚群体，主要分布在边防统兵官、地方治安维护体系以及监当管库等职位上，参与统兵并因此获得武官的身份认同。
>
> 武阶是武选官最核心的品位标志，获得武阶的途径有恩荫入仕、军班换授、武举以及流外入流、文官换授等等。②

作者定义的武阶，来自《宋史》卷一六九《职官志》。

> 国朝武选，自内客省至阁门使、副为横班，自皇城至供备库使为诸司正使，副为诸司副使，自内殿承制至三班借职为使臣。元丰末未及更，政和二年，乃诏易以新名，正使为大夫，副使为郎，横班十二阶使、副亦然。③

其后，述及"绍兴以后阶官"时，《职官志》又云：

> 武阶旧有横行正使、横行副使，有诸司正使、诸司副使，有使臣。④

---

① 《文武之间》序论《"武选官"——在文官与军职之外》，第5页。
② 《文武之间》序论《"武选官"——在文官与军职之外》，第6页。
③ （元）脱脱等：《宋史》卷一六九《职官志》，中华书局，1985，第4054页。
④ 《宋史》卷一六九《职官志》，第4066页。

赵冬梅 《文武之间：北宋武选官研究》

据此，作者认为"武阶"与"武选"基本同义①。而武阶包括横班、诸司使副（诸司正使、诸司副使）与使臣（大使臣、小使臣），亦即排除了正任和遥郡。

然而，同卷《职官志》又有"武臣三班借职至节度使叙迁之制"②。其"武臣"范围自小使臣至正任均有涵盖。若我们紧扣"武选"二字去其他史料追索，又有宋徽宗政和二年（1112）九月的《改武选官名诏》中，被改名的"武选官称"，包括：（1）横行；（2）诸司正使、诸司副使；（3）大小使臣；（4）入内、内侍两省阶；（5）大将、正将、殿侍等；（6）正任；（7）环卫官；（8）率府率、副率；（9）医职③。范围比《宋史·职官志》的记载增加了宦官阶、医官阶、杂阶、环卫官、率府率等五类（此诏只改"官称"，遥郡所用官称与正任同，故而未单列）。

史料记载不一，我们再来看当代研究者们如何处理"武阶"的范围。龚延明《宋朝官制辞典》所给的武阶范围是：

> 武阶……：正任官、遥郡官、横行官、诸司正使、诸司副使、大使臣、小使臣，以及殿侍以下无品、不系磨勘之杂阶。④

梅原郁给的范围更小一些，没有提无品与杂阶。他认为宋代的武阶从下往上依次分为三班使臣（小使臣、大使臣）、诸司副使、诸司使、遥郡、正任等范畴⑤，比《文武之间》增加了遥郡与正任。

《文武之间》与《宋史·职官志》代表了最小的武阶范围；梅原郁增加了遥郡和正任；龚延明又增加无品和杂阶等；政和二年《改武选官名诏》则最多。我们先置争议较多的政和二年诏不论，本书作者、梅原郁、龚延明三人的主要分歧在于如何去取遥郡和正任、无品和杂阶。对于遥郡和正任，《文武之间》这样解释：

> 遥郡和正任是武选官和军职共有的阶秩标志符号。遥郡是武选官

---

① 《文武之间》序论《"武选官"——在文官与军职之外》，第6页。
② 《宋史》卷一六九《职官志》，第4029页。
③ 参见佚名编《宋大诏令集》卷一六三《改武选官名诏》，中华书局，1962，第620~625页。
④ 龚延明：《宋代官制辞典·宋代官制总论》，中华书局，1997，第32页。
⑤ 据〔日〕梅原郁《宋代官僚制度研究》，第101页。

357

和军职共有的加官，正任则是高于武选官和一般军职的，独立的阶秩序列。①

正任这一独立品位序列的存在，使武选官与军职最终"殊途同归"，共同构成与文官并存的"武官群体"；同时让武选官和军职的差异表现为一种"出身"差异。②

这里需指出两点。首先，这段文字仍未解释遥郡和正任不计入"武阶"范围的理由。"武阶"范围究竟包括哪些？如何处理不同史料记载的差异？的确是需要学者们进一步追问的。其次，自上梳理至此可知，在作者看来，虽然"武阶"只是武选官的身份标志，但遥郡和正任作为整个武官群体的官阶标志是没有疑问的。所以她与梅原郁对"武官"范围的认定没有太大分别。

那么无品和杂阶是否该归入"武阶"呢？除了龚延明之外，王曾瑜也倾向于将它们纳入。他说："宋朝文官都是九品以上，而武官另有无品，又在九品之下，并且随着年代往后，无品武官的级别越来越多。"③ 亦即，殿侍、大将、军将等阶名被接受为武阶序列或许经历了一个过程，北宋前期还不明显。而《文武之间》虽以"北宋"为名，但相对侧重北宋前期。或许这是产生分歧的原因。

总之，目前要明确界定宋代武阶的范围仍有困难。将两宋划分时段讨论或许是一个办法，抑或我们使用狭义的武阶、广义的武阶来分类。这有待后来的研究者探索。

作者构建自己的概念体系，是为提出宋代官僚"三途分立"的判断而服务的。"三途分立"说又涉及了武选官与文官的关系、武选官与军职的关系。前一对关系，相对容易厘清。作者指出，武选官与文官之间有狭窄的文武换官的通道，但是军职只和武选官之间有"换前班"制度，与文官无法互换，故宋代的文武分途其实是"文官—武选官—军职"三途分立④。

---

① 《文武之间》第三章《内在秩序与通用标尺》，第 148 页。
② 《文武之间》第三章《内在秩序与通用标尺》，第 150～151 页。
③ 王曾瑜：《关于宋朝武官、军职、遥郡等的通信》，第 221 页。
④ 《文武之间》序论《"武选官"——在文官与军职之外》，第 24 页。

而武选官与军职的关系则复杂很多。作者认为军职"主要是指禁军统兵之官"①。本文将"武选官"与军职的关系概括为"合而不融"②，解释道：

> 武选官与军职的差别：一、军职隶军籍，武选官不隶；二、武选官以武阶标志品位，军职则是品位、职位合一，且不用武阶标志品位；三、武选官迁补由三班院、审官西院负责，军职的迁补则直接听命于皇帝，由三衙具体负责。
>
> 武选官与军职之间有通道，即军校的"换前班"。
>
> 在高层，武选官与军职殊途同归，在品位和职位上都走向一致。③

目前争议较大的，即军职是否品位、职位合一，带不带武阶标志。王曾瑜举例说明：至少庆历以后，军职很可能是带武阶的，有的是有品的低阶，有的是无品，而且甚至随着战争的日益频繁，战士都有可能带武阶④。更进一步地，他倾向于将军职算作一种纯粹的差遣，而不是品位与职位的合一。他不仅将三衙长官、四厢都指挥使至都的十将、都虞候、承局押官之类视为军职，甚至将部署（总管）、钤辖、都监、监押、巡检等本书作者认为是武选官常任的差遣，也都可以视为军职⑤。这样就树立了一个与本书作者迥异的解释体系。带杂阶在禁军中任职的低级军官，与带武官阶担任都部署、钤辖等的统兵官只有高低之分。但军职到底是否有阶，实际和上文提到武阶范围的问题一样，很可能不同时期情况不一。因此，要寻找到最优的解释，只能进行分时段的研究。

要之，作者对"武阶"的范围、军职是否带武官阶等问题的处理，仍有争议。但暂时放下外延边界的争议，若从群体的核心特征去观察，"武选官"概念的提出直指宋代官制、官僚群体研究中的一个大问题。在宋代文官士大夫、"行伍"（军职）的身份认同都比较确定的两端，存在一个非

---

① 《文武之间》序论《"武选官"——在文官与军职之外》，第 11 页。
② 《文武之间》序论《"武选官"——在文官与军职之外》，第 16 页。
③ 《文武之间》序论《"武选官"——在文官与军职之外》，第 14 页。
④ 王曾瑜：《关于宋朝武官、军职、遥郡等的通信》，第 224~226 页。
⑤ 王曾瑜：《关于宋朝武官、军职、遥郡等的通信》，第 225 页。

文官、非"行伍"的庞大群体是毫无疑问的。《文武之间》承认武选官与军职一同构成与文官对立的武官群体，承认宋代文武分途愈加严格①，在此基础上，刻意将武选官与军职剥离，强调其相对独立性，特别是非军、非"武"的一面，造成实际上的"三途分立"。换句话说，宋代"文武"分途其实是"文""杂"分途。杂类之中宜分为武选官与军职，故造成实际上的文官、武选官与军职三途分立。这确实是极富洞见的判断。当然，"剥离"该如何更细密准确减少争议，仍有重新思考的必要，但提出"武选官"群体已有重要的学术价值。用作者自己的话说："宋朝的官僚制度向来号称复杂，但这复杂原本主要体现在文官方面，我的研究则让武官的情形也变得复杂起来。"②或许这"复杂"，正是宋代官僚制度研究的新起点吧。

二

本书上编《从内职到武选官：第三种官僚的诞生》阐述"武选官"群体的形成过程。时间跨度从晚唐、五代直至北宋真、仁时期。阎步克曾提出中国古代品位结构变迁的五线索：贵—贱、士—吏、文—武、宫—朝、胡—汉③。以往对宋代武官的讨论，往往是在"文—武"线索上展开的。但作者回溯至晚唐，渐次梳理至北宋前期，创造性地引入了"内—外"（类似阎氏的"宫—朝"关系）的认识线索④，使"第三种官僚"和"三途分立"说得以成立。

第一章《新官原从"末世"生》表面上看只是研究武选官阶名称的来历，实际的着眼点是群体：五代至宋初的"内职"，亦即北宋武选官群体的"前身"。唐代后期的"诸使"发展到北宋，绝大部分都失去实职变成纯粹的武官品阶，这已是制度常识。但作者却不厌其烦地将这些"使名"分类，再逐一追索其"实职"在晚唐、五代与北宋的变化轨迹。正是因为

---

① 《文武之间》序论《"武选官"——在文官与军职之外》，第20页。
② 《文武之间》外一章《武选官研究的意义》，第379页。
③ 参见阎步克《中国古代官阶制度引论》，北京大学出版社，2010，第391~438页。
④ 考虑到五代时期节度使的私人向朝廷"内职"转化等问题，也接近作者在书中"内职"的表述，故用"内—外"的提法。

"诸使"原来的本职包含了宫廷日常生活及宾赞事务，又涉及皇权从外朝收拢的非宫廷事务，加上"使臣"们有皇帝近侍的属性，使后来从事此职的群体有了皇帝"内职"的身份。

第二章《从"陛下家臣"到帝国武选官》认为"内职"到了五代相当于君主的"家臣"，具有"亲而不尊"的特点，作者称之为"结构性孤立"。随后论述自五代至宋初，"内职"官僚群不断被派往外任差遣，一方面使得内职外任渐成常态，特别是内职参与统兵守边成为分割藩镇军权的重要手段；另一方面，由于不担任本职工作，"内职"头衔符号化、品位化，开启向"武选官阶"演变的进程。到了真宗时期，"内职"基本上失去了"内"的属性，与皇帝近密关系弱化，走向外朝。其头衔即演变成纯粹官阶名称。本章论述堪称精彩。但作者为了说明五代宋初的内职官僚同文臣、禁军、藩镇都有距离，便于为皇帝所用，而使用了"结构性孤立"的说法。经过上下文的铺陈，"孤立"可以理解，但何以是"结构性"似未加说明。此处若有更精准的概括，不仅能加强论证的严整性，也利于后来学者的引用。

第三章《内在秩序与通用标尺》的重点是武官品阶等级及其形成的原因。本章分两部分，分别说明诸使、使臣变为"武选官阶"，刺史至节度使等"牧伯"官走向遥郡、正任的过程。

读罢上编会发现，作者回溯至晚唐、五代讨论武选官的"前世"，对于入宋后的"今生"颇有解释力。但在"北宋"的时间段内，对于北宋中后期的讨论分量不足。上文也已提到"武选官""三途分立"之所以会受到质疑，都与对北宋中后期的讨论薄弱有关。

下编《宋代国家机器中的武选官》则主要通过分析武选官担任的差遣，带我们走进北宋的"武选官"群体。与以往的制度史研究不同，作者努力将对制度的探究和对群体的讨论融合起来。这在上编对"内职"的讨论中已有体现，下编讨论武选官时更加注重对群体面貌的立体、生动的勾勒。

第四章《宋代国家机器中的武选官：典型人物与一般图像》是下编之纲，其论述方式非常新颖。作者先是列举了四位武选官的履历，随后将武选官常任差遣按任期分为"短使""住程"两类，按职能分成五类：监当官、边防统兵官、负责地方治安的都监和内地巡检、阁门等礼宾通进职位、其他职位。最后，作者虚拟了一位武选官，想象了他的仕途，勾勒出武选官的"一般图像"。作者将丰富的学术信息以富有人情味的形式表达，让人耳目一新且感同身受。

第五章《军壁董戎，维护边防》实则是对宋初至北宋中期边防统兵体系的历时性研究，论述了自唐、五代以来节度使体制，经都部署体制最终发展为经略安抚体制的过程。作者认为宋太祖时期仍主要依靠节度使等军政合一的统兵官组织边境防御。宋太宗时，随着征辽失败，边境形势变化，"行营"常驻地方，取代了边镇节度使，演变为都部署体制。都部署体制下，原来在行营统兵的内职常驻地方，节度使等正除牧守离开本镇统兵。然而，都部署体制有高层统兵官之间统属不明、以武选官为主的兵官与军队之间不熟悉等缺陷。在宋夏战争失利的压力下，经略安抚使体制取代了都部署体制。

本文认为，在讨论地方统兵体制的形成之后，应增入对宋代河防体系形成过程的研究[①]。河政在北宋的重要性不亚于军政，且河防体系与都部署体制的形成过程颇有类似之处。自宋初开始，治河的动员机制与"行营"很像，且由内职主导。太祖、太宗朝时，堤防日常管理体制逐渐形成，武选官、文官与宦官各自在体系内分工合作。对河防体系的讨论，有助于更为全面地呈现武选官所从事的差遣。

第六章《捕盗捉贼，安靖地方》论述了负责地方治安的州兵马都监、"捕盗型"巡检两个职位。作者特别提出巡检分布的"不均匀"、为州县藩篱又不属州县等观点，均属新见。但本章对"巡检"职能本身的讨论过多，有些偏离主题。

第七章《最后的"近侍"：中央的武选官》将视野拉回到中央的武选官职位，同时又与上编的第一、第二章呼应，处理"内职"不断外任，官名品阶化以后，原有的中央事务机构由谁来承担，武选官与宦官、文官各自发挥多少作用等问题。其中，武选官群体与宦官群体关系的问题是重

[①] 相关研究可参考〔日〕吉冈义信《宋代黄河史研究》第三章《宋代的黄河治水政策》，薛华译，黄河水利出版社，2013；丁义珏：《北宋前期的宦官：立足于制度史的考察》第三章第三节《宦官在北宋前期河政体系中的位置》，北京大学博士学位论文，2013。

点,再次涉及"内一外"的线索。经过分梳,作者指出在纯内廷服务机构中,宦官的作用越来越重要;军器、马政、建筑等内廷与外朝共有的事务中,武选官要么与宦官或文官"平分秋色",要么与两者"三分天下有其一";只有在客省、阁门等通进宾赞机构中的机构才由武选官独占。作者将在客省、四方馆、阁门任职的武选官作为一个整体"皇帝的礼宾官"单独提出,认为他们继续保持了"内职"的属性,相当于文官中的侍从官。但到了宋仁宗以后,阁门官员进入枢密院长贰的通道也被完全阻断。这意味着武选官中相对最侧近的群体也丧失了分享高层行政权力的可能。

本章尤为精彩,特别是对阁门官员的观察细致入微,若与余论《分类与隔离》孝宗的改革努力结合起来看,能揭示宋代制度惯性对政治文化的塑造。作者使用了"诸使类机构"指称曾被"诸使"掌握的大量中央事务机构。若结合第一、第二章的内容,可以理解作者希望突出这类机构历史渊源的用意。但这个提法并没有比"中央事务机构"更优,也不便于后来的研究者们讨论同类机构在北宋中期以后的情况。

第八章《武选官的选任》是对选任制度的梳理。作者指出,到真、仁之际,由于武选官作为皇帝"内职"的色彩基本褪去,其选任由皇帝个人判断完全转向有司依照成文法规来进行。随后,作者列举了恩荫、军校"换前班"、流外出职、武举等武选官入仕途径,分析了"呈试"、磨勘、差遣注授等制度,对武选官一边"官员冗滥"另一边"短使"等差遣却"乏人"的矛盾现象展开了讨论。

整个下编是对武选官制度与武选官群体面貌的横向展开。作者努力将制度研究与群体研究结合,不仅对制度细节都力求兼顾,还分别站在皇权和国家的立场讨论员与阙、文与武、内廷与外朝、分权与效率等多对矛盾;也站在武选官群体的立场上,对他们的仕途前景、所处政治和社会文化环境进行了分析。从下编看,作者的思考已超出了"文武之间""第三种官僚"等核心议题。宋制对官僚群体的塑造、制度惯性与政治文化的生成,这些议题都拓展了具体官制研究的广度。然而,本编涉及面过多,也使得议题略散,详略不均。

余论《分类与隔离》颇有新意。作者选择渴望改变北宋以降既有制度的南宋孝宗切入,希望揭示政治文化、社会文化的痼疾。她通过叙述孝宗打通阁门官入枢密院的升迁途径、提高武举地位等制度改革的努力及其失败，反衬出武选官运行百年之后，武官群体隔离、道德矮化、尚武精神丧失等积重难返的文化现象。制度塑造了群体，而文化性格固化后，又非自上而下的制度调整所能轻易撼动。其中意味，引人深思。

外一章《武选官研究的意义》是作者在书稿完成后写下的一些新思考，主要回答了两个问题。第一，军职是否具备完全意义上的官员身份。作者强调了士兵和普通军职（遥郡以下）不带品位符号，与"官僚"间存在身份隔离。士兵作为贱民与平民隔离，普通军职与官僚隔离，都是从唐五代逐步形成的，都被宋朝继承了，而且宋朝统治者似乎乐于继承。第二个问题是武选官这种非文非武、亦文亦武的官僚群体，是否是宋代独有。作者的回答是肯定的，而且将其视为中国古代政权处理武人与政权关系时，一个比较特别的方案。

读罢全书，令我对相关制度议题的研究有了新的展望。本书的一个优点是在解释晚唐、五代至宋初，诸使、内职向武选官变化时，使用了"内—外"的线索。但在武选官制度形成之后，"内—外"的线索似更应重视。作者给余论起的标题是"分类与隔离"，实际已点出宋代官僚体系的重要特点。此时，"胡—汉""贵—寒"等都已不是官僚们的主要标签。宋初较为突出的"南—北"区隔在北宋中期也在渐次消弭。地缘、民族、门第等客观标签的影响力褪去之后，统治者主观对官僚群体做出的"分类与隔离"却愈演愈烈。不仅在"文—武"线索上，官僚分成了文官—武选官—军职，在"内—外"线索上也可依次分为宦官、武选官中的阁门官员、外朝官员。而且，每个官僚群体内部，不仅有品阶高低的区分，也增加了"内—外"差序，或者说与皇帝的亲疏的维度。比如，文官可以分为侍从官（近臣）、其他朝官、京官、幕职州县官；武选官中阁门官更偏内朝；宦官中也以位阶并不高的勾当御药院等最为亲信。可以说，各种或严格或松散的"分类"甚至"隔离"已将官员纵横切割，形成网格。更有意思的是，他们在绝大部分事务机构中又一同共事。在品位、出身、群体认同方面的分类与隔离，差遣上的协作与共事，两者结合而成"分隔与协同"。这应被视为宋代引人瞩目的制度景观而进行更进一步研究。宋代皇权对官僚群体绵密细微、无所不在的编织，让人体会到它的笼罩性与窒息感。

此外，如何解释制度演变的动力也值得制度史学者们思考。"武选官"制度其实是很多项制度的综合。从入宋后算起，"武选官"经历半个世纪才在宋真宗朝尘埃落定。它是通过一点一滴的制度施设与调整沉淀下来的，并没有预备好的蓝图。解释这类制度演进的动力或许是一项艰难的工作。作者已经做了一些解释。在余论《分类与隔离》中有看似不起眼的一句话，我却印象颇深："武选官制度的'设计意图'是分割兵权。"[①] 除此之外，作者在论述中也常提到，类似宋初内职人数增多、升迁需要等制度演进的客观动力。就个人观感，就全书触及的广度来看，这些解释仍不能让人满足。作者以"内—外"线索得到对武选官的新认识，在解释制度设计的主观意图上又回到"文—武"线索上解释，有点可惜。之后的研究或可追问：将臣僚进行横向分割、制造亲疏差序等，究竟是皇帝个体的自觉行为，还是背后有"看不见的手"呢？不同群体的臣僚们对于制度演进的推动，除了个人入仕、升迁等一点一滴现实而日常的具体需要以外，是否也有刻意对整体制度格局主动建设的动力呢？这些动力只是来自文官群体吗？当然，要回答这些问题一定是非常困难的，但尝试去回答，或许，一定是有意义吧。

（赵冬梅：《文武之间：北宋武选官研究》，北京大学出版社，2010，402页，46元）

---

① 《文武之间》余论《分类与隔离》，第373页。

第二辑作者研究或学习单位

（按姓氏笔画排序）

丁义珏　　苏州大学社会学院历史学系
王杨梅　　中国人民大学历史学院
邓小南　　北京大学中国古代史研究中心
包伟民　　中国人民大学历史学院
刘后滨　　中国人民大学历史学院
闫建飞　　北京大学历史学系
孙英刚　　复旦大学文史研究院
李丹婕　　中山大学历史学系
吴宗国　　北京大学历史学系
邱靖嘉　　中国人民大学历史学院
张耐冬　　中国人民大学国学院
孟宪实　　中国人民大学国学院
荣新江　　北京大学中国古代史研究中心
钟　焓　　中央民族大学历史文化学院
顾成瑞　　中国人民大学历史学院
高柯立　　国家图书馆
黄宽重　　台湾长庚大学
梁太济　　浙江大学人文学院历史系
维　舟　　自由书评人

图书在版编目(CIP)数据

唐宋历史评论. 第二辑 / 包伟民，刘后滨主编. --北京：社会科学文献出版社，2016.6
ISBN 978-7-5097-8889-9

Ⅰ.①唐… Ⅱ.①包… ②刘… Ⅲ.①中国历史-研究-唐代②中国历史-研究-宋代 Ⅳ.①K242.107②K244.07

中国版本图书馆 CIP 数据核字（2016）第 051798 号

唐宋历史评论（第二辑）

主　　编 / 包伟民　刘后滨
执行编辑 / 李全德　王　静

出 版 人 / 谢寿光
项目统筹 / 宋月华　李建廷
责任编辑 / 李建廷　卫　羚

出　　版 / 社会科学文献出版社·人文分社（010）59367215
　　　　　 地址：北京市北三环中路甲29号院华龙大厦　邮编：100029
　　　　　 网址：www.ssap.com.cn
发　　行 / 市场营销中心（010）59367081　59367018
印　　装 / 三河市东方印刷有限公司
规　　格 / 开　本：787mm×1092mm　1/16
　　　　　 印　张：23.25　字　数：363千字
版　　次 / 2016年6月第1版　2016年6月第1次印刷
书　　号 / ISBN 978-7-5097-8889-9
定　　价 / 69.00元

本书如有印装质量问题，请与读者服务中心（010-59367028）联系

▲ 版权所有 翻印必究